本书受浙江省哲学社会科学规划项目

“宋代文学视域下的太学制度研究”资助

（项目号：18NDJC224YB）

宋代文学视域下的太学制度研究

牛思仁 著

凤凰出版社

图书在版编目（CIP）数据

宋代文学视域下的太学制度研究 / 牛思仁著. -- 南京 : 凤凰出版社, 2019.5
ISBN 978-7-5506-2941-7

Ⅰ. ①宋… Ⅱ. ①牛… Ⅲ. ①教育制度－研究－中国－宋代 Ⅳ. ①G529.44

中国版本图书馆CIP数据核字(2019)第069384号

书　　名	宋代文学视域下的太学制度研究
著　　者	牛思仁
责任编辑	徐珊珊
装帧设计	徐　慧
出版发行	凤凰出版社(原江苏古籍出版社) 发行部电话025-83223462
出版社地址	南京市中央路165号,邮编:210009
出版社网址	http://www.fhcbs.com
照　　排	南京凯建图文制作有限公司
印　　刷	江苏扬中印刷有限公司 扬中市大全路6号，邮编：212212
开　　本	880×1230毫米　1/32
印　　张	11.625
字　　数	335千字
版　　次	2019年5月第1版　2019年5月第1次印刷
标准书号	ISBN 978-7-5506-2941-7
定　　价	65.00元

(本书凡印装错误可向承印厂调换,电话:0511-88420818)

目　录

第一章　宋代太学制度与文学视域的联结

纵观中国教育制度史，有宋一代无疑是教育发展的辉煌时期。宋代统治者深明“人才风俗本于学校”之理，崇儒右文、兴学重教，官学、私学与书院皆有飞跃式发展。本书所论，正是宋代官学中最为发达和重要的组成部分——太学。

自汉武帝元朔五年（公元前124）太学制度始创以后，历经魏晋隋唐诸朝，时有兴废。概而论之，时局动荡、战乱频仍之年岁，统治者以政治军事为重，无暇顾及文化建设，太学教育也难逃厄运。而在国家形成一统局面、和平稳定时期的汉唐盛世，太学大力发展，汉太学有一千八百余室，生徒三万人，唐学舍亦千二百间，生徒八千人。汉唐太学虽学员众多，影响较大，但自汉至唐以来，太学制度多因循旧体，少革新之功。太学发展至赵宋，可谓真正达到了古代太学的鼎盛时期。它承继隋唐太学制度而来，更在其基础之上开拓创新，产生了三舍法、舍选制等一系列全新的管理和选拔制度。这些制度又深刻影响了元明清诸代的太学、国子监教育，对于现今学校教育亦颇有启示。

第一节　选题旨趣

本书的选题依据，主要缘于以下三个基础层面的考量。

第一，将宋代太学制度置于中国太学发展史的大背景下，我们能清晰地感受到它不同于诸朝的独特性和开拓性。这些既是宋代太学特有魅力所在，又决定了其研究的必要性。两宋社会坚持贯彻兴文抑武、以文治国的基本国策，尊孔崇儒、重视教育，在此契机下，太学不仅逐步恢复发展，更在三百年间开创了一系列新制度。宋代太学既具有太学发展史中的共同属性，又呈现出其鲜明的个性特色。首先，宋代太学经历了三次轰轰烈烈的兴学运动，这在历朝历代中都属空前绝后。仁宗朝庆历新政，改贡举、兴学校等重要措施促成了北宋王朝的第一次兴学运动，史称"庆历兴学"。借着这股兴学浪潮，太学在经历宋太祖、太宗、真宗朝的荒废后，于仁宗庆历之际获得了重建。神宗朝王安石变法运动，将太学体制、规模、职能、教学推进到了全新的高度，成就了北宋第二次兴学运动，史称"熙宁、元丰兴学"。北宋的第三次兴学是由蔡京主持的"崇宁、大观兴学"，也是有宋一朝规模最大的兴学运动，时间跨度逾二十年，革新力度前所未有。其次，三舍法和舍选制是宋代太学的独创制度，构筑了两宋太学大兴的重要基石。"熙丰兴学"改革太学体制，实施三舍法，将太学生按等差分隶于外舍、内舍、上舍，考校生员学行而依次升舍，这成为有宋一朝一直沿用、最为重要的太学制度。舍选制亦创举于熙丰时期，它的出现强化了太学职能，实现了由太学上舍及第而不通过科考也可入仕为官的重大突破，部分取代了科举的重要作用。崇宁三年(1104)，诏罢科举，规定天下士子悉由学校升贡，舍选考试成为普通士人入仕的唯一途径。这是学校教育对抗科举考试的阶段性完胜。再次，宋代太学内部深受政治形势影响，而太学生群体参政议政又深刻影响政治，这种相互影响的现象也是其他朝代所少见。理学与王学的争斗，政治气候的不定时偏向，导致太学学官更替频繁、教学内容标准取舍时时变化、生员公私考试答案众说纷纭、应举科考更需随时紧跟政治潮流。太学之发展变化实与二者之间的争逐有莫大关系。而另一方面，太学生群体参政议政、上书论事之风盛行。太学生自身既有强烈的爱国热情与政治意识，他们更是政治斗争者竞相拉拢、威逼利诱的对象。从历史事实来看，两宋之交至南宋末的每个朝代都有太学生上书论政，或一朝发生多次，一人连续上书数章，甚至在某些时期产生过影响政治走向的作用。这也是研究宋代太学必须关注的重要现象。

第二，宋代太学与文学的直接结合——太学体，已是宋代文学研究中受到重视的文学现象。前贤时俊已开辟出了太学与文学关系研究这块领地，我们所要做的，就是承继并拓展之。太学体本为文学现象，显然与太学有关，却又是文学领域的关注点。研究北宋古文运动的发展历程，就避不开不同时期的特殊文风，如真宗朝西昆体、仁宗朝太学体。太学体流行于太学内部和社会科场，究其实质，或以为它是“从庆历四年创建太学后，到嘉祐二年欧阳修知贡举时的十四五年间，流行于太学的一种内容迂阔矫激、文辞僻涩怪诞的古文”①，或认为“‘太学体’并非‘古文’，而是一种流行于学校与科场之间的应试文风，其文体范围包括‘赋’‘策’和‘论’”②。而太学体的主要特征，前人多有称述：“迂癖奇怪，……高谈虚论”（欧阳修《议学状》），“求深者或至于迂，务奇者怪癖而不可读”（苏轼《上欧阳内翰书》），“奇邪谲怪……狂词怪论”（苏辙《祭欧阳少师文》），概言其“内容迂阔矫激、文辞僻涩怪诞”，应大致不差。就太学体的发展时期而论，景祐有太学“变体”，庆历有太学“新体”，嘉祐“太学体”，至熙宁又出现太学“新格”，且仍然“不禁其渐”。太学内部的太学体文风流变过程，从庆历二年石介始就一直延绵不断，且有愈演愈烈之势，直到嘉祐二年盛极一时之际被狠狠贬黜，其后自然有所收敛，却在较长一段时期内并未绝迹。就太学体的历史功过而论，它一向受到诸人的打击批判，但也有学者说它“并非一无是处，它至少打破了刻板的科场文体程式和死气沉沉的文风”③，“就‘古文运动’的历史全貌而言，许多思想家及其被指责为‘险怪’的文风，正可构成‘运动’的重要一翼”④。这些观点颇可启人思考。因太学在国家教育中的特殊地位，太学体深刻影响了社会层面广大学子的风气转变。笔者所论，以太学体研究为基础，扩展至太学学风与文风，深入挖掘太学与文学之间的紧密关系。

第三，本书既非单纯的宋代太学制度研究，亦非单纯的文学史研究，而是二者紧密结合下的关系研究。宋代太学在太学发展史中特征

---

①② 张兴武：《北宋“太学体”文风新论》，《文学评论》2008 年第 6 期，第 87 页。

③ 祝尚书：《宋代科举与文学》，中华书局 2008 年版，第 436 页。

④ 朱刚：《北宋“险怪”文风：古文运动的另一翼》，《中国社会科学》2010 年第 1 期，第 185 页。

鲜明，地位重要，太学体、乾淳体等文学现象已受时人重视，这种情况下，研究宋代文学视域下的太学制度，探寻其间影响，必将是一次有意义的尝试。从文学“外部”出发，探论外部因素与文学的关系及其影响，已成为文学研究领域方兴未艾的一种热点现象。思想、文化、政治、经济、制度、风俗与文学的关系研究，几乎涵盖了与文学有关的各种外部因素，这些研究主题下已有诸多佳作问世。本书在制度与文学研究的大范围主题下，选定宋代太学制度，研究其与文学的关系影响。

第二节　学术史回顾

宋代文学视域下的太学制度研究，现代学者从不同角度取得不少成果，为本书提供了扎实的基础内容和多元的视角方法。回顾学术史上有关研究成果，主要可分为三个方面：

一是宋代太学制度研究。历史学和教育学领域的学者均有研究，只是切入角度和研究方法大不相同。

从历史学视角研究宋代太学。论及太学生，多看重其历史作用。如黄现璠《宋代太学生救国运动》①，论述太学生在宋代历史中所起重要作用。本书作于民国时期，可谓近现代以来研究宋代太学的开山之作，其主旨倾向于太学生与历史政治的关系研究。此后相关成果有赵宗颇《宋代爱国知识分子陈东》②，张蕙芬《宋代的太学》③，李蔚、辛俊玲《略论宋代官学的特点和历史作用》④，张晓宇《北宋太学制度与太学生救国运动内在联系初探》⑤等，皆肯定太学生的历史作用，探讨太学与政治关系。论及太学官员，多探究其官学制度。如韩凤山《唐宋

① 黄现璠：《宋代太学生救国运动》，吉林出版集团有限责任公司2010年版。

② 赵宗颇：《宋代爱国知识分子陈东》，《历史教学问题》1959年第4期。

③ 张蕙芬：《宋代的太学》，《上海高教研究》1985年第3期。

④ 李蔚、辛俊玲：《略论宋代官学的特点和历史作用》，《烟台大学学报（哲学社会科学版）》1994年第4期。

⑤ 张晓宇：《北宋太学制度与太学生救国运动内在联系初探》，《学术月刊》2003年第10期。

官学制度研究》[①]主要探讨唐宋官学的教师制度、学生制度、教育教学制度与经费筹措制度，涉及拟任教师的选择与考核。相关成果还有袁征《宋朝中央和州郡学校教职员选任制度研究》、韩凤山《唐宋官学教师道德建设的举措》等。这些研究成果详考太学官员任职的各项制度，注重共性特征，但对于具体官员的个性情形未有细论，本书所论须在其基础之上加强学官个案分析，挖掘其个人特色。

从教育学的角度研究太学制度。宋史领域内太学虽仅是很小的组成部分，但研究宋代教育必然绕不开太学，故其教育学类研究成果甚多。一类是中国教育通史类的研究专著。如毛礼锐、沈灌群《中国教育通史》[②]第三卷"宋代教育"专章论及"官学教育"。李国钧、王炳照《中国教育制度通史·宋辽金元》[③]对宋代历次兴学、中央与地方官学中的具体问题，如官学教材、经费制度、考试制度等皆有论述。喻本伐、熊贤君《中国教育发展史》[④]篇幅宏大，论述详细，兼顾诸方面。乔卫平《中国宋辽金夏教育史》[⑤]，王炳照、郭齐家《中国教育史研究》(宋元分卷)[⑥]、陈青之《中国教育史》[⑦]等皆及宋代官学教育。另一类属于宋代教育史类的研究专著。如苗春德《宋代教育》[⑧]兼顾官学、私学与书院，细分为政策编、铨选编、学校编、管理编、学术编和人物编六部分。苗春德、赵国权《南宋教育史》[⑨]详论南宋时期的官学、私学、书院及社会教育。袁征《宋代教育 中国古代教育的历史性转折》[⑩]、刘伯骥《宋代政教史》[⑪]等专著亦各有千秋，引人启迪。以上专著既然以中国

---

① 韩凤山：《唐宋官学制度研究》，吉林摄影出版社2005年版。

② 毛礼锐、沈灌群主编：《中国教育通史》，山东教育出版社1987年版。

③ 李国钧、王炳照总主编：《中国教育制度通史》第三卷《宋辽金元》，山东教育出版社2000年版。

④ 喻本伐、熊贤君：《中国教育发展史》，华中师范大学出版社1991年版。

⑤ 乔卫平：《中国宋辽金夏教育史》，人民出版社1994年版。

⑥ 王炳照、郭齐家：《中国教育史研究》(宋元分卷)，华东师范大学出版社2000年版。

⑦ 陈青之：《中国教育史》，岳麓书社2010年版。

⑧ 苗春德：《宋代教育》，河南大学出版社1992年版。

⑨ 苗春德、赵国权：《南宋教育史》，上海古籍出版社2008年版。

⑩ 袁征：《宋代教育 中国古代教育的历史性转折》，广东高等教育出版社1991年版。

⑪ 刘伯骥：《宋代政教史》，台湾中华书局1971年版。

通史或整个宋代为研究对象，篇幅所限，其中提及太学部分必然有限，多以对太学教育的概述为主，具体到太学的重要问题如三舍法、舍选制等则难以专论，多是泛泛交代，特别是文献阙载或语焉不详之处，少有详考。本书紧绕太学及其重要问题，在前人研究基础上继续挖掘，以求全面而深入，择引精华而作出新意。

二是宋代太学与文学关系研究。这集中体现于庆历太学体与乾淳太学体的研究。因现存太学体资料甚少，难以著书详论，故多以论文形式将太学体的发展演变，从景祐“变体”到庆历“太学新体”再到嘉祐“太学体”，作一探究辩论。自从曾枣庄先生《北宋古文运动的曲折过程》[①]将欧阳修嘉祐二年所打击的文风与西昆体骈文区别开来，并视此“太学体”为古文运动中的不良倾向，学界对于“太学体”有了全新的认识，后续撰文不少。其中又延伸出三种不同意见。第一是太学体究竟是一种文体还是文风，引发了诸学者的一再阐论。祝尚书《北宋“太学体”新论》[②]认为太学体是庆历年间流行于太学的一种文体，多位学者持赞同意见。张兴武《北宋“太学体”文风新论》[③]却倡导“‘太学体’并非‘古文’，而是一种流行于学校与科场之间的应试文风”。第二是关于太学体的正负面评价。祝尚书对太学体持批判态度，认为“它带着庆历的时代色彩，是庆历年间社会文化土壤培育出来的一个毒瘤”。而朱刚《“太学体”及其周边诸问题》[④]认为“太学体”是“庆历士风合乎逻辑的发展，更是北宋思想文化向‘性命之理’深处挺进时必然经历的阶段。‘太学体’不能简单理解为古文创作上的一股歪风，而包含着更为丰富的内容”。作者的《北宋“险怪”文风：古文运动的另一翼》[⑤]则将太学体定位于自中唐至北宋以来长期存在的“险怪”文风之一环，希望“重新审视‘怪文’承载激进思想的历史意义”。第三是欧阳修在排抑“太学体”的过程中究竟起着怎样的作用，有着不同意见。葛

---

① 曾枣庄：《北宋古文运动的曲折过程》，《文学评论》1982年第5期。
② 祝尚书：《北宋“太学体”新论》，《四川大学学报（哲学社会科学版）》1999年第3期。
③ 张兴武：《北宋“太学体”文风新论》，《文学评论》2008年第6期。
④ 朱刚：《“太学体”及其周边诸问题》，《文学遗产》2007年第5期。
⑤ 朱刚：《北宋“险怪”文风：古文运动的另一翼》，《中国社会科学》2010年第1期。

晓音《欧阳修排抑“太学体”新探》①将太学体视为歪风，认为“这场排抑太学体的斗争与反对西昆体具有同样重要的意义，应当在中国文学史论著中补书一笔”，自然是肯定欧阳修的排抑功劳。谢琰《欧阳修排抑“太学体”发覆》②另辟蹊径，认为其主要目的是打击举子“妄议时事”的政治习气。而吕肖奂《欧阳修对奇险风格的矛盾态度——兼论其对太学体形成的影响》③则认为由于欧阳修对石介既批评又盛赞的矛盾态度，导致他对太学体的形成有推波助澜的作用。许瑶丽《庆历“太学新体”新论——兼论欧阳修对庆历“太学新体”的促进》④也倡言欧阳修之某赋直接推动了“太学新体”的形成。另外，关于乾淳太学体的研究，初有祝尚书《宋代科举与文学考论》之《论乾淳“太学体”》一文认为：“所谓乾淳‘太学体’，即乾、淳时期受‘永嘉派’重要作家陈傅良科举程文影响而兴起的文体，它主要流行于太学。”⑤《宋代科举与文学》亦有小节专论。陈光锐《南宋太学“乾淳体”新探》在祝文基础上提出：“‘乾淳体’是对乾淳之际以太学为核心的科场文风描述，不同的学术风尚影响着太学文体。”⑥学者的诸种争议一方面是由于太学体与乾淳体的现存资料过少、真相模糊而引起，另一方面也反映出其研究暂无学界定论，尚有深入空间。

三是政治、制度与文学的关系研究。可分两大类，一类给本书研究提供了基础内容。祝尚书《宋代科举与文学》⑦、《宋代科举与文学考论》⑧，前书中庆历“太学体”“宋代科举制度对文学发展的促进”“宋

---

① 葛晓音：《欧阳修排抑“太学体”新探》，《北京大学学报》1983 年第 5 期。

② 谢琰：《欧阳修排抑“太学体”发覆》，《安庆师范学院学报（社会科学版）》2008 年第 10 期。

③ 吕肖奂：《欧阳修对奇险风格的矛盾态度——兼论其对太学体形成的影响》，《西南民族大学学报（人文社科版）》2005 年第 11 期。

④ 许瑶丽：《庆历“太学新体”新论——兼论欧阳修对庆历“太学新体”的促进》，《四川师范大学学报（社会科学版）》2008 年第 6 期。

⑤ 祝尚书：《宋代科举与文学考论》，大象出版社 2006 年版，第 431 页。

⑥ 陈光锐：《南宋太学“乾淳体”新探》，《浙江工商大学学报》2011 年第 3 期。

⑦ 祝尚书：《宋代科举与文学》，中华书局 2008 年版。

⑧ 祝尚书：《宋代科举与文学考论》，大象出版社 2006 年版。

代科举考试与文学发展的悖反”等章节引人启迪，后书中有“北宋‘太学体’新论”与“论乾淳‘太学体’”专章。姚红、刘婷婷《两宋科举与文学研究》[①]不同于祝书重科举考论轻文学研究，将科举与文学两者紧密结合，具有重要参考价值。郭英德主编《中国古代文学与教育之关系研究》[②]以文学与教育的互动为视角，分为教育制度与文学、教育内容与文学、教育活动与文学、教育效果与文学四大专题。这些研究成果为本书打下重要的参考基础。第二类更多是提供视角方法上的借鉴。马茂军《北宋儒学与文学》[③]、成明明《北宋馆阁与文学研究》[④]、方笑一《北宋新学与文学——以王安石为中心》[⑤]、吴建辉《宋代试论与文学》[⑥]、高明峰《北宋经学与文学》[⑦]等专著，以及陕西师范大学团队的一系列博士论文或著作，如傅绍良《唐代谏官与文学》、于俊利《唐代礼官与文学研究》、徐晖《唐代国子监学官与文学》、王吉清《唐代的早期教育与文学》等，皆选取政治、制度、思想等与文学的关系研究，对本书写作有程度不等的启发思考。

回顾学术史上相关研究成果，前人更多关注宋代太学制度本身的研究，太学与文学关系则过于集中于“太学体”研究。本书既承继之，又对于这两大方面皆有拓展。已有太学制度研究，多把它放在宋代教育、官学教育这样的大背景下，太学与其他中央官学、州县学、私学、蒙学、书院等被放在同一层面上，多作宏观概况性或单篇论文式的论述，而将太学作为独立研究对象，并深入细致地探究其溯源及沿革，太学与政治、君臣影响等，是本书研究重要内容，其关键点是突出宋代太学制度的集中性研究、独立性研究。太学与文学关系研究，则更需大力拓宽研究面。单纯的“太学体”研究有多位学者撰文探讨，主要将其放在研究北宋古文运动、欧阳修排抑之而改变社会及科场文风的角度，

① 姚红、刘婷婷：《两宋科举与文学研究》，浙江人民出版社 2008 年版。
② 郭英德：《中国古代文学与教育之关系研究》，北京大学出版社 2012 年版。
③ 马茂军：《北宋儒学与文学》，暨南大学出版社 1999 年版。
④ 成明明：《北宋馆阁与文学研究》，中国社会科学出版社 2007 年版。
⑤ 方笑一：《北宋新学与文学——以王安石为中心》，上海古籍出版社 2008 年版。
⑥ 吴建辉：《宋代试论与文学》，岳麓书社 2009 年版。
⑦ 高明峰：《北宋经学与文学》，辽宁师范大学出版社 2012 年版。

对于太学及其内部究竟是一种怎样的状态并无过多关注，故诸文基本只论“太学体”而不提“太学”。“太学体”仅是盛行于仁宗一朝，推而广之，神宗朝、徽宗朝及历朝之太学学风、文风如何流变，对于文学创作有何影响，皆是我们关注的问题。本书的研究对象及其范围自然在“太学体”之外延伸了许多。从纵向发展的历史角度看，范仲淹、欧阳修、王安石、苏轼、司马光等文学大家撰文参与讨论太学学制改革；由上到下的层级角度看，皇帝、臣僚、学官、太学生及普通士人皆与太学有着密切关系并由此产生了大量诗文作品；从太学内部来看，不同历史时期的学风与文风大有差异；按内容题材论述，太学师生留下诸多诗文之吟咏；个例分析，亦可见太学个人经历及诗文创作的影响。凡此皆是我们开拓研究、全面考察的对象。

第三节　宋代太学与文学的联结

两宋时期的太学发展相当活跃，就其自身来说，它是太学发展史上的又一高峰阶段，三舍法、舍选制等新实施的太学制度，填补了宋前空白并影响后世数百年。就其外部关联来说，宋代太学与政治、科举关系异常紧密，引人关注，这也是我们的研究范围。而太学制度与文学的联结关系，更是本书的研究重心所在。

随着中国文学绵延不绝的历史演进，文学本身的发展变化也因王朝更替、社会变革等因素而呈现出阶段性特征。宋代文学处于这条文学史长河的中游阶段，诗、文、词等文体蔚为大观，别于唐音而独具宋调。其中，宋人对于文与道离合关系的高度重视和理论阐述，影响着宋人的文学认识，进而影响宋代文学的发展演变。独尊儒术以来，南朝刘勰《文心雕龙·原道》提出“道沿圣以垂文，圣因文而明道”①的文道观，唐代韩愈有“文以贯道”的思想观。经过晚唐五代的寂寥响应，宋初柳开、穆修、石介诸人开始极重文道关系，以欧

---

① (梁)刘勰著，周振甫注：《文心雕龙注释》，人民文学出版社1981年版，第2页。

阳修为主导，更是承继韩愈的道统和文统观，掀起了一场诗文革新运动。周敦颐首次提出“文所以载道”[①]之论，其后朱熹的理论阐释更为深入。程颐则更将其演变为“作文害道”的文道观。总而论之，在宋代文坛上，文学的社会政治功能已被士大夫置于重要地位。“宋代诗文的说教意味显然比唐代浓厚，这不能不归咎于‘文以载道’说的流行和影响。”[②]

而宋代太学制度与文学视域的联结，正与宋代文坛“文以载道”说的统治思想大有关系。太学师生的文学创作，不仅体现着文学本身的艺术审美特征，更强调反映政治教化的社会实用特征。学官的幸学诗文与太学诸生的伏阙奏文等，皆透射着浓厚的政治实用功能。其文学创作的实用性，既因宋代文学整体受到“文以载道”文道观的深刻影响，亦因太学师生参与到和战之争与朋党之争，以国家意志为文，其为文“角色”尤值得关注。关于这一点，左东岭《制度、角色与文学》一文提出，“社会角色是制度与文学之间的重要中介，而角色认同和角色意识是贯穿其间的一条主线”[③]。并依据社会学理论将社会角色分为“规定性表现角色和开放性表现角色两类”，“前者主要包括职官或职事等社会角色”，如学官，后者则包括文学家等社会角色，“这两类社会角色于唐代往往存在着重合之处”。宋代太学制度与文学研究，正是在制度与文学领域内，契合社会角色中“学官”与“文学家”的重合现象，同一主体的两类角色体现出太学与文学的联结。

从文学发生学的视角，观照太学制度与文学视域的联结，还原太学之“文学”的生产机制与生产过程，也是我们的研究基点。通过综合考察宋代太学的管理考核、考试升取等一系列制度，太学演进受到政治、科举变革等不同因素的深刻影响，进而探讨太学文学所产生的促成性和必然性。围绕太学的文学创作，与特定的太学制度及其影响之促成有着密切关联。如从太学内部制度角度，审视在其促使下的文学

① (宋)周敦颐:《周子通书》,上海古籍出版社 2008 年版,第 39 页。

② 袁行霈主编:《中国文学史》第三卷,高等教育出版社 2005 年版,第 4 页。

③ 左东岭:《制度、角色与文学》,《光明日报》2015 年 9 月 14 日第 16 版。

活动。作为学校教育中的最高学府，诸生多在太学内准备科考而入仕，太学科考解额也较诸路州府更为优渥。并且，实施三舍法、舍选法后，太学生既可参加科考，又有可能舍选入仕。因此，补考太学之士子逐年增加，诸生数量一直接近满员。在此特定制度下，庞大的太学生群体创作了数量惊人的诗词文赋。从太学课程及内部考试来看，其内容主授经义，兼习诗赋。太学每月有私试，每年有公试，隔年有舍试，且分不同等级，入等比例甚低。一位太学外舍生，在补内舍、升上舍的过程中，必将经历多场内部考试，作有大量应试文字。而太学生人数达两三千人，产生的应试文字又何其多。从太学与科举的紧密联系、诸生心系科举之业来看，太学生除了学习太学课程、完成太学考试之外，其余时间积极备考，强化练习诗赋、策论，必定作有大量备考文字。太学应试文字和科举备考文字，都可视为太学内部所产生的文学创作。可以想见，其量异常惊人，只是多已散亡，今存部分已是十分难得之资料。

宋代太学制度与文学视域的联结，还表现在诸多方面。

第一，太学体研究以及太学学风与文风对于文学创作的影响。迄今为止，太学体可谓是太学与文学关联领域内最受学界关注的问题。自上世纪八十年代以来，曾枣庄、葛晓音、祝尚书、吕肖奂、朱刚、张兴武等多位学者著文专论太学体，钩稽发微，真知灼见，令人多有启迪。文章多以太学体是文体或是文风，其与骈文、科举程文、庆历之学、古文运动之间的关系诸问题深入研究，主要将它放在科举文学的视域内，对于太学这一特定场合较少提及。嘉祐二年欧阳修排抑太学体事件，最终让太学体以有碍文学发展的不良形象进入了文学视域，为世人所知。然其历史功过究竟该如何评说，时人已有争议。顾名思义，太学体的最大关联者，自是作为全国最高学府的太学。溯其源流，本书试图将它放还太学，考察太学体在太学内部的流变过程。

由此可扩展至有关两宋太学学风与文风的探讨。太学作为中央官学的最重要组成部分，不仅学制学规受到州县官学、地方私学、书院教育的模范套用，其学风与文风更是被天下士子趋慕争学，对于社会学风与文风的导向作用不言而喻。“切惟太学时文，四方视以为法，而士风厚薄，人才盛衰，皆可概见于此”①。探究太学学风与文风主要有四个视角。其一，教学内容。最直接的考察方式就是太学教学内容，诗赋与经义之争，抑或程学与王学之争，都可得到鲜明呈现。其二，科举导向。太学机构为培养国家人才，向来提倡教学以经义为重，而太学生为求得生活利禄，向来对科举情有独钟。科举导向影响学风文风。其三，学派之争。苏学、王学与程学等因主张相别，学习内容大有差异，学风文风也自然不同。其四，政派争斗。政派影响学派，诸学派时而受宠，时而被禁，起起落落，难有定数。太学生只有紧跟特定时期政治潮流，方可避免被社会、科举与学校遗弃。宋代学风沿革大体经历了三个阶段。一是注疏之学向疑传惑经的转变。这在庆历兴学时期基本完成。庆历前学者尚文辞，守章句注疏之学，宋初三先生先后掌教太学，摒弃章句诵说，不惑传注，太学学风为之一变。二是王氏之学，以《三经新义》与《字说》为代表。自熙丰兴学直至北宋末，王氏新学除在个别时期受到排抑，基本占领了学校与场屋。三是程朱理学。理学在南宋初中期的发展曲曲折折，与王安石新学派的斗争也是未曾间断，直至理宗朝取得正统地位成为“官学”，最终成为了学校与科举的学风归宿。而宋代文风沿革可考述太学体、乾淳体以及散见于文献资料的其他太学文风。通过详论两宋太学学风与文风发展，可以集中考察太学内部对于社会层面文学创作的影响。

第二，宋代太学学官和太学生有大量的诗文作品传世。笔者依据宋代史料、笔记、地方志等各类文献资料，搜集整理现存宋代太学师生有姓名可考查者，制成太学学官一览表、太学学生一览表。并以师生姓名为依据，核查《全宋文》《全宋诗》《全宋词》《全宋诗订补》《全宋词补辑》等文学总集及宋人别集，考其有诗文存世者，制成太学师生诗文表。就目前搜检情况来看，已知的471位太学学官中，有316位存留诗文，占比达67％；422位太学生中，有171位存留诗文，占比达41％。这是一个很高的比例。当然，其中有大量诗文并非太学时期所作，但

① 苗书梅等点校：《宋会要辑稿·崇儒》，河南大学出版社2001年版，第55页。

太学文学亦有很多。在太学制度与文学关系研究过程中,必须避免一个误区,即把太学师生的诗文与其身在太学时期所作作品混为一谈。严格区分太学与非太学时期的文学创作,是我们研究的基础点。本书所出现的师生诗文,若非特意说明,皆为其在太学时期所作或涉及太学之作。诗文附表中所录数量巨大的太学诗、太学词、太学文,是我们研究太学制度与文学关系的直接材料,详考这些作品,对于太学内部形势与文人生活现状等诸问题均将有深入剖析。如太学诗中的“齑盐”现象,文人之书写贯穿两宋不同时期,《咏齑》(杨万里)、《出都呈十五叔父》(晁补之)、《次韵程天游叙旧》(葛立方)、《留别金陵韩帅二首》(周必大)、《淳祐己酉月正人日春雨堂宴三学同舍即事》(郑霖)、《和王槐城城寄诗韵》(王义山)等诗作皆以“齑盐”代指,感叹太学物质生活之清薄贫苦。

第三,太学师生中出现了一批成就突出的著名文人、诗人、词人。如国子助教潘阆、国子监直讲宋祁、判国子监余靖、补国子监生欧阳修、国子监直讲梅尧臣、国子监直讲石介、太学说书李觏、国子监直讲司马光、太学博士朱长文、太学博士李格非、太学博士秦观、太学正晁补之、太学博士陈师道、太学录张耒、太学正周邦彦、太学博士沈与求、太学博士陈与义、国子司业汪应辰、太学录周必大、太学博士吕祖谦、太学录陈傅良、太学博士真德秀、太学生尤袤、太学生戴表元等。他们皆有太学师生的身份,又多是宋代文学史上的名人,而在太学时期皆有文学创作,这就引起了我们的研究兴趣。翻检相关名单,如苏门弟子李格非、秦观、晁补之、陈师道、张耒皆在其中,且其任职太学之时期或相同或相近,相互之间赠答酬唱之诗文甚多,颇引人关注。通过论析著名文人的相关作品,我们可以针对性地考察文人自身在太学的学习、履职及生活情状,探论太学经历对于其今后文学创作的影响,亦可由诗文创作反观太学与科举、政治关系,太学的发展过程,太学的学术氛围等。

第四,宋代文坛上一些名望极高的文学大家,参与有关太学的重要事件,并实际影响了太学的发展沿革。范仲淹不仅是著名的改革家、文学家,更是一位影响远大的教育家,一生勤于教育事业,用功至多。《奏上时务书》《上执政书》《上时相议制举书》等上书中多次提及兴办教育，改革科举弊端，提出了"善国者，必先育材，育材之方，莫先劝学"①的主张，倡言而发起庆历兴学。太学之重建作为兴学重要举措，奠定了宋朝太学制度基础，庆历兴学开创了北宋教育一个全新的时代。欧阳修关注太学教育，乞选举名师入学授业，先后作有多篇荐举文，如《举留胡瑗管勾太学状》《举梅尧臣充直讲状》《举布衣陈烈充学官札子》《再乞召陈烈札子》等。王安石主持熙丰兴学，《上仁宗皇帝言事书》近万言阐述变法主张，革新太学制度，特别是实施三舍法、舍选制等一系列创举，促使太学发展到了新的高度。范仲淹、欧阳修、王安石等政治家兼文学家先后主持兴学，对于太学的发展实有莫大功绩。苏轼《议学校贡举状》、司马光《议学校贡举状》、程颢《请修学校尊师儒取士札子》、陈襄《议学校贡举札子》、朱熹《学校贡举私议》诸人诸作就太学学制改革答诏论辩，各抒己意。他们多是站在政治家的立场，或以改革家的胸怀和气魄为太学发展注入新的活力，或以奏疏文的方式为太学献策献力。同时，他们又身兼文学大家的身份，所陈论辩文亦纵横开阖，任气骋词，引经据典，颇具文学性，实属文学名篇。具有较高地位和较大影响力的文学家及其太学作品，自然也是研究重点所在。

第五，许多并非属于太学师生的文人，围绕太学相关论题，创作诸种诗文作品。宋代皇帝频繁幸学，以示重教劝学之意。朝廷诸臣、太学师生往往献诗赋颂表，因而产生了大量的幸学诗文。苏轼《贺驾幸太学表》两篇与吕大防、秦观、张耒、李之纯、苏颂、韩忠彦、刘奉世等多人的《驾幸太学》唱和诗即是代表。非太学官员对太学发展演变起着重要的影响作用。针对学官任免，他们作有太学制诰文、学官荐举文，如可视同优美文学作品的郑獬《国子监直讲转官制》和欧阳修《举留胡瑗管勾太学状》；针对太学内部出现的诸种问题，其相关奏疏文表现出对太学发展的献计献策、对太学生问题的积极关注，如杨亿《代人转对

① (宋)范仲淹著，李勇先、王蓉贵校点：《范仲淹全集》，四川大学出版社 2002 年版，第 237 页。

论太学状》针砭学校现状，刘挚《论太学狱奏》力挺太学生群体。社会人士多有关于太学师生的赠行文字、酬唱交游等，如释元照《送闻伯龙归太学序》。这些作品属于太学文学的大范畴，作品量也就更多了，它在现存太学文学资料中占有重要比例。

第二章　宋前太学制度溯源

在源远流长而光辉灿烂的中华文明中，教育发展的起源可追溯至原始社会。我国原始社会经历上百万年的缓慢发展，群聚生活的早期人类在艰苦卓绝的自然环境下，过着集体劳动、集体所有的社会生产与生活方式，也开展着原始的教育活动，制石存火、采果狩猎，依靠集体教育传承于后代。氏族公社时期，教育活动的内容形式进一步发展丰富，如人工取火、农业与畜牧业技艺、制陶纺织工艺等生产劳动教育，婚姻家庭制度、日常衣食住行、原始民俗活动等生活方式教育，自然崇拜、图腾崇拜、祖先崇拜等原始宗教教育。至氏族公社末期，出现了学校教育的萌芽。

原始社会末期逐步解体时的政治社会变革，促使原始教育活动不断产生新的变化因素，文化科学知识逐步受到部落贵族的垄断，教育出现分化性与等级性特征，符号与图画等原始记事法基础上文字的发明让人类进入了另一个文明时代，学校教育的萌芽也由此而逐渐产生。探论宋前太学制度的演变历程，需从学校萌芽的传说开始。

第一节　宋前太学制度沿革

追溯宋代以前太学教育发展的演变历程，以时间为线，可将其分为上古三代、西东两汉、魏晋六朝、隋唐时期四个阶段。

一、萌生期：上古三代

据《周礼》《礼记》等文献所载，上古时期最早出现的学校名称为“成均”。董仲舒《春秋繁露》云：“成均，均为五帝之学。”①“成均”是传说中五帝时代的学校。学者多同其说，汉儒郑玄《礼记·文王世子》注中宗董氏之说，“五帝名大学曰成均”，唐儒贾公彦《周礼·春官·宗伯下》疏曰：“五帝总名成均。”②宋人项安世《松滋县学记》云：“学制之可见于书者自五帝始，其名曰成均。”③关于“成均”之学的教育内容，郑玄言其以乐教为主，“均，调也。乐师主调其音”④。《尚书·舜典》载舜使后夔典乐、教胄子，“乐师即属教师”，“成均，均字即韵字之古文，古代教民，口耳相传，故重声教。而以声感人，莫善于乐”⑤。笔者赞同今人《中国教育制度通史》所言，以为将“成均”之学“称之为‘我国古代学校的萌芽’是完全可以的”⑥。

原始氏族公社末期的虞舜时代，出现了有虞氏之学，即“虞庠”之学。《礼记·明堂位》云：“米廪，有虞氏之庠也。”⑦“庠”，“从广羊声”，本义即饲养家畜，后又变为储藏谷物处，故名“米廪”。《礼记·王制》载：“有虞氏养国老于上庠，养庶老于下庠。”⑧可见“虞庠”之学已有上庠与下庠之分别，体现出学校教育的等级性。关于“虞庠”之学的教育内容，从《礼记》所载及孟子言“庠者，养也”来看，主要侧重于孝与养老。而郑玄注称“董钟舒曰：‘五帝名大学曰成均。’则虞庠近是也”，推

---

① (宋)王应麟：《玉海》，上海书店出版社、江苏古籍出版社1987年版，第2035页。

② (汉)郑玄注，(唐)贾公彦疏：《周礼注疏》(下)，《十三经注疏》，北京大学出版社1999年版，第574页。

③ (元)马端临：《文献通考》，中华书局1986年版，第379页。

④ (汉)郑玄注，(唐)贾公彦疏：《周礼注疏》(下)，《十三经注疏》，北京大学出版社1999年版，第573页。

⑤ 刘师培：《学校原始论》，《刘申叔先生遗书》，第19卷，宁武南氏校印本，第27—30页。

⑥ 李国钧、王炳照总主编：《中国教育制度通史》第一卷《先秦秦汉》，山东教育出版社2000年版，第42页。

⑦ (汉)郑玄注，(唐)孔颖达正义：《礼记正义》，上海古籍出版社2008年版，第1257页。

⑧ (汉)郑玄注，(唐)孔颖达正义：《礼记正义》，上海古籍出版社2008年版，第449页。

论可得，乐教亦似为“虞庠”之教育内容。比较上古时期尚处学校萌芽阶段的“成均”之学与“虞庠”之学，则“成均近似国学的前身，而虞庠则近似乡学的前身”。①

从五帝、虞舜时期的远古教育，发展至夏、商、西周的三代教育，历史时代随着社会生产力的发展由原始社会进入奴隶社会，教育也从社会生产活动的母体中独立了出来，我国教育的开创时期真正来临。古籍文献中，夏代的学校教育确有记载，名称有“校”与“序”之差异。《孟子·滕文公上》说：“夏曰校，殷曰序，周曰庠。”②《说文解字》曰：“夏曰校，殷曰庠，周曰序。”③《礼记·王制》则曰：“夏后氏养国老于东序，养庶老于西序；殷人养国老于右学，养庶老于左学；周人养国老于东胶，养庶老于虞庠。”④《说文解字》释“校”曰：“从木，交声。”古交声字多含教意。孟子亦言“校者，教也”。“校”为夏代之乡学。“序者，射也。”金文“序”字，像人在房中射箭，表习射之所。在为政尚武、以射造士的夏朝，军事训练是其学校的重要教育内容。而从“养国老”“养庶老”来看，养老孝老之教亦必在焉。颇值得注意的是，夏代已有东序、西序之分，而郑玄认为东序亦大学，西序亦小学，学校教育得到进一步发展。

商朝学校教育的记载，不仅有古籍文献可证，商代甲骨文亦是有力证明。⑤ 商朝学校有“庠”“序”“学”“瞽宗”等名称。“庠”承自氏族社会之“虞庠”，重视养老等孝悌教化。“序”在夏朝重习射训练的基础上，又重“明长幼之序”的德行修养。“学”则有“右学”与“左学”之别，亦是大学与小学之分。“瞽宗”之名新见于商朝，韦昭注《国语·周语下》云“死以为乐祖，祭于瞽宗”，《礼记》曰“礼在瞽宗”，项安世《松滋县学记》言殷人“以乐造士，故其学为瞽宗”。可见礼乐教育、祭祀乐祖是其重要职能。据学者考证，甲骨卜辞中已出现“学”“大学”“庠”等名

---

① 毛礼锐、沈灌群主编：《中国教育通史》，山东教育出版社 2005 年版，第 42 页。
② 杨伯峻译注：《孟子译注》，中华书局 2005 年版，第 118 页。
③ （汉）许慎：《说文解字》，中华书局 1963 年版，第 192 页。
④ （汉）郑玄注，（唐）孔颖达正义：《礼记正义》，上海古籍出版社 2008 年版，第 449 页。
⑤ 王贵民：《从殷墟甲骨文论古代学校教育》，《人文杂志》1982 年第 2 期，第 21—26 页。

称,建校、上学、学校祭祀与乐歌等皆作占问。

西周学校集前代之大成,学制雏形已显。依地域而言,有中央官学(即国学)与地方官学(即乡学)之分。中央官学之中依受教育程度而论,有大学与小学之别。大学亦有两类,“天子曰辟雍,诸侯曰泮宫”①。天子大学从文献所载来看,名称殊多。有五学之称,《大戴礼记·保傅》记载最为典型:“帝入东学,上亲而贵仁,则亲疏有序,始恩相及矣。帝入南学,上齿而贵信,则长幼有差,始民不诬矣。帝入西学,上贤而贵德,则圣智在位,而功不匮矣。帝入北学,上贵而尊爵,则贵贱有等,而下不逾矣。帝入太学,承师问道,退习而端于太傅,太傅罚其不则而达其不及,则德智长而理道得矣。”②此处,东学即“东序”,南学即“成均”,西学即“瞽宗”,北学即“上庠”,中央之“太学”即“辟雍”。除此五学,另有“东胶”“明堂”“学宫”等名称,似乎设有多所大学。然据金鹗《求古录礼说·学制考》、孙诒让《周礼正义》等考证,西周大学其名虽众,原只一所,多学犹一学,是为大学。大学教育兼顾文武,以礼、乐、射、御、书、数等六艺为教纲,以培养统治者需求的政治人才。西周大学设有分年考核制度,《礼记·学记》载:“比年入学,中年考校。一年视离经辨志,三年视敬业乐群,五年视博习亲师,七年视论学取友,谓之小成。九年知类通达,强立而不反,谓之大成。”③招生入学、奖惩监督等管理制度皆有初步规定。

春秋战国时期,学校教育发生了改革性大变化,“周室东迁,庠序废坠”。随着社会制度大变革的到来,周天子国有制名存实亡,官学逐步衰落,私学大兴直至取代官学。西周末年官学已衰,毛序《诗经·郑风·子衿》曰:“《子衿》,刺学校废也。”春秋初、中期,泮宫与乡校尚略有所见,鲁僖公修泮宫颂于《诗经》,郑子产不毁乡校受孔子称赞。时至春秋末叶,官学全面废弛,公元前525年,孔子曰:“天子失官,学在四夷。”公元前524年,周大夫原伯鲁“不悦学”,曰:“可以无学,无学不

---

① (汉)郑玄注,(唐)孔颖达正义:《礼记正义》,上海古籍出版社2008年版,第449页。
② (汉)戴德辑,高明注译:《大戴礼记今注今译》,天津古籍出版社1975年版,第110页。
③ (汉)郑玄注,(唐)孔颖达正义:《礼记正义》,上海古籍出版社2008年版,第1423页。

害，不害而不学，则苟而可。”[①]官学教师皆四处流落，“太师挚适齐，亚饭干适楚，三饭缭适蔡，四饭缺适秦，鼓方叔入于河，播鼗武入于汉，少师阳、击磬襄入于海”[②]。官学的废墟上，私学骤兴。孔子当是其首创者，随后墨子大办私学。战国时期，儒、墨、法、名、道诸家皆有私学，形成百家争鸣的私学时代。

综观上古三代的学校教育，笔者关注其演变过程所呈现的如下特征。第一，“太学”的萌生与渊源。上古汉语中，“太”为极大之意，与“大”相通，《说文解字注》曰：“后世凡言大而以为形容未尽，则作‘太’。”[③]“古人大字多不加点，如大极、大初、大素、大室、大庙、大学之类。后人加点，以别小大之大，遂分为二矣。”（《骈雅训纂·释名称》）[④]其中特举“大学”例，故古时“大学”与“太学”相通。五帝时“成均”之学，郑玄即注“五帝名大学曰成均”，虞、夏、商、西周四代之学，皆有“大学”“小学”之分，“四代之学，虞则上庠、下庠，夏则东序、西序，商则右学、左学，周则东胶、虞庠，而周则又有辟雍、成均、瞽宗之名。则上庠、东序、右学、东胶，大学也，故国老于之养焉；下庠、西序、左学、虞庠，小学也，故庶老于之养焉。”[⑤]西周时期的五学之称，明确标出“帝入太学”，此处“太学”与汉代太学的涵义自不相同，但亦可见其发展渊源。可以说，汉前“大学”的学校制度、教育模式等为汉代太学的正式建立提供了重要参照基础。

第二，从夏、商、西周的“学在官府”到春秋战国的“学在四夷”，盛行上千年的官学全面崩溃，平地骤兴的私学占领教育阵地。这种教育的大变革源于政治形势和社会思潮的剧烈变动，周王朝权势的旁落以及百家争鸣的兴起。“学在官府”的产生，是对原始形态的远古教育的“否定”及发展。它是夏、商、西周教育的重要特征，突出在官府办学，官师不分，政教合一。它既含“鲁侯戾止，在泮饮酒”“矫矫虎臣，在泮

① 杨伯峻译注：《春秋左传注》，中华书局 1990 年版，第 1197 页。
② 杨伯峻译注：《论语译注》，中华书局 1980 年版，第 192 页。
③ （汉）许慎著，段玉裁注：《说文解字注》，浙江古籍出版社 1998 年版，第 1516 页。
④ 郜林涛、黄仕荣：《中国历代学校教育通考》，北岳文艺出版社 2008 年版，第 47 页。
⑤ （元）马端临：《文献通考》，中华书局 1986 年版，第 379 页。

献馘”[①]等饮酒敬老、武臣献馘类朝廷行政事务，亦有教人育才、化民成俗的学校本职教育。“学在四夷”的兴起，又是对千年来官府办学的“否定”及发展。这种“否定之否定”的演变过程，实为适应不同时期社会发展的根本需要。私学兴盛表面来看打击了官学发展，但正是诸子百家私学争鸣的兴盛局面，为汉代以降学校教育的兴盛奠定基础。故总体而论，私学之盛是古代教育的一大发展，具有深远影响。

二、勃兴期：西东两汉

两汉教育勃兴之前，始统天下却享有国祚仅十五年的秦帝国为巩固政治统治、加强中央集权，依靠严刑竣法实施一系列变革性举措，教育制度上以法为教、以吏为师，终结了百家争鸣的良好局面，重挫了教育发展。秦严禁私学，统治者偏执地认为私学将致社会思想混乱，李斯所谓“私学而相与非法教，人闻令下，则各以其学议之，入则心非，出则巷议”[②]，故全面否定私学，焚书坑儒之举可谓臭名昭著。既禁“学在四夷”，亦难“学在官府”，百家俱废，可教可学者唯朝廷法令，学校教育一片荒芜。

秦亡汉兴，百废待举。统治者吸取前朝教训，去除暴力酷法，尊崇黄老之术，无为而治，与民休养生息。此一时期，太学之兴建亦有奏议，文帝时贾山上奏曰“定明堂，造太学，修先王之道”[③]，然在举国皆行道家思想为主导的黄老政治时，太学之议未获重视。直至汉兴七十余年后的武帝即位，方有太学之创建。纵观两汉太学发展，可分如下四个阶段。

第一阶段：武帝创建太学。武帝即位之初，承继“文景之治”的兴盛政局，胸怀雄才大略，颇欲有所作为。然窦太后笃信黄老，改弦更张、意欲崇儒之举阻力重重。建元六年（前135），窦太后去世。次年武帝改年号为元光，并出策问贤良，董仲舒上《天人三策》，“推明孔氏，抑黜百家；立学校之官；州郡举茂材孝廉，皆自仲舒发之”[④]，所论事宜深

---

① 周振甫译注：《诗经译注》，中华书局2002年版，第532页。

② （汉）司马迁：《史记·秦始皇本纪》，中华书局1979年版。

③ （汉）班固：《汉书》卷五一《贾山传》，中华书局1962年版，第2327页。

④ （汉）班固：《汉书》卷五六《董仲舒传》，中华书局1962年版，第2495页。

得武帝赞许。他论兴太学之意义:“养士之大者,莫大乎太学。太学者,贤士之所关也,教化之本原也。今以一郡一国之众,对无应书者,是王道往往而绝也。臣愿陛下兴太学,置明师,以养天下之士。”①董仲舒提出的“罢黜百家,独尊儒术”“兴太学,置明师”与“举贤才,广取士”可谓“三代文教政策”②,深刻影响了汉代约四百年的文教走向。武帝元朔五年(前 124),是太学发展史上最具历史意义的创建之年。是年武帝下诏曰:“其令礼官劝学,讲议洽闻,举遗兴礼,以为天下先。太常其议,予博士弟子,崇乡党之化,以厉贤才焉。”③丞相公孙弘、太常孔臧等应诏而请“为博士官置弟子五十人”,武帝采纳之,太学正式建立。太学生的教官即博士,已由武帝于建元五年(前 136)“置五经博士”,故此番招收“博士弟子”即太学生,师生俱有,太学方建。建立初期,并无太学校舍,“未尝筑宫以居之”。究其原因,主要是太学生数额较少,五经博士平均每人所带弟子不足 10 名,基本自行教学。至昭帝时期太学生扩至 100 人,宣帝时扩至 200 人,随着员额不断增多,设置专用校舍必不可少。《汉书·艺文志》有“西京无太学”之论,然宣帝时何武等“学长安,歌太学下”④,可见太学在西汉中后期已有校舍。

第二阶段:元帝至西汉末。将元帝作为第二阶段的开始,因在元、成、哀、平诸帝的重视下,汉代太学规模有了大幅度发展。从博士弟子员数量来说,好儒尤甚的元帝命“能通一经者皆复”,“复”即享受太学生待遇且免徭役,更重要是诸生不设名额限制。此举一开,太学规模必然急剧扩展。“数年,以用度不足,更为设员千人。”即便太学生数减为千人,亦比宣帝时扩大五倍之多。成帝末因“孔子布衣养徒三千人,今天子太学弟子少”,故增弟子员至三千人。平帝时王莽持政,更大举兴学。拓展学舍至万区,“起明堂、辟雍、灵台,为学者构舍万区,作市、常满仓,制度甚盛”⑤。在五经博士的基础上增《乐经》博士,每经博士

① (汉)班固:《汉书》卷五六《董仲舒传》,中华书局 1962 年版,第 2495 页。
② 喻本伐,熊贤君:《中国教育发展史》,华中师范大学出版社 1991 年版,第 142 页。
③ (汉)班固:《汉书》卷六《武帝纪》,中华书局 1962 年版,第 155 页。
④ (汉)班固:《汉书》卷六四《王褒传》,中华书局 1962 年版,第 2775 页。
⑤ (汉)班固:《汉书》卷九九上《王莽传上》,中华书局 1962 年版,第 4039 页。

增至五名,六经共三十员。每人领弟子员三百六十,共计有弟子一万八百人。这一阶段的太学发展甚为迅速,然王莽篡位后的政治改制及日益严重的社会动乱危机,加上王莽新政权的最终覆灭,西汉太学发展也戛然而止,毁于中途。

第三阶段:东汉初至安帝。光武中兴,于洛阳建立东汉王朝。光武帝刘秀曾是太学生,即位初即重立五经十四博士,并于建武五年(29)新建太学,自此东汉太学重焕生机。光武、明帝等重视太学教育,尊师重道,崇尚儒学,"自皇太子、诸王侯及功臣弟子,莫不受经"(《后汉纪》),形成了东汉太学发展的良好开局。光武帝"起太学博士舍、内外讲堂,诸生横巷,为海内所集"①,重建三雍即明堂、辟雍、灵台。幸学之举更显其重视之意。太学建成之际光武帝亲临视学,并赏赐博士及太学生;建武十九年(43)又幸视太学,"诏诸生雅吹击磬,尽日乃罢";永平二年(59),明帝幸学,亲自行礼讲经,此举甚可引发太学影响大盛。建初四年(79),章帝举行著名的白虎观议经会议,召集博士等诸儒辩论五经同异、师法家学及今古经文之争。东汉初统治者促进了太学发展,但至其后的和帝、安帝时期,因宦官专权,朝政黑暗,太学发展严重受阻。其时"太学试博士弟子皆以意说,不修家法,私相容隐,开生奸路"②,"学者盖少,远方尤甚。博士倚席不讲,儒者竞论浮丽"③,甚至安帝时校舍成为放牧砍柴之所,"学舍颓敝,鞠为园蔬。牧儿荛竖,至于薪刈其下"④,极为荒废,光武帝重建之太学至此又一片荒芜了。

第四阶段:顺帝至东汉末。永建六年(131),翟酺奏言太学"颓废至为园采刍牧之处,宜更修缮,诱进后学"⑤,顺帝采纳之,决定重新修建太学。此番新修历时数年之久,扩建校舍二百四十房,共计一千八百五十室。并扩大太学生源,公卿弟子、明经下第皆可入学,至质帝时期诏令大将军以下至六百石者遣子入学。太学生人数不断增多,录官名额却极有限,桓帝永寿二年(156),新的太学课试法实行,由原先一

①⑤　(南朝宋)范晔:《后汉书》卷四八《翟酺传》,中华书局1965年版,第1603页。
②　(南朝宋)范晔:《后汉书》卷四四《徐防传》,中华书局1965年版,第1500页。
③　(南朝宋)范晔:《后汉书》卷三二《樊准传》,中华书局1965年版,第1125页。
④　(南朝宋)范晔:《后汉书》卷七九《儒林传序》,中华书局1965年版,第2545页。

年一试改为两年一试，一次不中可待下届再考，直至录取。然其制度以通经门数分别对应相应官职，通二经者补文学掌故，通三经者擢太子舍人，通四经者为郎中，通五经者方可补吏。授官必须依次累积递升，先试二经得文学掌故，必待满二年后，方许试三经擢太子舍人，其余依次类推。如此严苛的录官制度下，诸生耗其毕生精力，甚者"结童入学，白首空归"[①]，在学太学生人数日益积压，此制度实行后更是达到了空前规模的三万余人。而在桓帝延熹九年(166)与灵帝建宁二年(169)发生的"党锢"事件，满怀忠心激情、清议之风高涨的太学生群体牵扯其中，受到了株连迫害，太学教育亦颇受挫败。至献帝时期，诸侯并起，天下大乱，洛阳太学在汉末的纷乱争斗中毁于一旦。

综观两汉太学始末，论其四百年发展呈现出的历史意义，主要有如下特征。第一，汉武帝创建太学是中国古代太学发展史上的真正起点，汉代太学是魏晋以降历代太学制度的源头和标杆。总体而言，太学作为为朝廷养士的国家最高学府，建立后受到两汉时期大多数帝王的重视，其不断发展演变过程中形成的太学管理诸制度虽处于初级阶段而不够成熟，却仍对后代具有无可争议的示范标杆性意义。从汉代太学教师的管理制度来说，教师统称为博士，隶属太常。太常作为朝廷典礼官，掌管职责有礼仪祭祀、文教事务等。博士在兴太学前早已有之，然教书育人是其兴学后的新职责。众博士中有一长官，西汉称"仆射"，东汉称"祭酒"。汉代博士享有尊崇地位，"儒林之官，四海渊源，宜皆明于古今，温故知新，通达国体，故谓之博士"[②]，故其选拔录用甚为严格。选用途径主要有二，一是察举推荐，如公孙弘"以贤良征为博士"[③]，孔安国以善于治《书》举为博士；二是他官调任，如张玄由郎升博士，翟方进以议郎迁博士。其后愈严，举荐、调迁后需经策试方可任职。从太学生的管理制度来说，学生多称"博士弟子""弟子""诸生""太学生"。其招生录取，在武帝创建太学之初就明确有二，一是

---

① (南朝宋)范晔：《后汉书》卷九《献帝纪》，中华书局1965年版，第367页。

② (汉)班固：《汉书》卷十《成帝纪》，中华书局1962年版，第301页。

③ (汉)班固：《汉书》卷五八《公孙弘传》，中华书局1962年版，第2613页。

“择民年十八以上，仪状端正者”①，此类补录由掌管文教要职的太常负责，可依缺额而直选之；二是“有好文学，敬长上，肃政教，出入不悖”者，此类补录由“郡国县官”负责，因太常直选者多限于京师，地方生源则交由郡县官员报送太常。至东汉，入学条件逐渐放宽，年龄限制由十八岁降至十五岁，甚至“年十二，为诸生”②者亦有之。特别是游太学已成为一种自发行为，无须郡县举送上报了。“当时太学是开放式的，看来已没有名额和学籍的限制。”③太学生的身份地位值得注意。不同于上古三代时期“学在官府”者多是显贵子弟，汉代太学面向社会民间子弟，给“发于畎亩，出于穷巷”之平民百姓提供了学而优则仕的机会。凡此对于历代太学之示范影响具有历史意义。

第二，汉代太学的发展演变，体现出官方结合太学教育与儒学以强化其意识形态，渗透着太学“成也政治，败也政治”的强烈政治因素，这种全新的特点模式也紧紧束缚了后世的历代太学，由此来说其有滥觞肇始之意。汉代统治者为统一政治思想，确立罢黜百家、独尊儒术的政策，儒学成为治国的重要理论工具。将其引入太学教育，设立了五经博士制，以《诗》《书》《礼》《易》《春秋》五经及《论语》《孝经》等儒经作为太学教学和考核的核心内容，朝廷选官一律录取儒术经学之士。儒学俨然已垄断太学教育。太学士子长期濡染儒家经书，长此以往，儒家的伦理纲常自然影响太学师生的思想观点、处事方式，这有利于统治者控制士子的精神生活并维护稳定的社会政治。正如董仲舒对策所论：“……今师异道，人异论，百家殊方，指意不同；是以上无以持统一，法制数变，下不知所守。臣愚以为诸不在六艺之科，孔子之术者，皆绝其道勿使并进；邪僻之说灭息，然后统一可纪，而法度可明，民知所从矣。”④强化统治思想，在太学儒经教育的过程中得到了完美的反映。另外，教育为治国之本，国家对太学的掌控有着强烈的政治意

---

① （汉）班固：《汉书》卷八八《儒林传序》，中华书局1962年版，第3589页。

② （南朝宋）范晔：《后汉书》卷七六《任延传》，中华书局1965年版，第2460页。

③ 李国钧、王炳照总主编：《中国教育制度通史》第一卷《先秦秦汉》，山东教育出版社2000年版，第345页。

④ （汉）班固：《汉书》卷五六《董仲舒传》，中华书局1962年版，第2495页。

图。武帝创建太学，就是政治化的独尊儒术政策的体现，“重教兴学成为汉代乃至以后历代的一项基本国策，这显然是独尊儒术的产物。”①纵观两汉太学发展的四个阶段，或兴或废皆与其时的政治背景密切相关，西汉末、东汉末的衰废自不待言，和帝、安帝朝颓败为荒园亦是朝政黑暗的直接结果。太学发展因政治兴盛而兴，亦因政治衰败而败，这不仅体现于两汉时期，亦适用于后世历代。

三、衰落期：魏晋六朝

魏晋南北朝时期，朝代的频繁更替、社会的动荡难安以及政制的朝令夕改，使太学教育时兴时废，难有长久的稳定发展。魏晋六朝可谓太学发展史上的衰落期，太学在三百余年的纵向发展中，也吸引了不同朝代个别君主的关注目光，从而在断断续续中缓慢前行。

曹魏政权建立伊始，文帝曹丕就有崇儒的政治姿态，对于太学教育格外上心，史载：“黄初元年之后，新主乃复始扫除太学之灰炭，补旧石碑之缺坏，备博士之员录，依汉甲乙以考课。申告州郡，有欲学者，皆遣诣太学。”②黄初五年(225)四月，曹丕正式立太学于洛阳。诸项制度多因袭汉制，亦有应时创举。太学初立，“备博士之员录”，置《春秋》《穀梁》博士，人数亦达十九人，然“率皆粗疏，无以教弟子”，博士教学水平成为统治者亟需改善的重要问题。明帝太和二年(228)就此下诏：“自顷儒官或非其人，将何以宣明圣道？其高选博士，才任侍中、常侍者。”③然终魏一朝，改善效果甚微。加强太学生管理，凡入学者皆须十五岁以上，对于师生必须恭敬尊命，若酗酒好讼，则“罚饮水三升”④。此时期太学的重要改革是五经课试法的设置。它以东汉桓帝时太学课试法(上文已详论)为参照基础，更加细化了入太学的资格条件。慕学者可不加限制地入太学，但仅称其为“门人”，两年后考试，

---

① 李国钧、王炳照总主编：《中国教育制度通史》第一卷《先秦秦汉》，山东教育出版社2000年版，第246页。

② (西晋)陈寿：《三国志》卷一三《王肃传》，中华书局1982年版，第414页。

③ (西晋)陈寿：《三国志》卷三《明帝纪》，中华书局1982年版，第91页。

④ (清)钱仪吉：《三国会要》，上海古籍出版社2006年版，第358页。

若一经不通，则直接罢遣回乡。若通一经，方称为“弟子”，算是取得了太学生资格。成为博士弟子后，升迁考选与东汉课试法基本一致。魏国太学的总体发展形势，魏人刘靖之语可作总评：“自黄初以来，崇立太学二十余年，而寡有成者。盖由博士轻选，诸生避役，高门子弟，耻非其伦，故无学者。”故而只能是“虽有其名而无其人，虽设其教而无其功”①。

两晋承继魏之太学建制，太学存在于晋朝的始终，却难说有何发展。西晋武帝司马炎从两方面整顿太学，其一是删减生员数额。因司马炎废魏元帝曹奂自立为帝，魏之太学摇身一变为晋之太学。因魏实行五经课试法，太学生额日增，至晋初已达八千余人。故泰始八年(272)，武帝下诏命太学生重新考试，试经通者留之，其余皆遣还郡国。经此一试，太学生员从七千余降至三千人。其二是立国子学，与太学并存。咸宁二年(276)，武帝初立国子学，这在中国教育发展史上具有重要意义。太学向来作为国家最高学府的尊崇地位，开始受到国子学的挑战和排挤。而且国子学从初创伊始就已高太学一等，五品以上官员的子弟才有资格入国子学。晋代太学与国子学相比，“斯是晋世殊其士庶，异其贵贱耳”②，学中生员有门阀士族与寒门庶族的身份贵贱之别，然“皆须教成，故国学太学两存之也”。晋室南迁之初，东晋元帝司马睿于建武元年(317)立太学，置博士，国子学则是约七十年后的孝武帝太元十年(385)所立。两学发展状况，即如国子祭酒殷茂所言“自学建弥年，而功无可名”③。

南朝一百七十年间历宋、齐、梁、陈四个政权，二十四位君主，此时期的社会动乱更为频繁。兴学事宜被个别统治者提上政治议程，却往往因政局变动不能长期实施。刘宋永初三年(422)，武帝颁兴学诏书，言“古时”皆教学为先，修建庠序，“近时”因战乱频仍，学校荒废，“今时”四海载清，宜弘振国学。未及施行，武帝去世。宋文帝承继遗愿，于元嘉十九年(442)下诏重振国子学，三年后有亲临幸学之举，且专门

① (西晋)陈寿：《三国志》卷十五《刘靖传》，中华书局 1982 年版，第 463 页。

② (梁)萧子显：《南齐书》，宏业书局 1972 年版，第 117 页。

③ (梁)沈约：《宋书》，中华书局 1974 年版。

表彰胄子之肄业有成。刘宋还新开专科教育，如宋文帝元嘉十五年(438)设“四学馆”(儒、史、文、玄四学)和宋明帝泰始六年(470)立“总明观”(儒、道、文、史、阴阳五学)。南齐国祚仅二十三年，兴学之举亦时而有之，齐武帝曾诏建学“广延胄子”，齐明帝下诏立学“广延国胄”。至梁代，武帝萧衍在兴学文教方面颇有建树。天监四年(505)设立“五馆”，以五经博士各主一馆，广招寒门俊才。三年后兴国子学，以贵族子弟入学，数次幸视，褒奖有加。陈代国势衰微，虽并设有太学与国子学，皇太子亲临太学行礼讲学，然最终仍是“虽博延生徒，成业盖寡”①。

北朝历魏、齐、周三朝，北魏之太学教育最见成效。魏道武帝初定中原，就以经术为先而立太学，置五经博士，生员有千余人。天兴二年(399)增国子、太学生至三千人。始光三年(426)，太武帝别起太学于城东，并令州郡各举才学之士入学。人多砥尚，儒林转兴。其后太武帝还有“自王公已下至于卿士，其子息皆诣太学”②的诏命。孝文帝时由平城(山西大同)迁都洛阳，重立太学与国子学，并幸视太学。宣武帝感叹官学荒废，诏命整修太学等。可见，北魏诸帝对于太学教育是甚为看重的。至北齐，因国祚甚短，教育事业难有作为，“国学博士徒有虚名，唯国子一学，生徒数十人耳”③。北周教育虽较北齐相比有所建树，立有太学，且周武帝亲临之，然成效不大，“时黉中多是贵游，好学者少”④。

纵观魏晋六朝太学兴废始末，其在动荡纷纭的政治局势中曲折求生，缓慢前行，处于太学发展史上的衰落期。究其缘由，政局剧变与社会动乱之外，尚有其他成因。第一，在儒学教育体制内部，以太学为重的单一化的中央官学，被多元化官学所取代。特别是这种转变正好发生在门阀政治具有重要影响力的魏晋六朝，故而在某种程度上阻碍了太学发展。两汉时期，兴太学是国家“三大文教政策”之一，历代统治者多甚为重视，太学也发展得风生水起，并无其他学校教育能与其争

---

① (元)马端临:《文献通考》，中华书局1986年版，第389页。
② (北齐)魏收:《魏书》卷四下《世祖纪下》，中华书局1974年版，第93页。
③ (唐)李百药等:《北齐书》卷四四《儒林传序》，中华书局1999年版，第401页。
④ (唐)令狐德棻:《周书》卷三五《薛裕传》，宏业书局1972年版，第622页。

夺国家最高学府的荣耀。然时至魏晋南北朝，社会政治发生了剧烈变化，随着门阀士族政治地位不断提升，其享受教育特权的呼声日趋高涨。于是西晋初即立国子学，专为五品以上官员子弟而设，正合《周礼》所言“国之贵游子弟，国子受教于师”之意。国子学的地位高于太学，且在两晋南北朝的大多数时期开设。与此同时，既立有国子学满足士族子弟求学，太学就不见得历朝皆设了，特别是南北朝的一些时期表现明显。国子学之外，北魏还创立了皇宗学，专门培养皇族子孙，创办了四门小学，招收寒门庶族及百姓子弟。多元化的官学模式势必让太学失去了唯我独尊的态势，给太学自身的发展带来阻力和挑战。

第二，独尊儒术的教育政策，在魏晋六朝这样特定的时代受到了社会现实的多重压力，唯我中心的儒学教育，改变为以儒学教育为主、多学科发展的教育格局。两汉时期独尊儒术，因其一统天下，政局稳定，多元化需求并不急切。而在纷争动乱的时代，单一的儒学教育已难满足社会大变动带来的各种专科人才需求。历代统治者在根深蒂固的儒学观念基础上，虽仍坚持兴办太学、国子学等传统儒学教育，但也受魏晋以来大盛的玄学、佛教、道教的影响，更迫于社会发展的现实需要，最终冲破独尊儒术之藩篱，先后开设了律学、医学、武学、文学、史学、佛学、玄学、道学等诸多门类的专科教育。由此，士人视野稍从唯习儒经的局限中开放出来，以专科教育所得思考特定时期的政治、军事、文化等现实问题。太学教育也因而汇入了力求博学穷览、多学科发展的教育大潮中。

四、复兴期：隋唐时期

隋文帝即位之初，为强化中央集权统治，改革文化、军事等诸项制度，大力发展教育事业。“京邑达乎四方，皆启黉校。”①复办太学与国子学，但学校教育仅仅振兴一时。文帝暮年不悦儒术，专好刑名，遂于仁寿元年(601)诏废天下郡县之学，罢国子学，唯留太学一所，太学生

① (唐)魏征：《隋书》卷七五《儒林传序》，中华书局1973年版，第1707页。

仅有七十二人。至炀帝即位,才复开庠序,全面恢复天下教育,太学亦有所发展,学生定额从开皇时的三百六十人增至大业时的五百人。隋国祚短暂,太学教育时起时落,教育制度建设上有一定的启后意义。

李唐王朝建立一统帝国后,统治者强调儒家思想的政治作用,实施政教合一、尊孔崇儒的教育政策。官学教育种类繁多,有国子学、太学、四门学等经学教育,书学、算学、律学等实科教育。学制体系空前完备,新建教育管理体制,完善从中央到地方两级系统的官学教育。从太学发展史来看,唐代太学处于魏晋南北朝衰落期之后的复兴阶段。依据其发展兴废的不同时期,可分为三个阶段。

第一阶段:唐高祖至武后称帝。高祖李渊建唐伊始,就于武德元年(618)诏令兴学事宜,“令国子学置生七十二员,取三品以上子孙;太学置生一百四十员,取五品以上子孙;四门学一百三十员,取七品以上子孙”①。武德七年(624),感叹学徒寡少,经术未隆,再下《赐学官胄子诏》,吏民子弟中“有识性开敏,志希学艺,亦具名状,申送入京”②。高祖一再下诏,重视教育。太宗即位后,更在高祖的兴学基础上大力推进,贞观二年(628)增筑学舍千二百间,扩补太学生员。贞观十二年(638),诏命国子祭酒孔颖达在颜师古所考订五经的基础上编撰《五经正义》,编成后颁行于天下学校。自此数百年间,成为从中央到地方、从学校到科场的全社会范围内求学士子的统一研习教材,此书之编撰意义深远,正如《经学历史》所言:“自《正义》定本颁之国胄,用以取士,天下奉为圭臬。唐至宋初数百年,士子皆谨守官书,莫敢异议矣。故论经学,为统一最久时代。”③“贞观之治”盛世下,太学等中央官学发展迅速,这从学生员额变化可略见其缩影。贞观初太学、四门学、书学、算学等凡学生三千二百六十员,至贞观末达八千余人,“儒学之盛,古昔未之有”。与此济济洋洋之盛况截然不同,高宗即位十余年的龙朔二年(662),诏定国子学 80 人,太学 70 人,四门学 300 人。太学教育规

① (后晋)刘昫等:《旧唐书》卷一八九《儒学传》,中华书局 1997 年版,第 4942 页。

② (清)董浩等编:《全唐文》,上海古籍出版社 1990 年版,第 9 页。

③ (清)皮锡瑞:《经学历史》,中华书局 2004 年版,第 164 页。

模从贞观时期的高点直线下降，显然，这与高宗本人有“薄于儒术”之表现及淡漠官学教育重要性有着直接关联。至武则天秉政及称帝改周，太学教育更每况愈下。嗣圣元年（684），陈子昂上《谏政理书》论太学：“国家太学之废，积岁月久矣。学堂荒秽，略无人踪。”[①]圣历二年（699），韦嗣立上疏曰：“国家自永淳以来，二十余载，国学废散，胄子衰缺。”[②]总体来说，此时期太学已废，“二十年间，学校顿时坠废矣”[③]。

第二阶段：中宗至肃宗。武周之后，中宗李显复唐国号，官学教育随即复办了起来。神龙二年（706）敕学生在学，各以长幼为序，太学生员初入学须行束脩礼，即每人送绢三匹。玄宗时期扩大教育规模，太学教师编制及生员数额皆较前代有大幅度增加，太学在“开元之治”的社会局面下稳定发展。然而天宝十四年（755）安史之乱的爆发，给盛唐带来了空前浩劫。覆巢之下安有完卵，一代王朝由盛而衰，太学之衰废更是理所必然了。舒元舆《问国学记》载有安史之乱后国子监的荒芜景象，“此积年无儒论，故庭化为废地”[④]，官学庭院已“尽垦为圃”。

第三阶段：代宗至唐末。代宗宝应二年（763），历时七年有余的安史之乱终于平定，遗留下藩镇割据、边疆难安等极严重的政治后果，唐王朝虽元气大伤但总算保住政权。自此以降，复办太学教育，再未见发展高峰，一直处于缓慢前行的状态。因儒经教学凭依难定，代宗于大历十年（775）诏学官勘校详定五经，并书于讲堂墙壁。太学生虽于代宗永泰间初补，但无定员。至宪宗元和时，始定生员，西京太学七十人，东都太学十五人，如此数量即可推知太学发展之缓。韩愈《请复国子监生徒状》就说：“近日趋竞，未复本原，至使公卿子弟，耻游太学。”[⑤]文宗太和七年（833），国子祭酒郑覃奏请而设置五经博士。针对教育未振、经书散乱之状况，依勒石太学之后汉故事，于开成二年

① （唐）陈子昂：《陈子昂集》，上海古籍出版社 2013 年版，第 229 页。
② （后晋）刘昫等：《旧唐书》卷八八《韦思谦传》，中华书局 1997 年版，第 2861 页。
③ （后晋）刘昫等：《旧唐书》卷一八九《儒学传》，中华书局 1997 年版，第 4942 页。
④ （清）董浩等编：《全唐文》，上海古籍出版社 1990 年版，第 3317 页。
⑤ （唐）韩愈撰，马其昶校注：《韩昌黎文集校注》，上海古籍出版社 1986 年版，第 589 页。

(837)立石经于国子监。武宗会昌五年(845)诏“公卿百官子弟，及京畿内士人寄客修明经、进士业者，并隶名太学”①。可见当时太学仍然生员稀少。唐代晚期数十年间，政治形势日益险恶，统治者对于官学教育已无暇顾及，太学生数量设置既少，公卿子弟又耻游其间，整个太学的发展再难追赶“贞观盛世”与“开元盛世”时期。

朱全忠篡唐后立国为梁，历史进入了动乱分崩的“五代十国”时期。五代在五十四年间走马灯般更替十四位皇帝，政局处危，遑论其它。至于学校教育基本有名无实，欧阳修《新五代史》中就未曾专列学校及选举志。因沿袭唐之旧制，五代十国亦多有设置中央及地方官学者，如国子监于后梁、后唐及后周有设，太学见于后唐、南唐时期。后唐明宗曾诏命太学博士李锷书五经，并刊板于国子监。南唐设置太学，并令太学主删定礼乐事。此时期学校教育虽未废绝，但发展状况实甚堪忧。

综观隋唐以来太学发展，我们应特别注意以下特点。第一，中国古代太学自隋唐开始，与科举结下不解之缘。对于太学而言，这种不解之缘就如一把双刃剑，它既为太学发展注入了推动力，又遏制了太学教育的自我发展。隋炀帝大业二年(606)科举制之产生，是中国古代教育史上的重要转折点。它既属教育领域，影响层面却不仅包括学校教育，更在大范围的社会领域内、一千三百年的历史长河中，深刻影响着中国传统社会。隋唐时期就是科举制与学校教育相互合作、竞争与碰撞的开始。太学发展的事实证明，科举制从设立初始，就直接影响了太学的教学内容与考试目标。科举“取士”，太学“养士”，当太学尚未具有“取士”功能时，所养之士的最终目标就是通过科举之路入仕为官。太学博士平日所教导，亦是与科举所考协调一致的儒经内容。太学的自主意识与求学的独立性被科举吸去了多半，不过也正因为科举，太学生及天下诸生对于儒学经书的钻研必定更勤苦尽心。

第二，太学教育从西汉始源，经历七百载的起伏发展而至隋唐时

---

①　(元)马端临:《文献通考》，中华书局 1986 年版，第 389 页。

期，有关太学的诸项教育管理制度也在逐步改善，有唐一代更是作有诸多努力，达到空前完备。从学礼制度来看，视学礼、释奠礼与束脩礼等皆有一整套系统而隆盛的固定礼仪。从学规制度来看，惩治、淘汰、黜退等皆有明确详细的条文规定。从教学制度来看，课程设置、教材选取、教学方式等皆有合理系统的择用标准。从考试制度来看，旬试、岁试、毕业试等皆有具体分明的考试内容。太学教育管理制度的日臻完善，既有利于太学自身的不断发展，从深层次来说，更有利于强化儒学思想教育，从而归结到巩固政权统治的最终目标。说到底，太学教育自始至终与国家政治有着密切关联。

第二节　宋前太学对两宋太学的影响

宋前太学历经上古三代的萌生期、西东两汉的勃兴期、魏晋六朝的衰落期及隋唐阶段的复兴期，上千年的发展演变对历代政权统治、社会稳定及文化教育作出了重要贡献，在当世产生了不小影响，更如环环相扣，影响后世太学发展。宋代太学在承继历代发展成果、开拓有宋新太学的过程中，不可避免地深受到宋前太学的影响。

一、古代太学精神影响宋人对太学的期待心态

古代太学自夏商周时代萌生以来，就逐渐形成了一种特有的太学精神。这种精神为三代所奠基发扬，为后代所追慕回味，亦为宋人所冥想深思。其主要特征表现在太学的“政事之本”“教化之伦”“道德之归”。二帝三王时期太学之化民成俗、明人伦、崇教本，成为后世历代兴学治校的重要目标，却再也未有三代时的教学效果。愈难超越时愈想追赶，汉唐如此，宋人亦如此。

上古三代之学，在宋人心目中近乎完美，“非后世所能及”。宋人认为，古学之教育特征主要体现在：其一，三代之学乃政事之本，学政合一。“古之为学者，有政焉，有教焉。建国君民，教学为先，此所谓政也。春诵夏弦，秋学礼，冬读书，而以岁时合射，合舞、合语，而书其德

行道艺,此所谓教也。”(钱文子《乐清新学记》)①“学校者,……古者献囚于是,献馘于是,受成于是,论政于是,取士于是,一官一职以至公卿将相皆出于是,真盛德之事,而为国家者之先务也”(窦敷《黔江修学记》)②。上古时期,学校乃礼义所出,政治所本,公议所在,治政化民皆不可少。其二,三代之学,国有学,术有序,党有庠,家有塾。从中央到地方各级无不有学,虽有等级之别,但可层级递进,“闾有塾则百里之内皆有师也,党有庠则以教闾中所升者也,术有序则以教党学所升者也。由是而国有学,则又教乡中俊造所升者”(高定子《重修儒学记》)③。如此一来,不论地位高低、身份贵贱,人人皆可入学求知,耳目所见皆学之事,心思所造皆学之道,弦诵翕然,乐在其中。

宋人对于宋前太学发展,有一种甚为普遍的认知心态。纵观上千年的历史进程,他们一致认为,上古之学是兴办学校的最佳标榜,汉唐之学次之,魏晋六朝时期则几乎不入宋人之眼。比较上古之学与后世之学,其间差距显然存在。其一,古学求“实”,后学求“名”。宋代袁甫《宁国府修学记》曰:“古之学也实,后之学也虚。”朱熹言及后世“以故学校之名虽在,而其实不举,其效至于风俗日弊,人材日衰,虽以汉唐之盛隆,而无以仿佛乎三代之叔季”(《静江府学记》)。杨万里批评最直接,谓三代有养士之实,其“实”体现在择材于初,成材于终,“论选择生员之行艺,莫如三代;论教育人材之众多,莫如三代”;汉代仅养士之名,“汉武帝、唐太宗之养士,其视三代,真刻鹄画虎耳”(《问三代汉唐太学养士之法》)。其二,古学务本,后学趋末。此处务本即教育之实,趋末即利禄之诱。张栻曰:“后世之学校,朝夕所讲,不过缀缉文辞,以为规取利禄之计,亦与古之道大戾矣。”(《邵州复旧学记》)④朱熹批后世学校之设或不异于古,然师之所教,生之所学,皆“忘本逐末,怀利去义而无复先王之意”。魏了翁言今之为教者“利禄之诱梏于其前”。宋末黄震更言今之学即古之学,今之教即古之教,今之不如古者,只因

① 陈明猷校点:《永乐乐清县志》,香港天马图书有限公司2000年版,第52页。
② (清)邵陆编纂:《酉阳州志》,巴蜀出版社2010年版,第91—92页。
③ 宜黄县县志编纂委员会:《宜黄县志》,新华出版社1993年版,第667页。
④ (宋)张栻:《张栻集》,岳麓书社2010年版,第561页。

"古无利禄之诱，今利禄诱之也"(《余姚县重修学记》)①。

宋世离上古三代已远，汉唐太学是其一脉相承，故而也将诸多目光投向汉唐。因太学真正创建于汉，并且相比于魏晋六朝之衰落颓败，汉唐时期太学皆有较大发展，宋人亦在涉及宋代太学问题时追忆提及，念念不忘。正是有了汉唐太学兴盛时期作为其发展的参照，每每宋代太学兴办不力时，负责者便抬出汉唐论事，给施政者及反对方以压力，进而推动太学发展。王拱辰建言增太学学舍，先以汉唐学舍作比：汉太学有二百四十房，千八百室，生徒三万人；唐学舍亦有千二百间。而宋代国子监区区二百楹，"制度狭小，不足以容"。一经对比，增筑学舍显在情理之中。当然，此处所列汉唐学舍及生徒，皆是其太学发展至高峰时的情形。夏竦《请兴学校疏》中先论汉唐太学，"汉氏握符，雅尚学校。元帝不限博士弟子之员，教明教授期门羽林之士，永平之际，揖让兴焉。李唐好文，崇设两监，不游太学以为耻。"②接着笔锋一转，"旋及叔世，事亦陵迟"，自然发起兴学之请。杨亿论太学，首言唐太宗贞观时"国学、太学、四门及书、算、律学生凡三千二百六十员，及至军卫，亦给博士，乃至三韩、吐蕃、高昌诸蕃国，并遣子弟，请入国学，增至八千余人"(《代人转论太学状》)③。

汉唐太学之兴盛犹如一根根标杆，矗立在宋人心头，太学发展缓慢时，宋时人每有自惭宋太学难于"达标"者。然亦有宋人以为古今不同，劝导异方，古学不足为据。"两汉之事，不足为今日献。"(刘才邵《乞颁圣学下太学札子》)④即如周之辟雍"行之本朝""或似不便"。此论亦甚有其理。不过有甚者，则言宋前学校"废于战国，火于秦，灭裂于汉，荒唐于晋，浮艳于唐"(黄玫《千乘重修县学记》)⑤，"至我圣宋"则以三代教育之法迪之，善育京师。更甚者如文彦博《圣驾幸太学赋》

① (清)嵇曾筠、李卫等修，沈翼机等纂：《雍正浙江通志 1》，凤凰出版社 2010 年版，第 697 页。

② (明)黄淮、杨士奇编：《历代名臣奏议》，上海古籍出版社 1989 年版，第 1505 页。

③ (宋)杨亿：《武夷新集》，福建人民出版社 2007 年版，第 269 页。

④ (明)黄淮、杨士奇编：《历代名臣奏议》，上海古籍出版社 1989 年版，第 1517 页。

⑤ 广饶县地方史志编纂委员会编：《广饶县志》，中华书局 1995 年版，第 1006 页。

“三代之风必能缓步而越矣，两汉之盛岂可并日而论之”。因是幸学赋，故多夸饰语。

二、宋前太学发展影响宋人对太学的制度建设

西汉武帝正式创制太学，太学仅初步成立，学舍亦未建，诸项管理制度更是处于初级阶段。经过东汉、魏晋、隋唐等时期的继承发展，太学制度建设已日趋成熟定型。宋代太学制度必然建立于历代基础之上，又更进一步，开拓创新出宋代的独特之处。

第一，宋人遵照历代太学制度成规，承继前代制度中的合理因素，联系实际，为宋所用。从太学发展的文教政策背景而言，自西汉以独尊儒术为指导原则兴办太学，后世统治者有感于儒学教育带来的极大政治利益，历代多沿袭文教思想方面的尊圣崇儒倾向。宋太祖经“陈桥兵变”以武力夺取政权，抑武是其现实抉择，右文则更有前代之模范。故宋初统治者奠定了尚文抑武、尊孔崇儒的基本政策，勉励天下士人读书修文，祭孔、封孔，逐步强化儒家经学教育。从太学制度的具体建设来看，历代以来多数王朝在其建立政权之初，往往依前朝之例，尽快复设代表中央官学的国子监或太学，以示国家对文教的重视。宋太祖即位，就于建隆三年(962)对后周世宗显德二年(955)所营修国子监加以改造修整，“增葺祠宇，塑绘先圣、先师、先儒之像”①，使其成为宋代之学。虽因政局未定、经济难支等因素导致太学重建于宋兴八十余载后，然一旦正式建立，历代太学之规章制度皆文献可征。两宋太学制度建设，从礼部对太学的管理制度、中央到地方形成两级制教育制度，到教师选任与考评制度、学生入学资格与学规制度、教育教学制度、经费收支制度等涉及太学事宜的诸项制度措施，都从前代发展中吸取经验，进而影响并有力推动了宋太学的发展兴盛。

第二，在有宋一代特定的政治和社会形势下，宋前太学制度既多继承更受扬弃。宋代社会的崇儒右文政策与前代多做表面文章的尊

① (宋)李焘:《续资治通鉴长编》，中华书局1993年版，第1册60页。

儒兴学之风大不相同，它既是统治者三百年间坚持贯彻实施的重要国策，又切实落实到宋代朝野内外的每个角落。太学作为官方重文办学的代表性教育，势必在统治者支持下大力发展。而仅仅遵循前代诸项制度，自然难以有新的发展，更难形成宋太学的自我特征。宋仁宗朝太学始建就重视创新，教育家胡瑗在地方教学期间实施的“苏湖教法”就被朝廷下诏及时引至太学，替代前代沿用之教法。入学标准由唐时五品以上官员子弟降为八品以下及庶人之俊异者，以至太学后期基本以庶人子弟为主，增强了普通百姓入太学的平等机会。应试资格由前代的荐举、明经落第等法又另增八行取士、县至州再至三舍升贡诸法。补考方式在混补法基础上另创待补法，依补考形势发展灵活换用。教学内容起初皆随唐制而习《五经正义》，逐渐过渡为王安石《三经新义》及朱熹《四书》。隋唐以来科举制对于太学内部的倾向性影响，在宋初一段时期内依然如故。直至熙丰兴学创设外舍、内舍、上舍三舍法教学管理体系，由三舍法而建舍选制，再发展到崇观兴学时罢科举、唯舍选。太学能在宋代称得上又一发展高峰，与宋人在制度建设上勇于扬弃、善于革新的作风密切关联。

三、宋前兴学意义影响宋人对太学的政治态度

历代兴办太学的意义，表面成效来看，可谓崇教本、明人伦，培养为国为民服务的政治人才。深层影响来说，太学教育与儒学的有机结合，能够满足统治者强化其政治意识形态的强烈要求，维护稳定的社会政治。太学的正式问世，就是汉武帝独尊儒术国策背景下的政治产物。从它创建伊始，其中渗透的政治性因素就再未褪去。

宋人对于太学与政治的关联有着清醒认识。欧阳修就说：“学校，王政之本也。古者致治之盛衰，视其学之兴废。”(《吉州学记》)①“先王之时，以学为政，学者政之出，政者学之施，学无异习，政无异术。”(张孝祥《衡州新学记》)②具体到宋代社会，程颢指出宋兴百余年来的

① (宋)欧阳修著，李之亮笺注：《欧阳修集编年笺注 3》，巴蜀书社 2007 年版，第 82 页。
② (宋)张孝祥撰，彭国忠校点：《张孝祥诗文集》，黄山书社 2001 年版，第 171 页。

社会政治问题，“教化未大醇，人情未尽美，士人微谦退之节，乡闾无廉耻之行，刑虽繁而奸不止，官虽冗而材不足”，究其原因，“此盖学校之不修，师儒之不尊，无以风劝养励之使然耳”（《请修学校尊师儒取士札子》）[①]。他将现实社会中存在的一些具体问题，归结于未有“修学校尊师儒”。兴学之意义，就在于“风劝养励”，进而解决上引文中的一系列社会政治问题。

从政治意识形态而论，统治者兴学赋予了太学政治意义，此处“太学”只是整体性概念。朝廷之上的政派争斗，又将太学拉入了政治漩涡，此处“太学”意指太学学官及太学生。太学作为引领天下士子风尚、“四方视以为法”的重要领地，学官之政派、学派倾向乃至授学的一举一动，都受到政治人物的时时关注。王安石时期的苏嘉案就是学官政派之争的典型事件。太学生苏嘉答策问，“王莽、后周变法事，嘉极论为非，在优等”。苏液偷偷将此事告知曾布，言学官与生徒非毁时政。安石知之大怒，逐除诸学官，新选任者皆与王氏有旧，“非执政所喜者不与”，如“季良，安石妹婿；涛，其侄婿；佃，门人；肇，布弟也。其设三舍，皆欲引用其党耳”[②]。苏学、王学、程朱学等学派间的争斗，也时刻反映到太学中来。学官及太学生皆分列站队，各有所宗。太学生身怀强烈的参政救国意识，更是宋代太学发展的一大特点。黄现璠《宋代太学生救国运动》开篇明义：“我国太学生之救国运动，始于汉，盛于宋。”[③]东汉末年太学生数千人诣阙上书请愿，两次“党锢”事件深受迫害，但亦赢得“三君”“八俊”等之称号，为后世所敬慕。宋太学生承继汉时之政治气概，在其爱国情怀的自发流露以及政派各方拉笼利用之下，积极投身政治运动，在宋代和战之争中扮演了重要角色。

综览上文，笔者对宋代太学制度溯源而上，将宋前太学之发展依次分为上古三代（萌生期）、西东两汉（勃兴期）、魏晋六朝（衰落

---

① （宋）程颐，程颢：《二程集》，中华书局 2004 年版，第 448 页。

② （元）马端临：《文献通考》，中华书局 1986 年版，第 396 页。

③ 黄现璠：《宋代太学生救国运动》，吉林出版集团有限责任公司 2009 年版，第 235 页。

期)与隋唐时期(复兴期)四个阶段,分别详述其发展历程,总结不同时期内的主要特点及意义。厘清太学发展脉络,对于我们研究宋代太学具有必不可少的重要意义。论述宋前太学对于两宋太学的影响,我们才能更加认清宋代太学在承继扬弃古学基础上的开拓创新及其价值所在。

第三章　宋代太学制度演变

太学历经上千年的发展演变，至宋代形成中国古代太学史上新的高峰。宋代太学发展取得巨大成就，既因其善于承继和借鉴汉唐太学的经验教训，更是宋代教育自身发展的产物。它经历了宋初从无到有的缓慢过渡，也在随后的兴学运动中大举革新，其一系列成果措施奠定了宋太学举足轻重的历史地位。“可以说，在中国封建社会的教育发展史上，没有任何一个朝代曾像宋代这样，投入极大的财力和精力，多次地开展大规模的兴学运动。”[①]三次全国性运动将太学推向了高点，深刻影响了宋代及后世的教育发展。纵观三百余年间宋代教育，太学制度沿革可历时性地划分为北宋太学与南宋太学两个时期及其六个阶段。

第一节　北宋太学发展演变

宋代崇儒右学的文教政策，成就了宋代教育在中国教育发展史上的兴盛繁荣时期。统治者大力提倡下全社会向学之风盛行，教育形势在宋初时期就已有了良好开端。但这并不包括太学发展。北宋时期的太学沿革分为以下四个阶段。

---

① 李国钧、王炳照总主编：《中国教育制度通史》第三卷《宋辽金元》，山东教育出版社2000年版，第47页。

一、科举益重，学校日轻：宋初学校教育衰而不彰的基本面貌

宋初三朝教育发展的良好势头以统治者及社会士子对科举的日益重视为代表，学校教育则显得轻视多了。“科举日益重，学校日益轻”是宋初八十余年间文化教育的真实写照。宋初鉴于武将祸乱天下的教训而尚文抑武、礼遇文人雅士，迫于大量文治人才的需求而改革科举、扩大录取规模，废除了唐五代以来的公荐、公卷等有可能致使势家子弟徇私舞弊的旧制，实行殿试、别试、锁院、封弥、誊录等一系列有利于寒俊庶士公平竞争的新制，确立了宋代科举制度的基本程式。与极受朝廷与士子重视的科举相比，学校教育显得黯淡无光。

太祖赵匡胤即位伊始，于建隆三年(962)在后周国子监学舍基础上扩建，“增葺祠宇”，修饰先圣十哲像，并于学舍东西廊板壁上画七十二贤及先儒二十一人像。建国之初就迫不及待地修整国子监，既是对前代历朝统治者所摆出政治性姿态的一种模仿，也体现出太祖本人对官学教育的重视态度。同年，诏令著名学者、左谏议大夫崔颂判监事，并集生徒讲学。宋代的学校教育自此正式开始。起初一段时期，国子监规模虽较小，生徒数仅七十人，然太祖亦数次幸学，并诏令学生分习五经，可见其教学活动还是能够正常开展的。至开宝八年(975)，国子监奏言“系籍者或久不至”，显然此时在学监生数额已少于七十人。《儒林公议》载其数额竟不上三十人，“国朝以来，京都虽有国子监为讲学之地，然生徒不上三十人，率蒙稚未能成业者”①。国子监已流于虚名，无奈之下，太祖诏令在京备习进士及诸科者中常赴国子监讲席之人，补监生之阙。由习科举者补学校阙额以充官学门面，正反映出宋初科举与学校的轻重对比。临时性地充补监生只是权宜之计，国子监的教学发展难有起色。而真正支撑宋初国子监能艰难推行数十年的重要力量，就是它所具有的取解功能。长时期内，国子监只是科举考生游寓取解之地，“遇秋试诏下，则四方多士，竞投牒于学，干试求荐，

---

① (宋)田况：《儒林公议》，中华书局 1985 年版，第 9 页。

罢则引去，无肯留者"[①]，"国子监每科场诏下，许品官子弟投状设艺，给牒充广文、太学、律学三馆，学生多至千余。就试，试已则生徒散归，讲官倚席，为游历之所，殊无肄习之法。居常听讲者，一二十人耳"[②]。从热热闹闹的千余学生取解到冷冷清清的一二十人听讲，国子监随着历次科举的举办而不断重复上演着这一幕。久而久之，其最高学府地位自然在世人心目中大大下降。真宗时杨亿《代人转对论太学状》针砭当前学校教育的现状，"今学舍虽存，殊为湫隘。生徒至寡，仅至陵夷"[③]。并一针见血地指出，正是由于"贡部以乡举为先"，导致了"诸生以两馆为耻"的结局，且发出警示，"塞原拔本，莫甚于兹"。此处"两馆"亦即宋初国子监中的太学与广文馆。对比前朝故事，"李唐好文，崇设两监，不游太学以为耻。旋及叔世，事亦陵迟"（夏竦《请兴学校奏》）[④]。针对宋初国子监发展的实际形势，孙何《上真宗请申明太学》、杨亿《代人转对论太学状》、夏竦《请兴学校奏》等奏言皆欲重振国子监及太学，惜乎积弊已深，若非发起一场新的制度改革，难见成效。真宗曾于景德二年（1005）"下诏劝学，权停贡二年。时命两制各撰《劝学诏》"[⑤]，兴起小规模劝学热潮，然国学仍近荒芜。直至仁宗天圣四年（1026），诏书中指出国子监"讲学久废，士不知经"。

宋初统治者实施重科举取士、轻学校教育的教育政策，国学发展随之呈现出如下特征。第一，数十年间国学的萎靡不振，与最高统治者的政治与教育决策直接相关。从表面来看，太祖、太宗、真宗时期皆有重学之举，修整学舍，直讲"皆用近臣及宿儒典领"，放宽生徒入学资格，"初试补监生，但无大缪，无不收采"[⑥]以补充生员，屡次下诏兴学，三朝以来有近十次幸学活动，这些皆说明统治者对学校教育的重视。但横向比较宋初科举的发展，显而易见，三朝在科举教育上注入的精

---

① （宋）田况：《儒林公议》，中华书局 1985 年版，第 9 页。
② （元）脱脱：《宋史》卷一五七《选举志三》，中华书局 1977 年版，第 3864 页。
③ （宋）杨亿：《武夷新集》，福建人民出版社 2007 年版，第 269 页。
④ （明）黄淮、杨士奇编：《历代名臣奏议》，上海古籍出版社 1989 年版，第 1505 页。
⑤ （宋）李焘：《续资治通鉴长编》，中华书局 1993 年版，第 1333 页。
⑥ （宋）田况：《儒林公议》，中华书局 1985 年版，第 9 页。

力和经费远远超越国学，科举之兴盛影响整个时代。这也就说明，宋初政权始建、经济迟缓、社会未稳等原因不足以导致国学的荒废，其间重要原因还是统治者的决策导向，选择了最有利于宋初政治服务和社会需求的科举取士，冷落了缓慢养士的国学教育。

第二，宋初国学之有名无实与其发展之沉寂，迫切需要一场变法兴学打破僵局，从而为庆历兴学及重建太学提供了历史机遇。长达八十年几近荒芜的发展形势，迫使统治者及臣僚重新思考重科举轻学校的教育政策是否合理，国学将来前行之路又在何方，一味地因循故旧显然已难适应社会发展的新需求。国子监“不得补庶人之子”的森严等级制度，遏制了百姓子弟入学求知的主观愿望，而“以应荫子孙隶学受业”，官员子弟却只将国子监作为游寓取解之地。生员难以保障，遑论学校发展。学官之选任，“近岁颇任贵游子弟之初仕者，与管库资序略均”①，国子监又沦为贵游子弟入仕后取资待迁的场所。由此来看，其积弊已深，为生存计，变革已是历史发展的必然趋势。

二、重建太学，振兴教育：庆历兴学对太学的影响意义

宋初以来，士子唯科举是业，学校教育形同虚设，长此以往导致科举弊端日显。为应试科举而专攻诗赋，学者不根乎经籍，致使文章柔靡，风俗巧伪。弃学校而就科举的严重后果更在于“选用之际，常患才难”，录取规模甚广却仍得不到真正的治政人才。仁宗朝倡言变革者多诟病之，尤以庆历新政的发起者范仲淹呼声最高。范仲淹不仅是著名的改革家、文学家，更是一位影响远大的教育家，一生勤于教育事业，用功至多。仁宗天圣时期（1023—1032）《奏上时务书》《上执政书》《上时相议制举书》等上书中多次提及兴办教育，改革科举弊端。他认为国家选才之难在于欲不务而获，“务”即教育：“当太平之朝，不能教育，俟何时而教育哉？乃于选用之际，患才之难，亦由不务，而求获

---

① （宋）李焘：《续资治通鉴长编》，中华书局1993年版，第2291页。

矣。”[①]提出了“善国者,必先育材,育材之方,莫先劝学”[②]的主张,对于科举取才之弊有着清醒的认识:“国家乃专以辞赋取进士,以墨义取诸科,士皆舍大方而趋小道,虽济济盈庭,求有才有识者十无一二。况天下危困,乏人如此。”[③]如何平衡科举与教育的关系,他认为要“慎选举,敦教育”,具体而言就是要运用改革科举制度的方式来推动学校教育的发展。“进士先策论而后诗赋,诸科墨义之外,更通经旨”,可以“使人不专辞藻,必明理道,则天下讲学必兴,浮薄知劝”[④];“先策论以观其大要,次诗赋以观其全才。以大要定其去留,以全才升其等级”,则“人必强学,副其精举,复当深思次渐隆古道”[⑤]。

事实证明,范仲淹为达到“讲学必兴”“副其精举”的目的,将上述多次重申的理论主张最终贯彻于庆历新政,于庆历三年(1043)九月上呈《答手诏条陈十事》,其中“精贡举”条详论了改革科举特别是先策论后诗赋的具体措施。翌年三月朝廷正式下诏兴学,颁行了范仲淹意欲重学校教育的考试方法。其诏曰:

> ……皆谓本学校而教之,然后可求其行实。先策论,则辨理者得尽其说;简程式,则闳博者可见其才。至于经术之家,稍增新制,兼行旧式,以勉中人。烦法细文,一皆罢去。明其赏罚,俾各劝焉。……其令曰:州若县皆立学,本道使者选属部官为教授,三年而代。选于吏员不足,取于乡里宿学有道业者,三年无私谴,以名闻。士须在学习业三百日,乃听预秋赋;旧尝充赋者,百日而止。[⑥]

庆历四年(1044)三月十三日的兴学诏令中,朝廷主要针对“州若县皆立学”,尚未言及太学。至四月二十一日,判国子监王拱辰、田况、

① (宋)范仲淹:《范仲淹全集》,四川大学出版社2002年版,第210页。
② (宋)范仲淹:《范仲淹全集》,四川大学出版社2002年版,第237页。
③④ (宋)范仲淹:《范仲淹全集》,四川大学出版社2002年版,第523页。
⑤ (宋)范仲淹:《范仲淹全集》,四川大学出版社2002年版,第210页。
⑥ (宋)李焘:《续资治通鉴长编》,中华书局1993年版,第3564页。

王洙、余靖等奏言：

> 首善当自京师。汉太学二百四十房，千八百余室，生徒三万人。唐学舍亦千二百间，今取才养士之法盛矣。而国子监才二百楹，制度狭小，不足以容学者。请以锡庆院为太学，葺讲殿，备乘舆临幸，以潞王宫为锡庆院。①

上奏之言仁宗从之，北宋太学由此开始正式重建。这是太学第一次从国子监脱离出来成为独立的教学机构，并在某种程度上取代了国子监的教学职能。其后太学增其生徒至二百人，招收八品以下官员子弟及庶人之俊异者，由此放宽了入学门槛，使得太学教育越来越倾向于平民化。并下诏取苏湖教法用于太学，以替代先前过于宽简之法。

庆历之际太学之所以能够大盛，朝廷兴学诏令固然起着纲领文件的重要作用，然在士子皆以科举为业的社会风气下，另外有两项改革措施保证了太学生源及兴学之风。一是规定听书日限，进一步增加太学荐解之数额。听讲日限的建议由天章阁侍讲王洙提出，最早实行于庆历二年(1042)，太学重建后依然采用，其核心规定是："自今应国子监每遇科场敕下，授纳取解家状日已前，须实曾附本监听学满五百日者，许投状。令本授业学官取文簿勘会诣实，依例召京朝官委保，方得取应。每十人之中与解三人。"②只要满足了听课的时日限制，就能于十人中给解三人，由此取得科举考试的资格。太学内有如此优厚的考举条件，士子自然趋之若鹜，"来者日众，未几，遂盈数千，虽祁寒暑雨有不却者"③。庆历之后，听课日限的规定虽时有改废，但大多数时间仍然实行。二是太学引进"明师"，通过名师效应吸引士子入学。这一过程中又是范仲淹充当引荐者的角色，他平生奖掖荐拔后人颇多，教育大事方面更是甚为重视，引荐有加。《答手诏条陈十事》中就说："今

---

① (元)佚名著，汪圣铎点校：《宋史全文》，中华书局 2016 年版。

② 苗书梅等点校：《宋会要辑稿·崇儒》，河南大学出版社 2001 年版，第 40 页。

③ (宋)田况：《儒林公议》，中华书局 1985 年版，第 10 页。

诸道学校，如得明师，尚可教人六经，传治国治人之道。”[①]特别是宋初三先生胡瑗、孙复和石介，实与范仲淹有莫大关系。即如钱穆将范仲淹与胡瑗并举，“自朝廷之有高平，学校之有安定，而宋学规模遂建”[②]。太学之有安定，需归功于范仲淹所荐。在《奏为荐胡瑗李觏充学官》一文中，他盛赞胡瑗“志穷坟典，力行礼仪”，“不惟讲论经旨，著撰词业，而常教以孝弟，习以礼法，人人向善，闾里叹伏”，由此上奏皇帝，“伏望圣慈，特加恩奖，升之太学，可为师法”[③]。他还举荐孙复，《举张问孙复状》文中言其“素负词业，深明经术。今退隐泰山，著书不仕。心通圣奥，迹在穷谷”[④]，最终被朝廷任命为国子监直讲。

庆历新政仅维持一年有余，就因触犯官僚权贵的利益遭到强烈反对，变法失败，兴学的具体条令也多废止。然而，庆历兴学之产生背景、重建太学之历史意义仍不容忽视。

第一，太学之重建作为庆历兴学重要举措，奠定了宋朝太学制度基础，并以其国家最高学府的特殊地位深刻影响着教育领域和社会层面诸多士子。在范仲淹竭力倡导中，借着庆历新政及兴学浪潮，自汉武帝元朔五年(前 124)至唐五代千年以来作为国家最高学府的太学，终于在经历宋太祖、太宗、真宗朝的荒废后，于仁宗庆历之际获得了重建。“宋兴盖八十有四年，而天下之学，始克大立。”[⑤]庆历兴学成就了宋兴八十余年后教育与科举的一次正式交锋，“科举日益重，学校日益轻”的局面自此大有改观。祝尚书先生评价说：“庆历兴学在中国教育史、思想史和科举史上的意义和影响，无论给予如何高的估价都不为过。”[⑥]可以说，庆历兴学开创了北宋教育一个全新的时代。

第二，历史将重建太学之时机选在仁宗庆历时期，与“仁宗盛世”的社会大背景密不可分。北宋时期，在尚文抑武、尊孔崇儒的大背景

① (宋)范仲淹:《范仲淹全集》，四川大学出版社 2002 年版，第 523 页。
② 韩复智编著:《钱穆先生学术年谱》，中央编译出版社 2012 年版，第 596 页。
③ (宋)范仲淹:《范仲淹全集》，四川大学出版社 2002 年版，第 615 页。
④ (宋)范仲淹:《范仲淹全集》，四川大学出版社 2002 年版，第 438 页。
⑤ (宋)欧阳修著，李之亮笺注:《欧阳修集编年笺注 3》，巴蜀书社 2007 年版，第 82 页。
⑥ 祝尚书:《宋代科举与文学》，中华书局 2008 年版，第 525 页。

下，教育复兴才成为可能。但这仅仅是一种可能，即如宋初三朝同样坚持右文政策，整饬纲常伦理，却在学校教育层面几乎碌碌无为。仁宗朝经过数十载的酝酿努力，终于在庆历之际结出了兴学硕果，兴学成就有目共睹，个中缘由耐人寻味。仁宗一朝“四十二年如梦过”，民安俗阜，天下称治，可谓皇宋盛世。北宋邵伯温称述仁宗朝人物之盛：“时宰辅曰富弼、韩琦、文彦博，台谏曰唐介、包拯、司马光、范镇、吕诲云。呜呼，视周之成、康，汉之文、景，无所不及，有过之者，此所以为有宋之盛欤？”①而唐宋八大家中的北宋六家均活跃于仁宗时期，仅此就足以证实仁宗朝文学之盛。宋初战乱频仍的局面已基本消退，科举制度在宋初三朝扩大录取名额、广收寒俊入仕等一系列改革和调整后愈显重要，读书劝学之风蔓延朝野内外，人物与文学之盛况空前，“和而不同”“笃于自信”的庆历士风日趋高涨，种种要素构成了仁宗盛世的基本特征。正是在仁宗盛世的大背景下，鉴于宋初以来日积月累形成的社会弊端，朝廷锐意图治，整顿吏治，兴学盛事也随之而起。

三、设立三舍，颁行三经：熙丰兴学的学制改革

庆历兴学失败后，学校教育又回到一切如故的旧路。不过借着兴学余力，仁宗朝皇祐、嘉祐时期(1049—1063)，太学先后有胡瑗、李觏与梅尧臣等大家担任教职，其教学活动仍能保持相当规模。这种情形维持到神宗朝熙宁、元丰兴学，太学发展进入一个新的历史阶段。

王安石既是著名政治家、思想家、文学家，又因其主持熙丰兴学，成为一位重视人才培养的教育改革家。尚在任职地方及寓居家乡时，他就在所撰《慈溪县学记》《虔州学记》及《太平州新学记》等学记文中高度评价兴学育人之意义，并主张以道德性命论为学之本。嘉祐三年(1058)《上仁宗皇帝言事书》虽未被因循现状的仁宗采纳，却因其涉及宋王朝诸种社会弊端及其改革方案，在朝野引发很多争论，为其主持的熙丰兴学提供了舆论准备。此万言奏书将造成宋代社会诸多问题的根本原因归结为人才不足，“方今之急，在于人才而已”，体现出王安

---

①　(宋)邵伯温著，康震校注：《邵氏闻见录》，三秦出版社2005年版，第23页。

石对于人才之重要性与紧迫性的清醒认识。人才从何而来？王安石认为，学校教育是其基本途径。“古之取士，皆本于学校。”①“学不可一日而亡于天下。”②

学校教育的重要性，被王安石提高到与国家政权的前途命运密切相关的全新高度，然而放眼当前教育现状，“虽有学，取墙壁具而已，非有教导之官，长育人才之事”，根本无法企及王安石的教育目标。神宗帝力图变革正好为其提供了政治良机，轰轰烈烈的王安石变法登上历史舞台，熙丰兴学是其重要组成部分。熙宁二年(1069)王安石任参知政事，提出兴学校、更贡举之议，不久神宗帝特下兴学诏令，“欲化民成俗者，必自庠序之教行”，而不满今之学校现状，欲“别为新规”“当图悠久而详延于众论”，其教育之方、课试之格“令两制、两省待制以上，御史台、三司、三馆臣僚，各限一月内具议状闻奏”。诏文既颁，司马光、吕公著、苏轼、苏颂、陈襄、韩维、刘攽、王珪等朝臣围绕学校、科举之改革，论答争辩，颇为激烈。经过此番辩论，神宗帝最终支持以王安石所提议为代表的学校改革，并陆续颁行兴学令，熙丰兴学正式开始。熙宁四年，庆历兴学失败后被朝廷从太学收回的锡庆院，及朝集院皆又被征为太学场所，新建讲书堂四，生员斋舍若干。元丰二年(1079)，又扩建太学为八十斋，每斋五楹，各楹六人。太学生员由熙宁时一千人(上舍生一百人、内舍生二百人、外舍生七百人)增至元丰时两千四百人(上舍生一百人、内舍生三百人、外舍生两千人)。太学的总体教育经费及诸生所得费用较前皆有大幅增长。这一时期，扩建办学场所、提升学校硬件设施等措施为大规模的兴学改革提供了坚实基础。围绕太学改革，这次兴学主要体现出以下特点。

第一，革新太学体制，实施“三舍法”制度。所谓“三舍法”，就是将太学诸生按等级差别分隶其于外舍、内舍与上舍，外舍生依其学行通过太学考试才能升入内舍成为内舍生，再由内舍考升上舍。熙宁四年(1071)“三舍法”正式实行，自此以后，宋代太学一直沿用这项影响深

① (宋)王安石著，李之亮笺注：《王荆公文集笺注》，巴蜀书社2005年版，第21页。

② (宋)王安石著，李之亮笺注：《王荆公文集笺注》，巴蜀书社2005年版，第1590页。

远的重要制度。其升舍考试有私试、公试、舍试等多种，“月一私试，岁一公试，补内舍生；间岁一舍试，补上舍生，弥封、誊录如贡举法”。私试每月皆考，由太学学官亲自命题评卷，“孟月经义，仲月论，季月策”，季度性轮换考试科目。公试亦称“岁试”，每年举行一次，“分作两场，初场以经义，次场以策论”。舍试专指内舍升补上舍的考试，每两年举行一次。考试结果评定分为优、平、否三等，“公试，外舍生入第一、第二等，升内舍；内舍生试入优、平二等，升上舍：皆参考所书行艺乃升。上舍分三等”①。值得注意的是，三舍所学内容皆为经义论策，亦无学习程度的差别，三舍等级之别实是一种选拔制度。

第二，实行舍选制。这是太学实施“三舍法”基础之上的又一创举。太学生在竞争激烈、比例甚低的升舍考试中，由外舍升内舍再升上舍，经历无数考试、层层筛选成为上舍生，其意义就在于，上舍试优异者可以上舍及第的方式授官入仕。这种通过上舍内部选拔考试进而授予官职的制度，称为舍选制。上舍上等生可直接授官，次等者或免其省试，或免其解试。数以千计的太学生，甚至更多想考入太学的社会士子，都在舍选制度上看到了新的入仕希望，士子竞相投奔太学已不再只看重其向来优厚的取解额。虽然通过舍选制进入仕途的太学生只占极个别，但仍然极大提高了广大生员的学习积极性。

第三，颁行《三经新义》。其现实政治意义是，针对经术人人乖异而无从“一道德”的社会现象，通过将代表唯一正统思想的《三经新义》颁行天下学宫，来控制士论，一统思想，最终为实现稳定的皇权政治服务。熙宁六年(1073)设经义局，王安石主持修撰《诗》《书》《周礼》三经义，这既是王安石欲“一道德”的革新思想的体现，更是神宗帝“令学者定于一”的政治诏命。熙宁八年撰成《三经新义》，立即正式颁诸四方。数年后，王安石《字说》问世，与《三经新义》皆成为太学、科场等养士取士之诸项考试的指定用书及标准答案。熙丰时期，此二种书带着皇权的特殊荣耀风靡天下，由此给太学内外士子带来的改革影响实在不容小觑。

---

① (元)脱脱：《宋史》卷一五七《选举志三》，中华书局1977年版，第3657页。

熙丰兴学有力地推动了教育发展，在宋代太学沿革中占据重要一环，具有改革意义。第一，创设“三舍法”及“舍选制”，极大提高了太学在全社会的影响地位，太学由此得以兴盛发展。北宋前期，官学依靠国家政治性强制扶持而勉强维持教学，若任其自生自灭恐早已停滞。究其原因，官学制度建设亟待改革，影响甚小故不受重视，而科举能够满足士人的所有入仕期待。这种长期以来存在的社会现象被熙丰兴学所打破。就在熙宁五年(1072)即三舍法实行的第二年，上舍生叶适因三舍取士而被赐进士及第，授职州学教授。这是第一位未经科举而以舍选入仕的太学生，对于太学生及全社会无疑具有重要的激励意义。至元丰三年(1980)，开封府解额全部划归国子监，这意味着，北宋都城士子若欲入仕，必先入学，方可取解。这类举措对于士人竞相入学具有重要的导向意义。舍选制第一次动摇了科举取士的垄断地位，三舍取士占有了一席之地。而且，不同于科举考试仅凭一日之临场发挥决定数年甚或数十年的读书命运，三舍法既重多次太学考试综合积累的最终结果，又看太学生个人的品行修养，这将是真正实力的展示，公正全面的考核，故受诸多士子的青睐。

第二，三舍法导致元丰太学狱，进而产生诸项不利太学发展的制度，并影响于后世。实施三舍法后太学地位日益提升，士子为取解升舍，趋走权门、交结学官者为数不少。元丰元年(1078)，饶州虞蕃诉言“凡试而中上舍者，非以势得，即以利进。孤寒才实者，例被黜落”①。神宗命人彻查，最终有一批学官被捕入狱，数十名太学生亦遭严惩。虞蕃讼案为太学狱事件开了先例，此后为杜绝师生徇私交结，采取一系列严苛制度。太学学规细密繁琐，“烦苛愈于治狱，条目多于防盗”②，甚为可怪者，太学博士和诸生禁不相见，教谕、质问无所施从，博士之职责只是月巡其所隶之斋而已。斋舍本随学生所习之经而分，如《礼》斋、《书》斋等，则博士巡斋时，由《易》博士兼巡《礼》斋，由《诗》博士兼巡《书》斋。《易》之博士并不为《礼》斋生授课，巡斋又有何意

---

① (宋)魏泰:《东轩笔录》，中华书局1983年版，第71页。

② (元)脱脱:《宋史》卷三四〇《刘挚传》，中华书局1977年版，第10849页。

义。更甚者是巡斋之过程,“所至,备礼请问,相与揖诺,亦或不交一言而退”①,由此来达成“以防私请,以杜贿赂”的目的。平日已有如此规定,决定生员去取的阶段性考试就更为严苛了。朝廷将太学学官自行考选取士的权利收回,“补内舍、上舍,皆自朝廷差官考校”②,“公试采用弥封誊录,由政府派官员会同校方主持进行,上舍试则教官须回避,可以说是在学校进行的科考”③。这些因三舍取士、师生交结而逐步导致采取的制度,妨碍了正常教学交流活动,限制了太学进一步发展,造成不利影响。

四、兴建辟雍,诏罢科举:崇观兴学的历史性尝试

哲宗即位,高太后垂帘听政,实行元祐更化,新党尽斥,熙丰兴学措施多被废除。高太后去世后,哲宗一亲政就实行绍述新政,诏令国子监雕印元祐时被禁的《字说》,王氏新学重获天下诸生靡然相从。绍圣、元符时期全面恢复熙丰兴学之制,为徽宗朝大规模兴学奠定了基础。

徽宗崇宁元年(1102),蔡京提出“以学校为今日先务”,奏请兴学。蔡京属熙丰兴学改革中的新党人物,曾参与三舍法等学制制定。此时已为宰执重臣,更加徽宗帝崇尚熙宁之兴学意旨,遂演变成北宋第三次大规模兴学运动,亦是宋代教育发展史上持续时间最长、影响范围最广的一次兴学运动。崇观兴学给太学带来了新的改革性变化。

第一,兴建辟雍是其创制,扩增生员数额至有宋最高。崇宁元年在京城南郊地营建辟雍,依仿《周官》所言其外圆内方之制,建屋一八七二楹。辟雍专处太学外舍生,以容四方之士,又称“外学”。太学专处内舍生与上舍生。此时期诸生数额亦较前代大幅扩充。上舍生名额二百人,内舍生六百人,外舍生高达三千人,皆创三舍制以来最大招收数额。三舍生总人数达三千八百人,不仅是北宋以来最高人数,亦是有宋一朝的高峰点。这些直观数字从侧面体现出兴学的成就和影响。

---

① (元)脱脱:《宋史》卷三四〇《刘挚传》,中华书局 1977 年版,第 10849 页。

② (宋)李焘:《续资治通鉴长编》,中华书局 1993 年版,第 7264 页。

③ 王炳照、郭齐家主编:《中国教育史研究 宋元分卷》,华东师范大学出版社 2000 年版,第 277 页。

第二，地方官学的普遍设立，最终形成从地方到中央、从州县学到太学的完整升级系统制度。此前的历次兴学虽皆有兴建地方学校的诏令和举措，但均不及崇观兴学的实施力度。崇宁元年就遍设县学，至崇宁三年(1104)规定县学生员名额为大县五十人，中县四十人，小县三十人。州学虽有定额，但允其超招，多者达千余人。数年间，地方官学已基本覆盖各路州县。“据彭百川《太平治迹统类·祖宗科举取人》记载，崇宁三年(1104)地方官学学生总数达二十一万余人。”①地方生员的出路，就是按照县学升州学、州学升太学、太学舍选取士的途径依次升补。此时期州学亦实行三舍法，每三年选拔考试贡入太学。遍布中央太学与全国州县的学校升级系统，大力促进了太学乃至宋代教育的发展。

第三，诏罢科举，悉由学校舍选取士，这是崇观兴学的历史性改革。广建天下学舍的重要意义在此时得到体现。崇宁兴学开始的三年间，地方学校的普及、士子对于入学求仕的社会接受达到了一个高峰，为“取士皆本于学校”的教育目标奠定了坚实基础。崇宁三年十月，徽宗下诏：“其诏天下，将来科场如故事外，并罢州郡发解及省试法，其取士并由学校升贡。”②此诏既下，天下士子唯有入学校一途，方可有机会授官入仕。这种对于学校与科举取士的根本性改革，从崇宁三年至宣和三年(1121)持续了十七年之久。期间虽举行过个别科考，但大多数时间仍实行三舍取士。这一时期通过三舍取士而授官之上舍生数额，较此前科举取士人数有大幅增加。这已完全不同于熙丰兴学时舍选制取士的寥寥数人，反而人数较科考更多，因而极大提升了天下学子的求学积极性。

崇观兴学维持时间长达二十年，远超庆历兴学与熙丰兴学，其举世成就突出体现在，兴学促使中央太学臻于鼎盛，改变了天下士子入仕途径，实施数百年的科考制度一举罢停，造成极大社会影响。此时

---

① 王炳照、郭齐家主编：《中国教育史研究 宋元分卷》，华东师范大学出版社2000年版，第287页。

② (清)徐松辑，刘琳、刁忠民、舒大刚校点：《宋会要辑稿》，上海古籍出版社2014年版，第5317页。

太学之兴盛与荣耀，不仅达到有宋一代之至高点，在整个古代太学发展史上亦占据甚高地位。全国士子皆争相入学，地方小学、县学、州学生员达数十万人，依次升补太学，太学生近四千人，上舍生平均每年授官入仕者过百人。从地方到中央的学校升级制度、数额庞大的各级生员、直接授官的舍选取士，基本实现了“取士皆本于学校”的夙愿。国家培养人才和选取人才真正融为一体，太学社会影响地位极速上升。围绕太学与科举关系，统治者在数十年的逐步磨合中，最终选择太学，具有重要的政治意义和战略意义。

毋庸置疑，这一时期太学获得极大发展。但仍需注意的是，崇观兴学的同时，蔡京等人对于学校教育实施苛刻控制，对于学术文化采取限制禁锢。从这点来说，显然并不利于宋代教育的持续良好发展。蔡京“以学校之法驭士人，如军法之驭卒伍。一有异论，累及学官”[①]。怀着与熙丰兴学“一道德”相同的政治目的，蔡京独尊王氏新学，严禁他说。崇宁二年(1103)禁毁程颐文字，元祐文人及其学术皆不许习读、论及。“若苏轼、黄庭坚之文，范镇、沈括之杂说，悉以严刑重赏，禁其收藏，其苛锢多士，亦已密矣。”[②]由此来看，“崇宁兴学虽然张开了堂皇的门面，却不能掩盖学术文化遭到扼杀的真相”[③]。另外，虽然天下学校生员众多，但与全国士子人数相比，肯定还有部分士人未尽入学，他们在学校取士制度下已然断绝了入仕希望。而北宋以来逐渐兴盛的书院与私学教育，也在此时期受到一定程度的挫败。

第二节 南宋太学发展演变

南宋太学基本承继北宋诸项制度，未见大规模的兴学运动，太学发展也因循守旧，变革不多。在此，将其分为绍兴重建与历代沿革两

---

①② (元)脱脱：《宋史》卷三五六《崔鹏传》，中华书局1977年版，第11213页。

③ 李国钧、王炳照总主编：《中国教育制度通史》第三卷《宋辽金元》，山东教育出版社2000年版，第85页。

个阶段。

一、高宗重教，太学复兴：绍兴重置太学的延续

北宋灭亡后的太学亦难逃覆卵之命，宋室南渡后诸项制度建设都需重头再来。绍兴三年（1133），朝廷复置国子监，有博士二员，监生三十六人。国子监之复设，文教政策上的象征意义远过于培育人才的实际意义。兵荒马乱中，太学之设难上议事日程。绍兴八年（1138），叶绑首奏《请兴太学上书》，以两汉、两晋故事喻之，西汉亡后，东汉"五年而建太学"，西晋亡后，东晋"一年而建太学"，今南宋中兴，"若起太学，计官吏、生徒姑养五百人，不过费陛下一观察使之月俸"（叶绑《请兴太学上书》）①。叶书上奏后，李谊有反对之奏文《望俟回跸汴京或定都他所然后再兴太学奏》，兴太学事就此耽搁。其后屡有请复太学者，直至绍兴十二年（1142），起居舍人杨愿奏请以临安府学增修为太学，诏从之。同年十二月，高宗有《措置增展太学诏》曰："太学养士，权于临安府府学措置增展。"②然此处临安府学为"权于"措置，非正式重建。绍兴十三年（1143）正月，始择临安钱塘县西的岳飞宅第扩建为国子监、太学，六月建成。并置祭酒、司业各一人，太学博士三员，正、录各一员。是年补考入学，规定招生对象为"诸路住本贯学满一年，三试中选，不曾犯第三等以上罚。或虽不住学，而曾经发解，委有士行之人"③。即招收合格的地方官学生及校外士子获解额者。有六千学子报考，最终录取三百人。南宋太学初设就实行"三舍法"，初定生员七百名（上舍生三十人，内舍生一百人，外舍生五百七十人）。数年间屡增名额，至绍兴十六年（1146），数额已达一千一百三十人（上舍生三十人，内舍生一百人，外舍生一千人）。绍兴时期的太学学官时有增减。在绍兴重建后，太学的整体发展平稳起步。

高宗一朝，太学虽是在中断十余年后重新兴建，但其制度建设方

---

① （宋）李心传编撰，胡坤点校：《建炎以来系年要录》，中华书局2013年版，第2271页。
② （宋）周淙、施谔撰：《南宋临安两志》，浙江人民出版社1983年版，第5页。
③ 苗书梅等点校：《宋会要辑稿·崇儒》，河南大学出版社2001年版，第44页。

面并无多少创新之处。北宋太学的诸项制度已甚为系统合理，南宋重建太学基本承继了三舍法、分斋制等诸项基本制度。需要南宋统治者自作主张的部分是，因为北宋太学发展经历了数个历史阶段，不同时期的具体制度措施各有差异，对此，他们该做出何种选择。绍兴十三年二月，国子司业高闶与高宗的一段对话中，高闶言："陛下复兴太学，凡养士取士之法，当取圣裁。"上曰："自有祖宗成法。"高闶答："有庆历、元丰、绍圣、崇宁法，有司未知适从。"①此事后八个月，秦桧等奏上《国子监太学武学律学小学敕令格式》二十五卷。南宋太学的基本制度条令皆在其中，惜已亡佚。

围绕南宋太学的内部发展，主要有两个层面深刻影响着绍兴时期的太学。第一，太学考试内容与科举取士科目，突出体现在诗赋与经义之争。绍兴十三年太学重建，高闶就太学课试法与高宗论答，认为太学课试应"最先经术"，"先王设太学之意，惟讲经术而已"，高宗感慨"经不易通"，特别是士子习学诗赋已久，难以辄使通经。最终讨论的结果如下："盖太学之法，旬有课，月一周之；月有试，季一周之。若加一场，则课试之法遂紊。自元祐以来，虽增为四场，终不可行者，盖以此也。今欲经义第一，诗赋第二，论、策各一第三。"②是年二月，太学与科举试法同时而立，皆遵此法。自此之后，太学试法多依科场导向。按此考试法，经义与诗赋合而为一。但仅在两年后的绍兴十五年，经义与诗赋又分为两科取士；绍兴二十七年(1157)，朝廷又令合并，统一学习经义、诗赋和策论；绍兴三十一年(1161)又将诗赋与经义重分为两科取士。此后南宋一朝再未有变动。然绍兴年间的频繁改动，无疑给学官，尤其是太学生带来了很大波动。主学经义者犯难于诗赋，素习诗赋者更难于经义。太学虽然向来以讲授经义为主，但在南宋重建的特殊时期，习诗赋者往往十居七八，故而在太学及科场考试中，诗赋与经义合考对于太学生来说实是面临着不小的困难和挑战。

第二，太学与科考学术倾向，集中体现在程(颐)学与王(安石)学

---

① 苗书梅等点校:《宋会要辑稿・崇儒》，河南大学出版社 2001 年版，第 44 页。

② 苗书梅等点校:《宋会要辑稿・崇儒》，河南大学出版社 2001 年版，第 47 页。

之争。高宗一朝是程王之学斗争起伏的时期。绍兴元年(1131),高宗诏赠程颐直龙图阁,令学者"从而求之,从而听之",程学受到朝野重视。绍兴四年(1134),力主程学的赵鼎为相,再次掀起学程热潮,程氏子弟由赵鼎举荐而分布朝列者多达数十人。科场内亦始用颐说,《建炎以来系年要录》载绍兴五年"殿试策,不问程文善否,但用颐书多者为上科"①。绍兴六年(1136)赵鼎免相,谏官陈公辅立即上奏乞禁程颐之学;绍兴七年(1137)赵鼎再相,禁程学之语遂熄;绍兴八年(1138)又遭罢免,力主王学的秦桧独相,自此程学之士皆被罢黜,王氏之学替代程氏学说,占领主流学术阵地。直至秦桧去世的绍兴二十五年(1155)之前,这种学术形势一直未变。秦桧死后第二年,秘书省正字叶谦亨奏言:"向者朝论专尚程颐之学,有立说稍异者,皆不在选。前日大臣则阴佑王安石而取其说,稍涉程学者,一切摈弃。……愿诏有司精择而博取,不拘一家之说。"②高宗曰"卿所言极当",以"合于孔孟"取之,不拘程、王之学。然后人以为,赵鼎、秦桧的程、王之争,实是主战与议和争斗背景下的政治产物。"赵公实不识伊川"③,"然桧非但不知伊川,亦初不知荆公也"④,政治纷争殃及学术之争,学术导向影响科场风气、太学的学习风气甚至太学生的前途命运。

二、体制调整,理学主导:绍兴后历代沿革的制度特征

自从高宗朝重建太学后平稳发展二十年,绍兴以降的孝、光、宁、理、度等朝代,统治者都对太学给予一定程度关注,但再未见如北宋屡次大规模的兴学运动。一者,北宋以来诸项制度建设已能基本满足现阶段太学发展的需要;再者,难有范仲淹、王安石等改革家与仁宗、神宗等统治者的大力支持,因而更多时候,太学发展只能因循守旧,缓慢前行。统治者对太学时有修缮更补,如孝宗淳熙四年(1177)诏修葺太

---

① (宋)李心传:《建炎以来系年要录》,《文渊阁四库全书》第326册,上海古籍出版社1987年版,第256页。

② (清)徐松辑:《宋会要辑稿》,中华书局1957年版,第4305页。

③ (宋)李心传:《道命录》,中华书局1985年版,第21页。

④ (宋)李心传:《道命录》,中华书局1985年版,第33页。

学，更换旧像。淳熙四年、嘉泰三年(1203)、淳祐元年(1241)、咸淳二年(1266)，孝宗、宁宗、理宗与度宗各有幸学之举。太学内部的具体发展，历代皆沿用三舍法制度，学官人数时有增减，太学生数额维持在千人左右，度宗咸淳时期的一千六百三十六人，是文献可见的最高数字。孝宗隆兴元年(1163)，创立太学遇覃恩免解之法。南宋太学较北宋恩例更多，不仅幸学有免解惯例，庆寿赦、南郊赦皆有推恩免解。淳熙二年(1175)、淳熙十三年(1186)各降恩例，年七十以上之太学生特与补迪功郎，这对于耗尽身心的在学者可能出现的不满情绪起到安抚作用。淳熙元年(1174)七月诏太学置射圃，令诸生早晚习射，兼习文武。不论恩免措施，抑或习射诏令，也都从侧面体现出朝廷对于太学教育的重视。比较南宋历朝太学发展，因孝宗、理宗在位时间较长，教育政策一贯施之，太学更见起色。

当然，南宋太学的历代沿革，不可能完全照搬北宋诸项制度，它也根据社会形势需求产生新的特征。第一，从太学内部而论，太学招生制度发生根本变化，形成"混补法"与"待补法"轮流转换的招生方式。所谓"混补法"，指"凡诸道住本州学满一年，三试中选，不犯第三等以上罚，或不住学而曾两预释奠及齿于乡饮酒者，听充弟子员"，即所有合格的州县学生和科举下第的举子都可报考太学，故称"混补"。南宋太学起初实行混补法，四方士子来者甚众。绍兴十三年重建后的第一次录取，就有近六千人报考。其后，朝廷不断增加外舍生名额，将考试频率由每年两次延至三年一次，而赴考者越来越多，至淳熙二年(1175)已有一万六千人，场屋殆不能容。针对人数猥冗产生的考场作弊等层出不穷的各种问题，淳熙四年(1177)四月新立"待补法"。所谓"待补法"，指"诸路州军以解试终场人数为准，其荐贡不尽者，令百取三人赴太学"，即只有解试落第每百人中三名有报考太学的资格，此前三名为"待补生"，待得太学生员有阙额时，方许补考(淳熙十年(1183)改为百取六人)。同年十一月，监察御史潘纬上《太学补试事奏》，以为比年补试繁冗太甚，"中选者类多假手"①，自今始，经义、诗赋、论策三

① 苗书梅等点校：《宋会要辑稿·崇儒》，河南大学出版社2001年版，第60页。

场解试中，有两场或一场文理优长者，可作为待补生，具体名额比例即控制在百取三人。如此一来，有资格补考者必然大为减少。待补法实施不久，弊端又显，光宗绍熙三年(1192)礼部侍郎倪思奏言待补法来者既少，而取人之额如旧，中选之人常以侥幸，“两浙、福建解额既窄，住学亦便，士子愿一试而不可得，则必巧为经营。远方之州，解额自宽，于补试无甚利害。纵或得之，住学亦非所便，虽中待补，第为虚名。于是有货卖文帖、改移乡贯、变易父祖之弊”①。乞罢待补，放行混试。赵汝愚等群臣反对之下，未得实行。至宁宗庆元、嘉泰年间，方始两行混补。庆元二年(1196)补考生二万八千余人，嘉泰二年(1202)更达三万九千余人。理宗朝又实施待补法，复行百取六人之制。伴随着宋人对其或弊或利的争论，混补与待补法在南宋不同时期交替转换，彼此相形，得失居半。

第二，从太学外部而论，南宋太学发展与政治关系更为紧密，这既出于南宋统治者对太学及师生所有政治力量的重视，也是太学生身怀爱国热情、积极参政议政的体现。靖康之变时，太学生的爱国表现及造成的政治影响，让南宋以降每一位统治者清醒意识到太学内部潜在的重要政治力量。而南宋不同时期太学生的实际参政情形，更是体现出与北宋截然不同的太学特点。大规模的伏阙上书时有发生，隆兴二年(1161)太学生张观等七十二人上书，绍熙四年(1193)太学生汪安仁等二百一十八人上书，嘉定十二年(1219)太学生何处恬等二百七十三人上书，淳祐四年(1244)太学生黄恺伯等一百四十四人上书，……所奏之文皆涉朝政要事，朝廷和战之争、宰相任免事宜，如此重大事件皆是其参议范围。长时期内，太学养育人才的本职功能已渐被时人所轻视，诸生伏阙奏书带来的政治影响成为重点关注之所在。可以说，南宋统治者虽对太学发展颇有用心，但更对太学产生的政治影响费尽心机。在执政者有意拉拢与太学生主动议政的双重作用下，部分时期的南宋太学以养士育才的名义实际承担着御史台的职务，宋人称其为“无官御史台”，实言之有因。

① 苗书梅等点校：《宋会要辑稿·崇儒》，河南大学出版社2001年版，第69页。

以上所论，将宋代太学制度沿革分为北宋与南宋两个时期，宋初学校教育、庆历兴学、熙丰兴学、崇观兴学、绍兴重置太学、绍兴后历代沿革等六个阶段。由此，我们可见宋代太学逐步开创、完善的具体演变过程，太学诸项制度不断改革、创新的发展进程，以及不同时期与阶段内太学发展、制度建设带来的现实与历史意义。

第四章　宋代太学重要制度述论

宋代太学在发展演进过程中，扬弃前代制度，注重自我创新，在涉及太学的基本和重要性制度如学官、学生与教学等管理制度、三舍取士等升取制度方面，皆注入了宋代的独特特征，为宋太学的兴盛发展奠定了重要基础。

第一节　太学管理制度：学官、学生与教学管理

宋代教育的中央行政管理机构是礼部，其次则是国子监，“凡学皆隶国子监”①，太学在组织系统而言亦隶属于国子监。国子监行政首脑称“判监事”，元丰改制后改称“祭酒”，“祭酒掌国子学、太学、武学、律学、小学之政令，司业为之贰、丞参领监事。……凡课试、升黜、教导之事，长贰皆总也”②。祭酒、司业作为国子监正副长官，全面负责诸学包括太学的教学及行政事务。除此之外，太学学官尚有掌钱谷出纳的国子监丞，掌文簿的国子监主簿，教授经术的国子监直讲、太学博士，通掌学规的太学正、太学录，掌诸生之籍等的直学、学谕等。学官之遴选任职，有举主依据被举者的专业学识、品德修养而作的奏举保荐；有专门立试学官法，通过科举、太学资格选录之，元丰七年规定，“进士第一甲，或省试十名内，或府、监发解五名内，或太学公、私试三

---

① (元)脱脱：《宋史》卷一五七《选举志三》，中华书局 1977 年版，第 3657 页。

② (元)脱脱：《宋史》卷一六五《职官志五》，中华书局 1977 年版，第 3909 页。

名内,或季试两次为第一,或上舍、内舍生,或曾充经谕以上职掌,或投所业乞试,并听试,入上等注博士,中、下等注正、录”①。有舍选途径,熙宁四年规定,“学正、学录、学谕仍于上舍内逐经选二员充”②。有特旨除授,如马希孟因献歌颂文可观而升为太学博士,外舍生周邦彦献《汴都赋》文彩可取而授太学正。

学官作为太学教学与行政事务的实际执行者,肩负着为国家和社会培育英才的神圣使命,对太学发展走向起着至关重要的作用。两宋时期,学官选任的来源途径渐趋多样化,不拘一格、唯才是举,从数量上、质量上保证了太学师资队伍建设日益发展的需要。一旦成为在职教师,则从道德品质、学术才能等方面作出考核,“四善”(德义有闻、清慎明著、公平可称、恪勤匪解)、“四最”(训导有方,生徒克业,为学官之最)之目就是对教育官员的具体考量。定性定量的考核标准,是为实施任职期满后的奖惩制度。若“训导有方,绩效可见”则升之,“训导无素,生徒犯法”则黜之。考核及奖惩措施的建立及实施,从制度实效上提升了学官队伍的整体质量水平。从两宋太学官员的实际任职者来看,有因串通学生、徇私舞弊而被下狱者,也有陷入政派、学派之争将其凌驾于教学之上者,此等学官无疑损害了太学及诸生的利益。但我们也看到,有更多学官因其“业治儒经”“厉廉有素”而命于经庠,履职期间恪守敬业,清正廉洁,将全身心精力投注其中,并涌现出了宋初三先生、李觏、梅尧臣、秦观、张耒、晁补之、吕祖谦等一大批著名学者,为宋代太学发展及其历史地位做出了重大贡献。

太学生的入学及在籍,两宋太学有一系列规章管理制度。生员之来源途径,宋初招收八品以下官员子弟及庶人之俊异者;三舍法实行后招收从州学升贡者;科考落第者以混补或待补法考入;八行取士,徽宗朝曾以“孝、悌、睦、姻、任、恤、忠、和”八行作为入补太学的标准。在籍之后,诸生将享有免役、给食、供宿及优厚解额甚至舍选入仕的各项待遇。与此同时,必须遵守诸多限制性规章制度。如告假制度,太学

---

① (元)脱脱:《宋史》卷一六五《职官志五》,中华书局 1977 年版,第 3909 页。

② 苗书梅等点校:《宋会要辑稿·崇儒》,河南大学出版社 2001 年版,第 60 页。

生每十日休假一日，平日“凡入学授业，月旦即亲书到历。如遇私故或疾告、归宁，皆给假，违程及期月不来参者，去其籍”①。门禁制度，学官中直学一职专掌诸生“几察出入”，太学不得随意出入。若违背诸项制度，将受到学规惩罚。今存太学“五等学规”，其一为关暇，不许出入；其二为前廊关暇，受罚者连太学前廊也不许到；其三为迁斋，他斋若不接受，必须委屈人情方可；其四为下自讼斋，即关禁闭，同舍生不得过问；其五为屏斥出学，行罪之际宣读罪状，加以体罚，斥退之后永不得入学。除此之外，另有降舍退送、取消待遇、编管徒刑等措施。这些名目繁多的惩处方式，敦促太学生服从各项管理制度，保证太学教务活动的正常开展，起着震慑和惩治作用。

朝廷培养太学生的初衷，就是为国家培养经世致用的人才，两宋历朝统治者皆以此为其兴学目标。从宋代国家取士的大形势看，太学生并未辜负朝廷厚望，太学所具优厚的取解额往往能转换成省试、殿试中的胜利。太学生受科举牵绊，将很多精力和心思花在科考功名上，甚者不惜营私舞弊、串通作案，最终损伤了个人甚至太学的社会名誉。但在宋王朝的大部分时期，太学生对于地方生员及社会士子仍具有榜样和导向作用，激发着天下士人的求学风尚。太学生参政议政的群体斗争，更在宋史上留下浓墨重彩的一笔。特别是陈东、徐应镳等太学生舍生取义，平添悲壮之情，影响后世爱国学生不惧牺牲，奋勇前行。

联结太学学官与诸生的纽带，自然是学校最重要的教学部分。太学教学以经义为主，实行分经教学，学官每人授经一门，诸生每人选取一经跟随教官学习。从教材种类来说，宋初沿用唐孔颖达《五经正义》，国子祭酒孔维曾受诏校定并于国子监刻板行用。真宗时国子祭酒邢昺等校订《周礼》《仪礼》《公羊》《穀梁传正义》，于是《九经》疏义悉具。神宗熙宁七年，太学屏弃《九经》疏义，改用王安石主持的《三经新义》(《诗》《书》《周礼义》)，其后随着王学在政治命运中的浮沉，太学教材或用《九经》疏义，或是《三经新义》，或用理学家注疏。直至南宋中

---

① (元)脱脱：《宋史》卷一五七《选举志三》，中华书局1977年版，第3657页。

后期，程朱理学上升到官方哲学的地位，朱熹《四书章句集注》由官方认定为太学、科考用书。从课程设置来说，《九经》有大、小经与讲授年限之别。《春秋》兼《左氏传》《公羊传》《穀梁传》，《礼记》兼《周礼》《仪礼》为大经，各限二年讲毕；《毛诗》为中经，限一年半讲毕；《周易》《尚书》为小经，限一年讲毕。从教学方法来说，胡瑗"苏湖教法"为太学奠定了良好基础，有因材施教的分舍分斋教学，集生员提问的问答教学，以类群居、相与讲习的研讨教学，利用挂图教具的直观形象教学，注重实际操作的实践教学，习射游息的愉快教学等。

教学活动是太学核心内容，宋代太学的教材种类及课程设置，体现着宋王朝教育发展不同于其他朝代的重要特色。而课程教材的历时变化，也反映出宋代文教政策在不同时期内的倾向特征。不过相同的是，太学私试、公试与舍试等诸项考试的具体内容都紧随教材变动，科举考试与太学课程互为牵照，同时进退。从政治角度视之，即如王安石《三经新义》及《字说》颁行之初衷，是为解决旧教材内容偏离实际而"施于有政，无所用之"、经义纷乱而"何以一道德"的现实政治问题。可见，教材的具体编定是国家意志在太学内部的表现，也是朝廷控制思想、统一士论的重要工具。

宋代太学学官一览表

序号	姓　名	简　介	官　职	任职时期	资料出处
1	崔　颂	字敦美，河南偃师人。	判国子监	建隆三年	《宋会要辑稿·崇儒一·太学》
2	李　昉	字明远，深州饶阳人。	判国子监	开宝五年	《宋史》卷二六五
3	孔　维	字为则，开封雍丘人。	国子博士、判国子监、国子司业	开宝九年	《宋史》卷四三一
4	郭忠恕	字恕先，河南洛阳人。	国子监主簿	太宗	《宋史》卷四四二
5	李　志	河北真定人。	判国子监	淳化五年	《宋史》卷一六五

续表

序号	姓　名	简　介	官　职	任职时期	资料出处
6	潘　阆	字梦空，大名人。	国子助教	至道元年	潘阆《赴滁州散参军途中书事》
7	邢　昺	字叔明，曹州济阴人。	国子祭酒	景德二年	宋真宗《令邢昺等保举学官诏》
8	张　颖	景德时人。	国子监直讲	景德二年	周麟之《景德二年后止有差注学官格法奏》
9	王　旭	大名人，王旦弟。	判国子监	天圣	夏竦《王旦弟度支员外郎判国子监旭可尚书司封员外郎余依旧制》
10	王元亨	服道韦布，颇究师法。	国子监主簿	景祐	宋庠《前乡贡九经王元亨可守国子监主簿制》
11	邵　必	字不疑，丹阳人。	国子监直讲	宝元	欧阳修《蕲州广济县令充国子监直讲邵必可大理寺丞制》
12	司马光	字君实，陕州夏县人。	国子监直讲	宝元	司马光《上巳日学诸同舍饮王都尉园》
13	宋　祁	字子京，安州安陆人。	国子监直讲	庆历二年	宋祁《初除直讲献内阁冯学士孙侍郎》
14	石　介	字守道，兖州奉符人。	国子监直讲	庆历二年	《宋史》卷四三二
15	孙　复	字明复，晋州平阳人。	国子监直讲	庆历二年	同上
16	王拱辰	字君贶，开封咸平人。	判国子监	庆历四年	《宋史全文》卷八下
17	王　洙	字原叔，应天宋城人。	国子监直讲	庆历四年	同上
18	余　靖	字安道，韶州曲江人。	判国子监	庆历四年	同上
19	田　况	字元均，开封人。	国子司业	庆历四年	田况《儒林公议》卷上

续表

序号	姓　名	简　介	官　职	任职时期	资料出处
20	宋文质	壮也服劳，晚而登仕。	国子监丞	庆历	欧阳修《梓潼县主簿宋文质可国子监丞致仕制》
21	周　登	自陈不能，可谓知止。	国子监丞	庆历	欧阳修《贝州历亭县主簿周登可国子监丞致仕制》
22	王圣源	与宋祁同时人。	国子监直讲	庆历	宋祁《寄南郡直讲王圣源》
23	阎　旦	占名中铨，进丞上庠。	国子监丞	皇祐	蔡襄《江州彭泽主簿阎旦可守国子监丞致仕制》
24	裴　煜	字如晦，临川人。	国子监直讲	皇祐	王珪《国子监直讲裴煜可大理寺丞制》
25	张昭寿	数调中铨，宰庠之秩。	国子监丞	皇祐	王珪《前秦州成纪县主簿张昭寿可国子监丞致仕制》
26	胡　则	字子正，婺州永康人。	太学正	皇祐	王珪《胡则太学正满秩趋京赋诗为赠》
27	顾　临	字子敦，会稽人。	国子监直讲	皇祐	《宋元学案》
28	胡　瑗	字翼之，泰州如皋人。	国子监直讲	皇祐六年	《宋史》卷四三二
29	李　觏	字泰伯，建昌军南城人。	试太学助教、太学说书	皇祐嘉祐	同上
30	梅尧臣	字圣俞，宣州宣城人。	国子监直讲	嘉祐元年	欧阳修《夜闻风声有感奉呈原父舍人圣愈直讲》
31	黄　晞	字景微，建安人。	太学助教	嘉祐元年	《宋史》卷四五八
32	谢元振	上庠丞秩，足慰挂冠。	国子监丞	嘉祐	胡宿《谢元振可守国子监丞并致仕制》

续表

序号	姓名	简介	官职	任职时期	资料出处
33	李克明	早集大选，参服外勤。	国子监丞	嘉祐	胡宿《李克明可国子监丞并致仕制》
34	吴旦	早集都铨，才至诸铨。	国子监丞	嘉祐	胡宿《吴旦可国子监丞致仕制》
35	郑有斐	早从调集，晚滞勾稽。	国子监丞	嘉祐	胡宿《郑有斐可国子监丞致仕制》
36	张太一	少壮从宦，进丞学省。	国子监丞	嘉祐	胡宿《张太一可国子监丞致仕制》
37	商傅	通知经义，以教国子。	国子监直讲	嘉祐	王安石《国子监直讲商傅光禄寺丞制》
38	孙思恭	字彦先，登州人。	国子监直讲	嘉祐	王安石《国子监直讲孙思恭著作佐郎制》
39	钱藻	字醇老，钱塘人。	国子监直讲	嘉祐	王安石《国子监直讲编校集贤院书籍钱藻大理寺丞制》
40	李琳	率礼告老。	国子监丞	嘉祐	王安石《主簿李琳国子监丞致仕制》
41	傅公	与刘攽同时人。	判国子监	嘉祐	刘攽《众学官移两判监书》
42	刘蒙	与刘攽同时人。	学正	嘉祐	同上
43	刘攽	字贡父，临江新喻人。	国子监直讲	嘉祐	同上
44	范师道	字贯之，苏州吴县人。	国子监学官	嘉祐	范师道《乞令钱藻带新官赴国子监说书奏》
45	叶致远	与王安石同时人。	国子监直讲	仁宗	王安石《用前韵戏赠叶致远直讲》
46	贾昌朝	字子明，真定获鹿人。	国子祭酒	仁宗	田况《儒林公议》卷上

续表

序号	姓名	简介	官职	任职时期	资料出处
47	钱彦远	字子高，钱塘人。	太学博士	仁宗	宋仁宗《试贤良方正能直言极谏太学博士钱彦远制策》
48	黄助教	与梅尧臣同时人。	国子助教	仁宗	梅尧臣《哀国子黄助教》
49	吴祭酒	与梅尧臣同时人。	国子祭酒	仁宗	梅尧臣《雷逸老以仿石鼓文见遗因呈祭酒吴公》
50	王中庸	任职未久，宜加优秩。	国子监丞	仁宗	郑獬《王中庸可国子监丞致仕制》
51	杨安国	字君倚，密州安丘人。	太学录、国子监直讲	仁宗	《宋史》卷二九四
52	刘易	忻州人。	太学助教	仁宗	《宋史》卷四五八
53	韩维	字持国，开封雍丘人。	太学学官	仁宗	韩维《奉同原甫槐阴行》
54	王平甫	与邵雍同时人。	太学学官	仁宗	邵雍《和王平甫教授赏花处惠茶韵》
55	蔡靖	才足办职，智足知止。	国子监丞	治平	韩维《澧州慈利县主簿蔡靖可国子监丞致仕制》
56	黎宗孟	与王安石同时人。	太学学官	熙宁	《宋会要辑稿·崇儒一·太学》
57	曾肇	字子开，建昌南丰人。	国子监直讲	熙宁	同上
58	沈季良	王安石妹婿。	判国子监	熙宁	《皇宋通鉴长编纪事本末》卷七四
59	张琥	与王安石同时人。	判国子监	熙宁	《宋会要辑稿·崇儒一·太学》
60	李定	字资深。登进士第。	判国子监	熙宁	同上

续表

序号	姓　名	简　介	官　职	任职时期	资料出处
61	常　秩	字夷甫，颍州汝阴人。	判国子监	熙宁四年	同上
62	陆　佃	字农师，越州山阴人。	国子直讲	熙宁四年	同上
63	朱　服	字行中，湖州乌程人。	国子直讲、太学博士、国子司业	熙宁元丰	《皇宋通鉴长编纪事本末》卷七五
64	叶　涛	字致远，处州龙泉人。	国子监直讲、太学正、太学博士	熙宁元丰	《宋会要辑稿·崇儒一·太学》
65	龚　原	字深之，处州遂昌人。	国子监丞、国子直讲、国子司业、国子祭酒	熙宁元丰	《东轩笔录》卷六
66	吴　絪	字子进，杭州钱塘人。	国子司业	元丰	《宋史全文》卷一九
67	钟世美△	曾为太学生。	太学正	元丰	《宋史》
68	顾　襄△	字公甫，吴郡人。	太学正	元丰	《吴郡志》
69	蔡　卞	字元度，兴化仙游人。	国子直讲、管勾国子监、国子司业	元丰	《续资治通鉴长编》卷三〇一
70	梅　灏	海盐人。	国子监直讲	元丰二年	同上
71	虞　蕡	曾任安阳县主簿。	国子监直讲	元丰二年	同上
72	袁　默	字思正，无锡人。	国子监直讲	元丰二年	同上
73	马希孟	字彦醇，庐陵人。	太学正、太学博士	元丰六年	《皇宋通鉴长编纪事本末》卷八二

续表

序号	姓　名	简　介	官　职	任职时期	资料出处
74	黄　裳	字文叔，剑州普成人。	太学博士	元丰六年	《宋史》卷三九三
75	刘　概	与黄裳同时人。	太学博士	元丰六年	《续资治通鉴长编》卷三三四
76	邵　材	宜兴人。	太学博士	元丰七年	《皇宋通鉴长编纪事本末》卷八一
77	周邦彦△	字美成，钱塘人。	太学正、国子主簿	元丰绍圣	《宋史》卷四四四
78	黄　履	字安中，邵武军邵武县人。	国子监学官	神宗	黄履《乞令国子监置房廊庄课奏》
79	黄　隐	字从善，福建莆田人。	国子司业	神宗	吕陶《请罢国子司业黄隐职任状》
80	林　虙	字德祖，吴郡人。	太学录	神宗	《吴郡志》
81	姜　潜	字至之，奉符人。	国子监直讲	神宗	《宋元学案》
82	张　巨	字微之，晋陵人。	国子监直讲	神宗	同上
83	华　镇	字安仁，会稽人。	学官	哲宗	华镇《谢国子祭酒举学官启》
84	颜　复	字长道，彭城人。	国子祭酒	哲宗	《宋会要辑稿·崇儒一·太学》
85	林　自△	字疑独，兴化军兴化县人。	太学录	哲宗	《清波杂志》卷七
86	晁补之	字无咎，济州钜野人。	太学正	元祐元年	晁补之《太学博士正录荐布衣陈师道状》
87	张　耒	字文潜，楚州淮阴人。	太学录	元祐元年	《宋史》卷四四四
88	郑　穆	字闳中，福州侯官人。	国子祭酒	元祐元年	刘攽《国子祭酒集贤校理郑穆可直集贤院充诸王府侍讲制》
89	游　酢	字定夫，建州建阳人。	太学录、太学博士	元祐元年	苏辙《游酢太学录告词》

续表

序号	姓　名	简　介	官　职	任职时期	资料出处
90	陈师道	字履常，彭城人。	太学博士	元祐元年	《宋史》卷四四四
91	王大临	受司马光器重。	太学录	元祐二年	司马光《传家集》
92	范致虚△	字谦叔，建州建阳人。	太学博士	元祐三年	《宋史》卷三六二
93	丰　稷	字相之，明州鄞县人。	国子司业、国子祭酒	元祐三年六年	郑穆《国子监雕印伤寒论等医书牒》
94	秦　观	字少游，扬州高邮人。	太学博士	元祐五年	《宋史》卷四四四
95	翟　思	字子久，润州丹阳人。	太学博士、国子司业	元祐六年	曾巩《徐铎张崇翟思邵刚太学博士制》
96	燕若古	以其明辨，博士之选。	国子监丞	元祐	刘攽《大理正燕若古可国子监丞》
97	孙　进	家世儒学，益务勤修。	国子监主簿	元祐	刘攽《通直郎孙进可国子监主簿制》
98	孔武仲	字常父，临江新淦人。	国子司业	元祐	孔武仲《辞免国子监司业》
99	程　颐	字正叔，河南人。	判西京国子监	元祐	程颐《辞免西京国子监教授表》
100	余　中	坐虞蕃案下狱。	国子监直讲	元祐	《东轩笔录》卷六
101	王沇之	坐虞蕃案下狱。	国子监直讲	元祐	同上
102	唐　懿	坐虞蕃案下狱。	国子监直讲	元祐	同上
103	沈　铢	字子平，真州扬子人。	国子直讲、太学博士	元祐	同上
104	徐　铎	字振文，兴化军莆田人。	太学博士	元祐	曾巩《徐铎张崇翟思邵刚太学博士制》
105	张　崇	经明选用，诱率学者。	太学博士	元祐	同上
106	邵　刚	经明选用，诱率学者。	太学博士	元祐	同上

续表

序号	姓　名	简　介	官　职	任职时期	资料出处
107	彭汝霖	字严老，饶州鄱阳人。	太学博士	元祐	刘攽《监苏州籴纳仓彭汝霖可并太学博士太学录李格非可太学正真定府真定县主簿卢诉可太学录制》
108	李格非	字文叔，济南人。	太学录、太学正、太学博士	元祐	同上
109	卢　诉	经术修明，内行峻洁。	太学录	元祐	同上
110	张　献	颇崇善誉，诲诱贵游。	太学博士	元祐	刘攽《承议郎张献可太学博士制》
111	吴师仁	字坦求，钱塘人。	太学正、太学博士	元祐	刘攽《试太学正吴师仁可试太学博士制》
112	吴师礼△	字安仲，钱塘人。	太学正、太学博士	元祐	《宋史》卷三四七
113	蔡　肇	字天启，润州丹阳人。	太学正	元祐	晁补之《用文潜馆中韵赠蔡学正天启》
114	黄冕仲	与晁补之同时人。	太学博士	元祐	晁补之《次韵太学黄博士冕仲同考试作》
115	宋遐叔	与晁补之同时人。	太学正	元祐	晁补之《次韵太学宋学正遐叔考试小疾见寄》
116	孙　准	与郑穆同时人。	国子监主簿	元祐	郑穆《国子监雕印伤寒论等医书牒》
117	何宗元	与郑穆同时人。	国子监丞	元祐	同上
118	陈祥道	字用之，福州闽清人。	太学博士	元祐	许将《荐太学博士陈祥道奏》
119	赵挺之	字正夫，密州诸城人。	国子司业	元祐	《皇宋通鉴长编纪事本末》卷一百五

续表

序号	姓名	简介	官职	任职时期	资料出处
120	王临	字大观，大名成安人。	试太学录	元祐	苏轼《处士王临试太学录制》
121	孙谔	字元忠，应天府荣城人。	太学博士、国子直讲、国子祭酒	元祐	邹浩《孙谔除国子祭酒制》
122	阎木	才质端厚，学有原本。	太学博士	元祐	苏辙《阎木太学博士叶涛正告词》
123	盛侨	老成端厚，勉于训励。	国子司业	元祐	苏辙《盛侨国子司业告词》
124	杨褒	字子美，四川华阳人。	国子监直讲	元祐	苏辙《次韵杨褒直讲揽镜》
125	吕大临	字与叔，京兆蓝田人。	太学博士	元祐	《宋史》卷三四〇
126	朱长文	字伯原，苏州吴县人。	太学博士	元祐	《宋史》卷四三五
127	靳裁之	颍川人。	太学学官	元祐	同上
128	彭汝砺	字器资，饶州鄱阳人。	国子监直讲	元祐	《宋元学案》
129	张庭坚	字才叔，广安军人。	太学博士	元祐	《宋史》卷三四六
130	王涣之	字彦舟，衢州常山人。	太学博士	元祐	《宋史》卷三四七
131	詹文	缙云人。	太学博士	绍圣初	《皇宋通鉴长编纪事本末》卷一三〇
132	陈瓘	字莹中，南剑州沙县人。	太学博士	绍圣初	《皇宋通鉴长编纪事本末》卷一二〇
133	叶承	与王安石同时人。	太学录	绍圣三年	《皇宋通鉴长编纪事本末》卷一三〇
134	刘弇	字伟明，吉州安福人。	太学博士	绍圣三年	《宋史》卷四四四

续表

序号	姓　名	简　介	官　职	任职时期	资料出处
135	林　洎	与王安石同时人。	太学博士	绍圣	《皇宋通鉴长编纪事本末》卷一二〇
136	慕容彦逢	字淑遇，宜兴人。	太学博士	元符元年	《全宋文》卷二九二二
137	范柔中	字符翼，南城人。	太学博士	元符三年	《宋史》卷三五四
138	刘　昺	字子蒙，开封东明人	太学博士	元符末	《宋史》卷三五六
139	朱京	字世昌，南丰人。	太学录、国子司业	元符	《宋史》卷三二二
140	刘正夫△	字德初，衢州西安人。	太学录	元符	《宋史》卷三五一
141	陈　高	字可中，仙游人。	太学录、太学博士	元符	《宋元学案》
142	汪　澥	字仲容，宣州旌德人。	太学正、国子司业、国子祭酒	哲宗	《宋史》卷三五四
143	邹　浩	字志完，常州晋陵人。	太学博士	哲宗	陈次升《上哲宗改正邹浩太学博士状》
144	刘　逵	字公路，随州随县人。	太学博士、国子司业	哲宗	《宋史》卷三五一
145	刘　绚	字质夫，常山人。	太学博士	哲宗	《宋史》卷四二八
146	倪　涛	字巨济，广德军人。	太学正	哲宗	《宋史》卷四四四
147	何执中	字伯通，处州龙泉人。	太学博士	哲宗	《宋史》卷三五一
148	吴　材△	字圣取，处州龙泉人。	太学博士	哲宗	《宋史》卷三五六
149	李昭玘	字成季，钜野人。	太学博士	哲宗	李昭玘《谢举太学博士启》
150	陈莹中	名瓘，南剑州沙县人。	太学博士	哲宗	《清波杂志》卷九

续表

序号	姓　名	简　介	官　职	任职时期	资料出处
151	胡安国△	字康侯，建宁崇安人。	太学博士	崇宁	《宋史》卷四三五
152	蒋　静	字叔明，常州宜兴人。	国子司业、国子祭酒	崇宁	《宋史》卷三五六
153	薛　昂	字肇明，杭州人。	太学博士、大司成	崇宁五年	《宋史》卷三五二
154	强渊明	字隐季，杭州钱塘人。	国子司业	崇宁五年	《皇宋通鉴长编纪事本末》卷一二六
155	陈　旸	字晋之，福州人。	太学博士	徽宗	《宋史》卷四三二
156	葛胜仲	字鲁卿，常州江阴人。	太学正、国子司业、国子祭酒	徽宗	《宋史》卷四四五
157	朱　晋	居师儒任，教人以正。	太学正	徽宗	翟汝文《朱晋太学正制》
158	江　纬△	字彦文，三衢人。	太学正	徽宗	《玉照新志》卷三
159	傅　楫	字符通，兴化军仙游人。	太学博士、国子司业	徽宗	《宋史》卷三四八
160	梁杨阻	材质可尚，命于国子。	国子监主簿	徽宗	慕容彦逢《承务郎梁杨阻可国子监主簿制》
161	郑季常	与杨时同时人。	太学正	徽宗	杨时《送郑季常赴太学正》
162	张　绰	政和间提举河北西路学事。	辟雍正	徽宗	翟汝文《辟雍正张绰再任制》
163	王　量	训迪多士，思称其职。	辟雍学录	徽宗	翟汝文《宣德郎王量李熙靖辟雍学录制》
164	孙元卿	字东伯，乐清人。	太学正、国子监丞	徽宗	翟汝文《太学正孙元卿除武学博士制》
165	张汝霖	宣和时为京西转运使。	太学录	徽宗	同上

续表

序号	姓　名	简　介	官　职	任职时期	资料出处
166	江　固	因能而任，务称斯举。	太学博士	徽宗	翟汝文《太学博士江固聂醇并郎官制》
167	聂　醇	因能而任，务称斯举。	太学博士	徽宗	同上
168	陆　蕴	国之隽良，溢于辞艺。	国子祭酒	徽宗	翟汝文《国子祭酒陆蕴除中书舍人制》
169	刘安节△	字符承，温州永嘉人。	国子祭酒	徽宗	刘安节《谢司业改官启》
170	权邦彦△	字朝美，河间人。	太学博士、国子司业	徽宗	《宋史》卷三九六
171	雇学正	与郑居中同时人。	太学正	徽宗	郑居中《挽雇学正》
172	沈与求	字必先，湖州德清人。	太学博士	徽宗	孙觌《沈与求太学春秋博士制》
173	黎　确	字介然，邵武人。	国子司业	徽宗	孙觌《国子司业黎确除殿中侍御史制》
174	黎确父	邵武人。	国子监直讲	徽宗	程俱《吏部侍郎黎确父任许田县主簿国子监直讲赠朝议大夫宗孟赠中大夫制》
175	李　朴	字德邵，广陵人。	国子祭酒	徽宗	孙觌《秘书少监李朴除国子监祭酒制》
176	孙　逢	眉山人。	太学博士	徽宗	《宋史》卷四五三
177	赵舜臣	字和叔，天水人。	国子博士	徽宗	刘跂《国子博士赵公墓志铭》
178	魏　宪	字令则，吴郡人。	太学正、太学博士、国子司业	徽宗	《建炎以来系年要录》
179	黄葆光	字符晖，徽州黟县人。	太学博士	政和三年	《宋史》卷三四八

续表

序号	姓　名	简　介	官　职	任职时期	资料出处
180	张　纲△	字彦正，润州丹阳人。	太学正、太学博士	政和五年	《宋史》卷三九〇
181	潘良贵△	字子贱，婺州金华人。	太学博士	政和五年	《宋史》卷三七六
182	孙　觌	字仲益，常州晋陵人。	国子司业、国子祭酒	政和	《靖康纪闻拾遗》
183	刘嗣明△	开封祥符人。	大司成	政和	《宋史》卷三五六
184	李　璆△	字西美，开封人。	国子监博士、辟雍录	政和	翟汝文《李璆除国子博士制》
185	季　陵△	字延仲，处州龙泉人。	太学博士	政和	《宋史》卷三七七
186	万俟卨△	字符忠，开封阳武县人。	太学录	政和	《宋史》卷四七四
187	陈与义△	字去非，洛阳人。	太学博士	政和	《宋史》卷四四五
188	黄　齐	字思贤，建州建阳人。	国子司业、大司成	政和	《宋史》卷三八一
189	秦　桧	字会之，江宁人。	太学正	徽宗	《宋史》卷四七三
190	胡世将	字承公，常州晋陵人。	太学博士	徽宗	《宋史》卷一六五
191	陈康伯△	字长卿，信州弋阳人。	太学正	徽宗	《宋史》卷三八四
192	孔端朝	字国正，兖州曲阜人。	太学正	徽宗	宋徽宗《綦崇礼除行太学正制》
193	韦寿隆	钱塘人。	国子司业、国子祭酒	政和宣和	《宋史全文》卷二二
194	林致用	与韦寿隆同时人。	太学录	宣和四年	韦寿隆《乞临幸太学奏》
195	王俊义△	字尧明，海陵人。	太学博士	宣和四年	《宋史》卷三四四

续表

序号	姓　名	简　介	官　职	任职时期	资料出处
196	周　利	由太学博士改除太学录。	太学录、太学博士	宣和七年	《宋史》卷一六五
197	綦崇礼△	字叔厚，潍州北海人。	太学正、太学博士	宣和	宋徽宗《綦崇礼除太学博士制》
198	黄　哲	成都府华阳人。	国子司业、国子祭酒	宣和	《宋会要辑稿》选举一九
199	周执羔	字表卿，信州弋阳人。	太学博士	徽宗	《宋史》卷三八八
200	张　朴	字见素。	太学录、太学博士	徽宗	《宋史》卷三五六
201	李熙靖	字子安，常州晋陵人。	辟雍学录、太学正、太学博士	徽宗	《宋史》卷三五七
202	程　振△	字伯起，饶州乐平人。	辟雍学录、太学博士	徽宗	《宋史》卷三五七
203	刘宁止	字无虞。	太学录	徽宗	《宋史》卷三七八
204	杨　愿	字原仲。	太学录	徽宗	《宋史》卷三八〇
205	曾　几△	字吉甫，赣州人。	辟雍博士	徽宗	《宋史》卷三八二
206	程　瑀△	字伯寓，饶州浮梁人。	太学博士	徽宗	《宋史》卷三八一
207	汪廷直	经谊该通，性姿朴茂。	国子监丞	徽宗	程俱《新授国子监丞汪廷直屯田员外郎制》
208	李若水	字清卿，洺州曲周人。	太学博士	徽宗	《宋史》卷四四六
209	耿延禧	字伯顺，开封人。	太学学官	徽宗	《宋史全文》卷二一中
210	吴　若△	字季海，相州人。	太学正	靖康	《三朝北盟会编》卷四一
211	朱　震	字子发，荆门军人。	太学博士	靖康	宋钦宗《朱震除太学春秋博士制》

续表

序号	姓　名	简　介	官　职	任职时期	资料出处
212	冯　楫	字济川，遂宁人。	太学正	靖康	陈过庭《乞斥责学官杨时等奏》
213	雷　观△	字仲立，洪州丰城人。	太学博士	靖康	同上
214	黄　丰	金人移文取黄丰。	太学录	靖康	《靖康纪闻》
215	董　逌	字彦远，东平府人。	国子祭酒	靖康	同上
216	杨　时△	字中立，南剑将乐人。	国子祭酒	靖康	《宋史》卷四二八
217	康执权	字平仲，开封人。	国子祭酒	靖康	孙觌《国子祭酒康执权鸿胪卿制》
218	何　洋	眉州青神人。	太学博士	建炎二年	《宋史》卷四八六
219	何伯谨	字诚夫，永嘉人。	太学博士、国子司业	绍兴	胡铨《何伯谨太学博士制》，陈傅良《国子司业何公行状》
220	高　闶△	字抑崇，明州鄞县人。	国子司业	绍兴	《宋史》卷四三三
221	方　闾	秉心靖专，操行纯一。	国子司业	绍兴	汪藻《方闾国子司业制》
222	颜师鲁	字几圣，漳州龙溪人。	国子丞、国子祭酒	绍兴	《宋史》卷三八九
223	袁正功	常州无锡人。	国子监丞	绍兴	《建炎以来纪年要录》卷一六
224	张　戒	字定甫，正平人。	国子监丞	绍兴五年	胡寅《张戒国子丞制》
225	张希亮	行能甚修，见推朋辈。	国子监丞	绍兴九年	刘一止《张希亮国子监丞制》
226	关　注	字子东，越州会稽人。	太学正、太学博士	绍兴十二年	张扩《关注除太学正制》

续表

序号	姓　名	简　介	官　职	任职时期	资料出处
227	陈鹏飞	字少南，永嘉人。	太学博士	绍兴十三年	张扩《陈鹏飞杨邦弼并除太学博士制》
228	杨邦弼	字良佐，建州浦城人。	太学博士	绍兴十三年	同上
229	何　俌	绍兴间乞惩戒太学生。	太学博士	绍兴十三年	《宋史》卷三八五
230	石安庆	侍御史论其轻儇无行。	国子监丞	绍兴十三年	《宋会要辑稿·崇儒一·太学》
231	元　盥	寻罢之。	太学录	绍兴十三年	《宋史职官志补正》
232	陈　夔	绍兴时人。	太学录	绍兴十三年	同上
233	王之望	字瞻叔，襄阳谷城人。	太学录、太学博士	绍兴十四年	《宋史》卷三七二
234	严　抑	字德隅，湖州归安人。	国子司业	绍兴十四年	《宋史全文》卷二一中
235	文　浩△	崇观间曾游上庠。	国子监丞	绍兴十五年	刘才邵《文浩除国子监丞制》
236	陈诚之	字景明，福州闽县人。	国子司业	绍兴十六年	《宋史全文》卷二一下
237	史　才	字闻道，明州鄞县人。	国子监主簿	绍兴十七年	王洋《史才国子监主簿制》
238	王大宝△	字元龟，潮州人。	国子司业	绍兴二十五年	《全宋诗》卷一七一八
239	沈清臣	字正卿，杭州盐官人。	太学录	绍兴二十七年	洪适《沈清臣太学录制》
240	彭椿年	字大老，台州黄岩人。	国子监主簿、国子司业、国子祭酒	绍兴二十七年	楼钥《国子司业彭椿年除祭酒制》
241	刘　度	字汝一，长兴人。	太学博士	绍兴二十八年	周麟之《刘度除太学博士制》

续表

序号	姓　名	简　介	官　职	任职时期	资料出处
242	林　栗	字黄中，福州福清人。	太学正	绍兴二十八年	周麟之《林栗除太学正制》
243	郑　闻	字仲益，开封人。	太学博士	绍兴三十年	《宋史全文》卷二三上
244	张　震	字真甫，汉州人。	太学博士、国子司业	绍兴	《建炎以来纪年要录》卷一六二
245	石延庆	字光锡，越州新昌人。	国子监丞	绍兴	张扩《石延庆除国子监丞制》
246	陈彦修	儒学奋身，俾主胄子。	国子监主簿	绍兴	张扩《陈彦修国子监主簿》
247	邵知柔	字民望，长城里邵屯人。	国子司业、国子祭酒	绍兴	邵知柔《柬吕太学祯》
248	蒋学正	与史才同时人。	太学正	绍兴	史才《过蒋学正三径庵》
249	周　葵△	字立义，常州宜兴人。	国子祭酒	绍兴	《宋史》卷三八五
250	史　浩	字直翁，明州鄞县人。	太学正、太学博士	绍兴	《宋史》卷三九六
251	程大昌	字泰之，徽州休宁人。	太学正	绍兴	周麟之《谢芷除国子录程大昌除太学正制》
252	唐尧封	抱艺不群，累更俟泮。	太学博士	绍兴	周麟之《唐尧封史浩并除太学博士制》
253	周　绾	字彦约，处州遂昌人。	国子祭酒	绍兴	周麟之《周绾除国子祭酒制》
254	黄　中	字通老，邵武人。	国子司业	绍兴	周麟之《黄中除国子司业制》
255	黄　章	每克自力，改命成均。	国子监簿	绍兴	周麟之《黄章除国子监簿制》
256	余时言	字知默，信州上饶人。	国子监薄、丞	绍兴	周麟之《余时言除国子监簿制》
257	周利建	吉州庐陵人。	太学博士	绍兴	《宋史》卷三九二

续表

序号	姓 名	简 介	官 职	任职时期	资料出处
258	周必大	字子充，吉州庐陵人。	太学录	绍兴	同上
259	李 石	字知己，资州盘石人。	太学博士	绍兴	李石《送浩侄成都学官》
260	张圣行	与黄公度同时人。	国子监直讲	绍兴	黄公度《挽张直讲圣行二首》
261	陈良祐△	字天与，婺州金华人。	太学录	绍兴	《宋史》卷三八八
262	程宏图△	字士南，饶州浮梁人。	直学	绍兴	《玉照新志》卷四
263	王 僖	与叶大年同时人。	太学正	绍兴	叶大年《挽王学正》
264	胡元质△	字长文，长洲人。	太学正	绍兴	《吴郡志》
265	汪应辰	字圣锡，信州玉山人。	国子司业	绍兴	《宋史》卷四三四
266	胡 沂	字周伯，余姚人。	国子司业	隆兴	《宋史》卷三八八
267	吴飞英	字德华，处州龙泉人。	太学博士	乾道	洪适《吴飞英太学博士制》
268	黄 伦△	字彝卿，闽县人。	太学录	乾道四年	《宋会要辑稿·崇儒一·太学》
269	吕祖谦	字伯恭，婺州金华人。	太学博士	乾道六年	胡沂《吕祖谦除太学博士制》
270	刘 焞	字文潜，成都人。	国子司业	乾道七年	《宋会要辑稿》职官二八
271	袁 枢△	字机仲，建安人。	太学录、国子祭酒	乾道七年	《宋史》卷三八九
272	陈傅良	字君举，温州瑞安人。	太学录	乾道八年	陈傅良《除太学录谢宰执启》
273	林光朝	字谦之，兴化军莆田人。	国子司业、国子祭酒	乾道八年	《宋史全文》卷二六上

续表

序号	姓　名	简　介	官　职	任职时期	资料出处
274	郑　鉴△	字自明，福建连江县人。	太学正	乾道九年	同上
275	陆九龄△	字子寿，江西金溪人。	太学录	乾道	《宋史》卷四三四
276	马大同	字会叔，严州建德人。	国子监主簿	乾道	范成大《左宣教郎马大同可国子监主簿制》
277	潘慈明	徊翔王官，文行自将。	国子监主簿	乾道	范成大《国子监主簿潘慈明可太常寺主簿武学博士刘敦义可国子监主簿制》
278	刘敦义	久于讲席，文行自将。	国子监主簿	乾道	同上
279	张孝伯	字伯子，和州人。	国子监丞	孝宗	陈傅良《司农寺主簿张孝伯除国子监丞制》
280	沈次卿	吴兴人。	太学正	孝宗	陈傅良《挽沈次卿学正》
281	颜几圣	与杨万里同时人。	国子监丞、国子祭酒	孝宗	杨万里《大司成颜几圣率同舍招游裴园》
282	季　翔	处州龙泉人。	太学录	孝宗	洪适《薛凤国子正季翔太学录制》
283	阎安中	才美西州，名高鼎甲。	国子司业	孝宗	洪适《阎安中国子司业制》
284	王　信	字诚之，处州丽水人。	太学博士	孝宗	《宋史》卷四百
285	王庭珪	字民瞻，吉州安福人。	国子监主簿	孝宗	宋孝宗《王庭珪除国子监主簿诏》
286	王　质△	字景文，郓州人。	太学正	孝宗	《宋史》卷三九五
287	喻良能△	字叔奇，义乌人。	国子监主簿、太学博士	孝宗	喻良能《谢监丞子长雪中四绝》
288	黄主簿	与卫博同时人。	国子监主簿	孝宗	卫博《送长寿黄主簿》

续表

序号	姓 名	简 介	官 职	任职时期	资料出处
289	王 速△	字致君，大名人。	国子司业	孝宗	楼钥《国子司业王公行状》
290	薛元鼎	字叔云，兴化军兴化人。	国子监丞、太学正、国子司业	淳熙元年	《宋史全文》卷二五上
291	萧之敏	字敏中，九江人。	国子祭酒	淳熙二年	《宋会要辑稿·崇儒一·太学》
292	魏掞之	字子实，建阳人。	太学录	淳熙四年	同上
293	刘光祖	字德修，简州阳安人。	太学正	淳熙五年	《宋史》卷三九七
294	沈 焕△	字叔晦，定海人。	太学录	淳熙八年	《宋史》卷四一〇
295	杨 甲	字鼎卿，遂州小溪人。	太学录	淳熙九年	《宋史全文》卷二七上
296	颜 棫△	字叔坚，泉州永春人。	太学正	淳熙十一年	楼钥《太学正颜棫知常州》
297	叶 适	字正则，温州永嘉人。	太学正、太学博士、国子司业	淳熙十三年	楼钥《吏部郎官叶适国了司业制》
298	何 澹	字自然，处州龙泉人。	国子司业、国子祭酒	淳熙十五年	《宋史》卷三九四
299	虞 俦△	字寿老，宁国人。	太学博士	淳熙十六年	《全宋诗》卷二四六二
300	苏 大	眉山苏氏，文献相望。	太学正	淳熙	楼钥《苏大任太学正制》
301	邵 康	字似之，婺州金华人。	太学博士、国子祭酒	淳熙	楼钥《太学博士邵康太学博士曾秘国子博士太学录雷孝友国子正田澹并太学博士制》
302	曾 秘	资禀纯笃，典教胄学。	太学博士	淳熙	同上

续表

序号	姓　名	简　介	官　职	任职时期	资料出处
303	雷孝友	字季仲，筠州新昌人。	太学博士、守国子监祭酒	淳熙	同上
304	田　澹	掌通古今。	太学博士、国子司业	淳熙	同上
305	詹体仁	字符善，福建崇安人。	太学录、太学博士	淳熙	《宋史》卷三九三
306	费士寅	字戒父，成都府广都人。	太学博士	淳熙	陈傅良《籍田令费士寅除太学博士制》
307	潘　贸△	外舍生，年七十八。	太学录	淳熙	《宋会要辑稿・崇儒一・太学》
308	计　衡	论待补太学生法。	国子司业	淳熙	《游宦纪闻》卷二
309	梁汝永	经术起家，见谓醇茂。	太学录、太学博士	淳熙	周必大《右迪功郎太学录梁汝永再任制》
310	周　洎	字子及，临海人。	太学正、国子监主簿	淳熙	叶适《国子监主簿周公墓志铭》
311	戴几先	常州无锡人。	国子司业	淳熙	《宋会要辑稿・崇儒一・太学》
312	薛叔似△	字象先，温州永嘉人。	国子录、太学博士	淳熙	《宋史》卷三九七
313	杨　炳	字若晦，泉州晋江人。	国子监学录	淳熙	《宋会要辑稿》选举五
314	刘尧夫△	字醇叟，金溪人。	太学博士	淳熙	《宋会要辑稿・崇儒一・太学》
315	郑　锷	与周必大同时人。	太学正	孝宗	周必大《太学正郑锷召试馆职策题》
316	李得善	与周必大同时人。	太学录	孝宗	周必大《次韵李得善学录需酒纳妇》
317	王　度△	字君玉，越会稽人。	太学博士	孝宗	叶适《太学博士王君墓志铭》

续表

序号	姓　名	简　介	官　职	任职时期	资料出处
318	蔡学正	与叶适同时人。	太学正	孝宗	叶适《送蔡学正》
319	李　祥	字符德，常州无锡人。	太学博士、国子博士、国子司业、国子祭酒	孝宗	《宋史》卷四百
320	徐季益	上饶人。	太学正	孝宗	吕祖谦《酬上饶徐季益学正》
321	萧果卿	与吕祖谦同时人。	国子祭酒	孝宗	吕祖谦《萧果卿祭酒挽章二首》
322	章　颖	字茂献，临江军新喻人。	太学录、太学博士	孝宗	《宋史》卷四百四
323	沈　揆	字虞卿，嘉兴人。	太学正、太学博士	孝宗	《宋会要辑稿》职官二八
324	郑景望	与薛季宣同时人。	国子监丞	孝宗	薛季宣《送郑景望赴国子丞诗序》
325	郑耕老	字毅叔，莆田人。	国子监主簿	孝宗	《宋元学案》
326	王　源	能继世科，风烈未远。	国子监主簿、丞	绍熙	楼钥《国子监主簿王源国子监丞制》
327	罗克开	字达夫，吉州龙泉人。	国子监主簿	绍熙	楼钥《监都进奏院罗克开国子监主簿制》
328	王　介	字符石，婺州金华人。	国子录、太学博士	绍熙	楼钥《王介国子录制》
329	陈希点	字子与，处州青田人。	国子正、太学博士	绍熙	陈傅良《国子正陈希点太学录汤铸并除太学博士制》
330	戴　溪	字肖望，温州永嘉人。	太学录、太学博士、国子祭酒	绍熙	蔡幼学《戴溪国子祭酒制》
331	彭龟年	字子寿，临江军清江人。	太学博士、国子监丞	绍熙元年	《宋史》卷三九三

续表

序号	姓　名	简　介	官　职	任职时期	资料出处
332	黄　度	字文叔，绍兴新昌人。	国子监主簿、丞	绍熙二年	楼钥《国子监丞黄度监察御史制》
333	汤　璹	字君宝，潭州浏阳人。	太学录、太学博士	绍熙四年	陈傅良《国子正陈希点太学录汤璹并除太学博士制》
334	汪　逵	字季路，信州玉山人。	太学博士、国子司业	庆元元年	《宋史》卷四一〇
335	陈自强△	字勉之，福州闽县人。	太学录、太学博士	庆元二年	《宋史》卷三九四
336	高文虎	字炳如，四明人。	太学博士、国子司业、国子祭酒	庆元二年	同上
337	孟　浩	南国之良。	国子监主簿、丞	庆元	陈傅良《监都进奏院孟浩除国子监主簿制》
338	袁　燮△	字和叔，鄞县人。	太学正、太学博士、国子司业、国子祭酒	庆元	陈傅良《袁燮除太学正制》，《宋史》卷四百
339	魏了翁	字华父，邛州蒲江人。	国子正	嘉泰	魏了翁《除国子正谢丞相启》
340	宣　缯△	字宗禹，庆元府鄞县人。	太学博士	嘉泰	《宋史》卷四一九
341	李寅仲	字君亮，汉州雒县人。	国子祭酒	嘉泰三年	《宋史全文》卷二九下
342	易　祓△	字彦章，潭州宁乡人。	太学正、国子司业	嘉泰四年	曹彦约《送易彦章以太学正召》
343	陈　岘	字寿南，温州平阳人。	太学博士	宁宗	楼钥《太社令陈岘太学博士制》
344	王居安△	字资道，台州黄岩人。	太学博士	宁宗	虞俦《王居安钱易直太学博士诰》

续表

序号	姓 名	简 介	官 职	任职时期	资料出处
345	钱易直	奋自儒流，蔚然博雅。	太学博士	宁宗	同上
346	李诗翁	与虞俦同时人。	太学录	宁宗	虞俦《学录李诗翁以诗访予于乳溪之上且求县学积俸》
347	潘 涓	察微虑远，条列甚明。	太学博士	宁宗	蔡幼学《潘涓太学博士制》
348	范之柔	字叔刚，苏州吴县人。	国子监簿	宁宗	蔡幼学《范之柔国子监簿制》
349	曹叔远	字器远，温州瑞安人。	太学博士	宁宗	蔡幼学《曹叔远郑昉太学博士制》
350	郑 昉△	衢州人。	国子录、太学博士	宁宗	蔡幼学《郑昉国子录制》，蔡幼学《曹叔远郑昉太学博士制》
351	真德秀	字景元，建州浦城人。	太学正、太学博士	嘉定元年	《宋史》卷四三七
352	李道传	字贯之，隆州井研人。	太学博士	嘉定二年	《宋史》卷四三六
353	陈 武	字蕃叟，温州瑞安人。	国子正、国子司业	嘉定三年	陈傅良《主管架阁文字陈武除国子正戴溪除太学录制》
354	刘 爚	字晦伯，建阳人。	国子司业、国子祭酒	嘉定四年	《宋史》卷四百一
355	杨宏中△	字充甫，福州人。	太学正	嘉定六年	《宋史》卷四五五
356	李宗勉	字强父，临安府富阳人。	太学正、太学博士	嘉定十五年	《宋史》卷四百五
357	葛 洪	字容甫，婺州东阳人。	国子祭酒	嘉定十七年	李刘《除国录谢葛祭酒洪启》
358	李 琪	字孟开，平江府吴县人。	国子录、国子司业	嘉定	同上

续表

序号	姓　名	简　介	官　职	任职时期	资料出处
359	留元刚	字茂潜，泉州永春人。	太学博士	嘉定	蔡幼学《王益之国博留元刚太博制》
360	柴中行	字与之，饶州余干人。	太学正、太学博士	嘉定	《宋史》卷四百一
361	危　稹	字逢吉，抚州临川人。	太学录、太学博士	嘉定	《宋史》卷四一五
362	金　渊	字渊叔，临安府人。	太学博士、国子司业	嘉定	洪咨夔《金渊李椝并除太学博士制》
363	李　椝	抱负闳，讲贯熟。	太学博士	嘉定	同上
364	姚　珤	字贵叔，南剑州顺昌人。	国子监丞	嘉定	洪咨夔《姚珤国子监丞》
365	戴　栩	字文子，永嘉人。	太学录、太学博士	嘉定	戴栩《除太学录谢丞相启》
366	许应龙△	字恭甫，福州闽县人。	太学博士、国子司业、国子祭酒	嘉定	《宋史》卷四一九
367	徐　范△	字彝父，福州侯官人。	太学录、国子监主簿、丞	嘉定	《宋史》卷四二三
368	李　刘	字公甫，抚州崇仁人。	国子录	嘉定	李刘《除国子录谢丞相启》
369	孙　杓	字居敬，东阳人。	太学正、国子监丞	嘉定	《吹剑四录》
370	姚师皋	处分太学生罢黜临安府。	太学博士	嘉定	同上
371	林　埛△	字宗鲁，福州人。	太学录、国子司业	嘉定	同上
372	李　韶	字符善，吴县人。	太学正、太学博士	嘉定	《宋史》卷四二三
373	吴　炎△	字济之，兴化军莆田人。	太学博士	嘉定	刘克庄《太学博士吴公墓志铭》

续表

序号	姓　名	简　介	官　职	任职时期	资料出处
374	吴柔胜	字胜之，宣州宣城人。	太学博士	嘉定	《宋史》卷四百
375	萧舜冶	论诸生言事。	国子监丞	嘉定	《吹剑四录》
376	楼　昉	字旸叔，庆元府鄞县人。	太学博士	嘉定	同上
377	周端朝△	字子静，永嘉人。	太学博士	嘉定	《四朝闻见录》甲集
378	杨　璘	字德翁，台州临海人。	太学录	嘉定	《南宋馆阁续录》卷七
379	叶武子	字文之，邵武人。	国子监学正	嘉定	《福建通志》卷一八八
380	邵　朴	字德纯，严州分水人。	国子监丞	宁宗	蔡幼学《邵朴国子监丞制》
381	庄　夏	字子礼，泉州永春人。	国子监丞、太学博士	宁宗	《宋史》卷三九五
382	钱廷玉	早跻膴仕，蔚然声称。	太学博士	宁宗	卫泾《通直郎太学博士钱廷玉除太常博士制》
383	陈　振	字震亨，福州人。	太学博士	宁宗	卫泾《从事郎行国子录依前官特授太学博士承直郎两浙转运司乾办公事陆峻依前官特授行国子录制》
384	林孔昭	奋身儒术，清介有守。	行国子监丞	宁宗	卫泾《朝散郎行国子监丞林孔昭除大理寺丞制》
385	李元德	与刘过同时人。	国子祭酒	宁宗	刘过《过无锡见李元德祭酒》
386	陈贵谊	字正甫，福州福清人。	国子录、太学博士	宁宗	《宋史》卷四一九
387	李　冲	字道卿，侯官人。	国子录、国子监主簿	宁宗	真德秀《国子监主簿李公墓志铭》

续表

序号	姓　名	简　介	官　职	任职时期	资料出处
388	林伯虎	与赵汝鐩同时人。	国子监丞	宁宗	赵汝鐩《送林伯虎除国子监丞赴阙》
389	叶应辅	字子仪，台州黄岩人。	太学博士、国子博士	理宗	洪咨夔《太学博士叶应辅除国子博士仍兼景献太子府教授制》
390	吕　殊	字愚叔，婺州永康人。	太学录	理宗	洪咨夔《吕殊除太学录制》
391	应　𢗉	字之道，庆元府昌国人。	太学博士	理宗	洪咨夔《叶爽除国子博士应𢗉除太学博士兼庄文府教授汪之道除国子录制》
392	戚士逊	明而整，五业并授。	太学博士	理宗	洪咨夔《戚士逊太学博士》
393	徐　介	进对，论中庸慎独之旨。	太学正	宝庆元年	《宋史全文》卷三一
394	游　泽	字澄之，建宁府建安人。	太学博士	宝庆元年	同上
395	程元凤	字申甫，徽州人。	太学正、太学博士	绍定	《宋史》卷四一八
396	张　虙	字子宓，庆元府慈溪人。	太学正、国子监丞、国子司业、国子祭酒	端平	《宋史》卷四百七
397	郑斗祥	抱负瑰杰，造理闳奥。	太学录	端平三年	洪咨夔《架阁林宋伟除太学正临安府学教授林伯顺除武学谕郑斗祥除太学录制》
398	徐荣叟	字茂翁，浦城人。	太学博士	嘉熙元年	《宋史》卷四五九
399	何处恬△	字智夫，处州龙泉人。	太学正、太学博士	嘉熙	洪咨夔《戴杰宗学谕何处恬太学正冯去疾太学录王万国子录制》

续表

序号	姓　名	简　介	官　职	任职时期	资料出处
400	冯去疾	隽迈，远有志概。	太学录	嘉熙	同上
401	娄体仁	端靖自将，雅有誉处。	太学正	嘉熙	袁甫《娄体仁除太学正制》
402	陈　至	履行有常，勤于审计。	国子监丞	嘉熙	袁甫《陈至除国子监丞》
403	黄　涛	弘毅勤诱。	太学博士	嘉熙	袁甫《黄涛除太学博士》
404	刁　起	南土之英，登之学校。	太学博士	嘉熙	袁甫《刁起除太学博士》
405	陈　瑢	贰政柯山，爱民戢奸。	国子监簿	嘉熙	袁甫《陈瑢除国子监簿制》
406	邓若水	字平仲，隆州井研人。	太学博士	嘉熙	《宋史》卷四五五
407	林宋伟	志气激昂，讲艺精博。	太学正	理宗	洪咨夔《架阁林宋伟除太学正临安府学教授林伯顺除武学谕郑斗祥除太学录制》
408	余元廙	涉历详练，材不自襮。	国子监簿、国子监丞	理宗	洪咨夔《余元廙国子监簿制》
409	张　翀	学殖环粹，材猷翘拔。	国子监丞	理宗	洪咨夔《国子监丞张翀除秘书丞制》
410	王与权	经明行修，本固末茂。	国子司业、国子祭酒	理宗	许应龙《国子祭酒王与权除起居郎诰》
411	高　奎	边画精练，克践所学。	国子监主簿	理宗	洪咨夔《高奎国子监簿制》
412	孙德之	字道子，婺州东阳人。	国子监主簿	理宗	高定子《武学谕孙德之特授国子监主簿制》
413	康　植	生长见闻，趾美进士。	国子监主簿	理宗	高定子《国子正康植特授国子监簿制》

续表

序号	姓　名	简　介	官　职	任职时期	资料出处
414	赵子直	简而文，德而度。	国子监主簿	理宗	高定子《赵子直国子监簿制》
415	杨应己	周历儒庠，厚而扬历。	国子监主簿	理宗	高定子《杨应己国子监主簿制》
416	范　钟	字仲和，婺州兰溪人。	国子祭酒	理宗	许应龙《范锺除国子祭酒诰》
417	钱　相	禀资凝重，遇事精明。	国子监主簿	理宗	许应龙《钱相除国子监簿制》
418	徐　侨	字崇甫，婺州义乌人。	国子祭酒	理宗	吴泳《徐侨授工部侍郎依旧兼国子祭酒兼侍讲制》
419	刘元龙	资凝重，行醇悫。	太学博士	理宗	刘克庄《刘元龙太学博士制》
420	曹　觱	幸学，讲《礼记·大学》。	国子祭酒	淳祐元年	《宋史》卷四二
421	徐元杰	字仁伯，信州上饶人。	国子祭酒	淳祐三年	方岳《悼祭酒徐仁伯》
422	陈振孙	字伯玉，湖州安吉人。	国子司业	淳祐四年	徐元杰《陈振孙授国子司业制》
423	郑士懿	字从之，宁德人。	太学正	淳祐十二年	刘克庄《郑士懿太学正章公权太学录制》
424	章公权	字衡之，处州龙泉人。	太学正、录	淳祐十二年	同上
425	杨懋卿△	孝行卓异，诏表其门。	太学录	淳祐十二年	《宋史》卷四三
426	郑起潜△	字子升，平江府吴县人。	太学博士、国子祭酒	淳祐	吴泳《郑起潜授太学博士赵发授国子正制》
427	蔡　杭	字仲节，建阳人。	国子祭酒	淳祐	蔡杭《辞除国子祭酒疏》

续表

序号	姓　名	简　介	官　职	任职时期	资料出处
428	王　璞	才宜躐用，制有攸拘。	太学博士	淳祐	徐元杰《徐士龙授国子博士王璞授太学博士制》
429	方　岳	字巨山，徽州祁门人。	太学博士	淳祐	方岳《御书太学及崇化堂武学及立武堂牌谢表》
430	朱貔孙	字兴甫，饶州浮梁人。	太学博士	淳祐	《宋史》卷四一一
431	陈宗礼	字立之。建昌军南丰人。	太学博士、国子监丞、国子祭酒	淳祐	《宋史》卷四二一
432	汤　汉	字伯纪，饶州安仁人。	太学博士	宝祐二年	汤汉《以太学博士转对上奏》
433	何梦然	字子是，婺州东阳人。	国子监丞、国子司业	景定元年	何梦然《乞加封太学土地庙神岳飞状》
434	文及翁	字时学，绵州巴西人。	太学录	景定	刘克庄《文及翁除太学录制》
435	储　榉△	舍法甲科。	太学博士	理宗	刘克庄《储榉太学博士制》
436	方　登	擢诲诸生，士论翕然。	太学录	理宗	刘克庄《方登太学录制》
437	虞　宓	通经学古，安恬靖重。	太学博士	理宗	刘克庄《虞宓太学博士制》
438	金九万△	博约，馥馨。	太学博士	理宗	刘克庄《金九万太学博士制》
439	周龙归	簿正麟寺，色怡气和。	国子监丞	理宗	刘克庄《周龙归国子监丞制》
440	林经德	字伯大，福州福清人。	太学博士	理宗	刘克庄《林经德太学博士制》

续表

序号	姓　名	简　介	官　职	任职时期	资料出处
441	叶　寔	训迪诸生，作成人材。	太学博士、国子监丞	理宗	刘克庄《叶寔太学博士制》《叶寔除国子监丞制》
442	朱　埴	字圣陶，庐陵人。	太学博士	理宗	刘克庄《朱埴除太学博士万道同除太学录制》
443	万道同	升俊造士，使诲诸生。	太学录	理宗	同上
444	陈懋钦	一封投匦，直声响撼。	太学博士	理宗	刘克庄《陈懋钦杨文仲并除太学博士制》
445	杨　栋	字元极，眉州青城人。	太学正、国子祭酒	理宗	刘克庄《赐权刑部尚书杨栋辞免国子祭酒恩命不允诏》
446	孙桂发	宗族称孝，才全德备。	国子监簿	理宗	刘克庄《孙桂发国子监簿庄文教授制》
447	翁孟桂	奋儒科，开朝迹。	国子监簿	理宗	刘克庄《翁孟桂除国子监簿制》
448	马廷鸾	字翔仲，饶州乐平人。	太学录、国子司业	理宗	刘克庄《马廷鸾除国子司业兼太子谕德制》
449	江万里△	字子远，都昌人。	国子祭酒	理宗	刘克庄《通议大夫守刑部侍郎兼国子祭酒兼侍读江万里》
450	方　伋	与刘克庄同时人。	国子监主簿	理宗	刘克庄《哭方主簿伋》
451	袁　甫	字广微，庆元府鄞县人。	国子祭酒	理宗	袁甫《辞免国子祭酒状》
452	郑清之△	字德源，庆元府鄞县人。	太学博士	理宗	《宋史》卷四一四
453	陈　埙	字和仲，庆元府鄞县人。	太学录、太学博士、国子司业	理宗	《宋史》卷四二三

续表

序号	姓　名	简　介	官　职	任职时期	资料出处
454	叶味道	字知道，温州人。	太学博士	理宗	《宋史》卷四三八
455	赵逢龙	字应甫，庆元府鄞县人。	太学博士	理宗	《宋史》卷四二四
456	徐鹿卿	字德夫，隆兴府丰城人。	国子祭酒	理宗	徐鹿卿《丙辰除兼国子祭酒辞免状》
457	刘得华	与赵蕃同时人。	太学学官	理宗	赵蕃《送刘得华赴汉阳教授二首》
458	刘　倓△	字允叔，台州宁海人。	国子祭酒	理宗	汪莘《乳燕飞》(寄刘阆风祭酒)
459	刘应起	论高斯得事。	太学博士	理宗	《宋史》卷四百九
460	李伯玉	字纯甫，饶州余干人。	太学正、太学博士	理宗	《宋史》卷四二四
461	常　挺	字方叔，福州人。	太学录	理宗	《宋史》卷四二一
462	杨文仲△	宝祐元年进士。	太学正、太学博士、国子司业	理宗	《宋史》卷四二五
463	翁　合	字与可，崇安人。	国子司业、国子祭酒	理宗	马廷鸾《翁合除国子司业制》《翁合除国子祭酒制》
464	韩　禾	气醇履粹，学广闻多。	国子司业	理宗	马廷鸾《韩禾除国子司业制》
465	陈　塈	字仲常。	国子司业	理宗	文天祥《国子司业仲常陈公墓志铭》
466	张　镇	字仲甫，福州长乐人。	国子司业	理宗	张镇《增建府学记》
467	洪　芹	洪适之曾孙。	太学博士	理宗	《宋史》卷四二五
468	黄邦彦	留蔡杭，攻余晦。	太学博士	理宗	《癸辛杂识》别集下
469	叶梦鼎△	字镇之，台州宁海人。	太学录	理宗	《宋史》卷四一四

续表

序号	姓　名	简　介	官　职	任职时期	资料出处
470	何梦桂	字岩叟，淳安人。	太学录、太学博士	咸淳	《何梦桂集》
471	陈宜中△	字与权，永嘉人。	国子祭酒	咸淳	《宋史》卷四六

注：姓名后标记△，既为太学学官，又为太学生。

宋代太学学生一览表

序号	姓　名	简　介	资料出处
1	王　彬	以宾贡入太学。淳化三年进士。	《宋史》卷三百四
2	任　懿	咸平二年补太学生。	《皇宋通鉴长编纪事本末》卷二二
3	郭　盛	论《尔雅疏义》。	《枫窗小牍》卷上
4	胡信芳	太学上舍生。	王珪《挽胡信芳上舍二首》
5	欧阳修	字永叔，庐陵人。天圣七年补国子监生。	欧阳修《送姜秀才游苏州》
6	王安之	与梅尧臣同时人。	梅尧臣《依韵和答王安之因石榴诗见赠》
7	余补之	与郑獬同时人。	郑獬《酬余补之见寄》
8	郑　獬	字毅夫，安州安陆人。	同上
9	吕逢时	字原道，仙居人。	《宋元学案》
10	何　群	字通夫，果州西充人。	《宋史》卷四五八
11	陈守仁	与郑侠同时人。	郑侠《送陈守仁入太学》
12	程　颐	字正叔，河南人。	《宋史》卷四二七
13	苏　嘉	苏颂之子。	《宋会要辑稿・崇儒一・太学》
14	常安民	字希古，邛州人。	《宋史》卷三四六

续表

序号	姓　名	简　介	资料出处
15	杨　伋	太学进士，撰述《李靖兵法》。	《皇宋通鉴长编纪事本末》卷七四
16	周邦彦△	字美成，钱塘人。	《宋史全文》卷一二下
17	刘正夫△	字德初，衢州西安人。太学"四俊"之一。	《宋史》卷三五一
18	范致虚△	字谦叔，建州建阳人。太学"四俊"之一。	同上
19	吴　材△	太学"四俊"之一。	同上
20	江　屿	太学"四俊"之一。	同上
21	黄　履	字安中，邵武人。	《宋史》卷三二八
22	王子韶	字圣美，太原人。	《宋史》卷三二九
23	虞　蕃	建州人。太学生虞蕃讼案。	《宋史》卷三四三
24	陈次升	字当时，兴化仙游人。	《宋史》卷三四六
25	陈师锡	字伯修，建州建阳人。	同上
26	乔执中	字希圣，高邮人。	《宋史》卷三四七
27	陈自强△	字勉之，福州闽县人。	《贵耳集》卷中
28	郑居中	字达夫，开封人。登进士第。	《东轩笔录》卷六
29	章公弼	太学补中上舍。	同上
30	吕荣义	字德修，泉州人。著《上庠录》。	《清波杂志》卷一二
31	侯彭老	字恩孺，长沙人。崇宁进士。	同上
32	徐　秘	有声名，朝廷嘉而许之。	《文昌杂录》卷四
33	林　自△	字疑独，兴化军兴化县人。	晁补之《太学答学生林自启》
34	葛庶几	与许翰同时人。	许翰《太学生充大晟府制撰葛庶几补迪功郎制》
35	顾　襄△	字公甫，吴郡人。熙宁年间上舍生。	《吴郡志》

续表

序号	姓　名	简　介	资料出处
36	常安民	字希古，邛州人。熙宁年间太学生。	《宋史》
37	杨　时△	字中立，南剑将乐人。熙宁六年补太学生。	同上
38	钟世美△	元丰元年向神宗上书。	同上
39	周行己	字恭叔，永嘉人。元丰六年补太学生。	李廌《答周行己相赠行己端慎太学诸生忌之》
40	方　勺	字仁盘，婺州人。元丰六年补太学生。	方勺《泊宅编》
41	胡安国△	字康侯，建宁崇安人。	《宋史》卷四三五
42	刘延世	字王孟，新喻人。元祐初为太学生。	《全宋诗》卷一一九〇
43	何大正	元符二年，以上舍生特赐同进士出身。	《皇宋通鉴长编纪事本末》卷一二三
44	黄伯思	字长睿，邵武人。元符三年进士。	《宋史》卷四四三
45	向子韶	字和卿，开封人，元符三年进士。	《宋史》卷四四七
46	刘安节△	字符承，温州永嘉人。太学"二刘"之一。	《全宋文》卷二九五九
47	刘安上	字元礼，温州永嘉人。太学"二刘"之一。	《直斋书录解题》卷一八
48	洪中孚	字思诚，歙之休宁人。	李廌《襄州光化县重修县学记》
49	孙　諤	字叔静，钱塘人。	《宋史》卷三四七
50	吴师礼△	字安仲，钱塘人。上舍赐第。	同上

续表

序号	姓　名	简　介	资料出处
51	倪　涛	字巨济，广德军人。年十五，试太学第一。	《宋史》卷四四四
52	萧　楚	字子荆，庐陵人。绍圣间留太学。	《独醒杂志》卷六
53	马友直	字伯忠，吴郡人。绍圣间留太学。	《吴郡志》
54	江　纬△	字彦文，三衢人。元符中太学生。	《玉照新志》卷三
55	李　逵	与苏辙同时人。	苏辙《次韵李逵见赠》
56	蒋　夔	字子庄，信州永丰人。	苏辙《次韵蒋夔寒夜见过》
57	李　璆△	字西美，开封人。	翟汝文《承务郎李璆中舍赐第除辟雍录制》
58	张寅亮	与邹浩同时人。	邹浩《论太学生不当以言事殿举疏》
59	文　浩△	崇观间游上庠。	刘才邵《文浩除国子监丞制》
60	权邦彦△	字朝美，河间人。登崇宁四年太学上舍第。	《宋史》卷三九六
61	李　光	字泰发，越州上虞人。崇宁五年进士。	《宋史》卷三六三
62	刘　珏	字希范，湖州长兴人。崇宁五年进士。	《宋史》卷三七八
63	颜　孚	字端中，吴郡人。崇宁中太学生。	《吴郡志》
64	李邦彦	大观二年上舍及第。	《宋史》卷三五二
65	冯　宋	普州人。与陈东伏阙上书。	《舆地纪胜》

续表

序号	姓　名	简　介	资料出处
66	刘才邵	字美中，吉州庐陵人。大观二年上舍及第。	刘才邵《乞颁圣学下太学札子》
67	陈朝老	字廷臣，建州关隶人。元符末为太学生。	《宋史全文》卷一四
68	季　陵△	字延仲，处之龙泉人。政和二年上舍及第。	《宋史》卷三七七
69	万俟卨△	字符忠，开封阳武县人。政和二年上舍及第。	《宋史》卷四七四
70	陈与义△	字去非，洛阳人。政和三年上舍甲科。	《宋史》卷四四五
71	萧　振	字德起，温州平阳人。太学“三贤”之一。政和八年进士。	《宋史》卷三八○
72	万　臬	被朝廷屏斥。	《宋会要辑稿》职官二八
73	朱　翌	字新仲，舒州怀宁人。政和八年同上舍出身。	朱翌《送砚与周宰》
74	周　宰	与洪迈同时人。	朱翌《送砚与周宰》
75	徐　兢	字明叔，建州瓯宁人。年十八入太学。	《全宋诗》卷一七六七
76	陈　楠	字季壬，温州平阳人。	同上
77	邓　肃	字志宏，南剑沙县人。	《宋史》卷三七五
78	杜　孟	字淑之，普州人。徽宗朝入学。	《安岳县志》
79	陈康伯△	字长卿，信之弋阳人。宣和三年上舍丙科。	《宋史》卷三八四
80	张　运	字南仲，信之贵溪人。宣和三年进士。	《宋史》卷四百四
81	朱　倬	字汉章，闽县人。宣和五年进士。	《宋史》卷三七二

续表

序号	姓　名	简　介	资料出处
82	周　葵△	字立义，常州宜兴人。宣和六年进士。	《宋史》卷三八五
83	黄　作	投牒留祭酒周葵。	同上
84	詹　渊	投牒留祭酒周葵。	同上
85	金安节	字彦亨，歙州休宁人。宣和六年进士。	《宋史》卷三八六
86	王之道	字彦猷，无为军无为县人。宣和六年进士。	王之道《和成都张通叔韵简范伟明》
87	范伟明	与王之道同时人。	同上
88	李粹老	与王之道同时人。	王之道《送无为倅张南仲归吉州》
89	胡汝士	靖康元年入太学。	《玉照新志》卷三
90	吴　若△	字季海，相州人。	《三朝北盟会编》卷四二
91	王俊乂△	字尧明，海陵人。宣和元年上舍第一及第。	《宋史》卷三四四
92	张汝明	登进士第。	《宋史》卷三四八
93	聂　昌	字幸远，抚州临川人。太学上舍释褐。	《宋史》卷三五三
94	蔡　嶷	字文饶，河南开封人。崇宁五年状元。	《宋史》卷三五四
95	刘嗣明△	开封祥符人。	《宋史》卷三五六
96	张　根	字知常，饶州德兴人。登进士第。	同上
97	程　振△	字伯起，饶州乐平人。	《宋史》卷三六八
98	胡闳休	字良弼，开封人。	同上
99	朱　弁	字少章，徽州婺源人。	《宋史》卷三七三

续表

序号	姓　名	简　介	资料出处
100	黄　彧	字伯文，宁化人。重和元年进士。	《宁化县志》
101	綦崇礼△	字叔厚，潍州北海人。重和元年上舍及第。	《宋史》卷三七八
102	程　瑀△	字伯寓，饶州浮梁人。政和六年上舍试第一。	《宋史》卷三八一
103	曾　几△	字吉甫，赣州人。赐上舍出身。	《宋史》卷三八二
104	陈　橐	字德应，绍兴余姚人。政和上舍及第。	《宋史》卷三八八
105	张　嵲	字巨山，襄阳人。宣和三年上舍及第。	《宋史》卷四四五
106	张　纲△	字彦正，润州丹阳人。上舍及第。	《宋史》卷三九〇
107	高　登	字彦先，漳浦人。	《宋史》卷三九九
108	汪　藻	字彦章，饶州德兴人。进士及第。	《宋史》卷四四五
109	吴安国	字镇卿，福建人。	《宋史》卷四四九
110	刘勉之	字致中，建州崇安人。	《宋史》卷四五九
111	金　瑞	徽宗时人。	《宋史》卷四八七
112	侯　泰	为眉山公举哀。	《林下偶谈》卷四
113	李　彪	大观年间太学生，被蔡京流放。	《独醒杂志》卷三
114	何　妥	八岁游太学。	《续世说》卷四
115	叶　源	入太学二十多年方登第。	《避暑录话》
116	施国光	久留太学。	《北窗炙輠录》
117	程　俱	字致道，衢州开化人。宣和三年上舍及第。	《全宋文》卷三三二四

续表

序号	姓　名	简　介	资料出处
118	郭　印	字信可，成都人。	郭印《提宫宇文朝议挽辞》
119	徐　揆	字宅卿，衢州信安人。靖康元年死于金营。	《宋史全文》卷十五
120	雷　观△	字仲立，洪州丰城人。	《三朝北盟会编》卷三十五
121	沈长卿	字文伯，湖州归安人。靖康初为太学生。	《三朝北盟会编》卷四十一
122	施宜生	字明望，邵武人。政和四年上舍及第。	《全宋诗》一九〇四
123	杨　诲	蜀人。上书论事。	《三朝北盟会编》卷三十六
124	丁特起	靖康元年为太学生。	《三朝北盟会编》卷六十六
125	郭元迈	字英远，吴郡人。	《吴郡志》
126	吴安国	出使金国。	《靖康纪闻》
127	吴　敏	字元中，真州人。	《宋史》卷三五二
128	汪若海	字东叟，歙人。上书论事。	《宋史》卷四百四
129	李若水	字清卿，洺州曲周人。上舍及第。	《宋史》卷四四六
130	吴　铢	参与募兵谋议。	《宋史全文》卷十五
131	朱梦说	字肖隐，严州桐庐人。参与募兵谋议。	同上
132	徐　仁	参与募兵谋议。	同上
133	蔡延世	字永叔，建昌军南城人。	《靖康纪闻》
134	张　浚	字德远，汉州绵竹人。	《宋史》卷三六一
135	朱胜非	字藏一，蔡州人。崇宁二年上舍及第。	《宋史》卷三六二
136	龚明之	字希仲，昆山人。宣和间太学生。	《中吴纪闻》

续表

序号	姓　名	简　介	资料出处
137	范宗尹	字觉民，襄阳邓城人。宣和三年上舍及第。	《宋史》卷三六二
138	潘良贵△	字子贱，婺州金华人。政和五年上舍及第。	《宋史》卷三七六
139	陈公辅	字国佐，台州临海人。政和三年上舍甲科。	《宋史》卷三七九
140	胡松年	字茂老，海州怀仁人。政和三年上舍甲科。	同上
141	叶三省	字景曾，寿昌人。政和三年上舍及第。	《严州图经》
142	张　阐	字大猷，永嘉人。州学舍选升贡。	《宋史》卷三八一
143	李弥逊	字似之，苏州吴县人。大观三年上舍及第。	《宋史》卷三八二
144	勾龙如渊	字行父，永康军导江人。政和八年上舍第。	《宋史》卷三八〇
145	王大宝△	又名王元龟，海阳县人。政和间入太学。	《宋史》卷三八六
146	孙大中	政和间入太学。	《投辖录》
147	胡　寅	字明仲，建州崇安人。	《宋史》卷四三五
148	陈　东	字少阳，镇江丹阳人。	《宋史》卷三五二
149	何元泰	陈东同舍生。	《全宋诗》卷一六七四
150	李冲寿	陈东同舍生。	陈东《次韵同舍李冲寿夜坐》
151	魏　祐	上书论事。	《三朝北盟会编》卷一一五
152	王　觉	建炎二年，赴都堂审察。	《宋史全文》卷十六下
153	魏行可	建州建安人。	《宋史》卷四四九

续表

序号	姓　名	简　介	资料出处
154	甄　援	上书论事。	《宋史全文》卷十七上
155	曾　忞	字仲常，曾巩之孙。太学内舍生。	《宋史》卷四四八
156	高　闶△	字抑崇，明州鄞县人。绍兴元年上舍及第。	《宋史》卷四三三
157	许　忝	上书论事。	《宋史全文》卷十八上
158	余良弼	字岩起，顺昌县人。建炎二年进士。	《中吴纪闻》
159	吴　芾	字明可，浙江台州府人。绍兴二年进士。	吴芾《挽五兄知府二首》
160	吴五兄	吴芾之五兄。太学"三吴"之一。	同上
161	刘与权	太学"二刘"之一。	吴芾《寄刘与权与几》
162	刘与几	太学"二刘"之一。	同上
163	林　罕	与晁公武同时人。	晁公武《读林罕小说》
164	杜时可	与晁公溯同时人。	晁公溯《送杜时可归太学》
165	程天游	与葛立方同时人。	葛立方《次韵程天游叙旧》
166	葛立方	字常之，江阴人。绍兴八年进士。	同上
167	徐　骧	南宋初补生员。	《宋会要辑稿·崇儒一·太学》
168	张伯麟	绍兴时，题壁论事。	《宋史》卷四七三
169	王虚中	名日休，庐州人。	《梁溪漫志》
170	尤　袤	字延之，常州无锡人。绍兴十八年进士。	《宋史》卷三八九
171	胡元质△	字长文，长洲人。绍兴十八年进士。	《吴郡志》

续表

序号	姓　名	简　介	资料出处
172	刘　实	上舍及第。	汪藻《永州刻崇宁三年太学上舍题名记》
173	陈良祐△	字天与，婺州金华人。绍兴二十四年进士。	《宋史》卷三八八
174	李克明	上舍生。	杨万里《寄题分宜李克明上舍高居二咏》
175	吴子直	上舍生。	杨万里《寄题南城吴子直、子常上舍兄弟社仓》
176	吴子常	上舍生。	同上
177	李师儒	上舍生。	杨万里《李师儒上舍稽古堂》
178	王文伯	上舍生。	杨万里《送王文伯上舍归丰城》
179	张以道	上舍生。	杨万里《题张以道上舍寒绿轩》
180	胡圣闻	与杨万里同时人。	杨万里《送胡圣闻入太学》
181	王厚之	字顺伯，临川人。绍兴二十六年入太学。	《全宋诗》卷二三九七
182	林大中	字和叔，婺州永康人。绍兴三十年进士。	《宋史》卷三九三
183	王　信	字诚之，处州丽水人。绍兴三十年进士。	《宋史》卷四百
184	程宏图△	字士南，饶州浮梁人。	《宋史全文》卷二三上
185	李　迨	东平人。未冠入太学。	《宋史》卷三七五
186	冯康国	字符通，遂宁府人。	同上
187	刘一止	字行简，湖州归安人。	《宋史》卷三七八

续表

序号	姓　名	简　介	资料出处
188	章　谊	字宜叟，建州浦城人。崇宁四年进士。	《宋史》卷三七九
189	王次翁	字庆曾，济南人。	《宋史》卷三八〇
190	王居正	字刚中，扬州人。	《宋史》卷三八一
191	施师点	字圣与，上饶人。	《宋史》卷三八五
192	王十朋	字龟龄，温州乐清人。	《宋史》卷三八七
193	王　质△	字景文，郓州人。绍兴三十年进士。	《宋史》卷三九五
194	王　阮	九江人。与王质齐名。	同上
195	胡　宪	字原仲，建之崇安人。	《宋史》卷四五九
196	周梦若	常州武进人。绍兴间进士及第。	周梦若《谢太学发解启》
197	郭　章	字仲达，昆山人。游太学有声。	郭章《归昆山省亲别太学同舍》
198	曹寿卿	上舍生。	陈棣《观曹寿卿上舍诗轴题其后》
199	喻良能△	字叔奇，义乌人。绍兴二十七年进士。	喻良能《谢监丞子长雪中四绝》
200	喻良倚	义乌人，喻良能之兄。绍兴二十七年进士。	《全宋文》卷五四〇〇
201	喻良弼	字季值，义乌人。喻良能之弟。	同上
202	黄　洽	字德润，福州侯官人。以太学生试春官第二。	《宋史》卷三八七
203	应孟明	字仲实，婺州永康人。隆兴元年进士。	《宋史》卷四二二
204	虞　俦△	字寿老，宁国人。隆兴初入太学。	虞俦《王彦谟挽诗》

续表

序号	姓　名	简　介	资料出处
205	王彦谟	与虞俦同时人。	虞俦《王彦谟挽诗》
206	俞国宝	淳熙间太学生。	《武林旧事》
207	颜　棫△	字叔坚，泉州永春人。淳熙十一年上舍释褐。	楼钥《太学正颜棫知常州》
208	王　速△	字致君，大名人。隆兴元年进士。	楼钥《国子司业王公行状》
209	周德远	入太学有声。	楼钥《周德远挽词》
210	宋朝老	入太学三十年。	许及之《跋宋朝老再和陶渊明归去来辞》
211	李兼济	与袁说友同时人。	袁说友《李兼济分教江阴》
212	张　观	隆兴时太学生。上书论事。	《宋史全文》卷二四上
213	宋　鼎	上书论事。	同上
214	葛用中	上书论事。	同上
215	乔　嘉	绍熙时太学生。上书论事。	《宋史》卷三九四
216	朱有成	上书论事。	同上
217	黄　伦△	字彝卿，闽县人。乾道三年两优释褐。	《宋会要辑稿·崇儒一·太学》
218	郑　鉴△	字自明，福建连江县人。乾道九年上舍释褐。	同上
219	刘尧夫△	字醇叟，金溪人。乾道六年两优释褐。	同上
220	黄　黼	字元章，临安余杭人。	《宋史》卷三九三
221	沈　焕△	字叔晦，定海人。乾道五年进士。	《宋史》卷四一〇
222	陆九龄△	字子寿，江西金溪人。乾道五年进士。	《宋史》卷四三四

续表

序号	姓　名	简　介	资料出处
223	袁　枢△	字机仲，建之建安人。	《宋史》卷三八九
224	汪安仁	上书论事。	《宋史》卷四百
225	舒　璘	字元质，奉化人。乾道八年进士。	《宋史》卷四一〇
226	李斗南	上舍释褐。	陈傅良《太学上舍生李斗南叶元英赐释褐出身制》
227	叶元英	上舍释褐。	同上
228	何　达	国子司业何伯谨子。	陈傅良《国子司业何公行状》
229	何　谟	国子司业何伯谨子。	同上
230	郑　昉△	衢州人。为诸生蔼然誉闻。	蔡幼学《郑昉国子录制》
231	严上舍	上舍生。	陈造《次韵严上舍》
232	郑　仙	弱冠入太学。	孙应时《黄岩郑瀛子仙弱冠入太学五上书论时事以直闻于时老犹不衰》
233	高南伯	与孙应时同时人。	孙应时《送高南伯入太学》
234	孙应时	字季和，绍兴府余姚人。	同上
235	潘　贸△	太学生年七十上。	《宋会要辑稿・崇儒一・太学》
236	虞　拟	太学生年七十上。	同上
237	季嘉言	太学生年七十上。	同上
238	何上民	太学生年七十上。	同上
239	王　度△	字君玉，越会稽人。上舍及第。	叶适《太学博士王君墓志铭》
240	朱渭老	太学进士。	叶适《国子监主簿周公墓志铭》
241	赵师由	太学进士。	同上

续表

序号	姓　名	简　介	资料出处
242	易　祓△	字彦章，潭州宁乡人。上等上舍生。	《宋会要辑稿·崇儒一·太学》
243	应　诜	太学生年七十上。	同上
244	刘　愚	上舍生。	宋孝宗《太学上舍生刘愚等升甲升名诏》
245	黄禾熏	上舍生。	同上
246	林弥明	上舍生。	同上
247	章斯才	处州丽水人。上舍生。	同上
248	潘子直	上舍生。	同上
249	季元有	淳熙十四年论免解事。	《宋会要辑稿·崇儒一·太学》
250	卢献臣	淳熙十四年论免解事。	同上
251	王居安△	字资道，台州黄岩人。淳熙十四年进士。	《宋史》卷四百五
252	何　寅	内舍生。	《宋会要辑稿·崇儒一·太学》
253	薛叔似△	字象先，河东人。太学解褐。	《宋史》卷三九七
254	商飞卿	字翚仲，台州临海人。	《宋史》卷四百四
255	黄　灏	字商伯，南康都昌人。	《宋史》卷四三〇
256	刘　机	与黄榦同时人。	黄榦《太学生刘机罪犯判》
257	潘子善	上舍生。	刘宰《寄潘子善上舍》
258	余　古	钱塘人。上书论事。	《宋史全文》卷二八
259	乔　嘉	上书论事。	同上
260	朱九成	上书论事。	同上
261	黄会卿	上书论事。	《宋史全文》卷二八

续表

序号	姓　名	简　介	资料出处
262	崔与之	字正之，广州人。绍熙四年进士。	《宋史》卷四百六
263	杨宏中△	字充甫，福州人。“庆元六君子”之一。	《宋史全文》卷二九上
264	周端朝△	字子静，永嘉人。“庆元六君子”之一。	同上
265	张　道	“庆元六君子”之一。	同上
266	林仲麟	“庆元六君子”之一。	同上
267	蒋　傅	“庆元六君子”之一。	同上
268	徐　范△	字彝父，福州侯官人。	同上
269	程肖说	上书论事。	《宋史全文》卷三十六
270	袁　燮△	字和叔，庆元府鄞县人。	《宋史》卷四百
271	钱　厚	字德载，临安人。	钱厚《重建新城学记》
272	刘景修	与钱厚同时人。	同上
273	钱文子	字文季，温州乐清人。绍熙三年两优释褐。	《宋史全文》卷二九上
274	张　相	两优释褐。	吴仁杰《太学释褐记》
275	敖陶孙	字器之，福州人。	《宋史全文》卷二九上
276	杨次山	宁宗皇后之兄。	《宋史全文》卷二九下
277	宣　缯△	字宗禹，庆元府鄞县人。两优释褐。	《宋史》卷四一九
278	华　岳	字子西，池州贵池人。上书论事。	《宋史全文》卷二九下
279	许应龙△	字恭甫，福州闽县人。嘉定元年进士。	《宋史》卷四一九

续表

序号	姓　名	简　介	资料出处
280	林　瑑	字景良，福州福清人。	蔡幼学《林瑑国子正李琪国子录制》
281	储　榉△	舍法甲科。	刘克庄《储榉太学博士制》
282	林　埛△	字宗鲁，福州人	《吹剑四录》
283	吴　炎△	字济之，兴化军莆田人。入太学知名。	刘克庄《太学博士吴公墓志铭》
284	陈　栩	才高气刚。	刘克庄《陈栩国子博士制》
285	王与立	上舍生。	刘克庄《答王与立上舍》
286	欧阳梦桂	上舍生。	刘克庄《送欧阳上舍梦桂》
287	赵崇盈	上舍生。	刘克庄《题赵上舍崇盈诗卷》
288	何立可	与刘克庄同时人。	刘克庄《闻何立可李茂钦讣二首》
289	李茂钦	与刘克庄同时人。	同上
290	陈应祥	上舍生。	刘克庄《答陈上舍应祥》
291	张　方	字义立，资州资阳人。	刘光祖《重修资阳县学记》
292	宁　式	嘉定四年，李韶救之。	《宋史》卷四二三
293	李方子	字公晦，昭武人。嘉定七年进士。	《宋史》卷四三〇
294	史弥宁	字清淑，明州鄞县人。	王之制《武冈军修学记》
295	唐　璘	字伯玉，古田人。嘉定十年进士。	《宋史》卷四百九
296	郑清之△	字德源，庆元府鄞县人。嘉定十年进士。	《宋史》卷四一四
297	史弥巩	字南叔，弥远从弟。嘉定十年进士。	《宋史》卷四二三

续表

序号	姓 名	简 介	资料出处
298	朱履常	与王迈同时人。	王迈《送朱典卿履常上舍西上》
299	方潜仲	与王迈同时人。	王迈《送方潜仲入太学》
300	何处恬△	字智夫，处州龙泉人。	《宋史全文》卷三十
301	池元坚	宝祐间太学生。上书论事。	《宋史》卷四一七
302	林自养	理宗时太学生。上书论事。	同上
303	黄 畲	字子耕，隆兴分宁人。	《宋史》卷四二三
304	李诚之	字茂钦，婺州东阳人。太学舍选第一。	《宋史》卷四四九
305	刘 倓△	字允叔，台州宁海人。	《阆风集》
306	巩 丰	字仲至，婺州武义人。淳熙十一年上舍及第。	《癸辛杂识》后集
307	杨 简△	字敬仲，慈溪人。循理斋祠之。	同上
308	李 绍	果行斋祠之。	同上
309	罗大经	字景纶，庐陵人。嘉定间太学生。	《鹤林玉露》丙编卷二
310	陈宜中△	字与权，永嘉人。“开庆六君子”之一。	《齐东野语》卷二〇
311	刘 黻	字声伯，乐清人。“开庆六君子”之一。	同上
312	黄 镛	字器之。“开庆六君子”之一。	同上
313	林则祖	字兴周。“开庆六君子”之一。	同上
314	曾 唯	字师孔。“开庆六君子”之一。	同上
315	陈 宗	字正学。“开庆六君子”之一。	同上
316	林居雅	号四川，金乡艾阳人。端平初，存心斋谕学生。	林居雅《请加封太学灵通庙札子》

续表

序号	姓　名	简　介	资料出处
317	黄　恭	笃信斋长学生。	同上
318	卢方春	服膺斋长。	同上
319	林公槐	服膺斋谕。	同上
320	章汝钧	禔身斋长。	同上
321	黄　纲	禔身斋谕。	同上
322	朱应元	字见则，湖州安吉人。嘉熙二年进士。习是斋长。	同上
323	龚　琦	习是斋谕。	同上
324	王日新	允蹈斋长。	同上
325	陈一中	允蹈斋谕。	同上
326	周　彧	存心斋长。	同上
327	陈季强	守约斋长。	同上
328	吴附凤	守约斋谕。	同上
329	张　玘	养正斋长。	同上
330	颜复之	养正斋谕。	同上
331	水丘褒	持志斋长。	同上
332	周景励	持志斋谕。	同上
333	陈鼎新	节性斋长。	同上
334	蔡梦雷	节性斋谕。	同上
335	姜文龙	处州丽水人。淳祐元年进士。经德斋长。	同上
336	林　拾	经德斋谕。	同上
337	高　嚞	诚意斋长。	同上
338	戴　鑫	诚意斋谕。	同上
339	陈扬誉	率履斋长。	同上

续表

序号	姓　名	简　介	资料出处
340	潘震孙	率履斋谕。	同上
341	胡梦高	循理斋长。	同上
342	蔡　广	循理斋谕。	同上
343	胡嗣家	时中斋长。	同上
344	李时琇	时中斋谕。	同上
345	林　旗	笃信斋谕。	同上
346	陈　将	果行斋长。	同上
347	陈士登	果行斋谕。	同上
348	邵　忱	务本斋长。	同上
349	闾丘成	务本斋谕。	同上
350	章士元	贯道斋长。	同上
351	黄时若	贯道斋谕。	同上
352	徐信卿	观化斋长。	同上
353	臧元孙	观化斋谕。	同上
354	王若讷	立礼斋长。	同上
355	叶　实	立礼斋谕。	同上
356	陈懿孙	与林居雅同时人。	同上
357	吴共叔	与赵蕃同时人。	赵蕃《送交代吴共叔师礼》
358	邢刍父	与苏泂同时人。	苏泂《哭邢刍父六首》
359	杨明叔	上舍生。	陈起《送杨明叔上舍归蜀》
360	陈元龙	上舍生。	白玉蟾《立秋有怀陈上舍》
361	王兼叔	上舍生。	葛绍体《见王兼叔上舍寿母》
362	黄师雍	字子敬，福州人。宝庆二年进士。	《宋史》卷四二四

续表

序号	姓名	简介	资料出处
363	蔡顺孙	果行斋生。	李昴英《太学果行斋学生蔡顺孙等札子乞差充鹭州书院学宾职事判》
364	蔡　源	蔡顺孙弟。	同上
365	高斯得	字不妄，蒲江人。绍定二年进士。	《宋史》卷四百九
366	冯　炜	衡老馆客太学生。	同上
367	郑　霖	字景说，台州宁海人。绍定二年进士。	郑霖《淳祐己酉月正人日春雨堂宴三学同舍即事》
368	陈　均	编《宋长编纲目》。	《宋史》卷四二
369	周直方	字敬伯，吉州吉水人。开禧元年国学释褐进士。	周直方《跋谕内外学官诏》
370	赵景纬	字德父，临安府于潜人。淳祐元年进士。	《宋史》卷四二五
371	黄恺伯	温州瑞安人。上书论事。	《宋史全文》卷三三
372	金九万△	上书论事。	同上
373	孙翼凤	上书论事。	同上
374	程九万	字鹏飞，池州青阳人。淳熙二年进士。	《宋史》卷四三
375	常　楙	字长孺，临邛人。淳祐七年进士。	《宋史》卷四二一
376	杨文仲△	淳祐七年入太学。	《宋史》卷四二五
377	伍功甫	字伯勋，宁化人。淳祐十年上舍及第。	《宁化县志》
378	何梅境	与方逢辰同时人。	方逢辰《贺何梅境入太学启》
379	龚天定	与林应炎同时人。	林应炎《嘉定县修学记》

续表

序号	姓　名	简　介	资料出处
380	胡季弼	与姚勉同时人。	姚勉《送胡季弼入太学》
381	赵章甫	与姚勉同时人。上舍生。	姚勉《送同窗赵章甫上舍入京》
382	刘敬德	与文天祥同时人。	文天祥《贺刘敬德补入太学书》
383	钟有谦	与文天祥同时人。	文天祥《贺钟有谦补入太学》
384	陈雷奋	与吴邃同时人。	吴邃《永康县学记》
385	赵与铎	国子进士。	同上
386	杨懋卿△	前廊学生。	何梦然《乞加封太学土地庙神岳飞状》
387	郑起潜△	字子升，平江府吴县人	吴泳《郑起潜授太学博士赵发授国子正制》
388	刘辰翁△	字会孟，庐陵灌溪人。景定三年进士。	《宋季忠义录》卷一六
389	吴　绮	景定中太学生。上书论事。	《齐东野语》卷一七
390	许求之	上书论事。	同上
391	陈梦斗	上书论事。	同上
392	陈绍中	上书论事。	同上
393	沈震孙	鄞县人。咸淳三年释褐。上书论事。	同上
394	范　钥	上书论事。	同上
395	李　极	上书论事。	同上
396	萧　观	上书论事。	同上
397	康　棣	上书论事。	同上
398	叶　李	上书论事。	同上

续表

序号	姓　名	简　介	资料出处
399	吕宙之	上书论事。	同上
400	姚必得	上书论事。	同上
401	陈子美	上书论事。	同上
402	钱　焴	上书论事。	同上
403	赵从龙	上书论事。	同上
404	胡友开	上书论事。	同上
405	江万里△	字子远，都昌人。舍选及第。	《宋史》卷四一八
406	方大猷	自主献屋于巨珰。	《齐东野语》卷一八
407	董　教	与张如愚同时人。	张如愚《仙游县军学记》
408	赵希逢	太祖九世孙。	赵希逢《和寄两庠同舍》
409	王应梅	王希淮之子。	王希淮《送子应梅入太学》
410	徐应镳	字巨翁，衢之江山人。私谥“正节”先生。	何梦桂《太学正节先生徐公序》
411	晏泰亨	外舍生。	《宋史》卷一五七
412	叶梦鼎△	字镇之，台州宁海人。两优释褐。	《宋史》卷四一四
413	潘　凯	字南夫，温州永嘉人。绍定间进士。	《全宋文》卷七九三四
414	林景熙	咸淳七年上舍释褐。	林景熙《与邵德芳同舍三首》
415	邵德芳	林景熙同舍。	同上
416	薛榆溆	林景熙同舍。	林景熙《哭薛榆溆同舍》
417	陈振先	林景熙同舍。	林景熙《用韵寄陈振先同舍》
418	蘧德威	林景熙同舍。	林景熙《故国学内舍蘧君墓志铭》

续表

序号	姓　名	简　介	资料出处
419	郑朴翁	林景熙同舍。	《林景熙集》
420	戴表元	字帅初，奉化人。咸淳五年入太学。	戴表元《太学冬至日》
421	赵　文	字仪可，庐陵人。咸淳十年入太学。	赵文《哭张文翁同舍》
422	张文翁	与赵文同时人。	同上
423	汪元量	字大有，钱塘人。	《汪元量集》
424	刘汝钧	徐应镳同舍生。	《宋史》卷四五一

注：姓名后标记△，既为太学生，又为太学学官。

第二节　太学升取制度："学而优则仕"的三舍取士

三舍取士制度是宋代太学赖以兴盛发展的最基本、最重要的一项制度。考其设立之先河，庆历兴学时"太学置内舍生二百员，官为给食"①中已出现"内舍生"一词。嘉祐元年(1056)欧阳修《议学状》有"言事之臣为陛下言建学取士之法者众矣，或欲立三舍以养生徒"②之语，进而曰"宜于今而可行者，立为三舍可也"，显然，仁宗朝臣已有"创新学，立三舍"的建议和构想，惜未见实行。至神宗熙宁元年(1068)"于内舍生二百人外增一百员，名外舍生"③，并将外舍生作为内舍生的候阙补充。

正式创设三舍法是在神宗朝熙丰兴学起始的熙宁四年(1071)。创始之初，三舍法就担负着王安石欲追随"古之取士皆本于学校"而最

① (宋)章如愚：《山堂考索》后集卷二七《士门·学制类》，中华书局 1992 年版，第 618 页。

② (宋)欧阳修著，李之亮笺注：《欧阳修集编年笺注 6》，巴蜀书社 2007 年版，第 438 页。

③ 苗书梅等点校：《宋会要辑稿·崇儒》，河南大学出版社 2001 年版，第 42 页。

终实现学校取士的重任。是年十月，朝廷诏令："（太学）生员分三等：以初入学生员为外舍，不限员；自外舍升内舍，内舍升上舍。……（上舍）如学行卓然尤异者，委主判及直讲保明，中书考察取旨除官。"[①]此时三舍法因尚处于初创阶段，诸多考核、升取细项不够完善，元丰二年颁布《学令》凡百四十条，专就"太学三舍选察升补之法"诏令行之。《学令》对太学三舍的招生限制、生员平日考核与升级及选取入仕等皆作有详细规定。具体而论其核心学规：招生条件是"生员入学本贯，若所在州给文据，试而后入"[②]，即生员获得所在州证明后通过考试入学。平日考核时"月一私试，岁一公试，补内舍生；间岁又一试，补上舍生，弥封、誊录如贡举法；而上舍则学官不与考校"，有私试、公试、舍试等严格实行的不同考试制度。升级时参照标准为"公试，外舍生入第一、第二等，参以所书行艺，预籍者升内舍。内舍生试入优、平二等，参以行艺升上舍"，此处所谓"第一、第二等""优、平二等"及入等的难度，与所设定升舍名额有关。据《建炎以来朝野杂记》载："京都旧法太学生外舍二千人校定百人，内舍三百人校定三十人，仍分优平二等。"[③]二千外舍生中仅有百人可升内舍，占比百分之五；三百内舍生中三十人可升上舍，占比百分之十。可见升舍竞争还是非常激烈。最终取仕制度为："上舍生分三等：俱优为上，一优一平为中，俱平若一优一否为下。上等命以官，中等免礼部试，下等免解。"上舍上等生可直接授官，上舍中等生免省试，上舍下等生免解试。

三舍取士的基本制度在熙丰时期已趋完善，元丰以降所实行的三舍法，皆是随着形势发展在元丰《学令》基础上的修补改订。在太学影响扩大、三舍盛行的北宋后期，取士皆由三舍，地方官学皆行三舍法。徽宗宣和三年（1121）恢复科举考试，同时罢废地方学校三舍。自此至宋末，三舍法未再于地方州县实施，却也自始至终实行于太学内部。

限于篇幅，笔者在引述三舍法核心学规的基础上，不再对历朝三

---

① （宋）李焘：《续资治通鉴长编》，中华书局 1993 年版，第 5529 页。

② （宋）李焘：《续资治通鉴长编》，中华书局 1993 年版，第 7328 页。

③ （宋）李心传著，徐规点校：《建炎以来朝野杂记》，中华书局 2000 年版，第 778 页。

舍的细微变化详细征引。小范围的学制变动也不足以影响我们对三舍取士的整体评价。从两宋太学的发展沿革及实施三舍法的实际效果来看，已经有力证明了三舍取士的存在价值及历史意义。

第一，三舍取士的延续发展，既有赖于历朝统治者的提倡和维护，更因三舍制自身合理因素有其存在价值。特别是科举制弊端日显而亟待改革时，三舍法相关规定更显得透明公正，受时人重视。即如元丰《学令》拟撰者李定所言："艺可以一日而校，行非历岁月不可考。"[①]三舍法将生员学业成绩与品德操行结合考察，"以帅教不戾规矩为行，治经程文合格为艺"，比"取一日之长"而不顾考生品行的科举考试更为通情合理。马端临《文献通考》虽对三舍法颇有微词，"宋熙、丰后立三舍之法，则不过试之以浮靡之文，而诱之以利禄之途"，但仍不得不肯定其所具优越性，"然明经而必至于通一艺，试文而必至于历三舍，皆非旦暮可就。故国家虽未尝严其法制，稽其去留，而为士者内耻于习业之未精，外诱于荣途之可慕，其坐学之日自不容不久"[②]。再从太学自身发展来说，庆历兴学时重建太学缘于统治者的提倡支持，庆历新政失败后的太学发展并不尽如人意。失去朝廷的推动力，太学立变缓行的主要原因，就是所实施制度难以提升教官和太学生的教、学积极性，教官多将太学作为取资候迁的台阶，诸生只为太学优厚的取解额而来。长此以往，太学只会陷入兴学运动时改革发展、反之则停滞不前的怪圈之中。而三舍取士制度的实施，外舍升内舍再升上舍的等级递补，引入竞争机制，带动太学生的学习劲头。上舍优等生授官入仕更为勤学诸生打开了新的希望之门，极大提升了学生的求学积极性。学官之职责也有明确规定："以升补人行艺进退，计人数多寡，为学官之赏罚。"太学分经授课，学官所带诸生升学率之高低直接影响其奖惩情况，因而促使学官在提升自身教学质量水平上颇用苦心。

第二，三舍取士的历史意义主要体现在，它将太学养士与取士密切结合，切实提升了太学以至地方学校的社会地位，有力推动了宋代

---

① (宋)王应麟:《玉海》卷一一二《元丰太学三舍法学令》，广陵书社2003年版，第2073页。

② (元)马端临:《文献通考》卷四二《学校考三》，中华书局1986年版，第395页。

学校教育的向前发展。它既对宋世学校产生了不可磨灭的重要贡献，更深刻影响元、明、清等后世历代。三舍取士的重要性，就如俞启定所论："如果说宋代官学兴办工作是由王安石完成的话，那么三舍法的实行则是使学校真正建立起来的原因。"①历史证明，王安石创设三舍法后，历代以降即便不再假借政治支持干预，太学发展照样能维持在正常前行的轨道上。这可从入补太学的四方士子数额窥见。即便在南宋长时期平稳发展、未见大规模兴学的阶段，补考太学者动辄以万计，如嘉泰二年(1202)混补试近四万人，使朝廷不得不转换于混补法和待补法之间，而三舍生名额仅千余人。由此竞争之激烈可见士子入学之欲望还是甚高的，这与北宋初期士子耻于入学的情形截然不同了。出现这种变化，三舍取士制度居功至伟。它给了诸生授官入仕的动力，也给了递补升舍的压力，最巧的是，所谓的压力和动力最终皆转换为发展太学的推动力。

三舍取士具有的存在价值和历史意义不容低估，天下唯用舍选取士的徽宗十七年更是太学的荣耀时光。同时我们也注意到，即便三舍取士曾有机会将科举持续地压倒在地，但科举还是翻身取得了最终胜利。追问实施三舍法的弊端所在，宋人已对此有过论争。元祐元年(1086)左司谏王岩叟就曾上《请罢三舍法疏》，认为太学应摆正身份地位，"庠序者，所以萃群材而乐育之，以定其志业，养其名誉，优游舒徐，以待科举者也"②。太学只是科举取士的辅助，又怎能于科举之外"别开进取之门"，其结果只能是"多歧以支离其心而激其争端，使利害得失日交战于胸中，损育德养道之淳意，非所以笃教化、成人材也"。杨时持相似观点，"学校以分数多少校士人文章，使之胸中旦夕只在利害上，如此作人要何用?"③笔者以为，三舍实行前的太学师生正是"优游舒徐"，但最关键一点是，太学发展难成气候，则如此太学又要何用，因而一味否定三舍制并不可取。三舍取士之初衷无错，惜在实行过程中

① 俞启定：《宋代太学三舍法评述》，《教育评论》，1988年第5期。

② (宋)吕祖谦编，任继愈主编：《中华传世文选 宋文鉴 上》，吉林人民出版社1998年版，第569页。

③ (宋)杨时撰，林海权点校：《杨时集》，福建人民出版社1993年版，第325页。

渐现弊端，带来负面影响。这其间重要的导火索是教官手中的取士职权。不论是日常考核中的依次升舍，更或是决定获得官职的上舍考试，在此过程中学官起着重要作用。学官之握有重权，从利处说，“职亲于诸生而习知其情伪者，宜莫如学官”①，教官对于诸生的学业及品行自然十分了解，有利于客观公正地选拔人才。从弊处说，“使其因人情利害而为之法者，亦莫如学官”，学官个人之情感好恶、人情关系也可以直接影响到诸生升舍、取解甚至取士诸环节。由于缺乏有效措施来防止这一弊端，其手中权利逐渐向弊处倾斜。为了在竞争日趋激烈的各项考试中出人头地，太学生请托贿赂之风盛行，教官营私舞弊之现象时有发生。元丰二年(1079)虞蕃讼案形成震惊一时的“元丰太学狱”，朝廷随后采取诸种防范措施，在严控师生串通作弊的同时，却禁锢了太学正常的教学发展。不幸应验了“三舍之法立”，“奔竞之患起”，“赂贿之私行”，“狱讼之端作”，“防猜之禁繁”的渐变过程。更何况，将朝廷取士权落入太学教官手中，这本身就与中央集权的专制统治不相符，必然会被朝廷收回，“补内舍、上舍，皆自朝廷差官考校”②就是虞蕃案后的结果。

总而论之，三舍取士践行了“学而优则仕”的教育目标，在太学养育人才和选拔取士方面发挥了至关重要的作用。称其为宋代太学最基本又重要的一项制度，实当之无愧。而实施三舍法所得的历史经验教训，同样值得后人借鉴。

① (宋)李焘:《续资治通鉴长编》，中华书局 1993 年版，第 9493—9494 页。

② (宋)李焘:《续资治通鉴长编》，中华书局 1993 年版，第 7264 页。

第五章　太学与朋党之争

有宋一代太学之盛，比肩于东汉，远超隋唐、元明等朝代，在宋代培养官员人才的教育机构中出类拔萃，影响甚大。身居其间的太学生有感于宋代社会愈来愈尖锐的民族矛盾以及朝中权相的争斗，纷纷放下书本，直面现实，参政议政、清议之风一时盛行。正如学者黄现璠《宋代太学生救国运动》开篇明义："我国太学生之救国运动，始于汉，盛于宋。"[①]特别是至北宋靖康之际，太学生领袖陈东率诸生伏阙请命，前后凡八次上书，更有汴京军民十余万人声讨支援，威逼主上。陈东最终舍生取义，惨遭杀害，然其志行声名已传于天下。南宋以来，太学生更是秉承陈东志愿，胸怀为国为民的满腔热血，敢言毅行，无所畏惧。他们对外坚持主战、反对和议，对内谏人主、攻权臣、主清议，甚或在汴京陷没后诘难金人而以身殉者有之，慷慨请行招抚叛乱者有之……然而，太学生们为民族和正义而斗的群体心态，在参与朋党之争中呈现出渐变特征。

第一节　太学生参与党争

由北宋党争的"政党政治"特点发展演变，南宋党争已是充满着意气之争、人生陷害的味道。杨万里曾上疏感叹党争始以党败人，终以党败国："近日以来，朋党之论何其纷如也！有所谓甲宰相之党，有所

---

① 黄现璠：《宋代太学生救国运动》，吉林出版集团有限责任公司 2009 年版，第 235 页。

谓乙宰相之党；有所谓甲州之党，有所谓乙州之党；有所谓道学之党，有所谓非道学之党。是何朋党之多欤！……好恶殊而向背异，则相攻相摈，莫不皆然。”①即如延续数十年的“道学朋党”与“非道学党”之争，庆元之际以朱熹、赵汝愚等为首的“道学朋党”完败而暂告结束，更具体地说，是赵汝愚相党集团被全部贬逐出朝，赵猝死于赴贬所的途中，“道学”成了“伪学”，道学人士由“伪人”更名为“伪徒”“逆党”，韩侂胄等“非道学党”颁布“庆元党禁”，将赵汝愚、周必大、朱熹、彭龟年等五十九人的党籍诏示天下，厉禁“伪学”。党祸之惨烈，由此可见一斑。

在此起彼伏而绵延未绝的朋党之争中，我们还可见明显带有政治色彩的第三集团，即太学生群体。太学生在对外的军事方面主战救国，也在对内的政治经济方面上书劝谏，仍将大量精力投入党争。太学生参与党争的过程贯穿于整个南宋时期，兹录其突出表现于如下党争事件。

“庆元党争”，赵汝愚等被韩侂胄排挤出朝，“太学生杨宏中、周端朝、张道、林仲麟、蒋传、徐范六人伏阙”②，“上书留赵汝愚、章颖、李祥、杨简，请黜李沐，诏宏中等各送五百里外编管”③。“当时同衔上者六人，世号为‘六君子’。”④太学生敖陶孙赋诗讽韩侂胄：“左手旋乾右转坤，如何群小恣流言。狼胡无地居姬旦，鱼腹终天吊屈原。一死固知公所欠，孤忠幸有史长存。九原若遇韩忠献，休说如今有末孙。”⑤

“霅川之变”，史弥远废济王而立理宗，魏了翁、真德秀、潘枋等上书忤之。史之党羽梁成大反击魏等，太学诸生不满，嘲之曰：“大字傍宜添一点，曰‘梁成犬’。”⑥“弥远出入禁苑，擅权用事，台谏、学舍争言其非。”⑦

① （宋）杨万里著，辛更儒笺校：《杨万里集笺校》（第6册），中华书局2007年版，第2919页。

② （宋）樵川樵叟：《庆元党禁》，中华书局1985年版，第20页。

③ （元）脱脱等：《宋史》卷三七《宁宗本纪一》，中华书局1977年版，第713页。

④ （宋）叶绍翁：《四朝闻见录》，三秦出版社2004年版，第11页。

⑤ （宋）叶绍翁：《四朝闻见录》，三秦出版社2004年版，第137页。

⑥ （宋）罗大经：《鹤林玉露》，中华书局2008年版，第274页。

⑦ （元）佚名著，李之亮校点：《宋史全文》，黑龙江人民出版社2004年版，第2173页。

攻击史嵩之党。太学生呼应杜范，攻史之党羽李鸣复，“范又极言其（李鸣复）寡廉鲜耻，既而合台劾之，太学诸生亦上书交攻之”①。一并斥责史嵩之，“太学诸生亦上书留范而斥鸣复，并斥嵩之”②。太学生群体与史嵩之的正面冲突有三次。先是“淳祐初年，嵩之独运权……三学上书攻之”③，接着“淳祐四年，（嵩之）遭父丧，起复右丞相兼枢密使，累赐手诏，遣中使趣行。于是太学生黄恺伯、金九万、孙翼凤等百四十四人，……皆上书论嵩之不当起复”④，至“（宝祐四年）御笔史嵩之退安晚节已逾十年，可特授观文殿大学士……公论复以为未然，太学生上书攻”⑤。

攻击丁大全党。“宝祐中，丁大全以戚里婢婿事权幸卢允升、董宋臣，擢为殿中侍御史，在台甚横，（太学生）宜中与黄镛、刘黻、林则祖、陈宗、曾唯六人上书攻之……士论翕然称之，号为‘六君子’。”⑥“大全极力与之（太学生）为敌，重修丙辰监令，榜之三学。其后诸生协力合党，以攻大全，大全终于得罪而去。”⑦

第二节　群体心理动态图

透过太学生群体与党争双方的直接交锋，联系相关史实，探求其在参与党争过程中的群体心态，我们发现，太学生群体浮沉于党争之中，呈现出一幅由低变高再转低的心理动态图。这首先从北宋太学的建立说起。

北宋初年，隶属于国子学的太学地位低下，直到庆历四年太学独立创设学校，经过庆历、熙宁元丰和崇宁三个时期的兴学运动，太学才

①② （元）脱脱等：《宋史》卷四七〇《杜范传》，中华书局1977年版，第12279页。
③ （宋）周密：《癸辛杂识》，上海古籍出版社2012年版，第184页。
④ （元）脱脱等：《宋史》卷四一四《史嵩之传》，中华书局1977年版，第12423页。
⑤ （宋）周密：《癸辛杂识》，上海古籍出版社2012年版，第171页。
⑥ （元）脱脱等：《宋史》卷四一八《章鉴传》，中华书局1977年版，第12529页。
⑦ （宋）周密：《癸辛杂识》，上海古籍出版社2012年版，第35页。

获得了极大发展，太学生人数也由重建时的两百人上升到崇宁年间的三千八百人。然而，一直以来，北宋太学生对于参政议政并未表现出太多热情，上书言事者虽不时有之，亦难有作为。直至北宋末年的太学生陈东伏阙上书，请立诛专擅朝政的蔡京、梁师成、李彦、朱勔、王黼、童贯六贼以谢天下。初上书时，“太学生，人言言殊，虽平日与共腹心者，然亦忌惮”[①]。可见，此时太学生的群体心态还是谨小慎微的，虽明知蔡京等权臣表里为奸，其罪恶人所共知，却也不敢公然议论攻击。陈东死谏，基本达到了参政的预期，为他本人赢得隆誉的同时更为后世的太学生积极参政议政提供了信心和舆论支持。太学生的群体心态也由此一变。

自此至南宋宁宗时期，太学生保持自信积极的群体心态，其干政之风愈来愈盛，不论对外对内，政治、经济、军事等方面的朝廷大事都有上书参议。面对宋代长期以来存在的朋党之争，太学生群体也以积极的心态参与其中，不畏强权，坚持正义。“庆元党争”中的太学生周端朝等六人上书斥责李沐“内结权幸，阴有指授”，将矛头直指韩侂胄，虽遭到了韩侂胄的报复，被以“扇摇国是”的罪名流放编管，却赢得了民心，太学“前六君子”之名由是而得。

南宋后期的理宗景定、淳祐之际，太学生的群体心态由自信积极持续走高，变得高傲强横。身陷党争的漩涡，他们甚至乐意参与这种政治的倾轧与斗争。若瞅准目标，攻击弹劾某党人士，绝对是不达目的誓不罢休。上书的口气也是越来越大，经常要求“请诛之”“请斩之”“以谢天下”。太学生们来势汹汹，朝中大臣稍不敢掉以轻心，《癸辛杂识》中这样描述太学生群体的强横：

> 三学之横，盛于景定、淳祐之际。凡其所欲出者，虽宰相台谏，亦直攻之，使必去权，乃与人主抗衡。或少见施行，则必借秦为喻，动以坑儒恶声加之，时君时相略不敢过而问焉。……扣阍

---

① 黄现璠：《宋代太学生救国运动》，吉林出版集团有限责任公司 2009 年版，第 245 页。

上书，经台投卷，人畏之如狼虎。①

宰相台谏等朝中百官皆是太学生群体随时准备上书弹劾的对象，一旦攻击则“使必去权”乃已，其强横程度更是达到了“人畏之如狼虎”“时君时相略不敢过而问焉”的地步，真是令人难以置信。周密的记载也许有稍过之嫌，却也基本是当时太学生群体参与党争、参政议政时的真实情形。可以作为佐证的是，史嵩之致仕被授于观文殿大学士，太学生群体上书反对，理宗帝对时相董槐言：“史嵩之复职，非由卿请，惟朕知之。学舍有言，但虑其复出耳。岂学校其职名哉，其人决不再用，其职亦不可夺，所请既不悖理，其安之。”②太学生的高傲强横，已经达到了需要宋理宗亲自出面向其保证史嵩之“其人决不再用”的地步。

从高傲强横的高点跌落下来，至度宗时期贾似道专权，太学生忽然变得卑微妥协了。转变来得太快，南宋以来长期活跃于朝政、党争之中的太学生似乎从高高在上的状态一瞬间打回了原形。这种群体心态的转变比自信积极至高傲强横更加不可思议，却在宋季历史上真实地发生了。《癸辛杂识》就载：

至贾似道作相，……诸生啖其利而畏其威，虽目击似道之罪，而噤不敢发一语。及贾要君去国，则上书赞美，极意挽留，今日曰“师相”，明日曰“元老”，今日曰“周公”，明日曰“魏公”，无一人敢少指其非。③

这一时期，太学生们即使亲眼目睹着贾似道祸国殃民的种种罪行，也是不敢再少指其非了，“使必去权，乃与人主抗衡”的勇气更是荡然无存了。

①③　(宋)周密：《癸辛杂识》，上海古籍出版社2012年版，第35页。
②　(宋)周密：《癸辛杂识》，上海古籍出版社2012年版，第172页。

第三节　群体心态的转变历程

当我们查阅相关文献,发现太学生群体心态经历了如上所述的由低变高再转低的动态变化时,不禁疑问,这种群体心态的转变又是如何形成的?

首先,太学生参与党争,对于太学生而言,可谓是一场“群体的斗争”。正是“群体的斗争”直接影响着他们群体心态的不断转变。“群体性”与“斗争性”始终伴随着太学生参与到朋党之争中,并对其心态产生了很大影响。

“群体性”表现在太学生往往采取群体出动的方式,少则数人,多则数十人、上百人的联名上书、伏阙请愿。如周端朝等太学“前六君子”挽留赵汝愚,陈宜中等太学“后六君子”弹劾丁大全,金九万等一百四十四人联名攻击史嵩之,蔡德润等一百七十余人上书为徐元杰暴卒鸣冤……参与党争过程中,不仅是太学生的群体联名,更是太学、武学、宗学三学诸生之间的相互支持和声援。群体的团结反映出太学生的个人心态。宋代太学的兴盛、太学生地位的逐步提升虽为太学生积极参与党争并展现群体力量提供了可能,但总体而言,在浩荡起伏、纷纭变幻的党争面前,太学生个人的力量总是太薄弱而卑微了,人微言轻,单枪匹马,只会让自己成为朋党之争的牺牲品。正是群体性给予了太学生个体相互之间的依靠和团结,其内在心态自然会在群体力量的感召下,由卑微谨慎渐趋平和自信。即如陈东上书之初的太学生群体心态,还是谨小慎微的,他们还暂没有群体团结、联名上书的普遍意识。陈东事件后,太学生感受到团结的力量才是最强大的。“位卑未敢忘忧国”,他们为国为民,坚持正义,大多有着坚定而高傲的人格追求,参与党争同样表现得高傲不屈,不怕牺牲,坚持不懈,前仆后继,逐渐赢得了朝廷与党争双方的认可与重视。学校甚至成为了社会“正论”的代表,太学生联名上书、罢课,也开始得到预期的结果。济王被史弥远党缢杀事件中,三学诸生二百余人上书鸣冤,最终朝廷逐步为济王平反，事件过程中殿院蒋岘因反对学生而遭到罢免。通观这一时期，群体性的特征、社会舆论的认可、预期目标的实现等，提升了太学生群体参与党争的信心和热情，其心态也变得自信积极。只是这种良好的群体心态不加以约束地向前走、向高攀，很容易形成难以控制的局面。南宋后期，太学生群体逐渐形成了一股不可忽视的政治力量，并在朋党之争中开始扮演重要角色。他们自信满满又有着高傲的人格追求，久而久之，这种高傲之气就在现实中凸显了出来，自信演变成了高傲，积极演变成了强横。宋理宗"景定、淳祐之际"正是太学生群体心态变得高傲强横的阶段。攻击史嵩之起复事件中，面对太学生群体的不依不饶，宋理宗不禁发出了"学校虽是正论，但言之太甚"的感慨。

"斗争性"并未将"三学之横"推向一个新的高潮，反而把太学生群体"斗"回了原形，那个谨小慎微、唯唯诺诺的太学生时代。纵观南宋后期的太学生斗争，史嵩之、丁大全和贾似道三位权臣与太学生群体的斗争最为突出，也尤为引人深思。面对太学生们的弹劾攻击，他们采取了三种不同的应对措施。"嵩之不敢为。"太学生始终与史嵩之为难，前后三次上书攻之，并于太学斋廊贴有告示"丞相朝入，诸生夕出；诸生夕出，丞相朝入"①，以表其势不两立的态度，史嵩之往往只是上书自辩，求助于理宗，奏陈其清白。"丁大全之治三学乃惩。"丁大全看到自辩而不敢为是对付不了太学生的，于是态度强硬，以刚对刚。陈宜中等太学"后六君子"上书攻之时，就将六人全部贬逐外州。然而，"其后诸生协办合党以攻大全，大全终于得罪而去"②。至贾似道时，"不敢轻治"。他任相之初，"有太学生萧规、叶李等上书，言似道专政"③。贾似道总结与太学生群体斗争的经验，一面高压威逼，将上书者"命京尹刘良贵捃摭以罪，悉黥配之"④，加强对学校的控制，"贾似道之为相也，学舍纤悉，无不知之"⑤。一面笼络怀柔，利诱太学生，

---

① （元）佚名：《宋季三朝政要》，中华书局 1985 年版，第 26 页。
② （宋）周密：《癸辛杂识》，上海古籍出版社 2012 年版，第 35 页。
③④ （元）脱脱等：《宋史》卷四七四《贾似道传》，中华书局 1977 年版，第 13779 页。
⑤ （宋）周密：《癸辛杂识》，上海古籍出版社 2012 年版，第 139 页。

“(似道)又加太学餐钱,宽科场恩例,以小利啖之。由是言路断绝,威福肆行”[①]。“至贾似道作相,度其(学生)不可以力胜,遂以术笼络。每重其恩数,丰其馈给,增拨学田,种种加厚,于是诸生啖其利而畏其威。”[②]史嵩之自辩保身和丁大全以刚克刚都在与太学生群体的斗争中败下阵来,而贾似道的威逼利诱,却让太学生们“啖其利而畏其威”,逐渐妥协了。当然这与理宗帝下诣力挺贾似道亦有关系,其诏曰:“近来诸学士人,不体旧规,以前廊为首,乃有怀私意动摇大臣者。不知祖宗三百年间,曾有士人上书而去宰相者乎?今后切宜详审,然后投进。”[③]由此可见,理宗帝的支持及贾似道的权谋之下,太学生群体的“斗争性”已在坚持正义和“正论”的前进行程中渐渐变味了。在某种意义上说,这不是一场充满正能量的斗争,不是真正的彻底的斗争,而是一种加了引号的斗争,是威逼利诱下低头妥协的斗争。

其次,太学生群体心态的转变也与党争双方的笼络和利用密切相关。北宋末年,太学生陈东领导的救国运动极为轰烈,十余万汴京军民集体请愿,要求罢免六贼、复职李纲,每每回想此情此景,不禁令朝臣对于太学生这一特殊群体刮目相看。当注意到太学生阵营成为了不容忽视的政治力量时,党争双方拉拢和争取太学生群体的较量也就不断上演了。某党派一旦获得代表正义和“正论”的太学生们支持,就首先在舆论气势上占据了上风。更是有太学生群体或先发制人,直攻另党,或紧随党派人士上书后,联名支持,可谓党派斗争中平添了一股强大的力量。如此重要的政治力量自然会被党争双方尽力争夺,而身居其间的太学生群体愈加感觉到自身政治作用的重要性,其心态由谨慎转于自信积极就变得顺理成章了。而“三学之横”、强横特性,也与党派某一方不断撑腰支持、为争取党派利益只顾利用太学生大有关系。从强横心态急转直下到妥协于人的境地,说明太学生群体的“斗争性”特征没有“斗”过贾似道的笼络利诱。

---

① (元)脱脱等:《宋史》卷四七四《贾似道传》,中华书局 1977 年版,第 13779 页。

② (宋)周密:《癸辛杂识》,上海古籍出版社 2012 年版,第 35 页。

③ (宋)周密:《齐东野语》,齐鲁书社 2007 年版,第 215 页。

党争双方对于太学生群体的拉拢，有着不同的方式。已经在朝为官的太学先达与太学生之间关系密切，每至太学都赏送颇丰，“太学先达归斋，各有光斋之礼，各刻于斋牌之上，宰执则送真金碗一只，状元则送镀金魁星杯柈一副，帅漕新除，各斋十八界二百千，酒十尊”①。太学内部对于本斋先达更是尊崇，“太学诸斋各祠本斋有德行者，存心斋、果行斋并祠栗斋，巩丰，循礼斋祠慈湖杨简，果行斋祠梅溪、王十朋、崔与之”②。庆元党争中太学生拥赵汝愚贬韩侂胄，“上书留赵汝愚、章颖、李祥、杨简”，其中章颖、李祥、杨简即为太学先达；反对史嵩之起复事件中，太学生群体全力支持的朝臣徐元杰就曾任职国子祭酒。朝臣与太学生的这种亲密关系，让他们更易于得到学生群体的呼应支持，从而形成太学生或上书或“蹈海”于外，朝臣或弹劾或“乞去”于内的政治局面，给皇帝及党争对方施加双重的压力。未有如此天然优势的朝廷势力，则通过贿赂等方式在太学内部积极搜寻和扶植代言人，将其作为弹劾打击党争另一方的工具。如理宗宝祐年间的御史洪天锡被劾去国，就是因为政敌卢允升、董宋臣“厚赂太学生林自养，上书力诋天锡”而造成的后果。

党争双方竞相拉拢利用导致太学生们将主要精力投入朋党之争，整日以弹劾攻击为能事，宋理宗将这点看得很真却又颇感无奈，他曾下诏言：“朕乐闻切直，岂厌人言？迩年臣不能体国，惟以私报公，植党相倾，蛊坏士习。学校储才之地，乃有蹈于匪彝，诪张为幻，乱政害民，甚非教育初意。”③党争双方“植党相倾，蛊坏士习”，太学生群体的作为已“甚非教育初意”，党派拉拢和利用让太学生的群体心态偏离了正常轨道。

再次，太学生群体心态的转变形成，离不开“公论”这个支撑着太学政治影响力的特定内容。早在高宗绍兴时期，太学生请斩求和派汤思退，陆游在写给国子司业芮国器的诗作中赞颂学生的爱国之情与“公论”之意，其诗云：“往岁淮边虏未归，诸生合疏论危机。人材衰靡

①② （宋）周密：《癸辛杂识》，上海古籍出版社2012年版，第34页。

③ （元）佚名著，李之亮校点：《宋史全文》，黑龙江人民出版社2004年版，第2330页。

方当虑，士气峥嵘未可非。万事不如公论久，诸贤莫与众心违。还朝此段宜先急，岂独遗经赖发挥。”①陆游支持太学生的“公论”之举，希冀朝中诸贤“莫与众心违”，无疑给积极参政议政的太学生增添了不少信心，其群体心态中的自信一面也渐渐展现了出来。至宁宗嘉定十二年，俞文豹《吹剑录外集》一书记载有当时学校及学生所言实为“公论”之事。其云：

己未，秘书监柴中行奏：“三学所言，不宜含糊。付之不恤，是欲私庇其人，而使吾君有拒谏之失。”辛酉，国子监丞萧舜冶札白：“诸生言事，无非公论。而朝廷乃谓：‘黜陟之权，不当循布衣之请。’此非天下之公言，特左右游扬之私尔。”丞相乃召太学博士楼昉至赐第，俾谕诸生。以学校为伸公论，输对为体，朝廷庙堂未尝加喜愠。昉退亦以札白：“乞采公论，助乾决决，若依违含糊，内伏疑根，则昉也一夫之颊舌，安能解千万人之惑？而公论且将回指于昉矣！”②

如上短短数行之语，多次特意提及“公论”，这是身为国子监丞和太学博士对于学校是“公论”之地的特别强调。他们当然希望学校能够延续“公论”的舆论影响，站在正义的立场上，凭借“公论”的武器，对朝政、党争双方发挥影响，制造舆论攻势。自宁宗开禧至理宗端平年间之后，学校“公论”之意深得人心，《齐东野语》如是记载其时的情形：

自开禧之初，迄更化之后，天下公论，不归于上之人，多归于两学（太学、武学）之士。凡政令施行之舛，除拜黜陟之偏，禁庭私谒之过，涉于国家盛衰之计，公论一鸣，两学雷动。天子虚己以听之，宰相俯首而信之，天下倾心而是之。由是四方万里，或闻两学

---

① （宋）陆游著，钱仲联校注：《剑南诗稿校注》，上海古籍出版社2005年版，第132页。
② （宋）俞文豹：《吹剑录外集》，知不足斋丛书，第30页。

建议，父告其子，兄告其弟，师告其徒，必得其说，互相歆艳。①

此一时期，学校之“公论”竟已达到“天子虚己以听之”的地步，由此可以想象太学生群体在党争过程中扮演着如何重要的政治角色，而其群体心态趋向强横，“直攻之使必去权”的特点亦于此时逐渐形成。再其后，在理宗与徐元杰的一次对话中，既有理宗对于太学上书干政的不可忍耐，也有徐元杰的竭力回护。

元杰云：“学校之书不可泯。”上曰：“学校虽是正论，但言之太甚。”元杰云：“正论是国家元气，今正论犹在学校，正当保存一线之脉。”②

我们看到，理宗帝对于学校向来的强横太甚已很不满了，而曾就职国子祭酒、深受太学生群体拥护的徐元杰正是以“公论”之意向皇帝施加压力，且时时维护学校的政治影响力。在皇帝、党争各方围绕学校“公论”及其政治影响问题不断争斗博弈的形势下，太学生群体心态也在逐步转变。

第四节　士风衰败与群体蜕化

南宋时期的太学生群体从谨慎开始，到自信，到强横，再到妥协，这样的心态转变与北宋、南宋前期完全不同，究其原因，这种转变实缘于宋季士风衰败的社会大背景下太学生群体的蜕化与分化。

有宋一代开启了与士大夫同治天下的政治局面，士大夫们亦曾胸怀“为天地立心，为生民立命，为往圣继绝学，为万世开太平”的理想抱负，然而，时至南宋后期，宋代士风在长达百余年的时消时长后，终于

---

① (宋)周密：《齐东野语》，齐鲁书社2007年版，第232页。

② (元)佚名著，李之亮校点：《宋史全文》，黑龙江人民出版社2004年版，第2260页。

如江河日下，走上了不再回头的下坡路，“士风偷薄，世道颓靡，面誉背毁，心私迹公”①。士大夫们长期以来怀有的强烈社会责任感和历史使命感，也在了无生机的时代形势和一片黯淡的国家前景中逐渐消磨殆尽，代之而起的是浮靡奢华、虚名私欲。总体而言，宋季士人的主体精神普遍丧失，士风败坏地一蹶不振，这已成为基本的历史事实。而在庞大的宋季士人群中，就包含着从上至下的各级士阶层，其中学校士子更是一大群体。

身处宋季士风整体衰败的社会大背景下，太学生群体亦难逃不良风气的熏染。《鹤林玉露》卷二言：“太学古诗云：‘有发头陀寺，无官御史台。’言其清苦而鲠亮也。”②然而，南宋后期，太学生生活之清贫甘苦与言语之刚正不阿已是寥寥无几了。罗大经在感慨“乾、淳间，斋舍质素，饮器止陶瓦，栋宇无设饰”之后，描述近时太学生生活中的奢靡风气：“近时诸斋，亭榭帘幕，竞为靡丽，每一会饮，黄白错落，非头陀寺比矣。”③周密《癸辛杂识》更载“学舍燕集，必点妓”④，甚至出现了因三学诸生相互争妓而打闹之事，“淳祐丙午，宗学时芹斋与太学禔身斋争妓魏华，乔挟府学诸仆为助，遂成大哄”⑤。相比于“有发头陀寺”时代的太学诸生，南宋后期太学生群体的生活状态真是不可同日而语，侈靡之风已经如此深入地渗透到了斋舍之中，士风之败坏显而易见了。

可以想象的是，“无官御史台”之誉只能重归古诗了，古时“国有大事，谠论间发，言侍从之所不敢言，攻台谏之所不敢攻”，而“近世以来，非无直言，或阳为矫激，或阴为附丽，亦未能纯然如古之真御史矣”⑥。罗大经一语道出宋季太学生群体直言上书的背后是“阳为矫激”“阴为附丽”，那么太学生们或矫激或附丽又是为何？是因为他们不甘清苦，意欲通过参政议政、依附党派达到争名逐利之目的。以此一言蔽之，似有绝对化之嫌，然将它用在太学“后六君子”身上，却是十分相称。直言上书攻丁大全的陈宗、刘黻、黄镛、曾唯、陈宜中、林则祖等六人遭

---

① （宋）魏了翁：《重校鹤山先生大全文集》，古籍本，第 90 页。

②③⑥ （宋）罗大经：《鹤林玉露》，中华书局 2008 年版，第 271 页。

④ （宋）周密：《癸辛杂识》，上海古籍出版社 2012 年版，第 35 页。

⑤ （宋）周密：《癸辛杂识》，上海古籍出版社 2012 年版，第 129 页。

贬外州，“祭酒、司业率二十斋学生，冠带送出圜桥府”，他们赢得了“六君子”的美誉。然而，《癸辛杂识》这样记述了事件的进一步发展：

> （六君子）既贬旋还，时相好名，牢笼宜中为伦魁，余悉擢巍科，三数年间皆致通显。然夷考其人平日践履，殊有可议者。然同声合党，孰敢撄其锋。郭方泉阊在台日，尝疏黄镛之罪，因论虚名之弊。时宜中在政府，黻在从班，竞起攻之，阊为之出台。及镛知庐陵，文宋瑞起义兵勤王，百端沮之，遂成大隙。既而北兵大入，则如黄、如曾数公，皆相继卖降。或言其前日所为皆伪也，于是有为之语云：“开庆六君子，至元三搭头。”宋之云亡，皆此辈有以致之。①

“后六君子”的事迹大略若此。他们冒着遭受严厉打击的风险上书直谏，只为通过党争之路迂回曲折地奔向仕途。而为他们搭成过渡桥梁的关键人物，就是善于笼络和利用士人的贾似道。这不禁让我们想起太学生群体在贾相威逼利诱面前的妥协唯诺，也再不难理解，在浮华巧媚与追名逐利的士风影响下，“加太学餐钱，宽科场恩例”“重其恩数，丰其馈给，增拨学田”的举措正击中太学生群体的要害，“无一人敢少指其非”也就在情理之中了。只是这种理解终难令人释怀。

宋季士风的衰败造就了太学生群体心态的负面转变，而在这种转变之后，太学生参政心态又影响了南宋末期的政治形势。即如“后六君子”之陈宜中，《宋史》如此评价其身处宋朝危极存亡之秋时的所作所为：“士大夫不幸与权奸同朝，自处难矣。……以国事付王爚、章监、陈宜中，盖取其平时素与己者。爚、宜中于其既出，稍欲自异，及闻其败，乘势蹙之。既而，二人自为矛盾，宋事至此，危极存亡之秋也。当国者交欢戮力，犹惧不逮，所以若是，何望其能匡济乎？”②“此何如时，动以台谏论人”的陈宜中最后亦成为了学生弹劾的对象。

---

① （宋）周密：《癸辛杂识》，上海古籍出版社2012年版，74页。

② （元）脱脱等：《宋史》卷四一八《陈宜中传》，中华书局1977年版，第12529页。

综上论述，太学生积极投身于残酷激烈的朋党之争，其群体心态历经谨小慎微、自信积极、高傲强横与妥协唯诺等数次演变，大体呈现出由低变高再转低的变化状态。我们认为，太学生群体用“群体的斗争”抗衡党派，在党争双方的拉拢争夺下谋求出路，他们也满怀正义、为国为民，但宋季衰落不振的士风深刻影响并改变着其做人做事的准则，“有发头陀寺，无官御史台”的太学美名已是过去时，竟为靡丽、虚名私利成了隐性的追求。我们也需要特别指出，在国家与民族危险之际，一些太学生始终胸怀满腔热血，以天下为己任，自始至终谨遵太学生前辈的忠义刚直、冒死上谏，一如领袖陈东所言：“书上而言幸中，朝廷命我为官，虽贵且显，吾不受。设得罪以死，无不悔，如是可也。”① 且不为名利所诱，钦宗授官陈东却上书坚辞之，“臣今岂敢躬自蹈之，而于学校科举之外受官耶？况臣伏阙上书，岂是得已之事。事干宗社大计，事危情迫……岂敢于此侥幸官爵？”②救亡图存的忧患意识、不求名利的奉献精神、死而后已的崇高气节，仍然可见。而正是太学生群体参与党争，抵制权臣，对于阻止韩侂胄、史弥远、史嵩之、丁大全等人垄断朝政起到了积极作用，其间意义也不可低估。

---

① 黄现璠：《宋代太学生救国运动》，吉林出版集团有限责任公司 2009 年版，第 246 页。

② （宋）徐梦莘：《三朝北盟会编 甲》，大化书局 1979 年版，第 451 页。

第六章　皇帝、臣僚与学官：太学教育及其文学影响

皇帝的教育政策、臣僚的教育思想以及学官的教育实践，都对太学教育、文学影响产生了举足轻重的作用。首先，本章论述右文国策下宋初太学沉寂与皇帝教育政策的关系，以及皇帝重教兴学与幸视太学的关联。接着，以历次兴学事件为中心探究太学发展与重臣教育思想的趋同，以熙宁二年答诏论辨事件为中心探求臣僚对太学与科举的优劣取舍。再次，论述太学学官特别是堪称名师者，宋初三先生胡瑗、孙复、石介的教育实践及其影响。

第一节　崇儒兴学：皇帝的教育政策及其影响

《宋史》论宋代尚文："艺祖革命，首用文吏而夺武臣之权，宋之尚文，端本乎此。太宗、真宗其在藩邸，已有好学之名，及其即位，弥文以日益。自时厥后，子孙相承，上之为人君者，无不典学；下之为人臣者，自宰相以至令路，无不擢科，海内文士彬彬辈出焉。"①太祖朝尚文之根源在"夺权"二字，表面尚文实含醉翁之意，端本乎抑武。这也是北宋政权建立伊始，为避免因皇权削弱、武臣跋扈而发生二次"陈桥兵变"，加强中央集权统治的政治需要。《宋史》说"自古创业垂统之君，

① (元)脱脱：《宋史》卷四三九《艺苑传一》，中华书局1977年版，第12997页。

即其一时之好尚，而一代之规橅，可以豫知矣”，[①]诚哉其言，太宗、真宗等追随太祖之风，为人君者典学尚文，而为人臣者亦文士辈出。随着政权趋于稳定，重文抑武的国策一贯实施，逐步在政治、文化、社会诸领域发挥其作用和影响。右文国策长期作用于学校教育，对宋代教育的影响是巨大的。“宋王朝‘兴文教’‘抑武事’基本国策的确定，对宋代的教育体系、科举制度的发展和完善，产生了重要影响。宋代不仅官学教育门类齐全，书院教育独具特色，私塾教育深入民间，科举制度日臻完善，而且还涌现了许多蜚声当代、影响后世的教育家，形成了较为完备的教育体系。”[②]

一、右文国策下宋初太学的沉寂与皇帝教育政策

崇儒右文之国策与宋初帝王尚文劝学之风密切相关。宋代帝王皆好学，太祖说“宰相需用读书人”“朕欲尽令武臣读书，知为治之道”，太宗言“朕性喜读书，开卷有益，不为劳也”[③]“朕年长，他无所爱，但喜读书”[④]。真宗更作《劝学诗》激励学子：“富家不用买良田，书中自有千钟粟。安居不用架高堂，书中自有黄金屋。出门莫恨无人随，书中车马多如簇。娶妻莫恨无良媒，书中自有颜如玉。男儿若遂平生志，六经勤向窗前读。”[⑤]劝勉读书人唯有勤读六经，方能功成名就。仁宗作《劝学诏》曰：“学犹殖也，不殖将落，逊志务时敏，厥修乃来。”[⑥]宋初统治者好读书，亦重兴修图书。采取授予官职或物质奖励的方式征收大量图书后，编写大型丛书，仅在太宗、真宗朝就编撰完成了著名的宋代四大类书《太平御览》《太平广记》《文苑英华》《册府元龟》。崇儒重教、重建孔庙、颁赐经书等政策和措施，明确引导宋初社会风气发生变化，崇文尚学之风盛行。

① （元）脱脱：《宋史》卷四三九《艺苑传一》，中华书局 1977 年版，第 12997 页。
② 庆振轩主编：《故事里的文学经典：北宋诗》，兰州大学出版社 2014 年版。
③ （宋）李焘：《续资治通鉴长编》，中华书局 1993 年版，559 页。
④ （宋）李焘：《续资治通鉴长编》，中华书局 1993 年版，706 页。
⑤ 陈汉才编著：《中国古代教育诗选注》，山东教育出版社 1985 年版，第 67 页。
⑥ （元）脱脱：《宋史》，中华书局 1977 年版，第 3604 页。

在全社会向学形势一片大好的情况下，太学作为历朝以来皆甚为重要的中央官学，却在宋太祖建隆元年（960）至仁宗庆历四年（1044）间足足沉寂了八十四年，这引起了我们的强烈关注。宋初太学等官学教育的萧条，漆侠主编《辽宋西夏金代通史·教育科学文化卷》中就说："宋初六十多年，形势比较安定，经济迅速恢复和发展，统治者热衷于以诗赋装点升平，对于以讲授儒经为主的官办学校不感兴趣，所以官办教育十分萧条。"①毋庸置疑，统治者与太学长时期的沉寂有着直接关联。宋仁宗诏书有言："讲学久废，士不知经，岂上之教导不至耶？"②笔者站在太学的立场来看，导致宋初皇帝对太学发展不够重视的"罪魁祸首"，是隋创唐沿而宋初大举改革发展的科举。太学与科举的关系既特殊又微妙，同属教育领域，本应齐头并进，却在统治者眼中受到了巨大的差别待遇。在宋初特殊的政治环境下，受大兴科举的影响，太学难免受到冷落。

宋初统治者采取重科举取士、轻学校教育的教育政策，取得显著成绩，二者对比显明。宋代科举录取名额远超隋唐，诱使天下读书人争相赴考。特别是宋初三朝的数十年间，创设了一系列旨在防止舞弊、保证公平、吸引士子的制度措施，诸如糊名制、誊录制、回避制、锁院制、特奏名制、复试、锁厅试、废公荐法等，极大限度规范了科考秩序，使寒门子弟得到了前朝未曾有过的仕进机遇，因而全社会范围内掀起了科考的巨大热情。统治者之倾力扶持，全社会之倾情参与，科考改革发展势头迅猛。与极受朝廷与士子宠爱的科举相比，这时期的官学教育更显得萧条凄凉。建国之初的官办学校仅有国子监，教学活动也是有名无实。《儒林公议》记载："国朝以来，京都虽有国子监为讲学之地，然生徒不上三十人，率蒙稚未能成业者。"③真宗时期杨亿《代人转对论太学状》针砭了当前学校教育的现状，"今学舍虽存，殊为湫

① 漆侠主编：《辽宋西夏金代通史·教育科学文化卷》，人民出版社 2010 年版，第 107—108 页。

② （宋）李焘：《续资治通鉴长编》，中华书局 1985 年版，第 2399 页。

③ （宋）田况：《儒林公议》，中华书局 1985 年版，第 9 页。

隘。生徒至寡,仅至陵夷”①。并一针见血地指出,正是由于“贡部以乡举为先”,导致了“诸生以两馆为耻”的结局,且发出警示,“塞原拔本,莫甚于兹”。此处“两馆”亦即宋初国子监中的太学与广文馆。直至庆历兴学之前,国子监及其下辖的太学只是科举考生游寓取解之地,“国子监每科场诏下,许品官子弟投状设艺,给牒充广文、太学、律学三馆,学生多至千余。就试,试已则生徒散归,讲官倚席,为游历之所,殊无肄习之法。居常听讲者,一二十人耳”②。仁宗天圣时期宋祁任职国子监直讲,就曾写诗《学舍诸生罕至或累旬倚席不讲愧而成咏》抒其国学无人的无奈愧叹,其云:“直舍沉沉掩回廊,古坛槐树对苍凉。一囊有客愁饥死,三尺无人问喙长。瞑据枯梧真用拙,束归高阁分深藏。日斜广陌驱归鞅,更似笭箵作漫郎。”③

宋初八十四年间太学的沉寂,与统治者不够重视的关系甚大,探论其缘由,有时代政治、社会需求等诸多现实因素的考量。

第一,在中央高度集权的宋王朝,太学教育的兴盛与否,归根到底要看其能否满足对国家统治服务的政治需求。统治者对科举的青睐,正是看中科举选拔人才的速成式特点,而缓慢型的太学养士教育显然难以满足宋初急用大量文士人才的需求。尽管诸帝对于学校养士教育的萧条情形明了于心,但既将其取士期待全然放在科举上面,官学之沉寂也就无暇顾及了。“古之取士俱本于学”,《礼记·学记》曰:“如欲化民成俗,其必由学乎”,统治者将“取士”“化民成俗”之担责由向来之学校转向科举,留给官学的只是面子工程。太祖建隆三年(962)就扩修后周遗留国子监旧舍,以左谏议大夫崔颂判监事开始聚徒讲学,然数十年来生徒仅几十人,可想而知这样的教育现状能给国家和社会提供多大的价值。而南宋初高宗在兵荒马乱中“行在置国子监,立博士二员,以随幸之士三十六人为监生”,这种空置头衔的做法与宋初国子监几近荒废中延续同属撑门面。

---

① (宋)杨亿:《武夷新集》,福建人民出版社2007年版,第269页。

② (元)脱脱:《宋史》卷一五七《选举志三》,中华书局1977年版,第3864页。

③ (宋)宋祁:《景文集》,中华书局1985年版,第161页。

第二，太学教育的发展与不断变化的社会现实性需求密切相关。宋初政权未稳，百废待举，朝廷亦无精力顾及全部，只能择取最有利于政权服务、社会需求者倡导发展，故而重科举轻太学。科举兴盛极大吸引了士子的向学精力，平民百姓有了公平仕进的机会，官员子弟更可通过国子监渠道取解赴考，因而在社会舆论方面对重建太学的呼声并不高。国子学数十年的发展状态已令人担忧，太学之重建更需等待特定的时代机遇。至仁宗朝前期，社会矛盾不断发展且日益激化，政治改革提上议程，而官学教育具有传授儒家经典、培养士人儒学思想、维护社会稳定秩序的职能，符合国家儒经治国、统治者统一思想的需要，因而能够在朝臣多次提议并发起兴学的过程中起步发展。

视社会需求而发展官学，典型的例证就是庆历三年先设立四门学、庆历四年才重建太学。值得注意的是，四门学前朝早有创设，它虽亦属中央官学，但其地位向来比太学低，却比太学的重建早了一年。虽然二者都是在庆历新政的兴学浪潮中兴起，但其先后之别仍能看出朝廷对待官学的态度。从唐王朝国子学、太学与四门学的关系地位而言，据《新唐书》载："（国子学）博士五人，正五品上。掌教三品以上及国公子孙、从二品以上曾孙为生者。""（太学）博士六人，正六品上。掌教五品以上及郡县公子孙、从三品曾孙为生者。""（四门学）博士六人，正七品上。掌教七品以上，侯伯子男子为生及庶人子为俊士生者。"①以学官品级和入学资格而论，国子学地位最高，次则太学，四门学最低。宋初以来，国子学招收七品以上官员之子孙，八品以下及庶人子弟例不收补。但因国子监解额较宽，吸引科考士子争相冒充官员子弟取解，"每遇科场，多有冒充品官子孙，难以详别，或兴词诉"②。为解决这一社会问题，天章阁侍讲王洙上书请仿唐制，立四门学，以八品以下及庶人子弟补充之，仁宗采纳其议，故立四门学。可见，当时设立比太学地位更低的四门学，纯是从解决社会需求角度考虑。待庆历四年兴太学，和四门学招生范围近同，因名师教学等逐步发展起来，而对于

① （宋）欧阳修、宋祁撰：《新唐书》卷四八《百官志三》，中华书局1975年版，第1235页。
② （宋）李焘：《续资治通鉴长编》，中华书局1985年版，第3574页。

四门学，统治者任其自灭，“未几，学废”①。这也印证了官学的废置依存于社会需求。

二、幸视太学：皇帝重教劝学之象征

皇帝与太学的直接关联就是幸学活动。幸视太学，是帝王以亲临太学的方式表其重视，鼓舞师生士气，促进太学发展。自汉代设有太学以来，历朝皇帝都有幸学之举，宋代诸帝更是频繁视学，以示重教劝学之意。

皇帝幸学，有一套庄严隆重而又复杂繁琐的幸学礼仪。南宋周密《武林旧事》对此记载颇详。据其所载，大体可分以下阶段：首先，皇帝幸学前太学内部的准备工作，主要是，“先期三日，仪鸾司及内侍省官，至国子监相视，八厢亦至学中搜检。次日，诸斋生员，尽行搬出学外安泊，各斋门并用黄封，学官予拟御课题（咸淳丁卯，出《辟雍扬绯熙赋》），用黄罗装背大册，面佥云：‘太学某斋生臣姓某供。’以大黄罗袱护之，置于各斋之前，以备驾至点索。崇化堂后，即圣驾歇泊之所，皆设御屏黄罗帏，设供御物等。”②内侍省官等提前三日至太学搜检排查可疑的人或事，幸学前一日诸斋生员一律搬至舍外暂住，太学生群体作赋文并放置于各斋之前，圣驾歇息之处皆提前安排妥当。接着，皇帝驾到时太学师生的迎驾事宜，“凡敕入宫门号，止于国子监外门；敕入殿门号，止于国子监内门；敕入禁卫号，止于崇化堂天井，谓之‘隔门’。除司业、祭酒外，其余学官、前廊、长谕，并带黄号，于隔门外席地坐，赐酒食三品，以俟迎驾。驾至纯礼坊，随驾乐部参军色念致语，杂剧色念口号，起引子，导驾至大成殿棂星门。礼部太常寺官、国子监三学官，及三学前廊、长谕，率诸生迎驾起居”。礼部、国子监、太学官员率诸生躬迎圣驾。然后，皇帝至大成殿文宣王位前祭酒拜奠，“上乘辇入门，至大成殿门降辇，有旨免鸣鞭，以昭至敬。合门太常礼直官前导入御幄。太常卿跪奏称：‘太常卿臣某言：请皇帝行酌献之礼。’上出御

① （元）脱脱：《宋史·选举志三》，中华书局1977年版，第3657页。

② （宋）周密：《武林旧事》，中华书局2007年版，第211页。

幄升殿，诣文宣王位前，三上香，跪受爵，三祭酒奠爵，两拜，在位皆两拜，降阶，归幄。太常卿奏礼毕，陪位官并退”。其后，帝至崇化堂内，宰臣执政、太学师生等依次参拜升堂。“上乘辇鸣鞭入崇化堂，降辇，入幄更衣（上所至皆设御幄）。礼官、国子监官、三学官、三学生并于堂下分东西立。次引执经官、讲书官于堂下东壁面西立。宰臣、执政已下北向立，合门奏班齐，上服帽，红上盖，玉束带，丝鞋，出崇化堂坐。宰臣已下，宣名奏圣躬万福。御药传旨，宣升堂，各两拜，赞赐坐，分东西阶升堂，席后立。次引执经官、讲书官奏万福（官该宣名者即宣名），两拜。次引国子监三学官并三学生奏万福，两拜，分引升两廊席后立。”之后，执经官执读，讲经官讲授经义，“内官进书案听宣，以经授执经官，进于案上讲筵内，承受对展经册入。内官进牙界方，舍人赞赐坐，宰相以下及两廊学官、生员应诺讫，各就坐听讲。讲书官进读经义，执经官执牙篦执读，入内官收撒经书，再以讲义授讲官，讲书官指讲讫，入内官撒书，堂上两廊官并起分行，宰臣已下降阶，讲书官当御前躬身致词，北向立，两拜。御药降阶宣答云：‘有制，谒款将圣，肃尊视学之仪，讲绎中庸，爰命敷经之彦，茂名彝训，允当朕心。’再两拜。御药传旨宣坐，赐茶讫，舍人赞，躬身不拜，各就坐，分引升堂，席后立，两拜，各就坐”。再次，讲经完毕，宰臣以下吃茶讫、再拜，皇帝出崇化堂。“翰林司供御茶讫，宰臣已下并两廊官赞吃茶讫，宰臣已下降阶，北向立。御药传旨不拜，引两廊官北向，各再拜讫，出。”最后，御驾还宫。“皇帝起易服，幞头上盖，玉带丝鞋，乘辇鸣鞭出学，百官诸生迎驾如前。随驾乐部参军色迎驾念致语，杂剧色念口号曲子，起《寿同天》引子，导驾还宫。”综上，幸学礼仪包括幸学前太学的准备、师生迎驾、皇帝祭拜孔圣人、朝臣师生参拜、讲经官授读经义、师生再拜、起驾还宫等环节。

礼仪虽繁，但对于太学师生来说，这不仅是能够亲见天子的难得机遇，更意味着随之而来会有恩赐和免解。一般而言，“在学前廊，并该恩出官诸生，各有免解恩例，余并推恩有差”①。诸生多有赏赐，讲经官和执经官亦不例外。太学师生切盼皇帝幸学，宋代诸帝亦对此甚

① （宋）周密：《武林旧事》，中华书局2007年版，第213页。

为重视。翻检两宋时期历次幸学事件，可列出如下简表。

序号	时　间	皇帝	幸学事件	恩　赐	出　处
1	建隆元年正月	太祖	幸国子监。		《续资治通鉴长编》
2	建隆二年二月	太祖	幸国子监。		《续资治通鉴长编》
3	建隆三年六年	太祖	幸国子监。	诏中使以酒果赐判监事崔颂。	《宋会要辑稿》
4	建隆四年四月	太祖	幸国子监。		《续资治通鉴长编》
5	太平兴国四年二月	太宗	幸国子监。		《宋史》卷五
6	端拱元年八月	太宗	幸太学，命博士李觉讲《易》。	赐帛。	《宋史》卷五
7	淳化五年十一月	太宗	幸国子监。	赐束帛。	《宋史》卷五
8	咸平二年七月	真宗	幸国子监。		《宋史》卷五
9	景德二年五月	真宗	幸国子监。		《宋史》卷六
10	天圣三年	仁宗	幸太学。		文彦博《圣驾幸太学赋》
11	庆历四年五月	仁宗	幸国子监。	赐直讲孙复五品服。	《宋史》卷九
12	元祐六年十月十五日	哲宗	幸国子监，侍讲吴安诗执经，祭酒丰稷讲《尚书》无逸终篇。	丰稷赐三品服，本监官、学官等赐帛有差。	《宋史》卷一一四
13	大观元年十一月甲申	徽宗	幸太学，遂幸辟雍。	诏国子司业吴纲等转官、改官、循资、赐章服、文武学生授官、免省试、免文解、赐帛有差。	《宋会要辑稿·礼五二·巡幸》

续表

序号	时　间	皇帝	幸学事件	恩　赐	出　处
14	崇宁三年十一月甲戌	徽宗	幸太学，官论定之士十六人，遂幸辟雍。	赐国子司业吴絪、蒋静四品服，学官推恩有差。	《宋史》卷十九
15	宣和四年三月辛酉	徽宗	幸太学。	赐国子祭酒韦寿隆、司业权邦彦章服，学官、诸生恩锡有差。	《宋史》卷二十二
16	绍兴十四年三月十八日	高宗	幸太学，祗谒先圣。礼部侍郎秦熺执经，国子司业高闶讲《周易·泰卦》。幸养正、持志二斋。	赐闶三品服。太学、国子监官各转一官，选人改合入官，大职事已该永免解人与免省，未该免解人与免解一次，学生支赐束帛，余转资、犒设有差。	《宋会要辑稿·礼五二·巡幸》
17	淳熙四年二月乙亥	孝宗	幸太学，祗谒先圣。命礼部侍郎李焘执经、国子祭酒林光朝讲《中庸》。	监、学官进秩一等，诸生推恩、赐帛有差。	《宋史全文》卷三十四
18	嘉泰三年正月戊戌	宁宗	幸太学，命国子祭酒李寅仲讲《尚书·周官》篇。	监学官进秩一级，诸生推恩、赐帛有差。	《宋史》卷三十八
19	淳祐元年正月戊申	理宗	幸太学，命祭酒曹觱讲《礼记·大学》篇。制《道统十三赞》，就赐国子监宣示诸生。	监学官各进秩一等，诸生推恩、赐帛有差。	《宋史》卷三十三
20	咸淳二年正月	度宗	幸太学，谒先圣。	推恩三学：前廊与免省试，内舍、上舍及已免省试者与升甲；起居学生与泛免一次，内该曾经两幸人与补上州文学，如愿在学者听。	《宋史》卷一五七

续表

序号	时　间	皇帝	幸学事件	恩　赐	出　处
21	咸淳三年正月戊申	度宗	幸太学,谒孔子。礼部尚书陈宗礼、国子祭酒陈宜中进读《中庸》。	执经官宗礼、讲经官宜中各进一秩,宜中赐紫章服。诸斋长谕及起居学生推恩有差。	《宋史》卷四十六

三、对太学及其文学的影响

自仁宗朝太学重建之后,两宋两百多载间,历朝统治者先后颁布了有关太学的一系列重大诏令,从国家层面下达并施行了诸多教育政策,大力促进了太学的发展。皇帝总揽朝政,日理万机,国子监及太学事务只是其日常工作的极小部分,然而但凡涉及太学发展的各种事务,事无巨细,皆由皇帝过目,即便太学升舍考试中名额不足一人时欲按一人取之事,也需上报皇帝,由其裁决。在历代皇帝的管理下,包括学官选聘、诸生入补、升舍考试、课程教学、学规学令、经费制度等诸多方面的太学制度建设已十分严密周全。围绕太学发展,历朝以来所颁发之诏命更是甚为繁多。宋末潜说友《咸淳临安志》记载,度宗咸淳时期的太学首善阁内就藏有南宋诸帝的"御札""御制",依次是高宗绍兴十四年幸学诏、孝宗淳熙四年幸学诏、宁宗嘉泰三年幸学诏、理宗宝庆三年谕内外学官诏、度宗咸淳三年幸学诏等,且全文收录其诏文。[①]北宋太学内亦有藏,南宋初国子司业高闶说"旧太学、辟雍皆有御书"。这些诏命文及其产生的实际效应,对宋代太学具有重要的影响意义。

第一,统治者扶持下太学有了长足发展,成就了宋代太学在中国古代太学发展史上的高峰地位。地位的取得,与统治者实施的崇儒右文基本国策相关,更与历帝兴学重教,加强太学教育密切相关。关于太学制度,他们前后发起历次兴学之举,实施多项学制改革,以求制度最佳化。关于学官,诏令荐举通经有才、德高望重者任职太学,如胡

---

① (宋)潜说友:《咸淳临安志》卷十一《行在所·太学》,浙江古籍出版社 2012 年版,第 404 页。

瑗、孙复、石介等“宋初三先生”执教扩大了太学的全国影响力。关于太学生，谆谆教诲其勤于学业，莫误入歧途，理宗言“学校储才之所，乃有蹈于匪彝，诪张为幻，乱政害民，甚非教育初意”（宋理宗《申严学法戒饬诸生诏》）。更重要的是，多次改革和创新为太学发展注入了新的活力。较小改革来说，如仁宗朝下诏取苏湖教法于太学，改变了太学向来的疲软之态。而大范围的改革，则如神宗朝设三舍法，不仅对宋代太学发展影响重大，更对后世历朝太学产生了深远影响。

第二，徽宗朝时期罢科举取士、兴舍选取士，成就了太学空前绝后的发展地位。科举制度在宋初受到统治者异常关照，极为兴盛，至北宋中期王安石变法的科举改革，再到北宋后期崇宁三年（1104）罢科举法，经历了“不幸”的遭遇。而反观太学，宋初八十四年的沉寂过后，北宋三次兴学将其推向了徽宗时“诏天下取士悉由学校升贡”的最高地位。虽然和科举相比，太学的风光仅仅持续了十七年，但这一制度的实施足以给宋代太学全新的认识和历史的回味，对太学的继续发展产生不可磨灭的影响。太学师生的荣耀感、自信心的巨大提升，爱国热情和责任感，两宋之交突现的太学生参政议政热潮，都与太学地位骤然提升密切关联。

当然，历代帝王对于太学发展之态度各有异同，不同时期的太学所受影响自然相别。大体来说，北宋诸帝重改革创新，发起了历次兴学、多次学制改革，南宋诸帝重沿袭继承，基本全部沿用北宋以来太学各项制度，甚少创新学制。南宋太学生人数亦远少于北宋中后期，但干政之风盛行，太学影响力未有减小之势。历代皇帝面临不同的时代背景和社会问题，对于改革教育制度的具体思想有差异，身处其间的太学难免于差别对待，北宋初之沉寂与北宋末之荣耀就是明证。协调好太学养士与科举取士之间的矛盾关系，是太学内伴随始终而统治者必须考虑解决的重要问题。因为从最高统治者的视角看待太学，他们都是站在全局高度，将太学视为国家教育领域的重要组成部分，最终以为培养国家实用人才服务为中心。这也是历代统治者屡次诏令太学学制改革，促进太学发展的宗旨所在。

太学在全社会范围内形成越来越大的影响力，历代皇帝对于太学生产生的社会影响甚为关注，特别是诸生在太学内部及科场所作文字造成的文学影响。太学文章对于社会士子的文学导向作用是巨大的，因而深受皇帝重视。对于太学文章中存在的诸种问题，不惜特下诏书，以期纠正不良的文学影响。政和六年（1116）徽宗《学校士能博通诗书礼乐置之上等御笔手诏》曰："学校养士，……比阅时文，观其志趣，率浅陋卑近，无足取者。先王之遗文具在，读其书，谕其世，可考而知。士不务此，而趋走逐末，则朕稽参成周、建立法度何赖焉？其令太学辟雍提举学士司，自今有能博通《诗》《书》《礼》《乐》，稽古明道，见天下之大全者，置之上等。"①徽宗批评了时文"浅陋卑近"的"流俗故习"。六年后宣和四年（1122）又有《幸太学赐韦寿隆梁师成等诏》："士困踬道途，牵挛较试，仰事俯育，咸咈其心。致操行溺于嚣浮，艺文袭于剽□。去古益远，朕甚闵之！"②徽宗期望太学文章能学先王之遗文，尚尧舜三代，而非"趋走逐末"的剽袭之作。淳祐六年（1246）理宗下《贡举崇实黜浮诏》："秋闱在近，文弊未革，令监学及诸路郡学精加考校，崇实黜浮，以俟荐送。"③统治者从改善社会及科场文学风气角度出发，批评诸生时文蔽于流俗、溺于嚣浮，以诏命的特殊形式颁示太学，必然会对其间的不良风气产生警示和遏制的作用。

皇帝亲下诏命，不仅有对太学内不良文学风气的批评劝诫，更从改革教学及考试内容的实际措施出发，从制度层面约束和引导太学生，切实改变了当时的文学风气。如北宋徽宗帝纯因个人对道教之好尚给太学及社会带来了重要的文学影响。徽宗向来崇尚道教，认为世俗不见道之大全，致使黄老之学与尧舜之道不同，故"朕作而新之，究其本始，使黄帝、老子、尧、舜、周、孔之教偕行于今日"。上有所好，下必趋之。政和二年（1112）臣僚奏言书肆售卖小册《庄》《老子说》以供场屋抄袭，可见考场内老庄之学十分盛行。而徽宗帝长期以来之好尚，终使其在政和八年（1118）八月亲下《天下学校诸生添治内经等御

---

① 司羲祖：《宋大诏令集》，中华书局 2009 年版，第 593 页。

② （宋）章如愚：《群书考索》，书目文献出版社 1992 年版。

③ （元）佚名著，李之亮校点：《宋史全文》，黑龙江人民出版社 2004 年版，第 2272 页。

书手诏》,要求太学、州县学等天下学校皆习《黄帝内经》《道德经》《庄子》《列子》四经。当时天下学校之教育地位可谓异常重要。崇宁三年(1104)始天下士子由太学舍选入仕的取士制度已实行十余年,且自政和八年后仍将持续至宣和三年(1121)。从地方学校升级制度而言,先是县学升州学,州学再升太学,最终由太学舍选入仕。社会各方士子之目光都聚焦在太学。太学盛行黄老之学,则太学课堂教学之内容、太学生平时之备考练习、场屋所作之时文,皆是老庄道学类文字。政和五年(1115)制策可一窥当时作文风气。节录如下:

> 古之圣人,以道莅天下,处无为之事,行不言之教,用之不穷,而物自化。……然物或行或随,或嘘或吹,或强或羸,或载或隳。相生相成,相形相倾,莫之能一,此道之所以难行,奸轨乱常,所以难化。如之何而解其纷、合其异乎?昔之言道者曰"天法道",又曰"道之大原出于天,道非阴阳",又曰"一阴一阳之谓道"。道无为,而曰生之长之,成之养之;道无名,而曰可名以大,可名以小。道一而已,其言之不同,何也?①

览文一过,《老》《庄》之言俯拾即是,"或强或羸""相生相成""天法道""一阴一阳之谓道"等,全文充满道家气息,可想而知,有这样的制策文,举子之对策文必然满篇皆无为无名、齐物我齐生死等语。太学及场屋之文学风气就此一变,而这归根到底多是因徽宗帝个人好尚而产生的文学影响。

综上所论,皇帝以国家最高统治者至高无上的政治地位身份,其诏令决策对于太学发展实有至关重要的影响作用。宋代太学之所以取得瞩目成就,显然与在位统治者的积极重视密切相关。

---

① 《宋会要辑稿·选举》,转引自祝尚书:《宋代科举与文学》,中华书局2008年版,第449页。

第二节　左提右挈:臣僚的教育思想及其影响

皇帝多以诏命施于太学,而太学发展的实际倡导者和实施者则是臣僚与学官。在此过程中,不论执政重臣还是其他诸臣,都积极参与具体议程,其教育思想皆对太学的发展走向产生了直接影响。

一、提挈之功:太学发展与重臣教育思想的趋同——以历次兴学事件为中心

《宋元学案·高平学案》突出范仲淹等朝中重臣对于兴学的"左提右挈"之功:"会值贤者在朝,安阳韩忠献公、高平范文正公、乐安欧阳文忠公,皆卓然有见于道之大概,左提右挈,于是学校遍于四方,师儒之道以立。"①纵观宋代太学发展史,无论是仁宗朝的韩琦、范仲淹、欧阳修等人,抑或后世历代的朝政大臣,皆在学制改革、整顿教育等涉及太学发展的关键问题上发挥着重要作用。可以说,掌握政治大权的重臣对于太学发展史的影响,要远大于太学内部的学官。宋代历次兴学事件,就是重臣教育思想与太学自身发展的趋同结果。

这种趋同现象,看似只是简单的"臣僚重视教育因而发展了太学",但有两点仍至关重要。一是其趋同性最终引发了历次兴学。臣僚的教育思想各有差异,重教兴学的观念和程度不同,与太学发展相一致、全社会范围内大举兴学是趋同结果的体现。二是其趋同性是适应社会发展的需求而逐渐形成,并非臣僚个人意志的一蹴而就。宋初长时期内太学的沉寂,就是臣僚教育思想与太学发展达不到趋同的具体体现。

历次兴学,主要指对于太学发展具有转折点意义的庆历兴学,熙宁、元丰兴学和崇宁、大观兴学。这些兴学事件的发起者及领军人物,不仅是著名的政治家,也是颇有影响力的教育家。探讨他们的教育思

① (清)黄宗羲:《宋元学案》,中华书局 2009 年版,第 131 页。

想与太学发展的趋同性，主要体现在两个方面。

第一，作为兴学事件的倡导者，其教育思想中体现出强烈的重教兴学意识。这种共同的兴学意识是促进太学发展的前提。具体来说，诸家的教育思想略有差别。“高平范文正公”，庆历兴学之领导者范仲淹，一生“以教育为意”，特别重视学校教育的现实意义。其学记文有曰：“庠序者，俊乂所由出焉。三王有天下各数百年，并用此道以长养人材。材不乏而天下治，天下治而王室安，斯明著之效矣。”（《邠州建学记》）[①]早在天圣五年（1027）《上执政书》中就对偏重科举而轻视学校的情形大为不满，认为这是本末颠倒，犹不耕耘而求收获，书中云：“《诗》谓‘长育人材’，亦何道也？古者庠序，列于郡国，王风云迈。师道不振，斯文销散，由圣朝之弗救乎？当太平之朝，不能教育，俟何时而教育哉？乃于选用之际，患才之难，亦由不务耕而求获矣。”[②]作者心目中学校犹耕耘，科举犹耕耘后之收获，学校教育之地位极重要却又极受忽视，因而“首重学校”是其一贯观点。天圣八年（1030）《上时相议制举书》指出“夫善治国者，莫先育才；育才之方，莫先劝学”。其《代人奏乞王洙充南京讲书状》亦曰：“致治天下，必先崇学校，立师资，聚群材，陈正教。”“乐安欧阳文忠公”，文学家型的教育家欧阳修，其与太学关涉处除著名的“太学体”事件外，有学记文《吉州学记》《筠州学记》，《议学状》一文集中论及太学教育，“若夫设教，则以劝善兴化、尚贤励俗为事，其被于人者渐，则入于人也深，收其效者迟，则推其功也远”。阐述了太学的教育目的及实现之过程。“安阳韩忠献公”，韩琦与富弼等政治家，也有太学与科举问题的教育论述，特别是以实际行动荐举太学官员，如韩琦表存黄晞为太学助教，富弼举荐孙复、胡瑗为太学直讲等。范仲淹与欧阳修亦先后多次上呈荐举文，如《奏为荐胡瑗李觏充学官》《举留胡瑗管勾太学状》《举梅尧臣充直讲状》《举布衣陈烈充学官札子》等。

第二，勇于创新、大胆改革，是其教育观念中最能直接体现历次兴

---

① （宋）范仲淹：《范仲淹全集》，四川大学出版社2002年版，第195页。

② （宋）范仲淹：《范仲淹全集》，四川大学出版社2002年版，第210页。

学的思想特点。正是在改革与创新因素的驱动下,宋代太学在兴学运动中突破旧制,不断向更高的地位、更强的实力、更远的影响发展推行。范仲淹、王安石与蔡京等重臣,分别从不同角度将太学推向新的高度。范仲淹主持庆历兴学,重建了宋代太学,创新之功不可没,“庆历兴学在中国教育史、思想史和科举史上的意义和影响,无论给予如何高的估价都不为过”①。王安石主持熙丰兴学,在太学体制、规模、职能与教学诸方面大行改革:实施“三舍法”,成为宋王朝一直沿用、后世影响深远的太学制度;太学规模不断扩大,太学生人数达到创纪录的 2400 人;实行“舍选制”,太学上舍及第亦可入仕,部分取代了科举的职能;特意颁行《三经新义》于天下学校以“一道德”,这种作法在宋代太学发展史上是绝无仅有的。另外,王安石不但以“三舍法”将竞争机制引入学生管理,更实行学官二人共讲一经等制度,增强教师的竞争意识,从而有效调动师生教学积极性。蔡京言“以学校为今日先务”,发起了宋代最大规模的兴学运动,实施了一系列改革太学的新制度:新建辟雍“外学”,继续扩大规模,太学生三千八百人第一次超过了盛唐时期学生人数;建立了由小学到州县学再到中央官学的学生考核升学制度;以“三舍法”取代科举凡十七年之久。

历次兴学的发展措施,皆是在学校与科举矛盾日益激化、急需改变教育现状的现实背景下,范仲淹、欧阳修、王安石、蔡京等朝中重臣依据社会需求、迎合大众思想做出的反映。而更大程度上,他们的所作所为亦与其自身的教育思想密切关联。有着强烈的重教兴学意识、勇于创新和改革,其教育思想与太学发展在趋同的步伐上,才能切实发起一场轰轰烈烈的兴学运动,为太学发展注入新的活力。

二、同中有异:太学与科举的取舍
——以熙宁二年答诏论辨事件为中心

朝中臣僚对于太学的关注,很多情况下,并非孤立就太学发展而谈论太学,而往往将其放在涵盖科举取士与学校养士的大范围的教育

① 祝尚书:《宋代科举与文学》,中华书局 2008 年版,第 525 页。

领域内，通过太学与科举的优劣对比、制度取舍等，陈述论辨之，以培养经世致用的治国人才为最终教育目标。因而，历次的兴学改革，太学与科举关系是首当其冲的重要命题。

围绕兴学问题，仁宗帝在嘉祐元年（1056）就曾下诏命群臣议论之，欧阳修《议学状》就是答诏之文，其中提及"臣等伏见近日言事之臣为陛下言建学取士之法者众矣，或欲立三舍以养生徒，或欲复五经而置博士，或欲但举旧制而修废坠，或欲特创新学而立科条，其言虽殊，其意则一。陛下慎重其事，下其议于群臣"①。至熙丰兴学前夕的熙宁二年（1069）四月，神宗帝亦特下《令臣僚议更贡举法诏》，将学校与贡举并排而出："欲化民成俗者，必自庠序之教行；进贤兴功者，抑繇贡举之法用。"接着批评了科考制度中存在的问题"执经艺者或专于诵数，趋乡举者徒狃于文词"，故欲"别为新规"，"当图悠久而详延于众论"，进而"令两制、两省待制以上，御史台、三司、三馆臣僚，各限一月内具议状闻奏"。

诏文即下，臣僚上奏之疏甚多，议论颇广。据笔者搜录，现存答诏文有司马光《议学校贡举状》、吕公著《答诏论学校贡举之法奏》、苏轼《议学校贡举状》、苏颂《议学校法》、《议贡举法》、陈襄《议学校贡举札子》、韩维《议贡举状》、刘攽《贡举议》、王珪《议贡举庠序奏状》等。

详考其文，臣僚之间争相辩论之意甚明。奏文观点针锋相对，然皆就事论事，各抒己意，非人事之争。依其相对方面而归类如下，分别论之。

一是对于科举现状的评论及其革新意见。关于当前科举发展之形势，司马光、韩维持批评态度，苏轼、刘攽持肯定态度。司马光文洋洋洒洒数千言，首论即言"窃惟取士之弊，自古始以来，未有若近世之甚者也"②。韩维批当今士子专习华靡无用之文，诵记不讲之言，行能则漫然不省。及考中入仕，平日所学习者皆无用。苏轼却对科举之取

① 高海夫主编：《唐宋八大家文钞校注集评 庐陵文钞 上》，三秦出版社 1998 年版，第 1696 页。

② （宋）赵汝愚编：《宋朝诸臣奏议 上》，上海古籍出版社 1999 年版，第 853 页。

士功用颇为首肯，“至于贡举之法，行之百年，治乱盛衰，初不由此”，“虽因今之法，臣以为有余”①。刘攽亦言百余年间，“累朝将相名卿”皆出科举，岂能言其“未尝得人”，故“愿朝廷且毋庸轻变选举之法，不如因旧法而慎选有司之为愈”②。

具体到科举制度改革之意见，又显明地划分为两类。其一是科考制度问题，特别是是否罢去弥封誊录制。苏颂主张罢废，司马光、苏轼不赞成。德行之士或因微疵遭黜、身负玷累者或因一日之长预取，苏颂对此愤愤不平：“国家取士，行实为先。今既弥封誊录，考官但校文词，何由知其行实？”司马光言当今之世，有司考文辞，参以行实取之是做不通的，“士之德行，知州县者尚不能知，而有司居京师，一旦集天下之士，独以何术知之？”苏轼从另一角度论说若罢此制，恐多有“贿赂公行，权要请托”之害，并致“恩去王室，权归私门，结为朋党”之祸。其二是科考内容问题，特别是是否罢废诗赋试。司马光、吕公著、韩维主罢之，苏轼反对。司马光主张进士试经义策、子史策、时务策，不试诗赋，苏轼对诗赋经义之争不感兴趣，文中观点非常明确，“自文章而言之，则策论为有用，诗赋为无益，自政事言之，则诗赋、策论均为无用矣”，既然如此又试之莫废，只因“设法取士，不过如此”。

二是对于太学现状及其与科举关系的论述。司马光、苏轼、苏颂、陈襄等人皆对太学现状提出批评，吕公著对于太学地位颇有维护之意。司马光批庆历以来学校学官多是丁忧及停闲官员，学生多井市豪民子弟，自谓能兴学之大臣为“邀虚名”，自谓能立教之师长仅教其“取科名”而已。苏轼说“使三代圣人复生于今，其选举养才，亦必有道矣，何必由学”，并对太学等学校教育下了结论：“今之学校，特可因循旧制，使先王之旧物不废于吾世，足矣。”吕公著对此不然，“虽天下学校颇尝修建，然取士之路不出于此，而欲人之就学也，不亦难乎？”

司马光文论及太学与科举关系，其“试陈二策”中一为以德行取

---

① （宋）苏轼著，李之亮笺注：《苏轼文集编年笺注 诗词附 3》，巴蜀书社 2011 年版，第 620 页。

② （宋）刘攽：《彭城集》，《文渊阁四库全书》第 1096 册，上海古籍出版社 1987 年版。

人，“保举之法”，一为“修学校之法”。第二策中，详述了学校的考试及升舍制度，分外舍、内舍，内舍又分初等生、中等生、高等生三级，至高等生时，“其经术则讲说常通，文艺则屡入优等，过犯则全然轻少，行谊则为众所服，比之糊名、誊录，考其一日所试赋、诗、论、策，偶有所长而取之者，相去远矣”。从这个角度比较太学与科举，优劣甚明。特值得重视的是吕公著的观点。他亦献二策，一为“学校之法”，一为“贡举之法”。学校之法，即兴太学于京师，以道德足为天下师法者主之。贡举之法，即由州学贡士升入太学，若经明行修且可治人者，选之进于朝廷。所贡之士占用科场进士名额。实行此法的演变过程是，“二岁之后，就学者众，诸州所贡人数可以倍增，而太学三岁可增置四百人，则进士经学奏名内更各减一百人”。如此“行之三岁”，最终结果将是“科举可尽罢，而士之进者皆出于学校矣”。吕文所陈二策，皆是欲达成罢科举、士以学校进的目的。在科举日兴、太学萎靡的熙宁二年，提出这种观点，无疑具有不凡勇气和卓远识见。

在特定的时代背景下，诸臣僚从自身立场及思考方式出发，就太学及科举中颇受争议之问题析论答辨，形成截然不同的观点不足为怪。然笔者认为其中个别见解亦值得商榷。如苏颂主张罢废弥封誊录制，以为不然。此制宋初创立，原为杜绝因参行实取士导致的“请托公行，贿赂上流，谤讟并兴，狱讼不息”等现象而设。制度既立，有颜闵之德者或遭黜落、有跖蹻之行者或取高第，这种弊端确乎存在。然而，毕竟此制极大增强了科考的公正性，寒门庶子才有了平等竞争的机会。何况若以行实参取，有司岂能尽知天下之士。若依苏颂之解决方案，“此法宜先施之州郡，亦庶几存乡举里选之遗范”，此法操作不易，效果难料，更加时代已变，不可与“乡举里选”时同日而语了。只怕最终“朝廷必厌苦之而复用封弥、誊录矣”。至于诗赋经义之争，宋人争辩颇激烈，孰是孰非难有定论，从宋代科举发展史的实际情形，亦即历史作出的选择来看，北宋以来诗赋或兴或废，南宋以降则基本并行不悖了。而司马光批评庆历以来学校现状，切中时弊，然亦稍显过矣。短暂的庆历兴学虽未造成太大的实际影响，但它毕竟发起了一场兴学运动，太学及州县学皆受其益。“修谨之士多耻而不入”，大臣主兴学者皆“邀虚名”，恐不尽符实际。苏轼之论，思想高超，确乎大家风范，角度独特，显其独树一帜。但却稍觉苛刻，其文“得人之道，在于知人；知人之法，在于责实”二句将学校与贡举的改革意义基本否定，贡举“因今之法，以为有余”，学校则“旧物不废于吾世，足矣”，这些议论既对学校的教育意义不够重视，也不合于君臣上下热议改革的时代氛围。

诸臣僚答诏论辨之意义，在于论析学校与贡举当前存在的重大问题，提出自己的改革意见以供朝廷采取，最终促进二者的良好发展。这次集体答诏事件，对于学校与贡举的发展走向，具有不同寻常的影响意义。熙宁二年二月，王安石任参知政事，于是年四月在神宗支持下发起这次事件。这给正在酝酿变法兴学的王安石等改革派提供了不少信息，显然诸臣僚对于学校与贡举的时弊现象多不满意。而早在仁宗嘉祐三年(1058)，王安石《上仁宗皇帝言事书》就系统阐述了有关贡举、学校的改革主张。他重视培育人才，力求经世致用。批评当前的取士制度难得人才，呼吁“方今之急，在于人才而已”，而人才之得则是学校教育培养的结果。“古之取士皆本于学校，故道德一于上，习俗成于下，其人材皆足以有为于世。”①“天下不可一时而无政教，故学不可一日而亡于天下。”(《明州慈溪县学记》)②可见他极为重视学校教育，“王安石的目标是实现取士皆本于学校”，“发展教育是目的，改革科举只是兴学的手段”③。王安石变法开始后，熙宁四年颁布了改革科举之法令。此次改革既是上仁宗万言书中所持主张的延续，也是在吸收诸臣意见的基础上，对争论之诸问题各有取舍的结果。如颇受争议的诗赋试被罢除，帖经、墨义亦罢，进士科试以经义策论。苏轼《议学校贡举状》是反对罢诗赋的，神宗读其文后，且有言曰：“吾固疑此，今得轼议，释然矣。”④其后又问王安石，安石对曰：“不然。今人材乏

① (宋)王安石著，李之亮笺注：《王荆公文集笺注》，巴蜀书社2005年版，第21页。

② (宋)王安石著，李之亮笺注：《王荆公文集笺注》，巴蜀书社2005年版，第1590页。

③ 王炳照、郭齐家主编：《中国教育史研究 宋元分卷》，华东师范大学出版社2000版，第263页。

④ (元)马端临：《文献通考》，中华书局1986年版，第289页。

少,且其学术不一,一人一义,十人十义,朝廷欲有所为,异论纷然,莫有承听。此盖朝廷不能一道德故也。故一道德,则修学校,欲修学校,则贡举法不可不变。”①由此,诗赋终被罢。而熙丰兴学最重要的学校改革制度,即三舍法的创设,颇受司马光答诏文影响。上仁宗书中尚无三舍法之提议,司马光文曰:“应举人初入学者,并为外舍生,……公试多在优等,过犯情轻数少,即升入内舍,为初等生,始听于学中宿食。又选择初等生升为中等生,中等生升为高等生,皆如外舍生之法。”其文已有外舍、内舍,且内舍又有三等之分别,这直接影响了太学外舍、内舍、上舍三舍法的创立。而吕公著欲尽罢科举、天下以学校取士的设想,也在三十余年后的崇宁三年(1104)成为了现实。虽然不是吕文所陈述的渐变式演进法,仍能见出吕氏的间接影响。

此处分别以历次兴学事件与熙宁二年答诏论辨事件为中心,探论了臣僚所持不同的教育思想带给太学的影响变化,这些思想或促进或阻碍太学发展,故而对太学产生或正面或负面的不同影响,而太学也在此过程中得到逐步渐进式发展。

第三节　师道明学:学官的教育实践及其影响

宋代太学兴盛发展的历史长河中,学官作为太学教育的实际执行者,其教育实践无疑促进了太学持续发展,培养了一批批服务于国家和社会的各级人才。宋代太学学官数量庞大,笔者搜录可考名姓者有四百多人,实际人数应达数千人之多。每一位学官或长或短的任职生涯,我们都不能否认其对太学发展及太学生教育的意义。然而其意义有轻重之分,贡献有小大之别,对太学有重大贡献于当世、有深远影响于后世,堪称太学名师者,仍然屈指可数。

---

① (元)马端临:《文献通考》,中华书局1986年版,第289页。

一、传道授业,成就名师——以宋初三先生教育实践为中心

宋初三先生胡瑗、孙复、石介就是堪称名师者。对此,前人记载颇多,欧阳修《胡先生墓表》就说:“自景祐、明道以来,学者有师惟先生暨泰山孙明复、石守道三人。”①“学之废兴,盖由师长……祖宗以来,莫不慎其选任,而仁宗庆历中,最号得人。如胡瑗、孙复、石介,实为之首。”②《宋元学案》言:“宋兴八十年,安定胡先生、泰山孙先生、徂徕石先生,始以师道明正学。”③并专列《安定学案》《泰山学案》等历述教书育人之事,详辨学术源流之迹。今人所著宋代教育诸书,无从绕开宋初三先生而论宋初教育。因为“他们的教育活动对于宋初私学、官学的建立和发展,对于儒学在宋代的复兴和昌盛乃至对于宋明理学的兴起都发挥过重要作用”④。三先生早年曾同读书泰山,食淡而攻苦,一坐十年不归,其后皆聚徒授学。终其一生,长期的教育实践活动影响于太学、私学、儒学复兴、理学兴起。此处单列太学而论。三先生先后任职太学的意义,套用祝尚书评论庆历兴学之语,“无论给予如何高的估价都不为过”⑤。总观宋初三先生供职太学的履历,石介入国子监教授太学最早,时在庆历二年(1042)六月,故欧阳修于《徂徕先生墓志铭》赞许“太学之盛,自先生始”⑥,至庆历四年十月通判濮州,五年七月病卒。孙复于庆历二年十一月任国子监直讲,五年十一月被贬他所,十年后的至和二年(1055)重回太学复任国子监直讲,嘉祐二年(1057)七月病卒。胡瑗于皇祐四年(1052)60岁时调任国子监直讲,五年九月迁官大理寺丞,嘉祐元年(1056)仍兼管勾太学,直至嘉祐四年(1059)二月因病致仕。三先生中孙复与石介、孙复与胡瑗曾分别在庆历年间、嘉祐年间共事太学。

---

① (宋)欧阳修著,李之亮笺注:《欧阳修集编年笺注2》,巴蜀书社2007年版,第340页。

② (宋)刘挚撰,裴汝诚、陈晓平点校:《忠肃集》卷七,中华书局2002年版,第155页。

③ (清)黄宗羲:《宋元学案》,中华书局2009年版,第69页。

④ 郭齐家、苗春德、吴玉琦:《中国教育通史　宋辽金元卷》,北京师范大学出版社2013年版,第18—19页。

⑤ 祝尚书:《宋代科举与文学》,中华书局2008年版,第525页。

⑥ (宋)欧阳修著,李之亮笺注:《欧阳修集编年笺注2》,巴蜀书社2007年版,第599页。

三先生成就一代名师之地位，与诸多学官、臣僚相似之处在于，对学校教育之重要性有着明确认识。胡瑗说："致天下之治者在人才，成天下之才者在教化，职教化者在师儒，宏教化而致之民者在郡邑之任，而教化之所在者在学校。"[①]唯有学校教化培养治天下之人才。孙复更加重视太学的教化功用："夫太学者，教化之本根，礼义之渊薮，王道之所由兴，人伦之所由正，俊良之所由出，是故舜禹文武之世，莫不先崇大于胶序而洽至治于天下者焉。"（《寄范天章书一》）[②]石介亦曰："夫水之不涸，以其有源也；木之不拔，以其有本也；学为教化之源，仁义之本欤！"（《题郓州学壁》）[③]而与他人之教育实践所不同者，方是成就其太学名师的真正缘由所在。

第一，一系列教学改革措施特别是苏湖教法的创设，在中国教育思想史上具有不可抹灭的历史地位。苏湖教法，是胡瑗在苏州、湖州讲学时运用的教育方法，因其法具有创设意义，"教学之法最备"，颇为知名。庆历四年于京师兴建太学时，有司请下湖州，取此教法以为太学法，"然后太学之所以为教者定"（度正《中江县重修学记》）[④]。苏湖教法之核心所在，是在教育史上有着开拓创新意义的分斋教学制度。胡瑗教授湖州时分置经义斋、治事斋。"经义，则选择其心性疏通，有器局，可任大事者，使之讲明《六经》。治事，则一人各治一事，又兼摄一事，如治民以安其生，讲武以御其寇，堰水以利田，算历以明数是也。"[⑤]这种以类群居、相与讲习的教学法，取得了成就斐然的教育效果。胡瑗弟子中，"有长于经义之学的孙觉、程颐等；有长于政事的范纯仁、钱公辅等；有长于兵战的苗授、卢秉等；有长于水利建设的刘彝等人"[⑥]。分斋教学引发后人借鉴与赞美，实质在于它确实培育出了

---

① （元）脱脱：《宋史》卷四三二《胡瑗传》，中华书局1977年版，第12837页。

② （宋）孙复：《孙明复小集》，《文渊阁四库全书》，上海古籍出版社1987年版。

③ （宋）石介著，陈植锷点校：《徂徕石先生文集》，中华书局1984年版，第99页。

④ （宋）度正：《性善堂稿》，《文渊阁四库全书》第1170册，上海古籍出版社1987年版，第151页。

⑤ （清）黄宗羲：《宋元学案》，中华书局2009年版，第19页。

⑥ 郭齐家、苗春德、吴玉琦：《中国教育通史 宋辽金元卷》，北京师范大学出版社2013年版，第20页。

如上般经世致用的各类人才。它照顾到了诸生不同的学习兴趣而因材施教，这还是小处，其突破之处更在于将治民、讲武、堰水、算历等科与经义并列设之，这在向来唯经义最重的传统观念中实属重大革新。"一人各治一事，又兼摄一事"是在治事斋中又分出主科与副科的教学制。诸项教学改革，以其创新性、实用性，对后世教育发展提供了借鉴意义。

第二，三先生在教育实践中所用教学方法多样而全面，启人探索，引人模拟却又难于趋同。胡瑗初至太学任职，诸生并未信服，谤议四起，其"强力不倦，卒以有立"，所依凭者除过人的经学修养外，完善的教学之法也是"强力不倦"的表现，"卒以有立"的原因。如讲授教学法，恳恳为诸生言，"每引当世之事明之"；研讨教学法，"使（诸生）论其所学，为定其理，或自出一义，使人人以对，为可否之"①；娱乐教学法，公私试罢后率诸生合雅乐歌诗，至夜方散；游学考察法，勉励学生必游四方，广其闻见，方有益于学；直观教学法，将《三礼》所载礼仪、器物绘成直观实图悬于讲堂之上而讲授之；激励教学法，"孔子固学于人而后为孔子"②，劝勉诸生勤学向上，学为圣人；……诸法并用，诸生岂能不受启迪，"故人皆乐从而有成"。石介于太学教授学生，"生徒咨问经义，日数十人，皆怡颜和气，一一为讲解，殊无倦色"③。

第三，三先生的个人带动效应非一般学官可比。胡瑗为学官后，其徒益众，因太学不能容而取旁舍处之。礼部取士，其弟子十常居四五。告老还家之时，诸生数百人祖饯于东门外相送，"时以为荣"；去世消息传至京师后，其弟子钱公辅与太学生徒百余人举哀，自陈因师丧而给假二日，"近时无此事"。王安石曾作诗赞胡瑗有使学生弃恶从善、由蹻跖变骞回的教育本领。凡此事件，皆可看出胡瑗当为一代名师的成就地位。孙复讲《春秋》之学时，太学亦盛况空前。"数十年来，传为美事。"（程颐《回礼部取问状》）④

---

①② （清）黄宗羲：《宋元学案》，中华书局2009年版，第19页。

③ （宋）江少虞：《宋朝事实类苑》，上海古籍出版社1981年版，第940页。

④ （宋）程颐，程颢：《二程集》，中华书局2004年版，第564页。

二、中兴学制，赖其建明——以高闶建设学制之功为中心

传道授业于诸生原是国子监直讲的本职工作，如宋初三先生即以此而成就一代名师。而国子祭酒、国子司业等总揽监中大小事务，不仅须顾及教学管理，对于太学制度建设也须承担更多的责任。国子司业高闶就是两宋时期注重学制建设的代表人物。

高闶，太学生，绍兴元年由上舍选而赐进士第，其后任秘书省正字、著作佐郎等职，至绍兴十二年十二月，诏命国子司业，这也是南宋以来始除学官。此时，宋室南渡已十数年，朝中对重建太学的呼声日益高涨，经过叶绑《请兴太学上书》等一再呼吁，绍兴十二年，高宗有《措置增展太学诏》曰："太学养士，权于临安府府学措置增展。"[①]太学事宜正式提上了政治议程。绍兴十三年正月择岳飞宅第扩建为国子监、太学，六月建成。高闶正是在这样的政治背景下被朝廷委以重任。

对于太学及教育的认识，高闶曰："太学者，教化之本，而最所当先者，经术是也。"[②]身为国子司业，为赢得皇帝本人实际行动上对太学的重视，他率诸生上表请求车驾临幸太学，奏曰："国学落成，臣奉诏试补诸生几六千人。""诸生以谓陛下方偃武修文，与太祖初定天下之时同符，宜举建隆故事。愿陛下讲临雍之礼。"明年三月，高宗幸太学，高闶讲《周易·泰卦》，上赐闶三品服。

太学建立伊始，诸项制度亟待重新规定，这项艰难的任务自然就落在了国子司业高闶的肩头。高闶对于南宋学制之贡献，《宋史》评其"中兴已后学制，多闶所建明"[③]。具体而论，其所建明学制主要体现在以下几个方面。

对于学官聘用，高闶认为在建学之始，宜得老成之士以诱掖后进。并亲自推荐精于《春秋》学的全州文学师维藩，诏除国子录。对于诸生补试，其限制性规定为："以诸路住本贯、学满一年、三试中选、不曾犯

---

① (宋)周淙、施谔撰：《南宋临安两志》，浙江人民出版社 1983 年版，第 5 页。

② (元)佚名著，李之亮校点：《宋史全文》，黑龙江人民出版社 2004 年版，第 1522 页。

③ (元)脱脱：《宋史》卷四三三《高闶传》，中华书局 1977 年版，第 12857 页。

第三等以上罚,或虽不住学而曾经发解、委有士行之人,教授保委申州,给公据赴国子监补试。”①

太学课试法中诗赋、经义之争,“宜以经义为主,而加诗赋”。高闶先是认为“先王设太学,惟讲经术而已”。高宗感慨“经不易通”,士子素习诗赋,若尽罢之,恐难服众。高闶与高宗商议之后的结果是:“盖太学之法,旬有课,月一周之;月有试,季一周之。若加一场,则课试之法遂紊。自元祐以来,虽增为四场,终不可行者,盖以此也。今欲经义第一,诗赋第二,论、策各一第三。”②

学中斋名、御书等事宜,皆由高闶请而从之。北宋时太学讲堂及诸斋名本由神宗皇帝所赐,绍兴时将旧有七十七斋兴修十二斋,高闶分别拟名《禔身》《服膺》《守约》《习是》《允蹈》《存心》《持志》《养正》《诚意》《率履》《循理》《时中》,而请于高宗。又因北宋时期太学、辟雍皆有御书,故高闶乞专建阁,以藏御书。准其所请而建之阁,直至宋末仍尽其所用。度宗咸淳时期,太学首善阁内就藏有南宋诸帝的“御札”“御制”,高宗绍兴十四年幸学诏、孝宗淳熙四年幸学诏、宁宗嘉泰三年幸学诏、理宗宝庆三年谕内外学官诏、度宗咸淳三年幸学诏等,皆在其中。

在学诸生省亲归家之时限,也由高闶改而定之。先王“谨庠序之教”,必先“申之以孝悌之义”。太学旧法规定,在学满九年而不归省侍者,则罢斥而出。北宋熙宁间,太学生洪皓十年不归,垂白之父作诗而寄太学:“太学何蕃且一归,十年甘旨误庭闱。休辞客路三千远,须念人生七十稀。腰下虽无苏子印,箧中幸有老莱衣。归期定约春前后,免使高堂赋式微。”③至徽宗帝时,念及九年之远,“非所以敦其养亲之心”,故立三年之限。但其后因“自罢舍法”,又专行九年之制。绍兴重建,高闶提议仍复立三年之限。

如省亲时限之变,北宋百余年间,太学经历数次大规模改革,诸项

① 苗书梅等点校:《宋会要辑稿·崇儒》,河南大学出版社 2001 年版,第 44 页。

② 苗书梅等点校:《宋会要辑稿·崇儒》,河南大学出版社 2001 年版,第 47 页。

③ (宋)李献民:《云斋广录》,中央书店 1936 年版,第 14 页。

学制各有不同改动变化。高闶奏于高宗:“陛下复兴太学,凡养士取士之法,当取圣裁。”高宗曰:“自有祖宗成法。”高闶答:“有庆历、元丰、绍圣、崇宁法,有司未知适从。若出于圣裁,则行之乃久。”[①]高宗所言祖宗成法俱在,搬用即可,又有何难。然诸多成法间矛盾重重,唯有选取最适合时代需求、最利于太学发展者,这就须依凭历史事实经验及高闶之卓越识见了。

在南宋初期重建太学的特殊阶段,在国子司业之任职上,高闶为太学制度之建设而殚精竭虑,从而取得了重要成就,其所实施之一系列学制成为南宋百余年间奠基性的制度。不同于宋初三先生的名师授学,太学学官还以建明学制的形式履行着其职责使命。

---

① 苗书梅等点校:《宋会要辑稿·崇儒》,河南大学出版社 2001 年版,第 44 页。

第七章　宋代太学的学风与文风

太学作为中央官学的最重要组成部分，不仅其学制学规受到州县官学、地方私学、书院教育的搬用套用，太学内部的学风与文风更是被天下士子趋慕争学，对于社会学风与文风的导向作用不言而喻。宋人对此早已深有感触，“切惟太学时文，四方视以为法，而士风厚薄，人才盛衰，皆可概见于此。数年以来，有司去取以意，士人志于得而已。程文多不中度，故议论肤浅，而以怪语相高；对策全无记问，而以浮辞求胜，大抵策尤卑弱。每刊行公私等试文字，不足以传示四方。臣恐天下士子以谓朝廷好尚如此，随风而从，不读史书，见闻浅陋，人材风俗，所系实重。今次太学见引公试，望诏主司，精加考校诗赋，取合律经义，求得体论策，以记问该博，议论渊源者，置之上游。庶几传布四方，士子知所适从，于时政亦有所补”（留正《乞精加考校太学程文奏》）①。本章所论，即从特定的探究视角出发，考察太学学风与文风在两宋时期的发展演变，进而探论其对于时文创作的深刻影响。

第一节　学风与文风的探究视角

不同领域、不同时期的学风与文风大有差异，考察宋代太学这一特定领域内学风、文风的发展情形，需从其探究视角入手。这些视角

① （清）徐松辑，刘琳、刁忠民、舒大刚校点：《宋会要辑稿》，上海古籍出版社 2014 年版，第 5317 页。

给我们提供了坚实的考察基础。

一、教学内容

太学教学内容的不断变化贯穿整个宋代，它是探究学风与文风变化的重要途径。北宋初期，学校教材仍大体沿袭唐代的教材，但亦有所修改校定。据《宋史》载，太宗时期，国子祭酒孔维“受诏与学官校定《五经疏义》，刻板行用”①，至真宗咸平四年，“先是，诏国子祭酒邢昺等校订《周礼》《仪礼》《公羊》《穀梁传正义》。丁亥，昺等上其书，凡一百六十五卷，命模印颁行……于是，《九经》疏义悉具矣”②。仁宗时兴建太学，宋初三先生执掌教坛，更是注重经学。九经之中，春秋三传、三礼为大经，各限两年讲毕；《毛诗》为中经，限一年半讲毕；《周易》《尚书》为小经，限一年讲毕。至神宗熙宁兴学，太学教学内容为之一变。神宗言：“经术今人人乖异，何以一道德？有所著可以颁行，令学者定于一。”③故有王安石《三经新义》（《诗》《书》《周礼》义）及《字说》颁于学宫，成为太学教学和考核的唯一标准，太学内外皆宗其说，少异之则不中程。随着王安石变法失败，《三经新义》亦遭废止，元祐时期《九经》仍为太学教材。至政和八年八月，徽宗《天下学校诸生添治内经等御笔手诏》命令学校添增黄老之学，并分大经为《黄帝内经》《道德经》，小经为《庄子》《列子》，这又是一次重大的教学改革。直至宣和七年，方有诏：“政和中尝命学校分治黄、老、庄、列之书，实失专经之旨，其《内经》等书并罢治。”④南宋以降，太学教学内容亦在不断变化。高宗朝重建太学伊始仍以九经为其教材，至理学确立政治地位，朱熹集《论语》《孟子》《大学》《中庸》四书及其注释，编为《四书章句集注》，逐步取代了九经的教育地位。两宋时期太学教学内容的随时变化，直接影响了太学学风与文风。

---

① （元）脱脱：《宋史》卷四三一《孔维传》，中华书局 1977 年版，第 12809 页。

② （宋）李焘：《续资治通鉴长编》，中华书局 1985 年版，第 1063 页。

③ （宋）杨仲良撰，李之亮校点：《皇宋通鉴长编纪事本末》，黑龙江人民出版社 2006 年版，第 1305 页。

④ （元）脱脱：《宋史》卷一五七《选举志三》，中华书局 1977 年版，第 3657 页。

二、科举导向

北宋初重科举而轻官学，学校教育一切以科举为其导向，士子赴太学也多是为取解额而来，故总是在科考之前官学复兴，科考之后官学几废。马端临《文献通考》评价说："今庆历之法，所谓习业者，虽有讲肄听读，而未尝限以通经之岁月。所谓荣途者，止于拔解赴省，而未尝别有优异之捷径。所以科场罢日，生徒散归，讲官倚席。虽限以听读之岁月，而不能强其久留，反以淹滞为困，故不久而遂废也。"①他将学校兴废之缘由与科举完全相联结，亦属实情。其后为改善官学办学状况，特意适应科举，由专教经义策论而兼及诗赋课试，即如王安石于嘉祐二年《上仁宗皇帝言事书》言"学者之讲说，章句而已"，"近岁乃始教之以课试之文章"。② 在宋代科场上，诗赋与经义之争亦是经历了各种曲折起伏，时而废除诗赋专试经义，时而并行不悖，具体情形在祝尚书《宋代科举与文学》中已有详论。值得一提的是，科场诗赋经义的考试变化，随时会反映到太学内部中来，太学师生仍然紧紧围绕科举中心。故朱熹《学校贡举私议》对于太学依附科举为谋己利的现象严厉批评，提出"古之太学主于教人，而因以取士，故士之来者，为义而不为利"的观点。仁宗时期的太学教育尚得朱熹首肯，"太学之法宽简，国子先生必求天下贤士，真可谓人师者。就其中又择其尤贤者，如胡翼之之徒，使专教导规矩之事。故当是时，天下之士，不远万里，来就师之。其游太学者，端为道艺，称弟子者中心悦而诚服之。盖犹有古法之遗意也"。而"熙宁以来，此法浸坏，所谓太学者，但为声利之场；而掌其教事者，不过取其善为科举之文，而尝得隽于场屋者耳。士之有志于义理者，既无求于学，其奔趋辐凑而来者，不过为解额之滥、舍选之私而已。师生相视，漠然如行路之人；间相与言，亦未尝开之以德行道艺之实，而月书季考者，又只以促其嗜利苟得、冒昧无耻之心，殊非国家之所以立学教人之本意也"。朱熹直指熙宁以来的太学"但为

① (元)马端临:《文献通考》,中华书局 1986 年版,第 395 页。

② (宋)王安石著,李之亮笺注:《王荆公文集笺注》,巴蜀书社 2005 年版,第 21 页。

声利之场"，其批评是甚为尖锐的。转至南宋，"近年以来"的太学景象，则是"习俗苟偷，学无宗主，治经者不复读其经之文本与夫先儒之传注，但取近时科举中选之文，讽诵摹仿，择取经中可为题目之句，以意扭捏，妄作主张，明知不是经意，但取便于行文，不暇恤也……名为治经，而实为经学之贼；号为作文，而实为文字之妖"①。"经学之贼""文字之妖"实是莫大的讽刺。从朱熹的批评文字来看，因科举的导向作用，太学内部的学风与文风受其直接影响。

三、学派之争

苏学、王学与程朱理学等学派之间的争斗，不仅发生在广阔的社会和科场领域，亦在太学内部反响甚大，时刻影响着太学的学风与文风变化。熙丰兴学时期，王学独尊，《三经新义》和《字说》是太学标准教材，学官选派也多是王学人物。王安石变法失败后，时至高太后执政的元祐元年，国子司业黄隐已在太学内讽谕诸生，凡程试之文字，不可复用王氏新说，有引用者皆黜降之。整个元祐时期则是元祐学术的天下，王氏学说一律被禁。哲宗亲政的绍圣元年，即有太学博士詹文奏乞除去《字说》之禁，国子司业龚原乞将《字说》付国子监雕印，以便学者传习，皆诏从之。再至徽宗一朝的太学，元祐学术与王氏新学在长时期内争斗不断，或禁或除，未有停歇。"崇宁以来，士子各徇其党，习经义则诋元祐之非，尚词赋则诮新经之失，互相排斥，群论纷纷。"②钦宗即位后诏礼部详议取士事宜。谏议大夫兼国子祭酒杨时视王学为邪说，力乞夺其配飨，御史中丞陈过庭又在《乞斥责学官杨时等奏》中言："五经之训，义理渊微，后人所见不同。或是或否，诸家所不能免也。是者必指为正论，否者必指为邪说，此乃近世一偏之辞，违万世之通论。自蔡京擅权，专尚王氏之学，凡苏氏之学，悉以为邪说而禁之。近罢此禁，通用苏氏之学，各取所长而去所短也。祭酒杨时矫枉太过，

---

① (宋)朱熹:《朱子文集》,中华书局1985年版,第475页。

② (元)脱脱:《宋史》卷一五七《选举志三》,中华书局1977年版,第3657页。

复论王氏为邪说,此又非也。”①谏议大夫冯澥《论学校去取不宜黜王氏学疏》有“上无异论,太学之盛也”之句,崔鹏上书力批之:“澥尚敢为此奸言乎!王安石除异己之人,著《三经》之说以取士,天下靡然雷同,陵夷至于大乱,此无异论之效也。京又以学校之法驭士人,如军法之驭卒伍,一有异论,累及学官。若苏轼、黄庭坚之文,范镇、沈括之杂说,悉以严刑重赏,禁其收藏,其苛锢多士,亦已密矣。而澥犹以为太学之盛,欺罔不已甚乎?”②上述苏学与王学之争论皆发生在靖康元年。

南宋高宗朝是程颐之学与王安石之学斗争起伏的时期。绍兴二十六年(1156),秘书省正字叶谦亨奏言:“向者朝论专尚程颐之学,有立说稍异者,皆不在选。前日大臣则阴佑王安石而取其说,稍涉程学者,一切摈弃。……愿诏有司精择而博取,不拘一家之说。”③高宗一朝先是赵鼎主程颐,后有秦桧主王安石,再到不拘一家之学。孝宗淳熙五年(1178),侍御史谢廓然奏言:“近来掌文衡者,主王氏之说则专尚穿凿,主程氏之说则务为虚诞。”④科场之内,理学与反理学的战争,大体经历了“孝、光间:理学在科举中时占上风”,“庆元中:科举厉禁理学”,“宋末:理学占领科举阵地”⑤的转变过程。因科举导向作用,这种历程也完全适用于太学内部。

四、政治支持

朝廷内外、从上而下的政治力量对于太学内部的影响,前文已有较详细的探讨。政治因素方面的支持,与科举导向、学派之争都是有密切关联的。政治与科举、科举与学派特别是政治与学派之间的牵联尤值得重视。学派地位争斗的结果势必影响到太学,而其结果之形成多是受控于具有国家强制力量的政治因素。如政治家王安石在神宗支持下变法兴学,王氏新学自然成为了唯我独尊之学派。元祐更化,

① (清)黄以周等辑:《续资治通鉴长编拾补》卷五四,中华书局2004年版,第1712页。
② (元)脱脱:《宋史》卷三五六《崔鹏传》,中华书局1977年版,第11213页。
③ (清)徐松:《宋会要辑稿》,中华书局1957年版,第4305页。
④ (元)佚名著,李之亮校点:《宋史全文》,黑龙江人民出版社2004年版,第1822页。
⑤ 祝尚书:《宋代科举与文学》,中华书局2008年版,第475页。

苏轼为代表的蜀学等元祐学术始占上风。而蔡京执政后又专尚王氏之学，凡苏氏之学皆视为邪说而禁之。

政治党派的拉拢利用和抱团行动，干预了同时期的学术学派，也对太学风气影响甚广。熙丰兴学时期，先是太学生苏嘉策问事引得王安石大怒。“初，苏颂子嘉在太学，颜复尝策问王莽、后周变法事，嘉极论为非，在优等。苏液密写以示曾布，曰：‘此辈唱和，非毁时政。’布大怒，责张琥曰：‘君为谏官判监，岂容学官与生徒非毁时政而不弹劾。’遂以告安石。”王安石怒后，逐除了太学诸学官，新选任者皆与王氏有旧。“以李定、常秩问判监，选用学官，非执政所喜者不与。陆佃、黎宗孟、叶涛、曾肇、沈季良与选。季良，安石妹婿；涛，其侄婿；佃，门人；肇，布弟也。佃等夜在安石斋授口义，旦至学讲之，无一语出己。其设三舍，皆欲引用其党耳。”①绍圣四年，蔡卞之党薛昂、林自分任太学正、录，皆推尊安石而禁戒元祐学术。蔡卞方议毁《资治通鉴》板，时任太学博士陈瓘以神宗曾为之赐序为由力反对之。蔡卞怀恨在心，谓：“闻陈瓘欲尽取史学，而黜通经之士，意欲沮坏国事而动摇吾荆公之学。”②进而谋起害瓘之意。

上段论及执政大臣在学派争论中的政治影响力，而皇帝本人的喜恶更具有决定性作用。理宗尊尚理学，淳祐元年正月幸学，有诏文曰：“朕惟孔子之道，自孟轲后不得其传，至我朝周惇颐、张载、程颢、程颐，真见实践，深探圣域，千载绝学，始有指归。中兴以来，又得朱熹精思明辨，表里浑融，使《大学》《论》《孟》《中庸》之书，本末洞彻，孔子之道，益以大明于世。朕每观五臣论著，启沃良多，今视学有日，其令学官列诸从祀，以示崇奖之意。”③而王安石因曾谓“天命不足畏，祖宗不足法，人言不足恤”，被列为万世罪人，罢黜其从祀孔子庙庭的资格。理宗亲制《道统十三赞》，颁赐太学诸生。《蔡杭国子祭酒诰》中，理宗直言命职之缘由，“我朝以儒教立国，中兴以来，道学复振，尔父尔祖俱得

---

① (元)马端临:《文献通考》,中华书局1986年版,第396页。

② (宋)李焘:《续资治通鉴长编》,中华书局1985年版,第11518页。

③ (元)脱脱:《宋史》卷四二《理宗本纪二》,中华书局1977年版,第807页。

朱熹之亲传,尔耳闻目接,益以讲贯,凝然成德,体粹气和,朕心敬焉。祭酒为学校长官,今以命尔”①。皇帝对太学师生的颁赐、制诰,其亲自引导的效果是在太学内部引发了前所未有的理学风气,其学风与文风亦为之一变。

第二节 宋代太学的学风

祝尚书《宋代科举与文学》第十五章《宋代科场的学风与文风》曰:“本章所论,指某些带有时段性(尽管有的持续时间相当长)、整体倾向性而又影响科举至深的学风与文风。”②此处所论,亦为长时段内影响太学至深的学风。

宋自建国以来的文化教育,士子唯科举是业,学校教育形同虚设,长此以往导致科举弊端日显。为应试科举而专攻诗赋,学者不根乎经籍,致使文章柔靡,风俗巧伪。弃学校而就科举的严重后果更在于“选用之际,常患才难”,录取规模甚广却仍得不到真正的治政人才。仁宗朝倡言变革者多诟病之,尤以庆历兴学的倡导者范仲淹呼声最高。范仲淹不仅是著名的改革家、文学家,更是一位影响远大的教育家,一生勤于教育事业,用功至多。在仁宗盛世的大背景下,在范仲淹竭力倡导中,庆历四年四月,北宋太学正式重建。这是太学第一次从国子监脱离出来成为独立的教学机构,并在某种程度上取代了国子监的教学职能。其后太学增其生徒至两百人,招收八品以下官员子弟及庶人之俊异者,由此放宽了入学门槛,使得太学教育越来越倾向于平民化。并下诏取苏湖教法用于太学,以替代先前过于宽简之法。

一、先经术而后华藻

太学重建之后,以其国家最高学府的特殊教育地位、宋初三先生

---

① 《蔡氏九儒书》,四川大学古籍所编:《宋集珍本丛刊》(第106册),线装书局2004年版,第199页。

② 祝尚书:《宋代科举与文学》,中华书局2008年版,第426页。

的鼎力提倡，改变社会层面上士子以往专攻辞章而导致学风浮泛偷薄的不良现象，在太学内部逐渐形成了“先经术而后华藻”的总体学风。

还在太学学风未能形成之际，士子热衷科举时文，攻于诗赋，力求文辞声律之美，甚少关心策论、经义，只是死记硬背经文以应付科场中的帖经、墨义考试。时人刘襄对当时的社会学风甚为不满，“其取人也，莫不以善辞章者为能，守经行者为迂阔，而士之荣辱，亦从而应之。以是天下之士习非舍是，固已涂瞶其耳目，而莫之能正矣”①。上之取人重辞章而轻经行，士子“习非舍是”以称上意，“唯华藻而无经术”的学风蔓延于全社会，已至“莫之能正”的严重地步。庆历兴学改革贡举制度，重建太学以传授经书为务，然而既有科举以诗赋取士，即便在太学内部，其仍重诗赋辞章的学风也就终难遏制。本来在兴学之初下诏科考“先策，次论，次诗赋，通考为去取，而罢帖经、墨义”②，策论先于诗赋的考试方式对于改良时代学风会有一定的引导作用，但到了新政中废后的庆历五年(1045)三月，因为“诗赋声病易考，而策论汗漫难知”，“诏礼部贡院，进士所试诗赋、诸科对经义，并如旧制考校”③，诗赋又升至头等地位。为适应科考需要，太学重建之初，直讲“多年少，喜主文词，每月试诗、赋、策、论，第生员高下，揭名于学门”④，已有月试诗赋的情况。至嘉祐年间，王安石《上仁宗皇帝言事书》曰：“学者之讲说，章句而已，……近岁乃始教之以课试之文章。”⑤课试文章亦即科举应试之文。可见，仁宗朝太学内部仍有教学诗赋之风气。

太学学风真正的独特之处，在于不同于社会层面的“人自为学”、专尚文辞，而形成了一股与科场相抗衡、特重经义和时务的独有学风。诗赋时文只是太学学习的部分“副业”，经义之学才是花费时间和精力的主要之学。探究这种与社会大众不同的学风的形成缘由，我们首先

① (宋)陈襄：《古灵集》，《文渊阁四库全书》第1093册，上海古籍出版社1987年版，第497页。

② (宋)李焘：《续资治通鉴长编》，中华书局1985年版，第3565页。

③ (宋)李焘：《续资治通鉴长编》，中华书局1985年版，第3761页。

④ (宋)田况：《儒林公议》，中华书局1985年版，第10页。

⑤ (宋)王安石著，李之亮笺注：《王荆公文集笺注》，巴蜀书社2005年版，第21页。

看到这与太学教材的主要特征密不可分。总而言之，包括太学在内的整个官学体系都以经学为其主要课程，以经书为其主要教材。北宋前期的学校教育中官方指定教材为九经：《周易》《尚书》《毛诗》《周礼》《仪礼》《礼记》和《春秋》三传。课堂教学主要为讲授经义的情况下，经义之学的兴盛自然就有了现实的基础。但这也只能是一种基础，真正形成太学"先经术"学风的关键之处，是宋初三先生。

吴曾《能改斋漫录》云："庆历以前，学者尚文辞，多守章句注疏之学。"①从"尚文辞"与"守章句"两个方面概括了庆历以前的学风面貌。庆历兴学之后的宋初三先生，却正于这两方面打破旧规，在其全力倡导之下，凭借巨大的学术影响力，影响了太学生的学风倾向，从而新建起太学内部的尚经学风。

第一，宋初三先生抑文辞，尚经术。这首先表现在他们多有针砭尚辞赋之学风的言论，批判态度甚明。胡瑗说"国初承五代之乱，祖宗留意庠序之事，而事犹弊于俗学"②，即如蔡襄《太常博士致仕胡君墓志》言胡瑗"尤患隋唐以来，仕进尚文辞而遗经业，苟趋禄利"③。孙复于《寄范天章书一》批评"辞赋取人"有害圣道，"复窃尝观于今之士人，能尽知舜、禹、文、武、周公、孔子之道者鲜矣。何哉？国家踵隋唐之制，专以辞赋取人，故天下之士皆奔走致力于声病对偶之间，探索圣贤之阃奥者百无一二"④。石介更是在《怪说》一文中将时文之弊视为与佛老同列的蠹虫，"言去此三者，乃可以有为"⑤。批判文辞之风的同时，其文中有关宗经习经的倡言俯拾即是，从理论层面作出褒贬的表态，影响到太学生的价值判断。其次，从太学的教学活动层面影响太学学风。三先生认为学校教育特别是太学对于改变学风具有得天独厚的优势。任职太学之前，孙复于《寄范天章书一》如此定义太学："夫

① (宋)吴曾：《能改斋漫录》，中华书局1960年版，第28页。

② (宋)胡瑗：《松滋县学记》，见陈梦雷：《古今图书集成·职方典》(第155册)，中华书局，民国版，第7页。

③ (宋)蔡襄：《蔡襄集》，上海古籍出版社1996年版，第674页。

④ (宋)孙复：《孙明复小集》，《文渊阁四库全书》，上海古籍出版社1987年版。

⑤ (元)脱脱：《宋史》卷四三二《石介传》，中华书局1977年版，第12882页。

太学者，教化之根本，礼义之渊薮，王道之所由兴，人伦之所由正，俊良之所由出。”[①]于《寄范天章书二》言到范仲淹“居太学教化之地”，故应“开圣阐幽，芟芜夷乱，兴起斯文”[②]，待孙复亦居太学，“兴起斯文”自然成为了他教书育才的重心所在。日常的讲学生活，三先生博学通儒兼教学有法，勤恳而无倦，引领太学生通治经门径，习经术大业。如胡瑗“解经至有要义，恳恳为诸生言其所以治己而后治乎人者”[③]，孙复门人记载“至和中，(孙)复与胡翼之并为国子监直讲。翼之讲《易》，更直一日，……日造二先生讲舍，授两经大义，于《春秋》尤勤”[④]。石介与太学生的关系也甚为融洽，他“庆历中在太学，生徒咨问经义，日数十人，皆怡颜和气，一一为讲解，殊无倦色”[⑤]。在三先生讲解经义的过程中，时有太学生之文得其称意，受其赞赏。程颐作《颜子所好何学论》有语云：“学之道如何？……以博闻强记、巧文丽辞为工，荣华其言，鲜有至于道者。”[⑥]胡瑗览其全文后大为惊异，延见之下授以学职。三先生教以经术，太学生学以致用，教学互动的同时，太学学风也在逐步形成。再次，从太学的教育思想层面影响太学学风。胡瑗“苏湖教法”主要的思想即“明体达用”和分斋教学。“明体达用”就教育宗旨而言，是指不仅要领会融通经典经义，更应将其推广至“润泽斯民”的社会实践之中。经义贯穿始终，受其影响，“学徒千数，日月刮劘，为文章皆传经义，必以理胜，信其师学，敦尚行实”[⑦]。分斋教学，先是在州学时期将学校分为经义斋和治事斋，任职太学后又将“好尚经术者，好谈兵战者，好文艺者，好尚节义者，使之以类群居讲习”，其中的“经义”之斋仍为胡瑗教学重心。

第二，宋初三先生批章句注疏，尚发明经旨。陆游将庆历之际作为唐宋学者诸儒开始舍传求经、原经求道的分界点，“唐及国初，学者

---

①② (宋)孙复：《孙明复小集》，《文渊阁四库全书》，上海古籍出版社 1987 年版。

③⑦ (宋)蔡襄：《蔡襄集》，上海古籍出版社 1996 年版，第 675 页。

④ (宋)朱长文：《乐圃余稿》，《文渊阁四库全书补遗　集部　宋元卷　第 2 册》，北京图书馆出版社 2006 年版，第 51 页。

⑤ (宋)江少虞：《宋朝事实类苑》，上海古籍出版社 1981 年版，第 941 页。

⑥ (宋)程颐，程颢：《二程集》，中华书局 2004 年版，第 577 页。

不敢议孔安国、郑康成，况圣人乎？自庆历后，诸儒发明经旨，非前人所及，然排《系辞》，毁《周礼》，疑《孟子》，讥《书》之《胤征》《顾命》，黜《诗》之序，不难于议经，况传注乎？”①所言庆历学者之中必然包括宋初三先生。孙复就反对把唐宋以来一直奉行的六经注疏仍用于太学教学，“王、韩、左、谷、公、杜、何、毛、范、郑、孔”，“彼数子之说，既不能尽于圣人之经，而可藏于太学，行于天下哉？”进而希望“广诏天下鸿儒硕老，置于太学”，能对六经“重为批注，俾我‘六经’廓然莹然，如揭日月于上，而学者庶乎得其门而入也”②。讲求经文大义，以议论解经，给太学生指明治经的门径。在发明经旨的思想认识基础上，三先生身为经学大家著有不苟同于前人、发其新意的著述行世。石介有《周易解义》《春秋说》，孙复有《易说》《春秋尊王发微》《春秋总论》，胡瑗有《周易口义》《洪范口义》《尚书全解》等。“口义”即为学生对胡瑗课堂讲学的记录，其内容多有疑传惑经、阐发义理之处，而欧阳修评价孙复的著作“不惑传注，不为曲说以乱经，……得于经之本义为多”③。三先生一向摒弃章句诵说而已的课堂教学方式，直观而生动的教学与仅言经传的生硬讲学大异其趣。如胡瑗讲授《三礼》就将其中所载的礼仪、器物绘成直观实图悬于讲堂之上，讲《易》则常引当世之事明之，生动举例，教学效果突出。

在宋初三先生贬抑文辞而崇尚经书、不专注疏而舍传求经的经学思想及教学实践下，太学诸生中心悦服，“翕然向风”，重学经义，学风为之新变。时人朱长文云：“庆历中，仁宗皇帝锐意图治，以庠序为教化之本，于是兴崇太学，首善天下，乃起石守道于徂徕，召孙明复于泰山之阳，皆主讲席。明复以春秋，守道以易，学士大夫翕然向风，先经术而后华藻。”④“先经术而后华藻”正是在宋初三先生的影响下，不同于社会上士子苟趋禄利以致文词浮华，而形成的仁宗朝太学特有的学

① （宋）王应麟：《困学纪闻》，辽宁教育出版社1998年版，第187页。

② （宋）孙复：《孙明复小集》，《文渊阁四库全书》，上海古籍出版社1987年版。

③ （宋）欧阳修著，李之亮笺注：《欧阳修集编年笺注2》，巴蜀书社2007年版，第414页。

④ （宋）朱长文：《乐圃余稿》，《文渊阁四库全书补遗》（第2册），北京图书馆出版社2006年版，第51页。

风特征。

二、"一道德"思想下的王氏新学

仁宗庆历、嘉祐等时期，宋初三先生履职太学，宋人刘挚评价曰："国之教化，出于学校；学之废兴，盖由师长。……祖宗以来，莫不慎其选任，而仁宗庆历中，最号得人。如胡瑗、孙复、石介，实为之首。"①太学相关的关键性人物往往可以改变并引领一个时期的学风，宋初三先生如是，王安石亦如是。范仲淹主持庆历兴学，广请教学名师，宋初三先生、梅尧臣、李觏等皆任职太学，仁宗朝太学学风也是名师引导而逐步形成。王安石主持熙丰兴学，包括太学在内的学校教育，一致推尊王氏新学，快速形成一统天下的学风局面。

熙丰时期，王氏新学的典型代表即是《三经新义》及《字说》。国子监、太学实与《三经新义》的修撰关系甚大。神宗皇帝在有关学校与贡举的不同场合，数次言及重撰经义的必要性，重在"一道德"，使"义理归一"。熙宁五年正月，王安石以试中学官之等第进呈，且言黎优、张谔文字佳，第不合经义。神宗曰："经术今人人乖异，何以一道德？有所著可以颁行，令学者定于一。"②提及"一道德"与国子监学官有关。同年五月，神宗谓王安石等曰："蔡确论太学试极草草。"冯京曰："闻举人多盗王安石父子文字。试官恶其如此，故抑之。"神宗曰："要一道德。若当如此说，则安可臆说？"③再提"一道德"，此处与太学考试相关。熙宁六年三月，"先是，上谕执政曰：'今岁南省所取，多知名举人，士皆趣义理之学，极为美事。'王安石曰：'民未知义，则未可用，况士大夫乎？'上曰：'举人对策，多欲朝廷早修经义，使义理归一。'"④此番礼部取士多知名举人，而京城之内能称得上"知名举人"者，很可能就有太学名士。他们在对策中表达希望朝廷早修经义的意愿，这与上文所言"试中学官"事、"太学试"事一起，都为神宗帝实现"一道德"之思想

---

① （宋）刘挚：《忠肃集》，中华书局2002年版，第155页。

②③④ （宋）杨仲良撰，李之亮校点：《皇宋通鉴长编纪事本末》，黑龙江人民出版社2006年版，第1305页。

增强了决心。因而于熙宁六年三月，诏命王安石设局置官，训释《诗》《书》《周礼》义，命知制诰吕惠卿兼修撰国子监经义，太子中允、崇政殿说书王雱兼同修撰。

王安石父子修撰《三经新义》，既是跟随宋神宗"一道德"思想的步伐，做皇帝决策的实施者，亦是王安石一直以来执著追求的理想，做自我思想的实践者。因而，他不仅欲"一道德"，更欲"垂万世"，将其新修经义颁诸天下，供后世学者代代参习。王安石在撰《诗》序中以文王为比称颂上德，神宗批曰："传于四方，贻之后世，使夫有识考朕所学所知，及夫行事之实，重不德之甚，岂胜道哉？""以朕比文王，恐为天下后世笑。"①几番争辩之后，王安石终改撰进上而颁行之。对于新撰经义之解读、文词义理之删定，安石精审严查，丝毫不得马虎。因《诗义》之删定不合心意，与吕惠卿怒。为此，吕惠卿在神宗面前表白心迹，且欲辞职去位，有曰："升卿曰：'家兄与相公同改定进呈。'安石怒曰：'安石为文岂如此？贤兄亦不至如此！此曾旼所为，训诂亦不识。'臣甚怪之，而未谕其怒之意，此为人所间耳。臣之弟兄于安石，陛下所亮云云。""安石言垂示万世，恐误学者。"②可见，"垂万世"之思想是神宗帝所认可的，是王安石所希冀的，是其修撰同僚所共晓的。

在"一道德"与"垂万世"思想作用下，在神宗帝的政治支持下，《三经新义》初成，即以诏命的形式颁付国子监雕印，传示天下。且一有新的变动，立即重颁诏命。熙宁八年六月，安石上《诗》《书》《周礼》义序，神宗诏付国子监镂板刻印，置之三经义解之首。同年十二月，安石上再撰《诗·关雎义解》，诏并前改定诸《诗》序解付国子监，颁诸四方。在如此的政治氛围和朝廷的强力推动之下，一时之间，太学等养士之所、科场取士之所，一改熙宁以前的学风倾向，纷纷以《三经新义》作为其教学、考试、录取的指定用书和参考答案。可以想见，四方士子之趋之若鹜、人手一册是必然的。以国子监与太学的紧密关系而论，国子

① （宋）杨仲良撰，李之亮校点：《皇宋通鉴长编纪事本末》，黑龙江人民出版社 2006 年版，第 1308 页。

② （宋）杨仲良撰，李之亮校点：《皇宋通鉴长编纪事本末》，黑龙江人民出版社 2006 年版，第 1309 页。

监雕印的《三经新义》，首先流向的就是中央官学，特别是太学。此时，太学内部学风之变、尊崇王氏新学也在情理之中了。

在某些较长的时段内，至少从社会风气、科场取士等显见的表面看来，其"一道德"之思想起到了相应效果。太学内部的情形亦同，《宋史》载，綦崇礼"初入太学，诸生溺于王氏新说，少能词艺者"①。陆游《老学庵笔记》载："《字说》盛行时，有唐博士耜、韩博士兼，皆作《字说解》数十卷。太学诸生作《字说音训》十卷。"②从上节论及太学学风与文风的探究视角，亦可看出王氏新说的学风倾向。如在熙丰时期，从教学内容来看，太学统一标配《三经新义》及《字说》，王安石甚至亲自向学官授义，再由学官转授诸生；科举导向来说，"作《字说》，多穿凿附会，其流入于佛、老，一时学者无敢不传习，主司纯用以取士，士莫得自名一说，先儒传注一切废而不用"③。学派之争方面，新党专政，太学学官凡王安石不喜者，一律更替为新党人物；政治支持因素，有神宗帝及新党一派作为其强有力的政治后盾。

王氏新学自然未能成为"垂万世"的经典学说，但也在宋代较长一段时期内主导太学、科场及社会风气。由于政治气候的不定向变化，王氏新学也在执政者或主张或禁除的过程中高低起伏。熙丰兴学时天下独尊，元祐旧党掌权后立即被禁，哲宗亲政又绍圣新学，徽宗朝蔡京执政禁元祐学术兴王氏之学，南宋初高宗一朝，先是宰相赵鼎主程颐之学，后有秦桧主王安石……这种浮沉变化主要与政治影响密切相关，而一旦形成阶段性，就会迅速渗入到太学内部，重新形成一次王学热。自熙宁、元丰、元祐至徽宗一朝以来，王氏新学与太学的紧密关系及其是非功过，太学内王氏学说与元祐之学的地位关系问题，在谏议大夫冯獬所奏上《论学校去取不宜黜王氏学疏》（靖康元年五月）一文中，有相当精到而公允的见解，节录其文如下：

---

① （元）脱脱：《宋史》卷三七八《綦崇礼传》，中华书局 1977 年版，第 11680 页。

② （宋）陆游：《老学庵笔记》，中华书局 1979 年版，第 25 页。

③ （元）脱脱：《宋史》卷三二七《王安石传》，中华书局 1977 年版，第 10541 页。

附王氏之学，则詆诋元祐之文；附元祐之学，则讥诮王氏之说，风流至此，颓敝莫回，兹今日之大患也。……若言者以安石之说为邪说，则过矣。安石之释经固不能无失也，夫孟子所谓息邪说者，谓杨朱、墨翟之言；若以安石之说便同杨朱之言为邪说，则复当禁之，此所以起学者之谤而致为纷纷也。士之担簦负笈，赴于天子之学以就教养者，非特欲以进取爵禄为心，亦愿其所养所学与操守者何如耳。今科举在迩，为士者若引用王氏之说，有司怀私，便为邪说而黜落之，则其利害所系甚重，臣固不得不论也。臣愿陛下明诏有司，训敕中外，凡学校科举考校去取，不得专主元祐之学，亦不得专主王氏之学，或传注，或己说，惟其说之当理而已。倘有司辄敢以私好恶去取者，乞重赐斥责，庶使天下学者晓然无惑，而庠序多士得以安其心矣。①

在政治风向已变的大背景下，其文力诋王学为邪说之偏见，主张在学校科举考校过程中能不拘一家之说，取其"说之当理"者。这种观点也代表了当时诸多太学生的心声。太学诸生多年来将全部精力花在研习王氏新经之中，转眼间钦宗即位后学校科举视其为邪说，这自然让他们难以接受。国子祭酒杨时力禁王学，"致使诸生集众，直造祭酒位次，欲见而诋之。时若不自引避，必致生事。"（陈过庭《乞斥责学官杨时等奏》）当然，朝廷官员之间的争辩互斥，很大程度上与激烈相斗的新旧党争有关。但也不乏客观公正之评价，如旧党人物苏轼，对王安石新经之"一道德"颇有精妙批语，其云："文字之衰，未有如今日者也，其源实出于王氏。王氏之文，未必不善也，而患在于好使人同己。自孔子不能使人同，颜渊之仁，子路之勇，不能以相移，而王氏欲以其学同天下。地之美者，同于生物，不同于所生。惟荒瘠斥卤之地，弥望皆黄茅白苇，此则王氏之同也。"②这也是我们的观点，"一道德"之文难于"垂万世"之久。陈善《扪虱新话》就对崇观时期皆习王氏之

① （宋）佚名：《靖康要录》卷五，《丛书集成初编》本。
② （宋）苏轼著，孔凡礼点校：《苏轼文集》，中华书局1986年版，第1427页。

学，导致时文千篇一律之现象深表不满：“崇观三舍，一用王氏之学，及其弊也，文字语言习尚浮虚，千人一律。尝见人说，当时京师优人有致语云：‘伏维体天法道皇帝，趋时立本相公，惟其所以秀才，和同天人之际，而使之无间者，乐人也。’于时观者莫不绝倒，盖数语皆当时之文弊也。”①

三、义理之学

宋代理学在两宋思想文化史中占有重要地位，经过周敦颐、张载、程颢、程颐、朱熹等人的发展与斗争，终至理宗时取得了官学正统地位，其影响波及元、明、清三代，且在宋代时期就影响到社会层面诸领域，科举如是，太学亦是。自北宋末至整个南宋，太学内部的学风多与程朱理学密切相联。而总括北宋阶段，祝尚书曰：“北宋时期的道学，一直处于民间甚至地下状态，而非主流学术。虽偶有道学家如杨时任学官时曾以道学策问诸生，但只是个别现象，不成气候。”②《宋史》载刘勉之以乡举诣太学，“时蔡京用事，禁止毋得挟元祐书，自是伊、洛之学不行。勉之求得其书，每深夜，同舍生皆寐，乃潜抄而默诵之。谯定至京师，勉之闻其从程颐游，邃《易》学，遂师事之。已而厌科举业，揖诸生归，见刘安世、杨时，皆请业焉”③。此记载正与祝书所言“民间甚至地下状态”语合。

南宋以来，理学发展亦经历了曲折起伏的艰难历程，对此，丰富的相关文献资料足以证明。而从太学内部考察之，亦可印证在不同时代政治变革下，南宋理学的发展变化。绍兴十四年(1144)十月，右正言何若奏曰：“自赵鼎倡为伊川之学，高闶之徒从而和之，乃有横渠《正蒙书》《圣传十论》，大率务为好奇立异，而流入于乖僻之域。顷缘闶为国子司业，学者争投所好，于是曲学遂行。”④在宰相赵鼎的倡导、国子司业高闶的支持下，程学在太学内一度盛行。绍兴二十五年(1155)十

---

① (宋)陈善：《扪虱新话》，上海书店1990年版，第128页。
② 祝尚书：《宋代科举与文学》，中华书局2008年版，第470页。
③ (元)脱脱：《宋史》卷四五九《刘勉之传》，中华书局1977年版，第13462页。
④ (宋)李心传编撰，胡坤点校：《建炎以来系年要录》，中华书局2013年版，第2867页。

月,秘书省正字张震曰:“臣愿申敕天下学校,禁专门之学,使科举取士专以经术渊源之文,其涉虚无异端者,皆勿取,庶几士风近古。”①此时申令天下学校不拘一家之说。孝宗乾道四年(1168),魏掞之除太学录。一次在将释奠孔子祠时,指斥王安石父子蛊惑主听,溺乱人心,而程氏兄弟“唱明经学,以幸来今,其功为大”,乞“废安石父子勿祀,而追爵程氏兄弟”。孝宗一朝,“理学与反理学的斗争,形成了‘拉锯战’”。宁宗庆元二年(1196),吏部尚书叶翥攻击理学,“二十年来,士子狃于伪学,……专习语录诡诞之说,……三岁大比,上庠校定,为其徒者专用怪语暗号”②。明年六月,“言者又论三十年来伪学显行,场屋之权,尽归其党,所谓状元、省元与两优释褐者,非其私徒,即是其亲故”③。其中所论“上庠”“两优释褐者”,皆专指太学内部。太学紧跟政治气候、科举时向,“庆元党禁”时期的太学必然也清除了理学。

宁宗嘉定元年(1208),理学得到平反。国子正吴柔胜“始以朱熹《四书》与诸生诵习,讲义策问,皆以是为先。……于是士知趋向,伊洛之学,晦而复明。迁太学博士”④。嘉定五年(1212),国子司业刘爚乞将《论语集注》《孟子集注》立为官学课本,朝廷准之。宝庆三年(1227),尊崇理学的理宗下诏:“朕观朱熹集注《大学》《论语》《孟子》《中庸》,发挥圣贤蕴奥,有补治道。朕方励志讲学,缅怀典刑,深用叹慕。”⑤绍定二年(1229)十月,臣僚奏言:“乞下国子监,内外学校之官,令于士子程课之外,迪以义理之学,厉以行艺之实。”⑥淳祐元年(1241)正月,理宗幸太学,诏以周敦颐、张载、程颢、程颐、朱熹从祀,黜王安石。又诏:“朕惟孔子之道,自孟轲后不得其传,至我朝周惇颐、张载、程颢、程颐,真见实践,深探圣域,千载绝学,始有指归。中兴以来,又得朱熹精思明辨,表里浑融,使《大学》《论》《孟》《中庸》之书,本末洞

① (宋)李心传编撰,胡坤点校:《建炎以来系年要录》,中华书局2013年版,第3201页。

② (清)徐松辑,刘琳、刁忠民、舒大刚校点:《宋会要辑稿》,上海古籍出版社2014年版,第5341页。

③ (宋)樵川樵叟:《庆元党禁》,中华书局1985年版,第17页。

④ (元)脱脱:《宋史》卷四百《吴柔胜传》,中华书局1977年版,第12148页。

⑤ (明)陈邦瞻:《宋史纪事本末》,中华书局1977年版,第867页。

⑥ (清)毕沅:《续资治通鉴 三》,岳麓书社2008年版,第816页。

彻，孔子之道，益以大明于世。朕每观五臣论著，启沃良多，今视学有日，其令学官列诸从祀，以示崇奖之意。”①并将御书《白鹿洞书院揭示》颁赐给了国子监。上至太学等中央官学，下至地方学校、书院等，皆以该学规为其指导性纲领文件。其中有曰：“熹窃观古昔圣贤所以教人为学之意，莫非使之讲明义理，以修其身，然后推以及人，非徒欲其务记览，为词章，以钓声名，取利禄而已也。今人之为学者，则既反是矣。然圣贤所以教人之法，具存于经，有志之士，固当熟读、深思而问、辨之。”②从以上时间节点分别审视理学在太学的地位与影响，也能够清理出与社会、科场相似的理学发展线索。

朱熹作为我国历史上极具影响的教育家，儒家教育思想之集大成者，辗转多地为官时，白鹿洞书院、稽山书院、岳麓书院、寒泉精舍、武夷精舍及竹林精舍等，皆是其讲学著述之处。甚至在庆元党禁时仍“日与诸生讲学不休，或劝以谢遣生徒者，笑而不答”③。朱熹一生致力于教育事业，其教育思想曾在《白鹿洞书院揭示》有过集中论述，而在著名的《学校贡举私议》一文中，他完整地辨述了太学选取道德之人、招求实学之士、痛减解额之滥、罢去舍选之法、太学与科举关系等涉及太学基础的重大问题。特别是文中对于太学士风、学风与文风的批评，尤值得在此注意。其文曰：

> 近年以来，习俗苟偷，学无宗主，治经者不复读其经之本文与夫先儒之传注，但取近时科举中选之文，讽诵摹仿，择取经中可为题目之句，以意扭捏，妄作主张，明知不是经意，但取便于行文，不暇恤也。盖诸经皆然，而《春秋》为尤甚。主司不惟不知其缪，乃反以为工而置之高等。习以成风，转相祖述，慢侮圣言，日以益甚。名为治经，而实为经学之贼；号为作文，而实为文字之妖。……今日治经者既无家法，其穿凿之弊已不可胜言矣。而主司命题又多为新

① （元）脱脱：《宋史》卷四二《理宗二》，中华书局 1977 年版，第 807 页。
② 孟宪承选编：《中国古代教育文选》，人民教育出版社 2003 年版，第 261 页。
③ （元）脱脱：《宋史》卷四二九《朱熹传》，中华书局 1977 年版，第 12751 页。

奇，以求出于举子之所不意，于所当断而反连之，于所当连而反断之。大抵务欲无理可解、无说可通，以观其仓卒之间趋附离合之巧。……主司既以此倡之，举子亦以此和之，平居讲习，专务裁剪经文，巧为饾饤，以求合乎主司之意。其为经学贼中之贼，文字妖中之妖，又不止于家法之不立而已也。①

“经学之贼”与“文字之妖”、“经学贼中之贼”与“文字妖中之妖”，是朱熹对于太学及科场士子不顾经意而裁剪经文、以求迎合主司之意的痛批语。其文洋洋洒洒数千言，却未来得及言于上并在当时产生重大影响，就因“伪学”问题而遭批判。然而，这篇巨论宏文被后人重视，程朱理学也在朱熹身亡后不久终取得正统地位，显赫影响后世数百年。

在两宋太学发展过程中，“先经术而后华藻”“‘一道德’思想下的王氏新学”“义理之学”大概综述了太学学风的走向流变。从另一个角度看，由于太学内部对于科场及社会的强烈导向作用，太学师生所编书目也对学风有重要影响。如太学上舍生方颐孙就编有《太学新编黼藻文章百段锦》，其书今存。彭龟年任职太学博士时，“有谏大夫同知贡举，欲大变文格，下太学选经义、诗赋、论策各二百篇为式”（楼钥《彭公神道碑》）。谏官“知贡举”“欲大变文格”，不由想起嘉祐二年欧阳修知贡举大变文格，变的是被欧阳修视为不正之风的“太学体”，而谏官之求变，欲以太学经义、诗赋、论策等时文为其作文模式，恰与欧阳修之变完全相反。但亦由此可见，学校诸生所作时文在科场及社会的巨大号召力。在如此盛行师生自编场屋用书的时代形势下，太学学风的演变也必然深受其影响。

① （宋）朱熹：《朱子文集》，中华书局1985年版，第475页。

第三节　宋代太学的文风

随着宋代太学不同阶段的历时性发展，其内部文风倾向也经历了一系列演进变化，最具代表者当属太学体与乾淳体。

一、时人排抑之太学体

迄今为止，太学体可谓是北宋太学与文学关联领域内最受学界关注的问题。自上世纪八十年代以来，曾枣庄、葛晓音、祝尚书、吕肖奂、朱刚、张兴武等多位学者著文专论太学体，钩稽发微，真知灼见，令人多有启迪。同时，围绕太学问题的相关争论①也很激烈。其一是太学体究竟是一种文体还是文风，引发诸学者一再阐论。笔者视“太学体”为流行文风。由景祐“变体”到“太学新体”再到“太学体”，“太学体”的演变过程在诸学者来看并无异议，即是逐步演变，其名称之变化正可视为该文风由初步形成到不断成熟的变化发展过程。而“太学体”文风具体体现于包含“赋”“论”“策”等文体的科场时文中。其二是关于太学体的正负面评价。笔者以为，“太学体”的兴盛一时，是在仁宗朝特定时代下科场文风发展的必然结果，视其为“毒瘤”太过，将其作为“古文运动的另一翼”，将会是全新视角来重审“太学体”。其三是欧阳修在排抑“太学体”的过程中究竟起着怎样的作用，有着不同意见。笔者以为欧阳修对于“太学体”的态度是一贯明确的，就是坚决排抑之，嘉祐二年贡举后“太学体”受到了严重打击，科场文风由此逐步转变，而“太学体”并未就此绝迹。

诸位学者的文章多以太学体是文体或是文风，其与骈文、科举程文、庆历之学、古文运动之间的关系诸问题深入研究，主要将它放在科举文学的视域内，对太学这一特定场合较少提及。嘉祐二年欧阳修排抑太学体事件，最终让太学体以有碍文学发展的不良形象进入了文学

---

① 相关争论的具体观点，详见本书第一章，故下文不再重复征引。

视域，为世人所知。顾名思义，太学体的最大关联者，自是作为全国最高学府的太学。溯其源流，我们试图将它放还太学，考察太学体在太学内部的流变过程。

太学体的文献资料现存甚少，真正涉及太学者实在有限。有关太学体的最早记载当是“景祐元年有以变体而擢高第者，后进传效，因是以习”[①]。后人将这种“变体”视为太学体的萌芽及雏形。景祐年间（1034—1037）的“变体”与太学体有关，却与太学无关。太学体在嘉祐二年被排抑罢黜，其于太学内部的具体流变则可追溯至庆历二年。是年石介任职国子监直讲，对于改变太学文风，形成庆历之际的太学体确有很大关系。起初，“天下学者，杨、刘之作，号为时文，能者取科第，擅名声”[②]。既为“时文”，能“取科第”，太学诸生受其诱惑，临摹研习也是可能的事。石介对此甚为不满，认为杨、刘之时文与“圣人之经、言、意、道”相背离，猛烈抨击之，并于太学内部严防太学生习作。诸生之赋作有不合于圣人之道者一律惩戒。文莹《湘山野录》即载：

> 石守道介康定中主盟上庠，酷愤时文之弊，力振古道。时庠序号为全盛之际，仁宗孟夏銮舆，有玉津钹麦之幸，道由上庠。守道前数日于首善堂出题曰《诸生请皇帝幸国学赋》，糊名定优劣。中有一赋云：今国家始建十亲之宅，新封八大之王。盖是年造十王宫，封八大王元俨为荆王之事也。守道晨兴鸣鼓于堂，集诸生谓之曰：此辈鼓箧游上庠，提笔场屋，稍或出落，尚腾谤有司。悲哉！吾道之衰也如此，是物宜遽去。不尔，则鼓其姓名，挞以惩其谬，时引退者数十人。[③]

“引退者数十人”，皆因石介对于太学内部的文风不满所致。石介之初衷本为引导诸生摒弃时文之弊，体悟圣人之道，却因其个人性格

---

① （宋）张方平：《乐全集》卷二十，《文渊阁四库全书》第1104册，上海古籍出版社1987年版。

② （宋）欧阳修著，李之亮笺注：《欧阳修集编年笺注4》，巴蜀书社2007年版，第405页。

③ （宋）文莹：《湘山野录》，中华书局1991年版，第20页。

的刚介偏激,“太学日,不量职分,专以时事为任”①,将太学文风引向了奇险怪论,诋讪时事一途。张方平云:“至太学之建,直讲石介课诸生试所业,因其所好尚,而遂成风。以怪诞诋讪为高,以流荡猥烦为赡,逾越绳墨,惑误后学。”②数年后礼部贡院奏言中有云:“(庆历)二年以来,国子监生诗赋即以汗漫无体为高,策论即以激讦肆意为工。”③其中特意划定时间为庆历二年,正与石介任职太学时间相符,诸生程文的“汗漫无体”“激讦肆意”即为张方平讥语之意,则石介对于太学体文风的形成难脱其咎。

庆历五年七月石介去逝,而十余年后的嘉祐二年太学体仍大盛于时,可见在此期间太学体一直活跃于太学内部及科场之上。庆历六年,张方平《贡院请诫励天下举人文章》奏言:“今贡院考试诸进士,太学新体间复有之。其赋至八百字以上,而每句有十六、十八字者;论有一千二百字以上;策有置所问而妄肆胸臆,条陈他事者……其举人程试,有擅习新体而尤诞漫不合程试者,已准格考落外。”④此处称其为“太学新体”,说明这种“妄肆胸臆,条陈他事”“诞漫”之体不仅流行于科举之场,太学内部亦是如此。结合石介任职时期太学文风“激讦肆意”“逾越绳墨”的特点,太学之内的文风流变显然是一脉相承的。至庆历八年,礼部上奏言及当时的科场文风,即如上文所引,称庆历二年以来的太学生诗赋汗漫无体,策论激讦肆意,进而说:“中外相传,愈远愈滥,非惟渐误后学,又恐后来省试,其合格能几何人。”⑤看来时至庆历八年,太学内外,太学体文风有“愈远愈滥”之势,而后来省试合格“能几何人”的担忧也最终变成了现实。再至嘉祐二年,欧阳修权知贡举将太学体“一切黜去”,在这一影响北宋文学发展走向的事件中,太学生刘几的赋论可谓当时太学内部诸生太学体文风的代表作品。《梦溪笔谈》于此记录甚详:

---

① (宋)李焘:《续资治通鉴长编》,中华书局1985年版,第160页。
② (宋)张方平:《乐全集》,《文渊阁四库全书》第1104册,上海古籍出版社1987年版。
③⑤ (宋)李焘:《续资治通鉴长编》,中华书局1985年版,第3942页。
④ (宋)张方平:《乐全集》,《文渊阁四库全书》第1104册,上海古籍出版社1987年版。

嘉祐中，士人刘几累为国学第一人，骤为险怪之语，学者翕然效之，遂成风俗。欧阳公深恶之，决意痛惩，凡为新文者一切弃黜，时体为之一变，欧阳之功也。有一举人论曰："天地轧，万物茁，圣人发。"公曰："此必刘几也。"戏续之曰："秀才剌，试官刷。"乃以大朱笔横抹之，自首至尾，谓之红勒帛。判大纰缪字榜之。既而果几也。①

刘几在太学学习期间好为"险怪之语"被太学诸生"翕然效之"，嘉祐二年之前的太学内部，太学体文风"遂成风俗"可想而知。

至此，太学体并未如人所言即刻寿终正寝，嘉祐二年被作为典型批落的太学生刘几，却于嘉祐四年改名刘辉、改变文风后由欧阳修亲自擢为第一。朱刚先生认为"欧阳修的排抑并未使刘辉最终屈服，他在瞒过欧公之后，马上回到了他的'太学体'的路上继续前行，且也不乏追随者。"②直至熙宁年间，黄庭坚叔父奏言中提及太学"新格"时如是说："近岁虽以经义取人，太学诸生文章体制未能近古，大率集类章句，联属对偶，风传四方，谓之新格。不禁其渐，文章反陋于作诗赋时。"③

景祐有太学"变体"、庆历有太学"新体"、嘉祐"太学体"，至熙宁又出现太学"新格"，且仍然"不禁其渐"。太学内部的太学体文风流变过程，从庆历二年石介始就一直延绵不断，且有愈演愈烈之势，直到嘉祐二年盛极一时之际被狠狠贬黜，其后自然有所收敛，却在较长一段时期内并未绝迹。

二、时人称道之乾淳体

南宋孝宗朝乾道、淳熙二十多年间，宋末周密赞其为"小元祐"，其时"词人辈出，见之方册，质而不野，丽而不浮，简而不率，奇而不怪，士

① （宋）沈括：《梦溪笔谈》，岳麓书社 2002 年版，第 64 页。

② 朱刚：《"太学体"及其周边诸问题》，《文学遗产》，2007 年第 5 期，第 55 页。

③ （宋）黄庭坚著，郑永晓整理：《黄庭坚全集 辑校编年》，江西人民出版社 2008 年版，第 680 页。

子所当仿效”。(杜范《辛丑知贡举竣事与同知贡举钱侍郎曹侍郎上殿札子》)此时的太学,在绍兴十二年重建后已继续发展了二三十年,并在宋代太学文风转变过程中呈现出盛极一时的独有特征,为时人、后人所称道,这就是独特的“乾淳体”。

已有的宋代太学与文学关系研究,除了北宋仁宗太学体,还有南宋孝宗乾淳体。“乾淳体”这个称呼专指太学,亦可称“乾淳太学体”。关于它的研究,首倡者无疑是祝尚书先生。《新国学》2001年载其《论乾淳“太学体”》一文,其后《宋代科举与文学考论》《宋代科举与文学》皆有收录,文字略具差异。2011年,陈光锐博士在祝文启发下作有《南宋太学“乾淳体”新探》。祝文认为:“所谓‘乾淳太学体’,即乾、淳时期受‘永嘉派’重要作家陈傅良科举程文影响而兴起的文体,它主要流行于太学。”①陈文说:“‘乾淳体’,并非是从文章学角度对乾淳时文所下的定义,而是对乾淳之际以太学为核心的科场文风描述,不同的学术风尚影响着太学文体。”②考察乾淳太学体的具体文风特征,对于宋代太学文风探究具有重要意义。

古代文献中有关“乾淳体”的提出,今日所见仅有二次。一是宋末周密《癸辛杂识》后集专列“太学文变”条,始句即以南宋孝宗朝言起,曰:“南渡以来,太学文体之变,乾、淳之文师淳厚,时人谓之‘乾淳体’,人才淳古,亦如其文。至端平江万里习《易》,自成一家,文体几于中复。淳祐甲辰,徐霖以书学魁南省,全尚性理,时竞趋之,即可以钓致科第功名。自此非《四书》《东西铭》《太极图》《通书》《语录》不复道矣。至咸淳之末,江东李谨思、熊瑞诸人倡为变体,奇诡浮艳,精神焕发,多用庄、列之语,时人谓之换字文章,对策中有‘光景不露’‘大雅不浇’等语,以至于亡,可谓文妖矣。”③二是元马端临《文献通考》所言:“(淳熙)十四年,御试得进士王容以下,上天资英明,大廷策士多自升黜,不尽由有司,是举王容盖自第三亲擢为榜首,时儒生迭兴,词章雅正,号

① 祝尚书:《宋代科举与文学》,中华书局2008年版,第460页。
② 陈光锐:《南宋太学“乾淳体”新探》,《浙江工商大学学报》,2011年第3期。
③ (宋)周密:《癸辛杂识》,中华书局1988年版,第65页。

'乾淳体'。"[1]而《钦定续通典》《御定渊鉴类函》《御定韵府拾遗》等虽提及"乾淳体"，皆自《文献通考》引录而来。

综合其意，周密所言"淳厚"、马端临所言"雅正"，即"淳厚雅正"可视为乾淳太学体的文风特征。此种文风之所以引起时人特意的重视，与此前太学内部为人鄙夷的文风倾向大有关联。绍兴八年(1138)秦桧独相，绍兴十二年(1142)太学重建伊始就处于秦氏相党专政的统治之下，直至绍兴二十五年(1155)秦桧死之前，因政治高压、文化专制，科场及太学内部充满着"谀佞之风"。沈松勤《从高压政治到"文丐奔竞"——论"绍兴和议"期间的文学生态》评论此一时期，"使之奔竞于适应高压政治的以歌功颂德为内涵的话语系统中，创作了汗牛充栋的谄诗谀文，文坛呈现出一派'弥望皆黄茅白苇'之势，成为宋代文学史程中的一个转折点"[2]。秦桧死后的第一个贡举年，即绍兴二十七年，高宗就宣示殿试官："对策中有指陈时事、鲠亮切直者，并置上列，无失忠谠，无尚谄谀，用称朕取士之意。"是举状元为太学生王十朋。

王十朋(1112—1171)，自幼学通经史，文名远闻，曾在家乡梅溪书院讲学授徒，绍兴十五年(1145)入太学，正值秦桧专权，屡试科场而不第，直至十二年后的绍兴二十七年(1157)方一举夺魁。其《御试策》直言："自权臣以身障天下之言路，而庠序之士养谀成风，科举之文不敢以一言及时务，欲士气之振可乎？……臣愿陛下以仁宗为法，以前日权臣之前事为戒，命庠序去谤讪之规，科举革忌讳之禁，有司取忠谠之论。"[3]高宗主持殿试，"上嘉其经学淹通，议论醇正，遂擢为第一"。此后，"学者争传诵其策，以拟古晁、董"[4]。可以想见，太学生王十朋高中状元，此时的太学内部必定引以为豪，"争传诵其策"者首先就是深

---

① (元)马端临:《文献通考》，中华书局1986年版，第301页。

② 沈松勤:《从高压政治到"文丐奔竞"——论"绍兴和议"期间的文学生态》，《文学遗产》，2003年第3期。

③ (清)庄仲方编，任继愈主编:《中华传世文选 南宋文范》，吉林人民出版社1998年版，第533页。

④ (元)脱脱:《宋史》卷三八七《王十朋传》，中华书局1977年版，第11882页。

受鼓舞的太学诸生。秦桧专政的十多年间，科场及太学中歌功颂德的谀佞之风已呈大同之势，此番科举一改其弊，抑谄谀，进忠亮，风向突然之转变对于谋求科考者势必造成巨大的思想冲击。受科举之导向，太学师生有了改变旧有文风的主观愿望。如绍兴三十一年(1161)，国子录邹樗奏言"庶使去取精确，文风丕变"。(《宋会要辑稿·选举》四之三四)

在这种形势下，出现了另一位转变太学文风的重要人物，即"永嘉派"陈傅良(1137—1203)。他与王十朋有先在书院授徒、后入太学求学的相同经历。陈傅良初讲学于城南茶院，"时诸老先生传科举旧学，摩荡鼓舞，受教者无异辞；公未三十，心思挺出，陈编宿说，披剥溃散，奇意芽甲，新语懋长。士苏醒起立，骇未曾有，皆相号召，雷动从之，虽縻他师，亦藉名陈氏。由是其文擅于当世"(叶适《宝谟阁待制中书舍人陈公墓志铭》)[①]。入太学之前其徒达数百人，就已文名大震。当其初赴太学补试之际，"才抵浙江亭，未脱草履，方外士及太学诸生迓而求见者如云"[②]。一入太学，更是礼遇有加。国子祭酒芮烨即令其二子拜其为师，并差其为太学录，刚入学的普通太学生不可能有如此待遇。太学内，张栻、吕祖谦待之如兄弟，四方之士受业愈众。而陈傅良与文风之变化确实有密切关系，友人、门人对此多有论述，楼钥曰："公自为举子业，其所论著如《六经论》等文，所在流播，几于家有其书。蜀中文学最盛，读之者无不动色，文体为公一变。"(《宝谟阁待制赠通议大夫陈公神道碑》)[③]叶适《祭陈君举中书文》："时文靡然由之一变，遂为多士之宗。"[④]门人曹叔远在《止斋文集序》曰："片言落笔，传诵震响，场屋相师，而绍兴之文丕变。"《宋史》本传言："初患科举程文之弊，思出其说为文章，自成一家，人争传诵，从者云合，由是其文擅当世。"[⑤]在科场弥漫陈编宿说，急求改变之时，陈傅良以奇意新语打破

---

① (宋)叶适：《叶适集》，中华书局2010年版，第298页。
② (宋)吴子良：《林下偶谈》，中华书局1985年版，第42页。
③ (宋)楼钥：《楼钥集》，浙江古籍出版社2010年版，第1758页。
④ (宋)叶适：《叶适集》，中华书局2010年版，第573页。
⑤ (元)脱脱：《宋史》卷四三四《陈傅良传》，中华书局1977年版，第12886页。

萎靡苟且之风，不仅有内容之突破，更因其精于论体程式，合于科举论写规则。他作有所谓《论诀》，分“认题”“立意”“造语”“破题”“原题”“讲题”“使证”“结尾”八项，系统总结了作论之程式。故诸生云从景随，太学内风靡一时。

王十朋、陈傅良之后，又一位相关的重要人物是叶适（1150—1223）。他曾四处游学，淳熙五年（1178）中进士，淳熙十三年（1186）始任职太学正、太学博士、国子司业等职，亦与太学关系密切。更重要的是，叶适作有《进卷》凡八卷，今全存。《进卷》对于转变太学文风之影响作用，有宁宗庆元二年知贡举吏部尚书叶翥奏言可证。他上言：“士狃于伪学，专习语录诡诞之说、《中庸》《大学》之书，以文其非。有叶适《进卷》、陈傅良《待遇集》，士人传诵其文，每用辄效。请令太学及州军学，各以月试合格前三名程文，上御史台考察，太学以月，诸路以季。其有旧习不改，则坐学官、提学司之罪。”[①]此处虽因政治身份问题而受到批判，但亦可见，叶适《进卷》与陈傅良《待遇集》皆是当时太学诸生传诵学习、以备科考的重要参考书。清代孙衣言《逊学斋文钞》亦云：“吾乡南宋时学者极盛，而当时科举之文亦推东瓯婺越，乡先生中如陈文节之《待遇集》，叶文定之《进卷》及《八面锋》《奥论》《论祖》等作皆所谓场屋文字，一时谓之‘永嘉体’。”[②]

祝尚书论及“乾淳体”的渊源，其文曰：“实际上，包括陈傅良、吕祖谦、陈亮在内的‘浙东学派’诸君子，是当时文风回归欧、苏的主要代表，而作论尤尚大苏氏。试将《论祖》与东坡《进论》《进策》并读（进策与论，写作方法相近），则不难见其‘遗传基因’所在，又非止《酌古论》为然也。因此可以说，‘乾淳太学体’的渊源，正是苏文之体。”[③]此说从独特角度审视了“乾淳体”的由来，颇引人启迪。笔者亦以为，乾道、淳熙时的政治形势，不同于秦桧高压专政的高宗时期，孝宗之锐意图进给太学谀佞风气之转变提供了政治支持。在新

① （元）脱脱：《宋史》卷一五六《选举二》，中华书局1977年版，第3625页。

② （清）孙衣言：《逊学斋文钞》，清同治刻本，第509页。

③ 祝尚书：《宋代科举与文学》，中华书局2008年版，第467—468页。

的时代思潮下，太学诸生有了改变弊风的迫切愿望，王十朋、陈傅良与叶适诸人顺应潮流，以榜样身份活跃于太学及场屋，从者甚众，在乾、淳时期形成了新的太学文风倾向，成为宋人所言盛行一时的“乾淳太学体”。

第四节　太学学风与文风对于时文创作的影响

不论是太学、州学、县学、书院及私学等中央到地方各级学校内的诸生，还是游学于各地数量更多的社会士子，都将三年一届的科举考试视为终日求学的重要目标。在科考相关制度已相当成熟、日益缜密的两宋社会，如何写好诗赋、经义、策论等场屋时文以求考官青睐，成为举子最为关注的首要问题。中举者之时文自然就受到士子的争相传诵，然科考毕竟三年一届，政治形势、社会潮流及学风文风或许随时变化，诸人遂将视线投向太学这一特殊机构。太学作为国家最高学府，不同于仅供取士、数年一次的科场，它更兼养士之职，日日授课，聚集着诸多精英人士，紧跟时代思潮。士子视太学教育为其榜样，太学的导向作用甚为明显。北宋苏辙说：“天下之士，视成均之所趋向，以为风俗。”（《阎木太学博士叶涛正告词》）南宋留正亦言：“切惟太学时文，四方视以为法，而士风厚薄，人才盛衰，皆可概见于此。”（《乞精加考校太学程文奏》）

两宋时期太学内部具有阶段性、整体性特征的学风与文风发展，前节各有论述。综观宋代历朝，关于太学时文弊端的批评和争议几乎未曾中断。这不仅包括太学学官，更有其他臣僚甚至皇帝本人的批语，究其原因，正是由于太学学风文风对于科场及社会的时文创作有着导向性的巨大影响力。仁宗朝太学始建，太学体风靡一时，“迂僻奇怪，……高谈虚论”（欧阳修《议学状》），“求深者或至于迂，务奇者怪僻而不可读”（苏轼《上欧阳内翰书》）等批语甚多。神宗朝熙宁年间，“近岁虽以经义取人，太学诸生文章体制未能近古，大率集类章句，联属对偶，风传四方，谓之新格。不禁其渐，文章反陋于作诗赋时”①。徽宗政和六年(1116)，《学校士能博通诗书礼乐置之上等御笔手诏》曰：“学校养士，以待士之自得于先王之学，非专于宾贡而已。士牵于宾贡，蔽于流俗故习，尚秦、汉、隋、唐，而不见尧舜三代。比阅时文，观其志趣，率浅陋卑近，无足取者。先王之遗文具在，读其书，谕其世，可考而知。士不务此，而趋走逐末，则朕稽参成周、建立法度何赖焉？其令太学辟雍提举学士司，自今有能博通《诗》《书》《礼》《乐》，稽古明道，见天下之大全者，置之上等。”②南宋以降，高宗绍兴七年(1137)李璜批当时学风：“士之游于庠序者，截去经史，取青媲白，以待有司之问，更相告语，惟恐趋赴功名之后。此道之所以不明，而先王之道几于熄也。如是而望风俗之醇厚，亿兆之孝悌忠信，难矣。”(《重建明州州学记》)③宁宗庆元元年(1195)，朱熹《学校贡举私议》怒斥某些士子为“经学之贼”“经学贼中之贼”，其文如“文字之妖”“文字妖中之妖”。理宗淳祐六年(1246)下《贡举崇实黜浮诏》：“秋闱在近，文弊未革，令监学及诸路郡学精加考校，崇实黜浮，以俟荐送。”④诸朝对于太学时文皆特别关注，其不满与批评、劝诫与希冀，都是缘于太学诸生在科场可能造成的特殊影响。

太学学风若在某段时期内整体变坏，将给时文创作带来极大的负面影响。孝宗乾道七年(1171)留正奏言：“数年以来，有司去取以意，士人志于得而已。程文多不中度，故议论肤浅，而以怪语相高；对策全无记问，而以浮辞求胜，大抵策尤卑弱。每刊行公私等试文字，不足以传示四方。臣恐天下士子以谓朝廷好尚如此，随风而从，不读史书，见闻浅陋，人材风俗，所系实重。”(《乞精加考校太学程文奏》)⑤叶适对

① (宋)黄庭坚著，郑永晓整理：《黄庭坚全集 辑校编年》，江西人民出版社 2008 年版，第 680 页。

② 司羲祖：《宋大诏令集》，中华书局 2009 年版，第 593 页。

③ 浙江省地方志编纂委员会编著：《宋元浙江方志集成》(第 9 册)，杭州出版社 2009 年版，第 4221 页。

④ (元)佚名著，李之亮校点：《宋史全文》，黑龙江人民出版社 2004 年版，第 2272 页。

⑤ (清)徐松辑，刘琳、刁忠民、舒大刚校点：《宋会要辑稿》，上海古籍出版社 2014 年版，第 5317 页。

此亦深有感慨，他批评当今学校极坏之学风，“凡今之士，惟其稚而未成、贫而无食者，乃肯入学；惟其昏眊不材、贪鄙而无节行者，乃皆聚于学；其有罪而不受罚者，乃求籍于学。故凡茂异秀杰之士，以不至于学为高，其有在者，则必共指以为无耻，而皆以为谚。……然则今之学校，乃为弃材之地乎?”(《水心别集》卷三《士学下》)朱熹与林择之亦有一段关于太学的对话。林择之曰：“今士人所聚多处，风俗便不好。故太学不如州学，州学不如县学，县学不如乡学。”朱熹道：“太学真个无益于国家。教化之意何在？向见陈魏公说，亦以为可罢。”(《朱子语类》卷一〇九)在这样的学风背景下，深受太学影响的时文创作欲求文正义深而称意于世，必然是不可能的。

从具体时文作品出发，实例说明太学的学风文风对于时文创作的影响，我们搜绎现存宋人经义、策论，再从中寻检太学相关的科场创作。相比于宋时人所作浩如烟海的科考时文，今存之作实属凤毛麟角。祝尚书《宋代科举与文学》有“现存宋人经义考”一节，给笔者研究带来很大方便。本书亦有太学生文学作品的整体汇录，比对之下，刘安节经义呈现于我们眼前。刘安节(1068—1116)，字元承，温州永嘉人。太学生，元符三年(1100)进士，曾履职国子祭酒。今有《刘安节集》载其经义十数篇。在此，笔者引录《王大旅上帝何以谓之旅》篇，以窥探太学学风在特定时期之重要影响。原文如下：

先王之制祭祀，夫岂一端而已哉！无事而祭者，礼之常者也；有故而祭者，礼之变者也。礼之常者，五帝固有方矣，百神固有职矣，欲以祭之，则即其常位可也。若夫礼之变者，特出于一时之故，而非若无事之时为裕也。举尊而不及卑，举大而不及小，则非所以祈福于百神，于是即上帝之位而会百神以祭之。夫会而祭之则众矣，此其祭所以谓之旅也。盖旅之为义，犹卒旅之为旅也。昔者先王寄军旅之法于乡遂之中，五家为比，则合五人为之伍焉；五比为闾，则合五伍为之两焉；四闾为族，则合四两为之卒焉；五族为党，则合五卒为之旅焉。自卒而下，其人寡矣；自旅而上，其人众矣。则旅也者，可名为众也。自其无事而言之，则五旅之人散而为民，有至于一人之寡；自其有事而言之，而五卒之人聚而为旅，有至于五百人之众矣。夫先王之制祭祀，固有异用而同义者矣。今夫一岁之常祀，无事而祭者也。祭青帝于东郊，祭赤帝于南郊，祭白帝于西郊，祭黑帝于北郊。祭日于东，祭月于西，以至星辰风雨之神，各于其位而祭之，亦何异于五旅之民，无事则散而为一人之寡耶？及其有故而旅于上帝也，则神不可遍祭，力不可遍及，于是五精之帝，日星之神，风雨之师，凡属乎天者，举会于上帝而祭之，亦何异于五卒之人，有事则聚而为五百人之众耶？惟其百神之旅于上帝，非其常位也，则又与夫旅之为逆旅者合矣。陈而成列也，则又与夫旅之为陈旅者合矣。然则先王之正名祀礼，夫岂苟然而已哉！且以下士之旅言之，六官之长有至于三十有二人，而谓之旅者，以其众也。六官之属虽至于十有六人，不谓之旅者，以其寡也。幽而天神，明而下士，而取名于军旅之意，一皆以众为义焉，则夫旅之为众，抑又可考矣。虽然，天神之祭，固多端矣。致道以祭谓之祀，祀昊天上帝是也。备物以祭谓之祭，燔柴于泰坛，祭天是也。尽情以祭之谓之享，惟圣人为能享帝是也。类其礼谓之类，类于上帝是也。造其所谓之造，类造上帝是也。营卫其神而祭谓之禜，日月星辰之神，霜雪风雨之不时，于是禜之是也。祀祭享，无事而祭也，三祭而异义。类造禜，有事而祭也，三祭而异名。禜之祭止于日月星辰而已。类造之祭，止于五帝而已。惟类於上帝，然后百神皆在焉，谓之大旅者，以其大于类造之祭故也。记曰："大响之礼不足以大旅，大旅具矣不足以享帝。"则有故而旅，又未若专志以享于上帝之为大也。呜呼，先王父事天神，其道尽矣。无事而享，所以报也；有故而祭，所以祈也。报之所以为仁，祈之所以为义。祈而旅焉，则帝将百神而为之助，又所以为智也。举祀典而三善从之，则先王之祀上帝，其义深矣。则夫宗伯之典其礼，典瑞之掌其器，掌次之设其邸，职金之共其版，焉得不各致其职以为之辅耶？①

---

① （宋）刘安节，陈光熙点校：《刘安节集》，上海社会科学院出版社2006年版。

此篇经义之主要内容，即释“旅”字之字义。这样的经义时文在王氏新学之前是绝无仅有的。刘安节在太学期间，《三经新义》及《字说》皆已诏命雕印，颁于天下，成为太学内外士子必定书目。刘安节中进士前的绍圣、元符时期，王学在哲宗亲政后重新主宰科场、太学。《字说》二十四卷，学者争相习诵，有司考选必宗其说。这篇时文，正是在王氏新学的一统学风形势下，太学生刘安节顺应潮流，以王安石《字说》为其依据，而创作的具有鲜明时代印迹的作品。值得注意的是，刘安节本为程门弟子，“安节出伊川程子之门”(《钦定四库全书总目》)，陈振孙曰：“(刘安节)与从弟安上皆尝事二程，同游太学，号二刘。”①刘安上于绍圣四年(1097)中进士，早于其兄三年。刘安节依《字说》而作经义，亦可视其为科场登第面前对于王学的一种妥协。这种妥协更能够看出，太学内王氏新学的整体学风对太学生及科场士子时文创作的巨大影响。并且，刘安节之经义还是模范程文，太学内外士子传诵。《钦定四库全书总目》评其“经义尤明白条畅，盖当时太学之程式，后来八比之权舆也”。

刘安节经义可窥探太学学风之影响，王十朋策论可探析太学文风之影响。绍兴二十七年(1157)，王十朋以太学生身份高中状元。其《廷试策》洋洋洒洒，几万余言，全文今存。限于篇幅，特摘录部分如下：

> 臣伏读圣策曰：“取士之科、作成之法犹昔也，而人才犹未盛。”臣有以见陛下致治之道，在乎得士，而欲人才之盛如祖宗时也。臣窃谓陛下欲人才之盛，宜揽育才取士之权。臣谨按《春秋》书“作邱甲”，《穀梁》因论古者有四民，而以士民为首。范宁释之曰：“士者，治道艺者也。”又按经书“单伯送王姬”，《穀梁》曰：“单伯者，我之命大夫也。”范宁释之曰：“古者诸侯贡士于天子，大国三人，次国二人，小国一人。”又按《公羊春秋》曰：“什一行而颂声作。”何休因论及成周之时，井田校室之制、大学小学之法、养士取

① (宋)陈振孙：《直斋书录解题》，商务印书馆1937年版，第490页。

士之说为甚详。又按经赦许止之罪,《穀梁》曰:“子生三月,不免水火,母之罪也。羁贯成童,不就师傅,父之罪也。就师傅学问无方,心志不通,己之罪也。心志既通,而名誉不彰,朋友之罪也。名誉既彰,而有司不举,有司之罪也。有司举之,而王者不用,王者之过也。”《春秋》伤时王失育才取士之权,而默寓其意于笔削之际。《公羊》《穀梁》、范宁、何休之徒从而发明之,亦可谓有功于风教矣。我祖宗以来取士于科举,是古者诸侯贡士之法也;养士于太学,是古者校庠序之法也。又有制科以待非常之士,是有取于汉唐盛世之法也。进士科或用诗赋,或用经义,虽更变不同,而未尝不得人也。太学之士或出于舍选,或出于科举,虽作成不同,而亦未尝不得人也。二百年间,名臣钜儒,建勋立业,背项相望,莫不由此途出,可谓盛矣。陛下往者虽在干戈日不暇给之中,而亦未尝废俎豆之事。自偃兵以来,复兴太学以养诸生,其取士之科、作成之法一遵祖宗之旧,恩甚渥也。而圣策犹以人才未甚盛为忧者,臣辄献揽权之说焉。今取士之科、作成之法虽曰犹昔,而人才非昔者,由福威之权下移于前日故也。夫法之至公者莫如取士,名器之至重者莫如科第。往岁权臣子孙、门客省闱殿试,类皆窃巍科,而有司以国家名器为媚权臣之具,而欲得人可乎?朝廷比因外台之言,例行驳放,士论莫不称快。臣愿陛下常揽福威之权以御之,严诏有司,谨取士之公法,而无蹈往年之覆辙可也。至所谓作成者,盖欲作成其器,如鸢飞鱼跃,涵养其平日之刚方,而成就其异时之远大者耳,非取其能绨章绘句,以媒青紫也。自权臣以身障天下之言路,而庠序之士养谀成风,科举之文不敢以一言及时务,欲士气之振可乎?臣闻嘉祐间,仁宗以制科取士,时应诏者数人,眉山苏辙之言最为切直,考官以上无失德而辙妄言,欲黜之,独司马光慨然主其事。仁宗曰:“朕以直言求士,其可以直言弃之耶?”擢置异等。此陛下取士之家法也。臣愿陛下以仁宗为法,以前日权臣之事为戒,命庠序去谤讪之规,科举革忌讳之禁,有司取忠谠之论。将见贤良方正、茂才异等、直言极谏之士济济而出，如仁宗时矣，尚何患人才之不盛乎？①

引录部分，是对问策中“取士之科、作成之法犹昔也，而人才犹未盛”的解读与献策。因为这部分主要涉及作者对太学与科举取士的意见，特摘录之。此节紧紧围绕圣策所言取士之科、作成之法与人才未盛之因果关系而作论，献上揽权之说，最终从皇帝、权臣、太学、科举与有司五个角度入手，得出“何患人才之不盛”的结论。其文辨析精微，逻辑严密，条分缕析，体现出作者精于时文程式的写作功力。更重要的特征是，直言敢谏，不避权臣，具有强烈的现实针对性，而这正与秦桧专权以来太学及科场的谀佞之风相背，并与议论醇正、敢于直言的乾淳体文风相合。高宗以直言求士，赞其“经学淹通，议论醇正”，亲擢为状元。“学者争传诵其策”，太学文风亦在谀佞之风气后逐渐向乾淳体转变。

综观本章内容，随着太学在两宋时期的发展演变，从整体性、阶段性角度考察其学风与文风，在政治形势、学派争斗等外部因素及太学发展内部因素的共同作用下，太学先后呈现出“先经术而后华藻”“‘一道德’思想下的王氏新学”“义理之学”的学风特征与“太学体”“乾淳太学体”的文风特征。在科场及全社会范围内，太学有着引导风尚潮流的特殊功用，代表着太学学风与文风倾向的太学诸生对于时文创作产生了深刻影响。

宋代太学师生诗文表

注：序号1—316为太学学官，318—435为太学生。姓名后标记△，既为太学学官，又为太学生。

序号	姓　名	简　介	文学作品
1	李　昉	字明远，深州饶阳人。(925—996)	《全宋文》卷四七收文二九篇
2	孔　维	字为则，开封雍丘人。(928—991)	《全宋文》卷四九收文四篇

① （宋）王十朋：《王十朋全集》，上海古籍出版社2012年版，第573页。

续表

序号	姓　名	简　介	文学作品
3	郭忠恕	字恕先，河南洛阳人。(？—977)	《全宋文》卷四一收文三篇，《全宋诗》1册148页始录诗四首
4	李　觉	字仲明，京兆长安人。(947—993)	《全宋文》卷一〇七收文三篇
5	潘　阆	字梦空，大名人。(？—1009)	《全宋文》卷一六三收文一篇，《全宋诗》1册618页始录诗二卷，《全宋词》5页始录词11首，有《逍遥集》
6	邢　昺	字叔明，曹州济阴人。(932—1010)	《全宋文》卷五三收文三篇
7	侯自成	天禧初知濮州。	《全宋文》卷三一八收文一篇
8	杨中和	九经第一及第。	《全宋文》卷四七七收文一篇
9	徐　起	字豫之，濮州鄄城人。	《全宋文》卷三二八收文一篇
10	邵　必	字不疑，丹阳人。	《全宋文》卷六一七收文九篇
11	胡　则	字子正，婺州永康人。(963—1039)	《全宋文》卷一九六收文四篇，《全宋诗》2册1081页始录诗九首
12	孙　复	字明复，晋州平阳人。(992—1057)	《全宋文》卷四〇一收文二一篇，《全宋诗》3册1986页始录诗八首
13	胡　瑗	字翼之，泰州如皋人。(993—1059)	《全宋文》卷四〇八收文五篇，《全宋诗》3册1992页始录诗二首
14	钱彦远	字子高，钱塘人。(994—1050)	《全宋文》卷四一〇收文一九篇，《全宋诗》3册2016页始录诗一首
15	王　洙	字原叔，应天宋城人。(997—1057)	《全宋文》卷四七八收文一二篇，《全宋诗》4册2309页始录诗五首
16	贾昌朝	字子明，真定获鹿人。(997—1065)	《全宋文》卷四八一收文三四篇，《全宋词》117页始录词一首
17	宋　祁	字子京，安州安陆人。(998—1061)	《全宋文》卷四八二收文一一八一篇，《全宋诗》4册2330页始录诗二二卷，《全宋词》116页始录词七首，有《景文集》

续表

序号	姓　名	简　介	文学作品
18	余　靖	字安道，韶州曲江人。(1000—1064)	《全宋文》卷五五五收文四〇九篇，《全宋诗》4册2654页始录诗一卷
19	梅尧臣	字圣俞，宣州宣城人。(1002—1060)	《全宋文》卷五九二收文三四篇，《全宋诗》5册2709页始录诗三一卷，《全宋词》118页始录词三首，有《宛陵先生文集》
20	石　介	字守道，兖州奉符人。(1005—1045)	《全宋文》卷六一八收文一五九篇，《全宋诗》5册3394页始录诗四卷，有《徂徕石先生文集》
21	田　况	字符均，开封人。(1005—1063)	《全宋文》卷六三五收文二一篇，《全宋诗》5册3443页始录诗二五首
22	潘　夙	字伯恭，大名人。(1005—?)	《全宋文》卷六三八收文二篇，《全宋诗》5册3455页始录诗一句
23	范师道	字贯之，苏州吴县人。(1005—1063)	《全宋文》卷六三八收文六篇，《全宋诗》5册3442页始录诗三首
24	李　觏	字泰伯，建昌军南城人。(1009—1059)	《全宋文》卷八九二收文二九三篇
25	孙思恭	字彦先，登州人。(1009—1069)	《全宋文》卷一〇九七收文一篇
26	司马光	字君实，陕州夏县人。(1009—1086)	《全宋文》卷一一七二收文八七九篇，《全宋诗》9册6007页始录诗一五卷，《全宋词》199页始录词三首
27	王拱辰	字君贶，开封咸平人。(1012—1085)	《全宋文》卷一〇二七收文一七篇，《全宋诗》7册4838页始录诗六首，《全宋词》196页始录词一首
28	高良夫	庆历初为太子中舍。	《全宋文》卷五七八收文一篇
29	李虞卿	宋州楚丘人。	《全宋诗》4册2139页始录诗一句
30	吕　溍	嘉祐六年为驾部员外郎。	《全宋文》卷一三六一收文一篇

续表

序号	姓 名	简 介	文学作品
31	裴 煜	字如晦，临川人。	《全宋文》卷一〇五五收文五篇，《全宋诗》8 册 5025 页始录诗三首
32	刘 舒	皇祐间人。	《全宋文》卷九九〇收文一篇
33	黄 晞	字景微，建安人。（？—1057）	《全宋文》卷四三六收文二篇，《全宋诗》3 册 1837 页始录诗二首
34	王 临	字大观，大名成安人。（？—1087）	《全宋文》卷一三六一收文五篇
35	沈 扶	钱塘人。	《全宋文》卷九三〇收文一篇
36	李 问	广陵人。	《全宋文》卷三〇六收文一篇
37	韩 维	字持国，开封雍丘人。（1017—1098）	《全宋文》卷一〇五六收文四二四篇，《全宋诗》8 册 5105 页始录诗一四卷，《全宋词》198 页始录词六首，有《南阳集》
38	郑 穆	字闳中，福州侯官人。（1018—1092）	《全宋文》卷一一一四收文一篇，《全宋诗》8 册 5472 页始录诗五首
39	常 秩	字夷甫，颍州汝阴人。（1019—1077）	《全宋文》卷一一一七收文五篇，《全宋诗》9 册 6240 页始录诗一句
40	陆 珪	字廉叔，山阴人。（1022—1076）	《全宋诗》10 册 7067 页始录诗一首
41	钱 藻	字醇老，钱塘人。（1022—1082）	《全宋文》卷一四二七收文三篇，《全宋诗》10 册 7068 页始录诗三首
42	刘 攽	字贡父，临江新喻人。（1023—1089）	《全宋文》卷一四八四收文六三一篇
43	黄 履	字安中，邵武军邵武县人。（1030—1101）	《全宋文》卷一七九〇收文五〇篇
44	丰 稷	字相之，明州鄞县人。（1033—1107）	《全宋文》卷一七六四收文二六篇，《丰清敏公诗文辑存》

续表

序号	姓　名	简　介	文学作品
45	程　颐	字正叔，河南人。(1033—1107)	《全宋文》卷一七五〇收文一五一篇，《河南程氏遗书》
46	郭祥正	字功父，太平当涂人。(1035—1113)	《全宋文》卷一七三九收文二七篇，《全宋词》370 页始录词一首
47	李　定	字资深。登进士第。	《全宋文》卷三五九收文一篇
48	朱长文	字伯原，苏州吴县人。(1039—1098)	《全宋文》卷二〇二四收文三二篇，《全宋诗》15 册 9780 页始录诗五卷，有《乐圃文集》
49	吕大临	字与叔，京兆蓝田人。(1040—1092)	《全宋文》卷二三八五收文三八篇，有《玉溪集》
50	赵挺之	字正夫，密州诸城人。(1040—1107)	《全宋文》卷二一〇七收文一八篇，《全宋诗》15 册 10183 页始录诗三首
51	孔武仲	字常父，临江新淦人。(1041—1097)	《全宋文》卷二一八六收文二五九篇，《全宋诗》15 册 10232 页始录诗七卷
52	陆　佃	字农师，越州山阴人。(1042—1102)	《全宋文》卷二二〇二收文二一七篇
53	龚　原	字深之，处州遂昌人。(1043—1110)	《全宋文》卷一八二八收文一四篇
54	何执中	字伯通，处州龙泉人。(1044—1118)	《全宋文》卷二二六八收文一七篇
55	李格非	字文叔，济南人。(1045—1105)	《全宋文》卷二七九二收文一〇篇
56	曾　肇	字子开，建昌南丰人。(1047—1107)	《全宋文》卷二三七五收文一三九篇，《全宋词》444 页录词一首
57	朱　服	字行中，湖州乌程人。(1048—?)	《全宋文》卷二二一七收文一四篇，《全宋词》450 页录词一首，有《朱服文集》

续表

序号	姓　名	简　介	文学作品
58	刘　弇	字伟明，吉州安福人。(1048—1102)	《全宋文》卷二五四七收文二四二篇，《全宋词》451页始录词八首，有《龙云集》
59	秦　观	字少游，扬州高邮人。(1049—1100)	《全宋文》卷二五七二收文二九三篇，《全宋诗》18册12063页始录诗一六卷，《全宋词》454—485页始录词，有《淮海集》
60	叶　涛	字致远，处州龙泉人。(1050—1110)	《全宋文》卷二二七六收文二三篇
61	吴　絪	字子进，杭州钱塘人。	《全宋文》卷二七七三收文一篇
62	徐　铎	字振文，兴化军莆田人。(1051—1105)	《全宋文》卷二三五二收文八篇
63	强渊明	字隐季，杭州钱塘人。(1051—1120)	《全宋文》卷二六三七收文八篇
64	晁补之	字无咎，济州钜野人。(1053—1110)	《全宋文》卷二七一一收文七四一篇，《全宋诗》19册12753页始录诗二二卷，《全宋词》553—584页始录词，有《鸡肋集》
65	陈师道	字履常，彭城人。(1053—1102)	《全宋文》卷二六六四收文一八一篇，《全宋诗》19册12631页始录诗七卷，《全宋词》584—592页始录词
66	游　酢	字定夫，建州建阳人。(1053—1123)	《全宋诗》19册12908页始录诗一九首，有《游定夫先生集》
67	杨　时△	字中立，南剑将乐人。(1053—1135)	《全宋文》卷二六七五收文四六六篇，《全宋诗》19册12916页始录诗五卷，有《龟山集》
68	张　耒	字文潜，楚州淮阴人。(1054—1114)	《全宋文》卷二七五〇收文三二二篇，《全宋诗》20册13027页始录诗三三卷，《全宋词》592页始录词八首，有《宛丘集》

续表

序号	姓　名	简　介	文学作品
69	周邦彦△	字美成，钱塘人。(1056—1121)	《全宋文》卷二七七四收文一五篇，《全宋诗》20 册 13421 页始录诗一卷，《全宋词》597—631 页始录词，有《清真先生文集》
70	华　镇	字安仁，会稽人。(1093 前后在世)	《全宋文》卷二六三九收文二六八篇，《云溪居士集》
71	林　自△	字疑独，兴化军兴化县人。	《全宋文》卷二六三六收文一篇
72	翟　思	字子久，润州丹阳人。(？—1102)	《全宋文》卷二〇三〇收文二四篇
73	沈　铢	字子平，真州扬子人。	《全宋文》卷二〇一七收文一篇
74	彭汝霖	字严老，饶州鄱阳人。	《全宋文》卷二三五七收文二篇
75	蔡　肇	字天启，润州丹阳人。(？—1119)	《全宋文》卷二五三〇收文一一篇，《全宋诗》20 册 13642 页始录诗二卷，有《丹阳集》
76	范致虚△	字谦叔，建州建阳人。(？—1137)	《全宋文》卷二八七四收文一二篇，《全宋词》694 页始录词一首
77	陈祥道	字用之，福州闽清人。	《全宋文》卷二〇一三收文二篇，《全宋诗》14 册 9751 页始录诗一首
78	孙　谔	字符忠，应天府荣城人。	《全宋文》卷二二三九收文五篇
79	张庭坚	字才叔，广安军人。	《全宋文》卷二八六五收文九篇
80	陈　瓘	字莹中，南剑州沙县人。(1057—1124)	《全宋文》卷二七八二收文一二一篇，《全宋诗》20 册 13466 页始录诗一卷，《全宋词》631 页始录词二三首，有《了斋集》
81	邹　浩	字志完，常州晋陵人。(1060—1111)	《全宋文》卷二八二五收文五九三篇，《全宋诗》21 册 13916 页始录诗一四卷，《全宋词》639 页始录词二首，有《道乡集》

续表

序号	姓　名	简　介	文学作品
82	王涣之	字彦舟，衢州常山人。(1060—1124)	《全宋文》卷二八六一收文一篇
83	詹　文	缙云人。	《全宋文》卷二二一六收文二篇，《全宋诗》72 册 45237 页始录诗一首
84	范柔中	字元翼，南城人。	《全宋文》卷二九八九收文一篇，《全宋诗》19 册 12986 页始录诗一首
85	刘　昺	字子蒙，开封东明人。	《全宋文》卷三〇三八收文一七篇
86	朱　京	字世昌，南丰人。(？—1101)	《全宋诗》15 册 10440 页始录诗三首
87	刘正夫△	字德初，衢州西安人。(1062—1117)	《全宋文》卷二八七〇收文二篇
88	陈　旸	字晋之，福州人。(1064—1128)	《全宋文》卷二八八〇收文八篇
89	慕容彦逢	字淑遇，宜兴人。(1067—1117)	《全宋文》卷二九二二收文七九三篇
90	刘安节△	字符承，温州永嘉人。(1068—1116)	《全宋文》卷二九五九收文七二篇
91	李昭玘	字成季，钜野人。	《全宋文》卷二六〇五收文二一八篇
92	朱　震	字子发，荆门军人。(1072—1138)	《全宋文》卷三〇六一收文三六篇
93	葛胜仲	字鲁卿，常州江阴人。(1072—1144)	《全宋文》卷三〇六四收文四一六篇，《全宋词》715—728 页始录词，有《丹阳集》
94	胡安国△	字康侯，建宁崇安人。(1074—1138)	《全宋文》卷三一四六收文五〇篇
95	蒋　静	字叔明，常州宜兴人。	《全宋文》卷二五九三收文四篇
96	薛　昂	字肇明，杭州人。(？—1134)	《全宋文》卷二七一〇收文十篇，《全宋诗》20 册 13440 页始录诗四首

续表

序号	姓 名	简 介	文学作品
97	傅楫	字符通，兴化军仙游人。	《全宋文》卷二二一二收文三篇
98	张 绰	政和间提举河北西路学事。	《全宋文》卷三三五二收文一篇
99	孙元卿	字东伯，乐清人。	《全宋诗》50册31432页始录诗三首
100	李 皓	宣和三年知绛州。	《全宋文》卷三五〇六收文一篇
101	张汝霖	宣和时为京西转运使。	《全宋文》卷三一四五收文一篇
102	权邦彦△	字朝美，河间人。	《全宋文》卷三三九七收文四篇
103	黎 确	字介然，邵武人。(？—1138)	《全宋文》卷三三五五收文五篇
104	王庭珪	字民瞻，吉州安福人。(1079—1171)	《全宋文》卷三四〇六收文二四九篇，《全宋词》816—823页始录词，有《卢溪文集》
105	李 朴	字德邵，广陵人。	《全宋诗》71册45096页始录诗一首
106	黄葆光	字符晖，徽州黟县人。	《全宋文》卷二九六三收文七篇
107	孙 觌	字仲益，常州晋陵人。(1081—1169)	《全宋文》卷三四一八收文二一一七篇
108	刘嗣明△	开封祥符人。	《全宋文》卷三一四四收文三篇
109	李 璆△	字西美，开封人。	《全宋文》卷三七七二收文三篇，《全宋词》979页录词一首，有《清溪集》
110	李 迈	字志远，侯官人。	《全宋文》卷二九四四收文一篇
111	季 陵△	字延仲，处州龙泉人。(1081—1135)	《全宋文》卷三五〇二收文八篇
112	胡世将	字承公，常州晋陵人。	《全宋文》卷三八二六收文二九篇，《全宋词》941页始录词一首
113	孔端朝	字国正，兖州曲阜人。	《全宋文》卷三四〇四收文三篇
114	韦寿隆	钱塘人。	《全宋文》卷二七〇九收文一篇

续表

序号	姓　名	简　介	文学作品
115	张　纲△	字彦正，润州丹阳人。(1083—1166)	《全宋文》卷三六六一收文五四九篇，《全宋词》919—925 页始录词，有《华阳集》
116	綦崇礼△	字叔厚，潍州北海人。(1083—1142)	《全宋文》卷三六三八收文五九〇篇，《北海集》
117	黄　哲	成都府华阳人。	《全宋文》卷三一二五收文一篇
118	李熙靖	字子安，常州晋陵人。	《全宋文》卷三〇四〇收文一篇
119	曾　几△	字吉甫，赣州人。(1085—1166)	《全宋文》卷三八〇〇收文九篇，《全宋诗》29 册 18499 页始录诗九卷
120	沈与求	字必先，湖州德清人。(1086—1137)	《全宋文》卷三八五五收文二九八篇，《全宋诗》29 册 18752 页始录诗三卷，《全宋词》981 页始录词四首，有《龟溪集》
121	程　瑀△	字伯寓，饶州浮梁人。(1087—1152)	《全宋文》卷三八八六收文二八篇
122	耿延禧	字伯顺，开封人。(？—1136)	《全宋文》卷三二〇二收文六篇
123	吴　若△	字季海，相州人。	《全宋文》卷三九九〇收文五篇
124	冯　楫	字济川，遂宁人。(？—1152)	《全宋文》卷三九六八收文二五篇
125	董　逌	字彦远，东平府人。	《全宋文》卷三八三六收文一篇
126	康执权	字平仲，开封人。	《全宋文》卷三九九八收文二篇，《全宋诗》33 册 20909 页始录诗三首
127	何　洋	眉州青神人。	《全宋文》卷三九九七收文一篇
128	何伯谨	字诚夫，永嘉人。	《全宋诗》38 册 23792 页始录诗一首
129	高　闶△	字抑崇，明州鄞县人。	《全宋文》卷四一三八收文一八篇
130	王　纶	字德言，建康人。(？—1161)	《全宋文》卷四三七七收文六篇，《全宋诗》34 册 21464 页始录诗一首

续表

序号	姓　名	简　介	文学作品
131	袁正功	常州无锡人。	《全宋文》卷三三四八收文三篇
132	张　戒	字定甫,正平人。	《全宋文》卷四〇六七收文九篇
133	张希亮	行能甚修,见推朋辈。	《全宋文》卷四一九八收文一篇
134	关　注	字子东,越州会稽人。	《全宋文》卷三三四六收文三篇,《全宋诗》32 册 20439 页始录诗四首,《全宋词》1295 页始录词四首,有《关博士集》
135	杨邦弼	字良佐,建州浦城人。	《全宋文》卷四八九三收文三篇
136	何　俌	绍兴间乞惩戒太学生。	《全宋文》卷四三四八收文三篇
137	严　抑	字德隅,湖州归安人。	《全宋文》卷四一九六收文四篇
138	文　浩△	崇观间曾游上庠。	《全宋文》卷三九九四收文一篇
139	史　才	字闻道,明州鄞县人。(? —1159)	《全宋文》卷三九七一收文三篇,《全宋诗》33 册 21253 页始录诗三首
140	王大宝△	字元龟,潮州人。(1089—1165)	《全宋文》卷四〇八四收文一一篇,《全宋诗》30 册 19347 页始录诗一首
141	陈与义△	字去非,洛阳人。(1090—1138)	《全宋文》卷三九八五收文二九篇,《全宋诗》31 册 19463 页始录诗三一卷,《全宋词》1068 页始录词一九首,有《简斋集》
142	黄　齐	字思贤,建州建阳人。	《全宋文》卷二九八九收文一篇
143	秦　桧	字会之,江宁人。(1090—1155)	《全宋诗》31 册 19589 页始录诗一首一句
144	沈清臣	字正卿,杭州盐官人。	《全宋文》卷五〇一〇收文一四篇,《全宋诗》43 册 26883 页始录诗三首,有《晦岩集》
145	彭椿年	字大老,台州黄岩人。	《全宋文》卷五〇一二收文三篇
146	刘　度	字汝一,长兴人。(? —1178)	《全宋诗》37 册 23238 页始录诗一首

续表

序号	姓　名	简　介	文学作品
147	郑　闻	字仲益,开封人。(？—1174)	《全宋文》卷四八七六收文八篇,《全宋词》1514 页始录词一首
148	宋　苞	上书论事。	《全宋文》卷四九二二收文一篇
149	雷　观△	字仲立,洪州丰城人。(1091—?)	《全宋文》卷四〇一一收文一篇
150	张　震	字真甫,汉州人。	《全宋文》卷四九八六收文四四篇,《全宋词》1850 页始录词五首
151	李若水	字清卿,洺州曲周人。(1093—1127)	《全宋诗》31 册 20102 页始录诗二卷
152	李　侗	字愿中,南剑州剑浦人。(1093—1163)	《全宋文》卷四〇六五收文三三篇,《全宋诗》32 册 20277 页始录诗七首
153	陈诚之	字景明,福州闽县人。(1093—1170)	《全宋文》卷四三七六收文七篇
154	潘良贵△	字子贱,婺州金华人。(1094—1150)	《全宋文》卷四〇七八收文三七篇,《全宋诗》32 册 20293 页始录诗一卷,《全宋词》1168 页始录词一首
155	周执羔	字表卿,信州弋阳人。(1094—1170)	《全宋文》卷四〇六七收文一一篇
156	邵知柔	字民望,政和人。(1095—1167)	《全宋诗》29 册 18617 页始录诗一首
157	黄　中	字通老,邵武人。(1096—1180)	《全宋文》卷四〇九四收文三九篇,《全宋词》2783 页始录词一首
158	陈康伯△	字长卿,信州弋阳人。(1097—1165)	《全宋文》卷四一四二收文四二篇,《全宋诗》33 册 20806 页始录诗四首,《全宋词》1172 页始录词二首,有《葛溪集》
159	周　葵△	字立义,常州宜兴人。(1098—1174)	《全宋文》卷四一五二收文一八篇

续表

序号	姓　名	简　介	文学作品
160	陈鹏飞	字少南，永嘉人。(1099—1148)	《全宋诗》33册21254页始录诗四首
161	石延庆	字光锡，越州新昌人。(1101—1149)	《全宋文》卷四二八三收文二篇，《全宋诗》34册21462页始录诗二首
162	王之望	字瞻叔，襄阳谷城人。(1102—1170)	《全宋文》卷四三五一收文三七二篇，《全宋词》1336页始录词二六首
163	史　浩	字直翁，明州鄞县人。(1106—1194)	《全宋文》卷四三九七收文八〇一篇，《全宋诗》35册22112页始录诗八卷，《全宋词》1250—1285页始录词
164	胡　沂	字周伯，余姚人。(1107—1174)	《全宋文》卷四四二七收文一三篇
165	杨　甲	字鼎卿，遂州小溪人。(1110—1184)	《全宋文》卷六一一八收文五篇，《棣华馆小集》
166	萧之敏	字敏中，九江人。(1112—1177)	《全宋诗》37册22974页始录诗四首
167	惠　迪	字楙吉，宜兴人。(1114—1167)	《全宋诗》37册23054页始录诗二首
168	林光朝	字谦之，兴化军莆田人。(1114—1178)	《全宋文》卷四六五〇收文一六八篇，《全宋诗》37册23061页始录诗一卷，有《艾轩集》
169	魏掞之	字子实，建阳人。(1116—1173)	《全宋文》卷四六七八收文二篇，《全宋词》1356页始录词一首
170	汪应辰	字圣锡，信州玉山人。(1118—1176)	《全宋文》卷四七六一收文五一一篇，《全宋诗》38册23572页始录诗一卷，有《玉山文集》
171	颜师鲁	字几圣，漳州龙溪人。(1119—1193)	《全宋文》卷四七五八收文一一篇，《全宋诗》38册23711页始录诗二首

续表

序号	姓　名	简　介	文学作品
172	喻良能△	字叔奇，义乌人。(1120—?)	《全宋文》卷五四〇〇收文九篇，《全宋诗》43册26916页始录诗一六卷，有《香山集》
173	黄　洽	字德润，福州侯官人。(1122—1209)	《全宋文》卷四八九二收文一四篇
174	程大昌	字泰之，徽州休宁人。(1123—1195)	《全宋文》卷四九〇八收文五〇篇，《全宋诗》38册24015页始录诗一〇首
175	林　栗	字黄中，福州福清人。	《全宋文》卷四八六八收文二六篇，《全宋诗》37册22978页始录诗四首
176	周　绾	字彦约，处州遂昌人。	《全宋文》卷三一二五收文一篇
177	余时言	字知默，信州上饶人。	《全宋文》卷四八八三收文三篇
178	周利建	吉州庐陵人。周必大父。	《全宋文》卷四二二八收文一篇
179	周必大	字子充，吉州庐陵人。(1126—1204)	《全宋文》卷五〇一四收文四七八七篇，《全宋诗》43册26677页始录诗一四卷，《全宋词》1607页始录词一七首，有《周益国文忠公集》
180	杨万里	字廷秀，吉州吉水人。(1127—1206)	《全宋文》卷五二八五收文一一四二篇，《全宋诗》42册26063页始录诗四四卷，《全宋词》1664页始录词八首，有《诚斋集》
181	李　祥	字符德，常州无锡人。(1128—1201)	《全宋文》卷五三八二收文二篇，《全宋诗》43册27080页始录诗七首
182	陈自强△	字勉之，福州闽县人。(1130—?)	《全宋文》卷六四〇九收文七篇
183	袁　枢△	字机仲，建安人。(1131—1205)	《全宋文》卷五四二〇收文六篇，《全宋诗》45册27717页始录诗十五首

续表

序号	姓　名	简　介	文学作品
184	李　石	字知己，资州盘石人。(？—1181)	《全宋文》卷四五五八收文三一八篇，《全宋诗》35 册 22255 页始录诗五卷，《全宋词》1296—1302 页始录词，有《方舟集》
185	程宏图△	字士南，饶州浮梁人。	《全宋文》卷五四二四收文三篇
186	吴飞英	字德华，处州龙泉人。	《全宋文》卷五〇一二收文二篇
187	黄　伦△	字彝卿，闽县人。	《全宋诗》47 册 29567 页始录诗二首
188	王　质△	字景文，郓州人。(1135—1189)	《全宋文》卷五八〇五收文一三三篇，《全宋词》1636—1649 页始录词
189	吕祖谦	字伯恭，婺州金华人。(1137—1181)	《全宋文》卷五八六七收文六一二篇，《全宋诗》47 册 29136 页始录诗一卷，有《东莱吕太史文集》
190	刘　焞	字文潜，成都人。	《全宋文》卷四八六二收文六篇，《全宋诗》38 册 23787 页始录诗一首
191	陈傅良	字君举，温州瑞安人。(1137—1203)	《全宋文》卷六〇一七收文九四七篇，《全宋诗》47 册 29218 页始录诗九卷，有《止斋文集》
192	张孝伯	字伯子，和州人。(1137—？)	《全宋诗》47 册 29564 页始录诗三首
193	马大同	字会叔，严州建德人。	《全宋诗》38 册 24055 页始录诗八首
194	虞　俦△	字寿老，宁国人。	《全宋文》卷五七〇八收文一二四篇，《全宋诗》46 册 28463 页始录诗四卷，《全宋词》2014 页始录词二首
195	季　翔	处州龙泉人。	《全宋文》卷四九九八收文二篇
196	黄　钧	字仲秉，绵竹人。	《全宋文》卷四九五七收文一二篇，《全宋诗》38 册 24029 页始录诗一句
197	关耆孙	字寿卿，嘉州人。	《全宋文》卷四四二九收文二篇，全宋诗》38 册 23706 页始录诗二首

续表

序号	姓　名	简　介	文学作品
198	王　信	字诚之，处州丽水人。(？—1194)	《全宋文》卷六〇六五收文一九篇，《全宋诗》47册29562页始录诗五首，有《是斋集》
199	沈　揆	字虞卿，嘉兴人。	《全宋文》卷五四〇八收文一四篇，《全宋诗》45册27702页始录诗四首
200	薛元鼎	字叔云，兴化军兴化人。	《全宋文》卷五四一三收文五篇
201	黄　度	字文叔，绍兴新昌人。(1138—1213)	《全宋文》卷六一一四收文一二篇，《全宋诗》47册29658页始录诗九首
202	沈　焕△	字叔晦，定海人。(1140—1192)	《全宋文》卷六一五八收文四篇，《全宋诗》48册30018页始录诗一首一句
203	罗克开	字达夫，吉州龙泉人。(1141—1209)	《全宋文》卷六八八二收文一篇，《全宋诗》48册30105页始录诗一首一句
204	章　颖	字茂献，临江军新喻人。(1141—1218)	《全宋文》卷六二六七收文一七篇
205	薛叔似△	字象先，温州永嘉人。(1141—1221)	《全宋文》卷六二六八收文六篇
206	彭龟年	字子寿，临江军清江人。(1142—1206)	《全宋文》卷六二九四收文二三四篇，《全宋诗》48册30131页始录诗三卷，有《止堂集》
207	刘光祖	字德修，简州阳安人。(1142—1222)	《全宋文》卷六三一三收文四九篇，《全宋诗》48册30339页始录诗八首，《全宋词》2063页始录词一一首
208	詹体仁	字符善，福建崇安人。(1143—1206)	《全宋文》卷六三五三收文一六篇，《全宋诗》48册30365页始录诗十首
209	刘　爚	字晦伯，建阳人。(1144—1216)	《全宋诗》50册31019页始录诗五首
210	袁　燮△	字和叔，鄞县人。(1144—1224)	《全宋文》卷六三六五收文二七五篇，《全宋诗》50册30985页始录诗二卷，有《絜斋集》

续表

序号	姓　名	简　介	文学作品
211	郑　鉴△	字自明，福建连江县人。(1145—1182)	《全宋诗》49 册 30965 页始录诗一首
212	何　澹	字自然，处州龙泉人。(1146—1219)	《全宋文》卷六三九七收文四六篇，《全宋诗》47 册 29094 页始录诗二五首，《全宋词》2019 页始录词五首，有《小山集》
213	高文虎	字炳如，四明人。	《全宋文》卷五四一一收文一二篇，《全宋诗》45 册 27694 页始录诗十二首，有《蓼花洲闲录》
214	费士寅	字戒父，成都府广都人。	《全宋文》卷六四三九收文一篇
215	周　洎	字子及，临海人。(？—1185)	《全宋诗》47 册 29130 页始录诗一首
216	戴几先	常州无锡人。	《全宋文》卷四九二一收文二篇
217	陈　邕	安和父，衡山人。	《全宋诗》50 册 31440 页始录诗三首
218	陈希点	字子与，处州青田人。	《全宋文》卷六三五八收文二篇
219	汤　琦	字君宝，潭州浏阳人。	《全宋文》卷六六七六收文二篇
220	戴　溪	字肖望，温州永嘉人。(？—1215)	《全宋文》卷六四三〇收文二五篇，《全宋诗》51 册 32082 页始录诗一首，有《岷隐文集》
221	陈　岘	字寿南，温州平阳人。(1145—1212)	《全宋文》卷六三六四收文二篇，《全宋诗》50 册 31031 页始录诗九首
222	黄　裳	字文叔，剑州普成人。(1146—1194)	《全宋文》卷六三九六收文一八篇，《全宋诗》50 册 31058 页始录诗三首，有《兼山集》
223	刘尧夫△	字醇叟，金溪人。(1146—1189)	《全宋诗》50 册 31058 页始录诗一首一句
224	汪　逵	字季路，信州玉山人。	《全宋文》卷六四一二收文一篇

续表

序号	姓　名	简　介	文学作品
225	孟　浩	南国之良。	《全宋文》卷六四三四收文一篇
226	邵　康	字似之，婺州金华人。	《全宋文》卷六五九五收文三篇
227	雷孝友	字季仲，筠州新昌人。	《全宋文》卷六一六一收文七篇
228	叶　适	字正则，温州永嘉人。(1150—1223)	《全宋文》卷六四六五收文五七三篇，《全宋诗》50 册 31199 页始录诗三卷，《全宋词》2123 页始录词一首，有《水心先生文集》
229	杨　炳	字若晦，泉州晋江人。(1150—1230)	《全宋文》卷七三〇九收文三篇，《全宋诗》50 册 31051 页始录诗一句
230	刘　倓△	字允叔，台州宁海人。(1152—1215)	《全宋文》卷六六一〇收文一篇，《全宋诗》56 册 35143 页始录诗一二首
231	颜　棫△	字叔坚，泉州永春人。(1154—1206)	《全宋文》卷六五九五收文一篇，《全宋诗》51 册 31977 页始录诗四句
232	吴柔胜	字胜之，宣州宣城人。(1154—1224)	《全宋文》卷六五九八收文一篇，《全宋诗》51 册 31974 页始录诗五首
233	宣　缯△	字宗禹，庆元府鄞县人。	《全宋文》卷六七七一收文三篇
234	李寅仲	字君亮，汉州雒县人。	《全宋文》卷六四一二收文三篇，《全宋诗》50 册 31171 页始录诗二首，《全宋词》2127 页始录词一首
235	庄　夏	字子礼，泉州永春人。(1155—1223)	《全宋文》卷六五二一收文一二篇
236	易　祓△	字彦章，潭州宁乡人。(1156—1240)	《全宋文》卷六四四三收文七篇，《全宋词》2273 页始录词三首，有《山斋集》
237	王　介	字元石，婺州金华人。(1158—1213)	《全宋文》卷六六八二收文九篇，《全宋诗》51 册 32233 页始录诗一首

续表

序号	姓　名	简　介	文学作品
238	危　稹	字逢吉，抚州临川人。(1158—1234)	《全宋文》卷六七六七收文六一篇，《全宋诗》51 册 32191 页始录诗一卷，《全宋词》2275 页始录词三首，有《巽斋集》
239	范之柔	字叔刚，苏州吴县人。	《全宋文》卷六三五四收文七篇
240	林　瑑	字景良，福州福清人。(1159—1229)	《全宋文》卷六七〇〇收文一篇
241	曹叔远	字器远，温州瑞安人。(1159—1234)	《全宋文》卷六七〇四收文八篇，《全宋诗》53 册 32844 页始录诗二首
242	叶武子	字文之，邵武人。(？—1246)	《全宋文》卷七七五九收文三篇
243	郑　昉△	衢州人。	《全宋文》卷六九四五收文一篇
244	徐　侨	字崇甫，婺州义乌人。(1160—1237)	《全宋文》卷六七〇四收文八篇，《全宋诗》52 册 32809 页始录诗一卷，有《咏文集》
245	李大同	字从仲，婺州东阳人。(1164—1250)	《全宋文》卷六七七三收文五篇，《全宋诗》53 册 33305 页始录诗三首
246	王居安△	字资道，台州黄岩人。(约 1167—1232)	《全宋文》卷六六七五收文九篇，《全宋诗》51 册 32212 页始录诗八首，《全宋词》2276 页始录词二首，有《方岩集》
247	叶味道	字知道，温州人。(1167—1237)	《全宋文》卷七六七八收文三篇
248	许应龙△	字恭甫，福州闽县人。(1169—1249)	《全宋文》卷六九一六收文五三四篇，《全宋诗》54 册 33769 页始录诗一卷，有《东涧集》
249	李道传	字贯之，隆州井研人。(1170—1217)	《全宋文》卷六九三七收文一一篇，《全宋诗》53 册 33986 页始录诗一首

续表

序号	姓　名	简　介	文学作品
250	徐鹿卿	字德夫，隆兴府丰城人。(1170—1249)	《全宋文》卷七六六七收文一二〇篇，《全宋词》2315页始录词一二首，有《鬼谷文集》
251	范　钟	字仲和，婺州兰溪人。(1171—1248)	《全宋文》卷七三〇七收文三篇
252	王益之	字行甫，婺州金华人。	《全宋文》卷六五九六收文三篇
253	留元刚	字茂潜，泉州永春人。	《全宋文》卷七二一二收文一五篇，《全宋诗》55册34457页始录诗七首，《全宋词》2424页始录词一首，有《云丽集》
254	周端朝△	字子静，永嘉人。(1172—1234)	《全宋文》卷六九七七收文四篇，《全宋诗》55册34196页始录诗五首
255	柴中行	字与之，饶州余干人。(1175—1237)	《全宋文》卷六七一〇收文九篇，《全宋诗》53册32831页始录诗三首
256	陈　武	字蕃叟，温州瑞安人。	《全宋文》卷六三五九收文七篇，《全宋诗》50册31178页始录诗一首
257	杨宏中△	字充甫，福州人。	《全宋文》卷六九七七收文一篇
258	李宗勉	字强父，临安府富阳人。(？—1241)	《全宋文》卷六九四九收文一二篇，《全宋诗》56册35227页始录诗一首
259	李　琪	字孟开，平江府吴县人。	《全宋文》卷六六四六收文二篇，《全宋诗》53册33330页始录诗二首
260	许　沆	泸州泸川人。	《全宋文》卷六九四八收文二篇，《全宋诗》55册34458页始录诗一首
261	金　渊	字渊叔，临安府人。	《全宋文》卷七四二二收文一篇
262	姚　珤	字贵叔，南剑州顺昌人。	《全宋文》卷七三一〇收文四篇
263	戴　栩	字文子，永嘉人。	《全宋文》卷七〇三〇收文一〇九篇，《全宋诗》56册35096页始录诗三卷，有《浣川集》

续表

序号	姓　名	简　介	文学作品
264	李　刘	字公甫，抚州崇仁人。(1175—1245)	《全宋文》卷七二六五收文一一三〇篇，《全宋诗》56册35126页始录诗一卷，《全宋词》2320页始录词一一首，有《梅亭类稿》
265	葛　洪	字容甫，婺州东阳人。(？—1235)	《全宋文》卷六六〇一收文五篇，《全宋诗》51册32016页始录诗四首，有《蟠室老人文集》
266	孙　杓	字居敬，东阳人。	《全宋诗》51册32211页始录诗一首
267	林　埛△	字宗鲁，福州人。	《全宋文》卷六九四八收文三篇
268	郑清之△	字德源，庆元府鄞县人。(1176—1251)	《全宋文》卷七〇三六收文二五篇，《全宋诗》55册34618页始录诗九卷，《全宋词》2322页始录词一首，有《安晚堂诗集》
269	李　韶	字符善，吴县人。(1177—1251)	《全宋文》卷七三二四收文一六篇，《全宋诗》55册34809页始录诗二首
270	吴　炎△	字济之，兴化军莆田人。	《全宋文》卷六五六三收文一篇
271	楼　昉	字旸叔，庆元府鄞县人。	《全宋文》卷六七七二收文六篇
272	杨　璘	字德翁，台州临海人。	《全宋文》卷七〇一五收文二篇
273	邵　朴	字德纯，严州分水人。	《全宋文》卷六四一〇收文一篇
274	陈　振	字震亨，福州人。	《全宋文》卷六七〇三收文二篇
275	魏了翁	字华父，邛州蒲江人。(1178—1237)	《全宋文》卷七〇五三收文一一一三篇，《全宋诗》56册34864页始录诗一四卷，《全宋词》2366—2404页始录词，有《鹤山先生大全文集》
276	真德秀	字景元，建州浦城人。(1178—1235)	《全宋文》卷七一三五收文一三六〇篇，《全宋诗》56册34833页始录诗二卷，《全宋词》2423页始录词一首，有《西山文集》

续表

序号	姓　名	简　介	文学作品
277	陈贵谊	字正甫，福州福清人。(1183—1234)	《全宋文》卷七四〇九收文八篇，《全宋诗》57册35656页始录诗八首
278	陈振孙	字伯玉，湖州安吉人。(约1183—约1262)	《全宋文》卷七六七八收文六篇，《全宋诗》56册35249页始录诗一首，有《直斋书录解题》
279	李　冲	字道卿，侯官人。	《全宋文》卷六九一四收文一篇
280	叶应辅	字子仪，台州黄岩人。	《全宋文》卷七四七〇收文一篇
281	吕　殊	字愚叔，婺州永康人。	《全宋文》卷七四一九收文四篇，《全宋诗》56册35092页始录诗三首，有《敏斋稿》
282	叶　爽	直简而廉，得乎正大。	《全宋文》卷六九三八收文一篇
283	应　傜	字之道，庆元府昌国人。(？—1255)	《全宋文》卷七七〇九收文七篇
284	徐　范△	字彝甫，福州侯官人。(约1189—?)	《全宋文》卷六九四九收文二篇，《全宋诗》56册35084页始录诗二首
285	游　洚	字澄之，建宁府建安人。	《全宋文》卷六九一五收文一篇
286	张　虙	字子宓，庆元府慈溪人。	《全宋文》卷六八七三收文一三篇
287	徐荣叟	字茂翁，浦城人。	《全宋文》卷七四二〇收文三篇，《全宋诗》57册35835页始录诗五首，有《谏垣存稿》
288	何处恬△	字智夫，处州龙泉人。	《全宋文》卷七六八〇收文一篇
289	邓若水	字平仲，隆州井研人。	《全宋文》卷七六七八收文二篇
290	孙德之	字道子，婺州东阳人。(1191—1274)	《全宋文》卷七六九四收文六二篇，《太白山斋稿》
291	蔡　杭	字仲节，建阳人。(1193—1259)	《全宋文》卷七七一一收文一二四篇

续表

序号	姓　名	简　介	文学作品
292	徐元杰	字仁伯，信州上饶人。(1194？—1245)	《全宋文》卷七七四四收文二六二篇，《全宋诗》60册37805页始录诗一卷，《全宋词》2860页始录词一首
293	郑士懿	字从之，宁德人。	《全宋文》卷七九八三收文二篇，《全宋诗》62册39271页始录诗二首
294	章公权	字衡之，处州龙泉人。	《全宋文》卷八〇二七收文一篇，《全宋诗》63册39710页始录诗一首
295	郑起潜△	字子升，平江府吴县人。	《全宋文》卷七四一一收文五六篇
296	陈　埙	字和仲，庆元府鄞县人。(1197—1241)	《全宋文》卷七八六二收文一〇篇
297	江万里△	字子远，都昌人。(1198—1275)	《全宋文》卷七八七三收文一三篇，《全宋诗》61册38122页始录诗一四首，《全宋词》2777页始录词一首
298	方　岳	字巨山，徽州祁门人。(1199—1262)	《全宋文》卷七八七九收文八六三篇，《全宋诗》61册38262页始录诗三六卷，《全宋词》2834—2850页始录词，有《秋崖集》
299	程元凤	字申甫，徽州人。(1199—1268)	《全宋文》卷七九一五收文三五篇，《讷斋文集》
300	朱貔孙	字兴甫，饶州浮梁人。(1258年前后在世)	《全宋文》卷八一二三收文三篇
301	汤　汉	字伯纪，饶州安仁人。(1202—1272)	《全宋文》卷七九二四收文二二篇，《全宋诗》62册38997页始录诗十首，有《东涧集》
302	陈宗礼	字立之，建昌军南丰人。(1203—1271)	《全宋文》卷八〇八九收文一一篇，《全宋诗》62册39199页始录诗十首，有《寄怀斐稿》
303	何梦然	字子是，婺州东阳人。	《全宋文》卷八一二三收文一篇

续表

序号	姓　名	简　介	文学作品
304	文及翁	字时学，绵州巴西人。	《全宋文》卷八二〇六收文一三篇，《全宋诗》66册41286页始录诗六首，《全宋词》3138页始录词二首
305	林经德	字伯大，福州福清人。	《全宋文》卷八〇二二收文一篇，《全宋诗》62册39126页始录诗一首
306	朱　埴	字圣陶，庐陵人。(1215—?)	《全宋文》卷八一二四收文二篇，《全宋词》3074页始录词三首
307	杨　栋	字元极，眉州青城人。	《全宋诗》61册38597页始录诗四首
308	马廷鸾	字翔仲，饶州乐平人。(1222—1289)	《全宋文》卷八一七七收文四〇〇篇，《全宋诗》66册41237页始录诗四卷，《全宋词》3141页始录词五首
309	袁　甫	字广微，庆元府鄞县人。(1216年前后在世)	《全宋文》卷七四二四收文三八二篇，《全宋诗》57册35846页始录诗二卷，有《蒙斋集》
310	李伯玉	字纯甫，饶州余干人。(？—1274)	《全宋文》卷七九八四收文六篇，《全宋诗》62册39261页始录诗八首
311	常　挺	字方叔，福州人。(？—1268)	《全宋文》卷七九九六收文二篇，《全宋诗》63册39367页始录诗四首
312	翁　合	字与可，崇安人。	《全宋文》卷七九九七收文六篇，《全宋诗》63册39406页始录诗四首，《全宋词》2957页始录词二首
313	张镇	字仲甫，福州长乐人。	《全宋文》卷七九五五收文二篇
314	洪　芹	鄱阳人，洪适之曾孙。	《全宋文》卷七九八五收文四篇
315	叶梦鼎△	字镇之，台州宁海人。(？—1278)	《全宋文》卷七九三三收文一四篇，《全宋诗》65册40856页始录诗六首
316	陈宜中△	字与权，永嘉人。	《全宋文》卷八一六〇收文六篇，《全宋诗》68册42798页始录诗三首

续表

序号	姓　名	简　介	文学作品
317	欧阳修	字永叔，庐陵人。(1007—1072)	《全宋文》卷六六三收文二四八四篇，《全宋诗》6册3582页始录诗，《全宋词》120—165页始录词，有《欧阳文忠公集》
318	郑　獬	字毅夫，安州安陆人。(1022—1072)	《全宋文》卷一四五七收文六八七篇，《全宋诗》10册6817页始录诗七卷，《全宋词》210页始录词三首，有《郧溪集》
319	何　群	字通夫，果州西充人。(1049年前后在世)	《全宋文》卷一一一九收文一篇，《全宋诗》7册4909页始录诗一首
320	王子韶	字圣美，太原人。	《全宋文》卷一六三二收文六篇
321	黄　履	字安中，邵武人。(？—1101)	《全宋文》卷一七九〇收文五〇篇，《全宋诗》11册7482页始录诗二一首
322	陈次升	字当时，兴化仙游人。(1044—1119)	《全宋文》卷二二四〇收文一三九篇
323	常安民	字希古，邛州人。(1049—1118)	《全宋文》卷二五六三收文十篇
324	洪中孚	字思诚，歙州休宁人。(1049—1131)	《全宋文》卷二五六三收文五篇
325	虞　蕃	建州人。太学生虞蕃讼案。	《全宋文》卷二五二五收文一篇
326	陈师锡	字伯修，建州建阳人。(1057—1125)	《全宋文》卷二〇三一收文一五篇
327	乔执中	字希圣，高邮人。	《全宋文》卷一七六五收文二篇
328	郑居中	字达夫，开封人。(1058—1122)	《全宋文》卷二七九一收文一三篇，《全宋诗》20册13542页始录诗二首
329	吕荣义	字德修，泉州人。	《全宋文》卷三七六九收文一篇

续表

序号	姓　名	简　介	文学作品
330	侯彭老	字思孺，长沙人。	《全宋文》卷三〇五五收文二篇，《全宋词》899页始录词一首
331	蔡　嶷	字文饶，开封人。(1067—1124)	《全宋文》卷二九四七收文七篇，《全宋词》660页始录词一首
332	张　根	字知常，饶州德兴人。	《全宋文》卷二八六八收文一六篇
333	周行己	字恭叔，永嘉人。(1067—1125)	《全宋文》卷二九五〇收文一一六篇
334	刘延世	字玉孟，新喻人。	《全宋诗》20册13446页始录诗七首
335	刘安上	字元礼，温州永嘉人。(1069—1128)	《全宋文》卷二九六五收文一四八篇
336	孙　馨	字叔静，钱塘人。	《全宋文》卷二八六九收文一篇
337	萧　楚	字子荆，庐陵人。	《全宋文》卷二九一四收文一篇
338	蒋　夔	字子庄，信州永丰人。	《全宋文》卷二一〇八收文二篇
339	陈朝老	字廷臣，建州关隶人。(1077—1147)	《全宋文》卷二九一六收文二篇
340	聂　昌	字贡远，江西临川人。(1078—1127)	《全宋文》卷三三二一收文五篇
341	程　俱	字致道，衢州开化人。(1078—1144)	《全宋文》卷三三二四收文五五八篇
342	李　光	字泰发，越州上虞人。(1078—1159)	《全宋文》卷三三〇六收文二九二篇，《全宋词》785页始录词一四首
343	刘一止	字行简，湖州归安人。(1078—1160)	《全宋文》卷三二六四收文五八七篇，《全宋词》792—800页始录词
344	章　谊	字宜叟，建州浦城人。(1078—1138)	《全宋文》卷三二八五收文九九篇
345	黄伯思	字长睿，邵武人。(1079—1118)	《全宋文》卷三三五六收文二二二篇，《东观文集》

续表

序号	姓　名	简　介	文学作品
346	王次翁	字庆曾，济南人。(1079—1149)	《全宋文》卷三三四六收文六篇
347	汪　藻	字彦章，饶州德兴人。(1079—1154)	《全宋文》卷三三六三收文八一六篇，《全宋词》800 页始录词四首
348	朱　弁	字少章，徽州婺源人。(1085—1144)	《全宋文》卷三八〇二收文二一篇
349	陈　东	字少阳，镇江丹阳人。(1086—1127)	《全宋文》卷三八三二收文一三篇，《全宋诗》29 册 18746 页始录诗一卷，《全宋词》981 页始录词四首
350	李　迨	东平人。(1086—1148)	《全宋文》卷四一九五收文四篇
351	胡　宪	字原仲，建之崇安人。(1086—1162)	《全宋文》卷三八五三收文五篇
352	朱　倬	字汉章，闽县人。(1086—1163)	《全宋文》卷三八三五收文二七篇
353	胡松年	字茂老，海州怀仁人。(1087—1146)	《全宋文》卷三八八〇收文一二篇，《全宋词》983 页始录词二首
354	王居正	字刚中，扬州人。(1087—1151)	《全宋文》卷三八八三收文二五篇
355	何元泰	陈东同舍生。	《全宋诗》29 册 18751 页始录诗一首
356	刘才邵	字美中，吉州庐陵人。	《全宋文》卷三八三八收文四八四篇，《全宋词》3875 页始录词一首，有《檆溪居士集》
357	萧　振	字德起，温州平阳人。	《全宋文》卷三八三一收文一一篇
358	吴　敏	字元中，真州人。(1089—1132)	《全宋文》卷三九七三收文一五篇，《全宋诗》30 册 19218 页始录诗四首

续表

序号	姓　名	简　介	文学作品
359	李弥逊	字似之，苏州吴县人。(1089—1153)	《全宋文》卷三九四四收文三五八，《全宋诗》30 册 19228 页始录诗一〇卷，《全宋词》1047—1061 页始录词，有《筠溪集》
360	邓　肃	字志宏，南剑沙县人。(1091—1132)	《全宋文》卷四〇一四收文九六篇，《全宋诗》31 册 19675 页始录诗一〇卷，《全宋词》1104—1110 页始录词，有《栟榈集》
361	徐　兢	字明叔，建州瓯宁人。(1091—1153)	《全宋诗》31 册 19672 页始录诗二首
362	陈　桷	字季壬，温州平阳人。(1091—1154)	《全宋诗》31 册 19673 页始录诗二首
363	张　阐	字大猷，永嘉人。(1092—1165)	《全宋文》卷四〇〇八收文八篇
364	王之道	字彦猷，无为军无为县人。(1093—1169)	《全宋文》卷四〇五七收文一四三篇，《全宋诗》32 册 20127 页始录诗一五卷，《全宋词》1136—1165 页始录词，有《相山集》
365	金安节	字彦亨，歙州休宁人。(1094—1170)	《全宋文》卷四〇七〇收文五七篇
366	张　嵲	字巨山，襄阳人。(1096—1148)	《全宋文》卷四〇九七收文七二二篇，《全宋诗》32 册 20446 页始录诗一〇卷，有《紫微集》
367	朱　翌	字新仲，舒州怀宁人。(1097—1167)	《全宋文》卷四一四九收文一四　篇，《全宋诗》33 册 20809 页始录诗四卷，《全宋词》1171 页始录词三首，有《灊山文集》
368	张　浚	字德远，汉州绵竹人。(1097—1164)	《全宋文》卷四一二一收文三五〇篇，《全宋诗》33 册 20803 页始录诗一一首

续表

序号	姓　名	简　介	文学作品
369	范宗尹	字觉民，襄阳邓城人。(1098—1136)	《全宋文》卷四二五一收文一四篇，《全宋诗》33 册 20921 页始录诗六首
370	胡　寅	字明仲，建州崇安人。(1098—1156)	《全宋文》卷四一五三收文六一〇篇，《全宋诗》33 册 20924 页始录诗五卷，《全宋词》1240 页始录词一首，有《斐然集》
371	张　运	字南仲，信之贵溪人。	《全宋文》卷四一三八收文十篇
372	胡闳休	字良弼，开封人。	《全宋文》卷四一九九收文一篇
373	高　登	字彦先，漳浦人。(？—1148)	《全宋文》卷三九五九收文四八篇，《全宋诗》31 册 20095 页始录诗一卷，《全宋词》1293 页始录词一二首
374	郭　印	字信可，成都人。	《全宋文》卷三一三四收文四篇，《全宋诗》29 册 18620 页始录诗一二卷，有《云溪集》
375	徐　揆	字宅卿，衢州信安人。	《全宋文》卷四一四〇收文一篇
376	沈长卿	字文伯，湖州归安人。(？—1160)	《全宋文》卷四一九七收文三篇，《全宋诗》33 册 21271 页始录诗三首
377	施宜生	字明望，邵武人。(？—1160)	《全宋诗》33 册 21272 页始录诗一六首
378	杨　诲	蜀人。	《全宋文》卷三八七九收文一篇
379	丁特起	靖康元年为太学生。	《全宋文》卷四〇九六收文一篇，《靖康纪闻》
380	汪若海	字东叟，歙人。(1101—1161)	《全宋文》卷四二七〇收文七篇
381	朱梦说	字肖隐，严州桐庐人。	《全宋文》卷三八一五收文二篇

续表

序号	姓　名	简　介	文学作品
382	蔡延世	字永叔，建昌军南城人。	《全宋文》卷三九一四收文一篇
383	吴　芾	字明可，浙江台州府人。(1104—1183)	《全宋文》卷四三五〇收文二五篇，《全宋诗》35 册 21833 页始录诗一〇卷，《全宋词》1247 页始录词一首，有《湖山集》
384	王十朋	字龟龄，温州乐清人。(1112—1171)	《全宋文》卷四六一四收文五七九篇，《全宋词》1350 页始录词二一首
385	葛立方	字常之，江阴人。(？—1164)	《全宋文》卷四四三四收文一七九篇，《全宋诗》34 册 21789 页始录诗六卷，《全宋词》1340—1348 页始录词，有《归愚集》
386	施师点	字圣与，上饶人。(1124—1192)	《全宋文》卷四九二一收文七篇
387	尤　袤	字延之，常州无锡人。(1127—1194)	《全宋文》卷四九九九收文五九篇，《全宋诗》43 册 26850 页始录诗一卷，《全宋词》1632 页始录词二首，有《梁溪遗稿》
388	王厚之	字顺伯，临川人。(1131—1204)	《全宋诗》45 册 27717 页始录诗一首
389	林大中	字和叔，婺州永康人。(1131—1208)	《全宋文》卷五四二一收文一八篇，《全宋诗》45 册 27721 页始录诗一首
390	王　信	字诚之，处州丽水人。(？—1194)	《全宋文》卷六〇六五收文一九篇，《全宋诗》47 册 29562 页始录诗五首
391	冯康国	字符通，遂宁府人。	《全宋文》卷三八二八收文四篇
392	周梦若	常州武进人。	《全宋文》卷五四二三收文三篇
393	张　观	隆兴时太学生。	《全宋文》卷六二六〇收文一篇
394	乔　嘉	绍熙时太学生。	《全宋文》卷六九三八收文一篇

续表

序号	姓　名	简　介	文学作品
395	黄　黼	字元章，临安余杭人。	《全宋文》卷六一五七收文九篇
396	舒　璘	字元质，奉化人。(1136—1199)	《全宋文》卷五八四七收文一一六篇
397	应孟明	字仲实，婺州永康人。(1138—1219)	《全宋文》卷五七七三收文六篇
398	巩　丰	字仲至，婺州武义人。(1148—1217)	《全宋文》卷六四一〇收文三篇，《全宋诗》50 册 31146 页始录诗一卷，有《东平集》
399	钱文子	字文季，温州乐清人。(1148—1220)	《全宋文》卷六八八八收文六篇，《全宋诗》53 册 32976 页始录诗三首
400	孙应时	字季和，绍兴府余姚人。(1154—1206)	《全宋文》卷六五八二收文三四八篇，《全宋诗》51 册 31696 页始录诗七卷，有《烛湖集》
401	章斯才	处州丽水人。	《全宋文》卷六五六五收文一篇，《全宋词》2274 页始录词二首
402	商飞卿	字翚仲，台州临海人。	《全宋文》卷六七〇六收文二篇
403	黄　灏	字商伯，南康都昌人。	《全宋文》卷五七二〇收文二篇
404	余　古	钱塘人。	《全宋文》卷六五二二收文一篇
405	钱　厚	字德载，临安人。	《全宋文》卷六六四八收文一篇，《全宋诗》53 册 33448 页始录诗六首，有《竹岩拾稿》
406	敖陶孙	字器之，福州人。(1154—1227)	《全宋文》卷六五九八收文一篇，《全宋诗》51 册 31873 页始录诗五卷
407	崔与之	字正之，广州人。(1158—1239)	《全宋文》卷六六七八收文七六篇，《全宋诗》51 册 32241 页始录诗一卷，《全宋词》2203 页始录词二首
408	华　岳	字子西，池州贵池人。(？—1221)	《全宋文》卷六九八〇收文一四篇，《全宋诗》55 册 34360 页始录诗一〇卷

续表

序号	姓 名	简 介	文学作品
409	张 方	字义立,资州资阳人。	《全宋文》卷六九一二收文六篇,《全宋诗》54 册 33801 页始录诗三首,有《亨泉遗稿》
410	李方子	字公晦,昭武人。	《全宋文》卷六七〇二收文五篇,《全宋诗》57 册 35838 页始录诗一首
411	唐 璘	字伯玉,古田人。	《全宋文》卷七六六一收文三篇
412	史弥巩	字南叔,鄞人。(1170—1249)	《全宋文》卷六九四〇收文一篇,《全宋诗》54 册 33989 页始录诗一首,《全宋词》2315 页始录词一首
413	池元坚	宝祐间太学生。	《全宋文》卷八二五二收文一篇
414	林自养	理宗时太学生。	《全宋文》卷八二四九收文一篇
415	郑 霖	字景说,台州宁海人。(1180—1251)	《全宋文》卷七八六五收文九四篇,《全宋诗》61 册 38593 页始录诗八首,有《雪岩集》
416	罗大经	字景纶,庐陵人。(1196—1252 后)	《全宋文》卷七九六五收文七篇,《全宋诗》60 册 37920 页始录诗一六首
417	刘 黻	字声伯,乐清人。(1217—1276)	《全宋文》卷八一五七收文二五篇,《全宋诗》65 册 40678 页始录诗三卷
418	黄 镛	字器之,莆田人。(1230—1300)	《全宋文》卷八二四六收文五篇
419	林居雅	号四川,金乡艾阳人。	《全宋文》卷八〇二二收文一篇
420	朱应元	字见则,湖州安吉人。	《全宋文》卷八一二三收文一篇
421	姜文龙	处州丽水人。	《全宋文》卷七九三四收文一篇
422	高斯得	字不妄,蒲江人。(1241 年前后在世)	《全宋文》卷七九四五收文一一二篇,《全宋诗》61 册 38542 页始录诗三卷,有《耻堂存稿》
423	周直方	字敬伯,吉州吉水人。	《全宋文》卷六九八三收文三篇

续表

序号	姓　名	简　介	文学作品
424	赵景纬	字德父，临安府于潜人。	《全宋文》卷八〇二四收文八篇
425	黄恺伯	温州瑞安人。	《全宋文》卷八一六六收文一篇
426	程九万	字鹏飞，池州青阳人。	《全宋文》卷六三六二收文一篇，《全宋诗》53册32836页始录诗九首
427	常　楙	字长孺，临邛人。（？—1282）	《全宋文》卷八二四七收文三篇，《全宋诗》66册41208页始录诗一首
428	吴　绮	景定中太学生。	《全宋文》卷八三二七收文二篇
429	沈震孙	鄞县人。	《全宋文》卷七四六七收文一篇
430	赵希逢	太祖九世孙。	《全宋诗》62册38921页始录诗一卷
431	潘　凯	字南夫，温州永嘉人。	《全宋文》卷七九三四收文一篇
432	赵　文	字仪可，庐陵人。（1239—1315）	《全宋诗》68册43234页始录诗二卷，《全宋词》3321—3328页始录词，有《清山集》
433	戴表元	字帅初，奉化人。（1244—1310）	《全宋诗》69册43636页始录诗四卷，有《剡源先生文集》

第八章　太学经历与文人影响论例

本章以个案研究方式选取苏门四学士、陈东作为典型论例。苏门四学士有着俱职庠学的共同履历，并于庠学之教期间留下了大量反映庠学教育生活的诗文作品。对庠学生活的吟咏、师友的唱和交游以及批评庠学课堂，使其诗文创作中独具庠学特色。陈东屡次抗颜上书终至以身殉国，“忠义之气，发为文章”，千载之下英名仍存。

第一节　苏门四学士的庠学之教与其诗文创作

北宋文坛领袖苏轼门下，始终聚集着众多乐于跟随交游的门生后学及其崇拜者，其中“(黄庭坚)与张耒、晁补之、秦观俱游苏轼门，天下称为四学士”①。苏门四学士文学造诣各异，创作风格自具特色，然皆得苏轼的奖挹提携，人生遭际与诗文创作亦深受其影响。哲宗元祐年间俱供馆职的经历，为他们赢得了身列苏门“四学士”的不朽声誉。考其履历行踪后我们发现，被后人向来并称的四学士不仅俱供馆职，还曾先后入职庠序学校，可谓俱职庠学。苏门四学士庠学之教的共同履历不禁引起了我们的强烈兴趣。此处即以学界时贤对于苏门四学士研究关注极少的庠学视角，探论其诗文创作中有关庠学之教的吟咏思索，研究其学记文章中体现出的教育思想，进而窥探庠学与文学之间的互动关系。

---

① (元)脱脱:《宋史》卷四四四《黄庭坚传》，中华书局 1977 年版，第 13110 页。

一、庠学之教：教学机缘与俱履教职

北宋时期游学之风依然十分盛行，士子为取仕途而四处游学，干谒文坛领袖，以求赏识荐拔。随着历次兴学运动的发起，长期以来“科举日益重，学校日益轻”的局面正在悄然改观，国子监、太学与州府县学等教育机构亦在兴学运动的浪潮中日益兴起繁盛。在北宋第一次兴学运动——仁宗朝庆历兴学（1044）的大背景下，出生于仁宗朝的苏门四学士[黄庭坚生于庆历五年（1045）、秦观生于皇祐元年（1049）、晁补之生于皇祐五年（1053）、张耒生于至和元年（1054）]从童年时期起就与游学、教育结下了种种因缘。张耒父曾为山阳学官，后来张耒在《送李端叔赴定州序》中写道：“某为儿童，从先人于山阳学官，始见端叔为诸生，某虽未有知，意已相亲。”①儿时的记忆总是令人难忘，从学经历必然留下了深刻印象。秦观父曾游太学师事名儒胡瑗，秦观《李氏夫人墓志铭》回忆：“至和中，先君游太学，事安定先生胡公。岁时归觐，具言太学人物之盛。”②这是秦观六七岁时的记忆，有关于太学以及其间的“人物之盛”。晁补之年十三从王安国于常州官学，黄庭坚年十五从舅父李常游学淮南，张耒年十七游学陈州得到时任陈州教授苏辙的厚爱。

熙宁、元丰年间（1068—1085），随着王安石变法的持续推行，北宋第二次兴学运动掀起，教育改革取得了系列成果。这一时期，苏门四学士皆已成年，先后进士及第，并将于漫长的岁月中投身庠学之教的具体实践中。黄庭坚于熙宁五年（1072）参加学官考试，名列优等，除北京（今河北大名）国子监教授，至元丰三年（1080）方赴京师改官，任职教授凡八年之久。晁补之于元丰三年（1080）任澶州司户参军，寻为澶守韩寿辟为府学教授，明年改为北京国子监教授，元祐元年（1086）召试除太学正，同年十二月方改官秘书省正字，算来庠学之教长达七年。秦观于元丰八年（1085）任职蔡州（今河南汝南）教授，至元祐五年

---

① （宋）张耒，李逸安等点校：《张耒集》，中华书局 1990 年版，第 946 页。

② （宋）秦观，徐培均笺注：《淮海集笺注》，上海古籍出版社 1994 年版，第 1094 页。

(1092)除太学博士,期间亦有七年之久。张耒进士及第后担任县尉、县丞等地方官十余年,于元祐元年(1086)赴京师任职太学录,其时晁、张“俱职太学”,同年十二月方“并试玉堂,同升馆阁”。

庆历兴学对于太学及州学学官选任资历的要求尚相对宽松,至苏门四学士任职庠学的熙丰兴学时期,选任条件愈加苛刻,如元丰中的试学官法要求参考诸州教授的人员“进士第一甲,或省试十名内,或府、监发解五名内,或太学公、私试三名内,或季试两次为第一人,或上舍、内舍生,或曾充经谕以上职掌,或投所业乞试,并听试”①。由此可见一斑。另外更如“经术该博、德行端良”“实学多闻之士”“行谊为先”等条件不一而足。苏门四学士皆是进士出身,在苛刻的考核条件下,先后被选任教职,无论是在隶属中央教育机构的国子监、太学,或地方级的州学、府学,供职太学正、太学录、国子监教授,或州学教授,四学士都切身参与到教育教学当中,“讲明经旨,开谕后进”,“以经术行义训导诸生,掌其课试之事,纠正不如规者”②,尽职尽责,恪守不渝。庠学之教,虽职卑禄薄,然关乎国家教育大事,关乎学子诸生前途命运,不可等闲视之。

作为庠序学校的低级学官,苏门四学士在其位当谋其政。作为文学家,他们的诗文创作也如实记录了庠学之教的经历。正因亲身实践于学校教育,诗文作品中有关庠学之教的反映多为文人的切实感受,故而显得尤为真切深刻。在苏门四学士分别任职庠学的数年时间里,诗、词、文的创作多寡不均,此处则从庠学与文学的互动关系着眼,紧密围绕庠学之教选取文学作品,力图体现出其间四学士的吟咏之情、教育之思。

二、诗文吟咏:酬唱交游与庠学批评

吟咏:庠学生活

任职教官期间,若能遇到天子巡幸学校,可谓文人庠学生活中的

---

① (清)徐松辑:《宋会要辑稿》,中华书局影印本1957年版。

② (元)脱脱:《宋史》卷一六七《职官志七》,中华书局1977年版,第3976页。

一时盛事。天子车驾幸学，显示了皇帝对于国家教育的重视、士子的劝勉及兴学的积极态度，更“有恩例，盖古之养老尊贤之故事”，每次幸学皆是奖赐有加。晁补之在策问《幸学》中就说：“王者化民成俗，未有不由于学者。古之天子视学，兴秩节，祭先圣先师，养老习舞，以升俊造，而简不帅，意诚美也。”①然向来数年间方才幸学一次，“诸生相与延颈企踵，而望属车之清尘”道出了士子的企盼幸学之情，晁补之继而发问未幸学的缘由：“意者肃恭宗庙，焦劳万机，或未遑暇耶？无乃崇术立教，大法信备，而成材尚寡，未足以迂临幸耶？不然，则莫行久之，顾且复举礼义，必肄而后可耶？”名为发问，实含褒扬。至元祐六年(1091)冬十月，哲宗驾幸太学，宰相吕大防、苏颂、苏辙等三十六人纪事唱和。苏轼作《贺驾幸太学表》二首，有“辇回原庙，既崇广孝之风；幄次儒宫，复示右文之化”②等语，斐然作颂。秦观作次韵诗《驾幸太学》：“原庙初更十二章，还舆诏跸幸诸庠。法天辟水遥迎仗，映月深衣不乱行。风动四夷将遣子，礼行三舍遂宾王。前知此举追虞氏，果有球音发舜堂。”③张耒亦有次韵诗《和门下相公从驾幸学》：“继圣文明举旧章，儒宫传跸驻胶庠。地疑阙里弦歌宅，经奏周书隶古行。遣子东夷思入学，受成西旅伫来王。鲁侯在泮犹歌诵，盛事须刊孔子堂。”④二诗唱和吕大防《驾幸太学》，从皇帝传跸幸庠，太学遥遥迎仗，到四方遣子入学，盛事可追虞舜，颂扬了哲宗亲临视学、士子欢欣歌咏之情形。

皇帝幸学的吟咏只是偶一为之，苏门四学士在庠学的日常生活才是吟咏的重要对象。这其中有对庠学生活情景的如实记录。秦观《送刘贡父舍人》回忆了初任蔡州教授时的真实情景：“汝南虽奥区，校官实始张。解鞅百无有，栖栖寄僧坊。筑室从有徒，皆公借余光。一壶千金直，所济在仓黄。”⑤诗中言道蔡州始设州学教授，初来乍到更是

---

① (宋)晁补之：《济北晁先生鸡肋集》，上海商务印书馆1937年版，第282页。

② (宋)苏轼著，孔凡礼点校：《苏轼文集》，中华书局1986年版，第693页。

③ (宋)秦观：《淮海集笺注》，上海古籍出版社1994年版，第290页。

④ (宋)张耒：《张耒集》，中华书局1990年版，第430页。

⑤ (宋)秦观：《淮海集笺注》，上海古籍出版社1994年版，第152页。

百无所有，无处安身只有寄居僧坊。幸赖时任知州刘贡父召集众人为其筑室，方解得燃眉之急。晁补之《国子监暮归》写其北京教授任上清晨则往，薄暮方归的日常生活："杖屦清晨往，缥囊薄暮归。闲官厅事冷，蝴蝶上阶飞。"[①]张耒《晚归》述其太学录任时的勤读不辍："学省归来门巷秋，伴眠书史满床头。低云漠漠梧桐晚，屏上江山亦解愁。"[②]

庠学生活究竟带给四学士怎样的情感体验，是惬意抑或悲意，其中滋味往往甘苦自知，处境不同了情绪亦有变化。黄庭坚《与张道济帖二》全文仅寥寥数句："今日幸阴凉，诸生事业皆办。谩携琴至草堂，亦佳，亦息焉游焉之义也。"[③]趁公事闲暇之余纳凉抚琴，自娱自乐，息焉游焉，并专就此事送帖于张道济，可见作者这份心境是十分难得而又甚为惬意的。秦观作于任职教授初期的《拟郡学试东风解冻》中，"更无舟楫碍，从此百川通"[④]之语对前景充满信心希望，意谓自己不久便会步青云之上。殊料久而不见召用，遂于《送张和叔兼简黄鲁直》诗中一吐郁闷心声，"大梁豪英海，故人满青云。为谢黄叔度，鬓毛今白纷"[⑤]。晁补之有关庠学日常生活的吟咏则常常表现出落寞失意、孤苦悲冷之情。《北京学直舍对客》"所以更颓然，可乐本非内。有心欲何用，桥起则形累"[⑥]，写其颓然不乐，身心俱累；《虚斋》"虚斋闭疎窗，竹日光耿耿。更无司业酒，但有广文冷。人怜出入独，自喜往还省。时作苦语诗，幽泉汲修绠"[⑦]，写其独居虚斋，无酒暖身，唯苦诗作伴；《出都呈十五叔父》"凌兢瘦马不堪驱，塞眼红尘暗九衢。太学齑盐聊乐只，故园桃李且归欤"[⑧]，更写其不堪清苦，直欲故园归隐之情。

---

① （宋）晁补之：《济北晁先生鸡肋集》，上海商务印书馆 1937 年版，第 115 页。

② （宋）张耒：《张耒集》，中华书局 1990 年版，第 475 页。

③ （宋）黄庭坚著，郑永晓整理：《黄庭坚全集 辑校编年》，江西人民出版社 2008 年版，第 804 页。

④ （宋）秦观：《淮海集笺注》，上海古籍出版社 1994 年版，第 288 页。

⑤ （宋）秦观：《淮海集笺注》，上海古籍出版社 1994 年版，第 171 页。

⑥⑦ （宋）晁补之：《济北晁先生鸡肋集》，上海商务印书馆 1937 年版，第 42 页。

⑧ （宋）晁补之：《济北晁先生鸡肋集》，上海商务印书馆 1937 年版，第 101 页。

师友:庠学交游

苏门四学士的诗文创作除吟咏庠学生活之外,还有大量的篇幅记述了庠学期间的师友交游。身为学官,他们既担负着传道授业的职责,又是庠学的考核和管理者,凡此都与学子诸生直接相关,因而学官与诸生在庠学内外的交往必不可少,四学士的诗文中亦多有记载。庠学期间,我们能看到融洽欢欣的师生关系。黄庭坚《张仲吉绿阴堂记》中就描述了一幅其乐也泄泄的师生交游景象,该记云:"其子宽夫又从予学,予数将诸生过其家。近市而有山林趣,花竹成阴,啼鸟鸣蛙,常与人意相值。或时把酒至夜,漏下二十刻,云阴雷风,与诸生冲雨踏泥而归,诸生从予,未尝有厌倦焉。"①山林美景令人情趣盎然,师生把酒言欢,至夜不散,即便冒着雷雨而归也未尝有倦,此情此景亦堪羡乎!我们还能随处可见四学士对诸生的赞赏有加,即如晁补之《太学答学生林自启》中赞其"通达大成,文史足用,升诸乡而有素,告于王而可官"②。相别之时,诗句中满满的祝愿与企盼,晁补之《送学生李公裕兄弟赴省集》希冀李氏三兄弟"屠龙业有用,未厌所从僻"③,其《送北京学生曹慈明秀才之京师》惋惜"半年系船康海门,官忙不共持一樽"④,黄庭坚《送石长卿太学秋补》劝诫石长卿"再三可陈治安策,第一莫上登封书"⑤,其《送吴彦归番阳》感慨"人生要得意,壮士多旷荡"⑥。相别之后,心怀着这份师生情谊,即便经历数十年的人世浮沉,仍割舍不了师生间的往来交游,有关墓志铭的撰写即为代表。黄庭坚《萧济父墓志铭》《李元叔墓志铭》《李仲良墓志铭》、晁补之《进士清河张君墓志铭》《邓先生墓表》、张耒《欧阳伯和墓志铭》所记皆是与

---

① (宋)黄庭坚著,郑永晓整理:《黄庭坚全集 辑校编年》,江西人民出版社 2008 年版,第 919 页。

② (宋)晁补之:《济北晁先生鸡肋集》,上海商务印书馆 1937 年版,第 445 页。

③ (宋)晁补之:《济北晁先生鸡肋集》,上海商务印书馆 1937 年版,第 35 页。

④ (宋)晁补之:《济北晁先生鸡肋集》,上海商务印书馆 1937 年版,第 81 页。

⑤ (宋)黄庭坚著,郑永晓整理:《黄庭坚全集 辑校编年》,江西人民出版社 2008 年版,第 899 页。

⑥ (宋)黄庭坚著,郑永晓整理:《黄庭坚全集 辑校编年》,江西人民出版社 2008 年版,第 107 页。

作者有旧的太学生。晁补之为其学生作《进士阎君墓志铭》，为某生之父作《朝奉大夫常君墓志铭》，为某生之母作《罗氏墓志铭》，更是其师生情谊难舍的表现。

四学士供职庠学时期与太学学官、州学教授的酬唱赠答、赋诗次韵，亦是其诗文创作表现庠学交游的重要部分。晁补之《次韵太学黄博士冕仲同考试作》《再用前韵复呈博士黄冕仲》《次韵太学舒博士尧文示同志》、黄庭坚《呻吟斋睡起五首呈世弼》《九日对菊有怀粹老在河上四首》、秦观《与徐仲甫书》皆为此类作品。其中更多的则是苏门文人之间的诗文往来，或赞许爱慕，或切磋琢磨，或道其思念之情，或抒其劝勉之意。张耒即将出任太学录，苏轼赠言："如闻君作太学博士，愿益逸之：德輶如毛，民鲜克举之。我仪图之，爰莫助之。"[①]语出《诗经·烝民》，深含劝诫勉励之意。元祐元年(1086)，晁、张二人分任职太学正、太学录，是年晁补之精心所撰《求志赋》中提及"余张子之好修兮，蹇博大而无朋"[②]，并于《释求志》特意作解"张子，予太学同舍文潜也"[③]。张耒更在《祭晁无咎文》中深情忆起"外虽朋游，情实兄弟"的太学及馆阁时期，其文曰："契阔积年，俱职太学，并试玉堂，同升馆阁。读书饮酒，两各壮年。意气豪盛，自以无前。"[④]二人俱职太学，酬唱往还更是非常频繁，晁补之《试院呈文潜用前韵》《和文潜试院道旧》、张耒《赠无咎以既见君子云胡不喜为韵八首》等即为这时期的唱和诗作。苏门四学士之间的庠学交游，还包括黄庭坚给供职太学的晁、张二人所寄《以圃茶洮州绿石研赠无咎文潜》《次韵答张文潜惠寄》等。李格非身列"苏门后四学士"之一，元祐元年(1086)起任职太学录、太学博士长达七年，晁补之于太学作诗《次韵太学宋学正遐叔考试小疾见寄》赞李格非："结交齐东李文叔，自倚笔力窥班扬。谈经如市费雌黄，冰炭何用置我肠。"[⑤]后来为其作《有竹堂记》云："济南李文叔为太学

---

① (宋)苏轼著，孔凡礼点校：《苏轼文集》，中华书局1986年版，第1427页。
② (宋)晁补之：《济北晁先生鸡肋集》，上海商务印书馆1937年版，第4页。
③ (宋)晁补之：《济北晁先生鸡肋集》，上海商务印书馆1937年版，第6页。
④ (宋)张耒：《张耒集》，中华书局1990年版，第870页。
⑤ (宋)晁补之：《济北晁先生鸡肋集》，上海商务印书馆1937年版，第66页。

正……率午归自太学，则坐堂中，扫地置笔研，呻吟策牍。为文章，日数十篇不休，如茧抽绪，如山云蒸，如泉出地流，如春至草木发，须臾盈卷轴。”①晁氏连用四种比喻形象地描述了李格非敏捷深茂的文思，直窥班扬的笔力。

与晁补之、张耒同列“苏门六君子”的陈师道，他在元祐元年(1086)与晁、张等人有关太学事的交往，尤值得于此一辨。其时陈氏布衣未第，穷困潦倒，劳苦多病，张耒《赠陈履常》所言应非夸张之语，其诗云：“劳苦陈夫子，欣闻病肺苏。席门迁次数，僧米乞时无。旨蓄亲庖急，青钱药裹须。我场方不给，何以絷君驹。”②于是晁、张作《太学博士正录荐布衣陈师道状》，举荐陈师道为太学录，其文如下：

> 窃以朝廷患庠序不本于教，而纠禁是先；学者不根于古，而浮剽是竞。故选置旧学，削去苛规，为之表仪，使有趣向，所以助成风化，实繄得人。伏见徐州布衣陈师道，年三十五，孝弟忠信闻于乡闾，学知圣人之意，文有作者之风。怀其所能，深耻自售；恬淡寡欲，不干有司。随亲京师，身给劳事。蛙生其釜，愠不见色。方朝廷振起滞才，风劝多士，谓如师道一介，亦当褒采不遗。伏睹太学录五员，系差学生，见今有阙。师道虽不在学籍，而经行词艺，宜充此选。某等职预考察，不敢蔽而不陈。伏乞选差师道充太学录。傥不任职，某等同其罪罚。谨具申国子监，乞眷申礼部施行。③

晁、张荐书恳切诚挚，情理交融，拳拳之心溢于言表。书成后黄庭坚还赋诗歌咏此事，“吾友陈师道，抱独门扫轨。晁张作荐书，射雉用一矢。吾闻举逸民，故得天下喜。两公阵堂堂，此事可摩垒”④。意谓

① (宋)晁补之：《济北晁先生鸡肋集》，上海商务印书馆1937年版，第198页。

② (宋)张耒：《张耒集》，中华书局1990年版，第281页。

③ (宋)晁补之：《济北晁先生鸡肋集》，上海商务印书馆1937年版，第402页。

④ (宋)黄庭坚著，郑永晓整理：《黄庭坚全集 辑校编年》，江西人民出版社2008年版，第426页。

举荐事当能一举成功。然而，最终亦未能赴任，究竟辞而不就还是举荐未就，殊不得知。考其间诗文所录，似因召用布衣实属恩例破格，举荐者人微言轻故而未得荐就。明年方由翰林学士苏轼、中丞傅尧俞、侍郎孙觉一同荐举，除徐州教授。事成后，苏轼《与李方叔书》回应李廌未被举荐的疑问时亦自称人微言轻，何况晁、张乎。其书云："轼孤立言轻，未尝独荐人也。爵禄砥世，人主所专，宰相犹不敢必。"①后来刘安世弹劾陈师道文亦云："朝廷用近侍之荐，起陈师道于布衣而任以徐州教授，其为恩例固已厚矣。"②

批评：庠学课堂

熙宁时期，王安石在神宗支持下发起了轰轰烈烈的变法运动，涉及政治、经济、军事、社会诸领域。科举和教育制度的改革则包括兴三舍法、改贡举法、颁《三经新义》等。王安石《三经新义》及为释经而作的《字说》颁赐给太学及诸州府学之后，"一时学者，无敢不传习，主司纯用以取士，士莫得自各一说，先儒传注一切废不用"③。王氏新说已成为了当时全国学子庠学课堂上必备的教科书和科举录取的依据。对此，苏轼及苏门文人的不满态度是十分明显的。苏轼《答张文潜书》云："文字之衰，未有如今日者也，其源实出于王氏。王氏之文，未必不善也，而患在于好使人同己。自孔子不能使人同，颜渊之仁，子路之勇，不能以相移，而王氏欲以其学同天下。地之美者，同于生物，不同于所生。惟荒瘠斥卤之地，弥望皆黄茅白苇，此则王氏之同也。"④四学士中黄庭坚正于熙宁时期任职北京教授，对学子唯科举导向是取、专务王氏之学可谓深有感触。变法初期科举罢诗赋及明经诸科，专以经义策论取士，学子趋之若鹜，黄庭坚就曾作诗讥刺之："学宫尸廪入，奉养阙丰腆。学徒日新闻，孤陋犹旧典。小材渠困我，持斲问轮扁。

---

① (宋)苏轼著，孔凡礼点校：《苏轼文集》，中华书局1986年版，第1420页。
② (宋)刘安世：《尽言集》，中华书局1985年版，第74页。
③ (元)脱脱：《宋史》卷三二七《王安石传》，中华书局1977年版，第10550页。
④ (宋)苏轼著，孔凡礼点校：《苏轼文集》，中华书局1986年版，第1427页。

大材我屈渠，越鸡当鹄卵。"(《奉和王世弼寄上七兄先生用其韵》)[①]其后《三经新义》及《字说》通行于诸学，黄庭坚又于长诗《送吴彦归番阳》[②]抒其不满。其中"诸学厌晚成，躐学要侩驵"意谓诸学不愿循序渐进，急功近利而攀附于王氏新学；"摹书说偏旁，破义析名象"假借陶诗"奇文共欣赏，疑义相与析"语意而反讽《字说》；"九鼎奏箫韶，爰居端不飨"以受宠若惊、终难苟同之意讥王氏新学；"青衿少到门，庭除书闲敞"谓学子竞趋新学而不赴公堂，暗刺学校已废矣。后来秦观将王氏之学颁于庠学课堂的危害说得更为直白透彻："自熙宁初，王氏父子以经术得幸，下其说于太学。凡置博士，试诸生，皆以新书从事，不合者黜罢之，而诸儒之论废矣。"(《王定国注论语序》)[③]

庠学课堂，如晁补之所述，当是"教人事父兄，亲宗族，而善乡党，内之于治心行己，外之于事君牧民，盖亦如此而止矣"(《祁州新修学记》)[④]，"所以教人者，虽入孝出弟，洒扫应对，为近且末，而有庠序之所宜先讲者也"(《策问・欲悉考三王之学》)[⑤]。大学之道在明明德，在亲民，在止于至善。正心诚意、修行立德本应是庠学课堂教给学子诸生的重要内容，而如今一切惟科举导向，庠学已纯粹成为求取科举功名的途径了。晁氏对此颇为愤激不平，其云："世之为士者，闻先王之教，则漠然若非其身之所当任，而惟其文词记诵所以干有司者为师，储粟辟屋而俟之。三岁而一取士，集于堂者如市，否则掉臂而不顾，盖仅有存者。夫如是，则州里之有学，特以为求仕者之舍耳，而于治诚何补哉！"[⑥]末句批评之论一针见血，最为激切。晁氏《贺教授陈履常启》中既贺陈师道布衣起为教授，又批科举取材之弊：

---

① (宋)黄庭坚著，郑永晓整理：《黄庭坚全集 辑校编年》，江西人民出版社2008年版，第101页。

② (宋)黄庭坚著，郑永晓整理：《黄庭坚全集 辑校编年》，江西人民出版社2008年版，第107页。

③ (宋)秦观：《淮海集笺注》，上海古籍出版社1994年版，第1272页。

④⑥ (宋)晁补之：《济北晁先生鸡肋集》，上海商务印书馆1937年版，第191页。

⑤ (宋)晁补之：《济北晁先生鸡肋集》，上海商务印书馆1937年版，第265页。

窃惟国之求才，病取舍之胶于法；士之涉世，患进退之失其中。设科举爵位以诱人，假诵数词章以干禄。……莫闻览德之风，率多食饵之鱼。①

“食饵之鱼”亦应包含庠学课堂上专务科举词章的求禄者。《张释之以赀为郎》一文以古之取士“不必以学”而今人“非学不可”为论，重申“率多食饵之鱼”意。其云：

后世一切以科举经术取士，公卿贵人舍曰科举，则不能至。至入物补官，仅得一命，以脱民伍多矣。何古取之杂，不必以学，虽贱且易如彼，而贤者多；后世择之精，非学不可，虽贵且艰如此，而不肖者众也？政教在上，风俗在下，未易论也。②

另外，黄庭坚《叔父给事行状》所言太学生文章体制问题，也值得在此一提。关于太学诸生在庠学内部已传为风气、科场之上屡加运用的“太学新格”文章，黄庭坚叔侄皆持批评态度，其文曰：“近岁虽以经义取人，太学诸生文章体制未能近古，大率集类章句，联属对偶，风传四方，谓之新格。不禁其渐，文章反陋于作诗赋时。”③由此亦可见，嘉祐二年(1057)，欧阳修知贡举排抑“太学体”事件后，直至“经义取人”的熙宁年间，近二十年过去，“太学诸生文章体制未能近古”。险怪奇涩之“太学体”虽已没落，继之而起的“太学新格”仍在庠学内外延续。

三、教学思想：教重尚古与学贵自得

王安石变法给教育制度改革注入了不少新的因素，由此带来的北宋第二次兴学运动，重新唤起了学人对学校与科举、人才储备与选用之间的关系地位问题的思索争论。苏门四学士年纪相仿，皆身处于教育改革

① (宋)晁补之：《济北晁先生鸡肋集》，上海商务印书馆1937年版，第444页。

② (宋)晁补之：《济北晁先生鸡肋集》，上海商务印书馆1937年版，第322页。

③ (宋)黄庭坚著，郑永晓整理：《黄庭坚全集 辑校编年》，江西人民出版社2008年版，第680页。

的时代大背景下，先后任职于太学、州学，亲身参与到教学实践之中，因而有着深厚的教学情怀及教育之思。神宗、哲宗时期不同于唐末“君臣上下谓学校为无益”的社会局面，“教之道，必先治学校”已成为苏门四学士乃至大多数学人的思想共识。四学士都很重视兴学，州学、县学的兴建往往得到他们不吝美辞的赞许，建学的州县长贰亦被称有“古循吏之用心”“有为民父母之心，知发政之先后之序”，并作学记以颂扬其人其事。这些学记文章更大的价值还在于反映了四学士有关教育思想的思考，概论之，他们分别从“教”与“学”两个角度提出了“教”重尚古与“学”贵自得的思想。从其互动关系来看，学记文及其教育之思不仅是庠学向文学的转向，它进而以文学的样式理论性指导庠学的教学。

尚古：不忘其本

尊崇先王之教，教育倾向尚古，批评一些州县官吏不重兴学是四学士共有的教育思考。晁补之云：“士学古入官，有人民社稷，岂其一切效俗吏如不及者？乃郑君所谓‘不忘其本’者，非耶”（《冠氏县新修学记》）①。晁氏颂县令郑仅能够修学教民，“不忘其本”，“其本”亦即先王之教、孔圣人之教。对于教育先师孔圣人的推尊崇敬，四学士在多篇学记、祭文中皆有所体现。秦观《谒先师文》、张耒《祭文宣王文》、晁补之《清平县新修孔子庙记》《北京国子监奉诏封孟荀扬韩告先圣》《诏封孟荀扬韩告先师文》等，赞先师孔圣“号古哲人，凛然高风”，后学诸生“承学累年，任凭余光”。孔圣的一言一行，与弟子的问话对答，都是四学士形成自身教育思想的重要依凭。孔子与子贡关于饩羊的一段对话，张耒《冀州州学记》云：“盖昔者子贡欲去告朔之饩羊，子曰：‘尔爱其羊，我爱其礼。’夫不告朔而去羊，未害也，然使后世不知有告朔者，自去羊始。”②晁补之《林虑县学记》亦云：“子贡欲去饩羊，则圣人以谓‘我爱其礼’，此深知为治之意者。”③细究引用于文中的语意，

① （宋）晁补之：《济北晁先生鸡肋集》，上海商务印书馆1937年版，第188页。
② （宋）张耒：《张耒集》，中华书局1990年版，第775页。
③ （宋）晁补之：《济北晁先生鸡肋集》，上海商务印书馆1937年版，第192页。

子贡所谓饩羊犹如今日之谓州府县学，不重兴学对于州县长贰无从重责，然“士不可一日而无学，民不可一日而无教”，若无今日之州县建学，后世来者何时方知兴学之重任。孔子与子游武城弦歌的对话，晁氏《沈丘县学记》云：“武城弦歌，夫子戏之曰：‘割鸡焉用牛刀。’然亦各以教其人使知道，则子游之意卒乎为是。”①晁氏《博州高唐县学记》云：“教其邑中君子小人以学道之美，武城弦歌，达于四境。”②武城虽一小邑，却在子游的管辖之下弦歌不绝，礼乐大兴。今日之学校兴建理当如子游之武城教化。

先王之教，深谙缓急之道。古人重视兴学，以学校之事为急务，“学校遍于天下，里闾田亩之民，皆不鄙而教之。至于庠序之间，有一不率教之小人，亦国家之细事耳”（张耒《慎微篇下》）③。而今人多以文法赋敛为急务，以兴学为缓，因而招致四学士的不满与批评。“以今之政为无事于学，而不为可也，因我之无用而毁古人之所急，安知来者之不有作乎？”（张耒《冀州州学记》）④若有“不以人之所急者为先，而急于人之所缓”如清平县令钱唐卿者，其兴学教民之功自然得到时人来者的颂扬。然而即便在变法运动的促动下，州县官吏对于兴学之风仍未足够重视，朝廷有诏命则作为一番，运动过后就又一切照旧，以州县簿书、狱讼、财赋为急办。究其原由，苏门四学士认为：

今州县之吏，取办目前，责以教民则不受，而上之人亦不复责之者。（张耒《万寿县学记》）⑤

学之存否，于吏治之损益，信未有系也。（晁补之《沈丘县学记》）⑥

盖在官常曰狱讼之不得其情，赋租之不登其时，簿书朱墨之

① （宋）晁补之：《济北晁先生鸡肋集》，上海商务印书馆1937年版，第190页。

② （宋）晁补之：《济北晁先生鸡肋集》，上海商务印书馆1937年版，第187页。

③ （宋）张耒：《张耒集》，中华书局1990年版，第687页。

④ （宋）张耒：《张耒集》，中华书局1990年版，第775页。

⑤ （宋）张耒：《张耒集》，中华书局1990年版，第778页。

⑥ （宋）晁补之：《济北晁先生鸡肋集》，上海商务印书馆1937年版，第189页。

> 不当其物，寇盗发而不辄得，是吾忧也。若劝学养士，二千石之任也。故庙学岿然，未尝过而问焉。（黄庭坚《洪州分宁县藏书阁铭》）①

可知，在州县之政特别是官吏之升贬与兴学毫无相及的前提下，诸长官只愿"取办目前"以应对朝廷考课、对于学校"未尝过而问焉"就变得无从重责了，这其中既有朝廷政治、教育制度的不完善因素，亦含诸吏道德品行的自我考量。若有远识之士能尊尚古教，不忘其本，真正以爱民之心教化于庠学之间，为民功莫大焉，受人敬颂岂非应得。

自得：不从流俗

苏轼及四学士经历仕途的大起大落、饱尝人生的荣辱祸福，关于"自得"之说，向来深有体会。秦观称："苏氏之道，最深于性命自得之际。"（《答傅彬老简》）②黄庭坚云："待外物而造适兮，固不若放之自得之场。"（《悼往》）③这种自得之说反映至庠学之教学，则体现为四学士大力提倡"学"贵自得的思想，其中尤以黄庭坚最为用力。黄氏自得思想实源于孟子，《鄂州通城县学资深堂记》借为县学的资深堂作记详细阐述了其"学"贵自得之意及思想来源。该文云：

> 浅闻寡见者之教也，不能引之至于道，故学者皆得一而暖暖姝姝，彼其得一也，非自得之故也。孟子曰："君子深造之以道，欲自得之也。"见异端而不能弗畔，居之不安也；趋下流而失其本，资之不深也。今夫水决之东则东流，决之西则西流，背原而往矣。左之右之，而常逢其原，亦必有道矣。夫教者欲速效，而不使人自

---

① （宋）黄庭坚著，郑永晓整理：《黄庭坚全集 辑校编年》，江西人民出版社2008年版，第690页。

② （宋）秦观：《淮海集笺注》，上海古籍出版社1994年版，第981页。

③ （宋）黄庭坚著，郑永晓整理：《黄庭坚全集 辑校编年》，江西人民出版社2008年版，第43页。

得之；学者欲速化，而不求自得之，皆孟子之罪人也。①

黄氏认为学子诸生苟闻其一就已经沾沾自喜，实乃未达到自得之故。而今日之教者与学者追求急功近利，不使自得，不求自得，凡此皆与孟子“深造之以道而自得”之论背道而驰。那么，如何方能求得“自得”？黄氏主张应求之于心、求之于内，其文曰：

古之学者所自得于内，而不恤其外，凡如此也。此所以有讲有学，有朋友切磨，以相发明，非为文章可传后世，辩论可屈众人而发也。其所闻于师，与自得于心者如此。方其学于师也，不敢听以耳，而听之以心；于其反诸身也，不敢求诸外，而求之内。（《论语断篇》）②

向内心求索、自觉自悟、虚心涵泳，是黄氏为求学诸生列出的“自得”之径。同时黄庭坚还主张，学贵“自得”就要异于“流俗”，“不为单见浅闻者病”。其文中多次将自得之说与随人而许可的流俗之见截然对举，告诫学子正确的求学之道。即如：

于黄卷中求见古人，皆流俗之所趣，而叩寂求音，得之于淡泊，甚善甚善。今人古人，皆可师可友，能自得之者，天下之士也。（《答何静翁》）③

爱一世之所弃，敬众人之所慢，足下真自得之者耶。所寄诗醇淡而有句法，所论史事不随世许可。（《答何静翁书》）④

---

① （宋）黄庭坚著，郑永晓整理：《黄庭坚全集 辑校编年》，江西人民出版社2008年版，第1217页。

② （宋）黄庭坚著，郑永晓整理：《黄庭坚全集 辑校编年》，江西人民出版社2008年版，第197页。

③ （宋）黄庭坚著，郑永晓整理：《黄庭坚全集 辑校编年》，江西人民出版社2008年版，第948页。

④ （宋）黄庭坚著，郑永晓整理：《黄庭坚全集 辑校编年》，江西人民出版社2008年版，第947页。

宿学者尽心，故多自得；晚学者因人，故多不尽心。（《论语断篇》）①

黄氏类似之论尚多，兹不赘述。至于秦观，他曾盛赞王定国注《论语》一事乃不从流俗的"自得"之举。王安石《三经新义》《字说》及"新学"派所著《论语解》等书风靡于庠学与科场之时，士子学人竞相从习，其时王定国被放逐于"蛮夷瘴疠之地"，仍不愿同世人般趋附王氏新说，于《论语》一书颇有"自得"，乃能"自信不惑"，不被流俗所同，于艰难处境之中"论著成一家之言"。故秦观曰："君子不为小人之匈匈而易其行，于斯言可信。"②而晁补之曾赞友人"粹精古学本自得于下帷"③，并自谦"无自得之学"。张耒亦于其文言到"慨然能用古义，不溺于流俗"④。

苏门四学士有关"学"贵自得的教育思想，并非片面强调学子的自悟自得而忽视具体教学。自得思想不仅需要在庠学教与学的过程中注重贯彻，更要在终其一生的求学之道上长期坚持。四学士的自得思想，源于古时哲人的教育智慧，融合着自身多年来教育学习的直接经验，其不从流俗的一再阐述应与王氏新学风靡天下的时代背景亦有关联。

以庠学与文学的互动关系为研究视角，探论苏门四学士的庠学之教及其诗文创作，我们可以看到，四学士有着文学家与庠学教官的双重身份，因而从其俱职学校开始就已注定庠学与文学的紧密关系。庠学中的日常生活成为了四学士吟咏唱和的对象，庠学内融洽欢悦的师生情谊、饮酒读书的师友交往亦是诗歌创作的重要因素，通过教育实践的亲身经验形成的教育之思，在多篇学记文章中得到了详细阐述。庠学之教的经历给苏门四学士留下了诸多的诗文作品，这些文学创作

---

① （宋）黄庭坚著，郑永晓整理：《黄庭坚全集 辑校编年》，江西人民出版社 2008 年版，第 197 页。

② （宋）秦观：《淮海集笺注》，上海古籍出版社 1994 年版，第 1272 页。

③ （宋）晁补之：《济北晁先生鸡肋集》，上海商务印书馆 1937 年版，第 445 页。

④ （宋）张耒：《张耒集》，中华书局 1990 年版，第 845 页。

不仅反映了庠序学校内的方方面面，并对庠学存在的弊端、发展的前景以及求学的路径等问题深入剖析，其观点见解往往颇具指导意义。诗文中对于庠学课堂教学内容及太学新格的批评，希冀学人重新思考学校与科举的关系及庠学的相对独立性；学记文披露了州县官吏多不重兴学的客观现象，引发人们关于兴学运动乃至朝廷兴学状态的再认识；"教"重尚古、"学"贵自得的教育思想，从理论高度指导启发了州县官吏、学子诸生关于庠学教学的路径。

苏门四学士虽俱职庠学，然其任职的时间先后不同、长短不一，熙丰兴学运动从始到终的转变导致学校教育所处的时代背景时有差异，其间庠学生活的经历及感受自有不同。同时，四学士作为文学家则各有诗、词、文领域的不同擅长。因此个人有关庠学诗文的差异在所难免。然而即便如此，四学士凡是将庠学之教写入吟咏情性的诗歌，都是诗人真情实感的流露。凡是学记、书启、祭文等文章中反映出的庠学内容，都是文人教育经验的思考。将苏门四学士的庠学之教与诗文创作作为整体来论述，既因四学士之名本身已成为一个整体，又因其俱职庠学的共同经历，更因吟咏庠学生活、析论庠学教育诸方面表现出的共有性特征。苏门四学士的庠学诗文创作，引起我们关于庠学与文学互动关系的继续思考。

第二节　太学生陈东之忠义爱国与其诗文创作

靖康之际的北宋王朝已危如累卵，金兵铁蹄南下，是战是和，辅国重臣仍争攘于庭，难有定论。值此民族存亡之秋，一群特殊的群体——太学生，一跃登上政治舞台，成为支持主战派的重要力量。其间，以陈东为领袖的太学生群体，引发了轰动历史的伏阙上书事件，军民十余万人蜂拥而至，请重任主战派李纲，直接影响了和战国是。

爱国太学生陈东，不食寸禄，以天下言，在钦宗、高宗二朝屡上谏书，忘身之危，终因得罪朝中权奸而被置于极刑。《宋史》将陈东列入忠臣传，历史的记载亦多论其舍生取义、爱国尽忠之情。显然，陈东之忠义已是千百年来所公认的历史事实了。此处所论，从太学生陈东留存的文学作品探入，由其爱国诗文窥探其时其境的社会背景，感受陈东创作时的真实心态，进而论述陈东对于太学生群体及后人的激励影响。

一、从容就义浑闲事，留得遗编字字珠——陈东及其《少阳集》

陈东（1086—1127），字少阳，“自五世以来，以儒嗣其业”。在其四十二年的生命中，最重要的身份就是太学生。十七岁时，朝廷以三舍法取士，陈东入乡学，整整十年后方以州学上舍生贡入辟雍，升太学。自二十七岁后的十五年间，陈东一直在太学读书，屡以校定试上舍俱不利。直至宣和七年第一次上书，才以爱国议政的太学生形象进入朝臣的视野。自此一发不可收拾，在靖康元年、建炎元年多次伏阙上书，于上高宗第三书的当夜被诛。

陈东亡后，有识之士感念其满怀忠义，不幸而死，遂搜寻整理其诗文作品，以冀传于后世。“每从亲知访觅遗文，及于宋元诸家文集，至稗官野史，有一语及先生，必采撷无遗。始得书、疏、诗、词，厘为五卷，为先生正集。”[①]（孙云翼《孙序》）陈东文集《少阳集》，始称《尽忠录》，李纲后人李大有《尽忠录序》言：“曰《尽忠录》，盖掇取赐金制诏中语。”[②]高宗赐钱诏有“旌尽忠之士”语，即其出处。由书名《尽忠录》即为国尽忠之纪录可见，陈东之忠心义气自不待言，其集中亦多为爱国诗文。陈东诗文多有散佚，其弟陈南所作《行状》云：“先生有诗文数百首，经兵火不存。”[③]因为散佚，有关陈东的关键问题尚存在分歧。陈东之忠，直接呈现于屡次伏阙上书。现存文集中有上钦宗、高宗八书，那么究竟上书几次？或上书八次，如陈南云“在渊圣皇帝朝凡五上书，今上皇帝临御，又三上书”[④]；或上书九次，如宋人刘宰《跋第三书》“修撰陈公乡先生靖康所上六书、建炎三书，家具有之”[⑤]；或上书十次，宝

① (宋)陈东撰，张国擎校注：《少阳集》，北京古籍出版社1999年版，第8页。
② (宋)陈东撰，张国擎校注：《少阳集》，北京古籍出版社1999年版，第227页。
③④ (宋)陈东撰，张国擎校注：《少阳集》，北京古籍出版社1999年版，第153页。
⑤ (宋)陈东撰，张国擎校注：《少阳集》，北京古籍出版社1999年版，第264页。

忠乐《跋遗稿》云："谏议陈公以太学生十叩阍，亹亹言事。"[①]笔者以为，其间差别在于陈东辞太学录职时的上书次数。今存八书中涉及辞职者仅一篇，而陈东在《答江西提举监丞蒋宣卿书》中言及："命之以官。东于是循墙走避，上章抗辞，至于数四，仅乃获请。"[②]《答赵子松书》文亦云："朝廷既又命之以官；东惶恐失措，循墙走避，辞章屡贡，仅乃获免。"[③]其中"至于数四""辞章屡贡"似可将辞职上书次数升至四次，则"屡次"可定为十一次。虽属推测，但因陈东夫子自道，应更具说服力。

后人评价《少阳集》乃"留得遗编字字珠"，孙云翼《孙序》云："少阳先生以身殉国，与日月争光，照曜千古，此其不朽，岂待立言？……况先生之立言，即其所以立德立功者。"[④]而唯有拜读其文集，方觉千载之下仍凛然如生，"我得睹遗稿，感慨容已矣。千载凛如生，作者书于纸"[⑤]。那么，陈东以忠义名世，其集始以《尽忠录》命名，则其诗文是否一味说教、枯燥无味而缺乏文学功底？不然。抛开太学生的忠义色彩，陈东的文人身份是站得住脚的。未冠之际，陈东就"博学强记，善属文"，二十五年的学校生活以考中科举为目标，以赋诗作文为途径，其文内容"开陈事体，展转曲畅"，"书中词理明彻"[⑥]，文风"风度旷夷，文采赡蔚"[⑦]，"为文章不事华靡，命意立言，必合风化"[⑧]（《行状》）。陈东的"作者"身份，后人专有讨论，"顾其文亦明健通畅，无愧作者"[⑨]（李鸿《李跋》），"窃见其文，论事不苟，忠义之气，流溢豪楮间，在宋人中不愧作者，原不仅以人传也"[⑩]。（李振纲《李跋》）陈东诗文并非仅

① （宋）陈东撰，张国擎校注：《少阳集》，北京古籍出版社1999年版，第289页。
② （宋）陈东撰，张国擎校注：《少阳集》，北京古籍出版社1999年版，第108页。
③ （宋）陈东撰，张国擎校注：《少阳集》，北京古籍出版社1999年版，第110页。
④ （宋）陈东撰，张国擎校注：《少阳集》，北京古籍出版社1999年版，第8页。
⑤ （宋）陈东撰，张国擎校注：《少阳集》，北京古籍出版社1999年版，第211页。
⑥ （宋）陈东撰，张国擎校注：《少阳集》，北京古籍出版社1999年版，第271页。
⑦ （宋）陈东撰，张国擎校注：《少阳集》，北京古籍出版社1999年版，第161页。
⑧ （宋）陈东撰，张国擎校注：《少阳集》，北京古籍出版社1999年版，第153页。
⑨ （宋）陈东撰，张国擎校注：《少阳集》，北京古籍出版社1999年版，第21页。
⑩ （宋）陈东撰，张国擎校注：《少阳集》，北京古籍出版社1999年版，第18页。

因其忠义而传，其文人身份、文学价值亦不可低估。康熙时期《御选宋金元明四朝诗》中就选有陈东诗六首。

二、忠义之气，发为文章——陈东爱国思想之文学呈现

翻检《少阳集》不难发现，陈东诗文作品多作于太学时期。就其具体诗文来看，个别上书之文由陈东主笔，诸多太学生联袂伏阙，一些诗词作品抒写与太学同舍生的酬唱吟咏，如《大雪与同舍生饮太学初筵斋诗》《次韵同舍李冲寿夜坐》等。细阅这些作品，时时感触于心的，无疑是字里行间流露出的忠义情怀及其爱国思想。

陈东现存文章包括书、赞、跋共十三篇，尤以上钦宗、高宗八书为人所重。文中一再阐述的问题，主要是劝谏皇帝"退小人，进君子，修政事，攘夷狄"①，伏阙上书及奏陈内容，处处表露其誓死爱国之情怀。

一是选任主战忠君的李纲，罢黜主和误国的奸贼。陈东向来是坚定的主战派，第四、六、八次上书皆乞复用李纲，赞其奋勇不顾，以身任天下之重，乃社稷之臣。同时怒斥动为身谋，不恤国计的社稷之贼，这些人中前有第一次上书所论之"六贼"，即"蔡京坏乱于外，梁师成阴贼于内，李彦结怨于西北，朱勔聚怨于东南，王黼、童贯又结怨于辽、金"②，后有第四次上书所论之"七奸"，即李邦彦、白时中、张邦昌、赵野、王孝迪、蔡懋、李棁。八次上书，皆细数诸贼罪恶，或言其享高爵厚禄，却坐视天下之弊，或言其庸谬不才，却忌嫉贤能，或言其招权怙势，侵乱朝政，或言其反怨朝廷，叛变东南……陈东对于李纲之乞复数次上书，至有十余万人伏阙逼宫，而对于诸贼之斥责更是毫不留情，多次乞斩之以谢天下。态度如此强硬的背后，还有两点需要注意。其一是陈东与李纲、李邦彦等素不相识。陈东云："臣等学校书生，素与纲无半面之雅，与邦彦等亦昧平生。所以必劝陛下进纲而退邦彦等，岂有他哉？天下公论如此，臣等岂敢默默？"③这也表现出陈东以天下公议

---

① （宋）陈东撰，张国擎校注：《少阳集》，北京古籍出版社1999年版，第70页。

② （宋）陈东撰，张国擎校注：《少阳集》，北京古籍出版社1999年版，第31页。

③ （宋）陈东撰，张国擎校注：《少阳集》，北京古籍出版社1999年版，第61页。

为重，为国家社稷着想的一片忠心。其二是陈东所指责诸贼，皆是当朝位高权重的宰相大臣，台谏御史尚不敢论，陈东以一介太学生，干冒权威，置生死于不顾，令人起敬。上书痛责奸贼并非仅表忠心，有其为社稷计的“本心”：“六贼不灭，国威不振，是必先诛京等，然后赏罚明而国威立，则在位之臣，必能悉心协力，助陛下大有为于天下，谁敢怀奸误国如京等邪？夷狄闻之，必望风远遁矣。此臣等伏阙之本心也。”①

二是社稷大事，建言献策。陈东上书所论极具针对性，直指朝廷安危大计，析其形势，论其对策。靖康之变前，陈东凡五上书于钦宗，认为其时兵与财用不患不足，若钦宗能够决策亲征，虏人心寒胆落，定能凯旋而归。至靖康元年一月底，金兵包围汴京，以割让太原、中山、河间三镇等为求和条件，陈东上书坚决反对，“曾不知祖宗土地得之甚艰，又况河北实朝廷之根本，而三关四镇实河北之根本，……惜国家要害之地，不忍弃也”②。宋室南渡，陈东又三上书于高宗，一论御驾亲征，迎还二帝。其文有自问自答之语：“天下之事何事最大？二圣北狩，銮舆未还。”“当今之事何事最急？用兵亲征最为急务。”③陈东认为，必欲二圣早还，唯有选将治兵，亲征强取。若一味卑辞恳求，加之厚币，只能示怯于强敌，二圣銮舆将永无回日。历史事实果如东言。二论早归京师，勿幸金陵。针对朝臣力请高宗迁都金陵之事，陈东从不同角度陈述其弊，首言议迁都朝臣皆东南之人，实存怀图自便之计，而陷高宗于不孝不弟。再论中国者必据中原，乃能号令天下，而金陵地薄势孤，非立国之所。再论京师之人日夕惴栗，翘首以待，若陛下他幸，都人必生怨心。更言即便迁都江左亦难保万全，金人若有南睨之意，虽有大江，亦不足恃。

三是次次视死如归，字字忠肝义胆。一方面，陈东每次上书皆抱“俯伏以俟斧钺”之情，自知“罪不容诛”，未尝有半点退缩。钦宗即位次日，诏内外士庶言时政得失，陈东慨然曰：“太学，贤士之关，国家涵

---

① （宋）陈东撰，张国擎校注：《少阳集》，北京古籍出版社1999年版，第69页。
② （宋）陈东撰，张国擎校注：《少阳集》，北京古籍出版社1999年版，第58页。
③ （宋）陈东撰，张国擎校注：《少阳集》，北京古籍出版社1999年版，第91页。

养之地，岂可无应诏者乎？”[①]遂第一次上书（宣和七年十二月二十七日）力诋六贼之恶，始同舍生俱为己累，无敢从者。第二（靖康元年正月六日）、三（正月三十日）书斥责蔡京、梁师成等人罪恶，至第四书（二月五日）更是引发了十余万军民的伏阙请愿，自料必死，反被授太学录职，第五书（四月十六日）力陈伏阙本心非为官职，固辞之，其后辞章“至于数四”。是年五月，陈东自太学请假，归省母氏。明年五月一日，高宗南京（今河南商丘）登基，五日后相李纲。同乡洪拟奏文乞召用陈东，“察其素所蓄积，必能抗义率志，以徇国家之急”[②]。遂于十日召陈东。七月十五日得知召命，知镇江府赵子崧以一方守臣身份移书陈东，劝驾起程，陈东答书有“苟有血气之属，孰不愿捐躯顶踵为国复耻”[③]之语，此番赴京终未逃宿命。陈东二十日起程，于八月十五日抵行在。十七日遂上高宗第一书，十九日上第二书，二十五日上第三书，八日间连上三书，指斥汪、黄，言辞极激烈，未有向死之心不能至此。另一方面，陈东作书自陈心迹，字字鲠论，检视其文，忠义感奋之言俯拾即是。其以一介布衣，受高宗首赐追召，感激涕零，不顾忠言逆耳，言天下公论于上，奏书自言：“想大臣必有怒臣之言者，然但知不敢欺君父耳，死生以之！”[④]数日后临刑，在生命的最后一刻，仍作家书有言：“当日晚，忽有应天府吏人来追取东，必是得罪；恐死生未可知，然东已处之矣。窃恐死后，家中不知子细，老儿烦恼，今特写此纸报，要知东不以他故而死也。”[⑤]语极平静，却有别种悲痛，令人感慨追抚。

陈东弟陈南在其《行状》言原有诗文数百篇，惜多毁于战火。就其文而言，《少阳集》中录有上钦宗、高宗八书，可以说陈东最有价值的文章基本保留。《少阳集》录其诗32首，词4首，也许还达不到陈东所作诗词的十分之一。但就是在这仅存的三十余首诗词中，我们仍然随处可见作者爱国情切的真实流露。

---

① （宋）陈东撰，张国擎校注：《少阳集》，北京古籍出版社1999年版，第149页。

② （宋）陈东撰，张国擎校注：《少阳集》，北京古籍出版社1999年版，第161页。

③ （宋）陈东撰，张国擎校注：《少阳集》，北京古籍出版社1999年版，第111页。

④ （宋）陈东撰，张国擎校注：《少阳集》，北京古籍出版社1999年版，第85页。

⑤ （宋）陈东撰，张国擎校注：《少阳集》，北京古籍出版社1999年版，第113页。

陈东先祖五世以来皆以儒嗣业，四五岁时其父就教之读书，年十七始考科举，二十五年间未尝中举，四十二岁仍为太学一诸生，求仕甚为艰辛。但这并不能妨碍他考取功名、致君尧舜之夙愿。“日与亲旧把酒为乐，酒后耳热，往往援笔赋诗以自适”，[①]酒后吐真言，赋诗聊以自适，就包含对穷苦书生的感慨、对功成名就的期盼。《索友人春茗》诗云：“偏爱君家碧玉盘，建溪云脚未尝乾。书生自恨无金换，聊以诗章乞数团。”[②]诗人一介书生，穷困潦倒，唯以诗章索换友人春茗。因此感叹，何必尽一生精力于经术文章，如其诗《次韵同舍李冲寿夜坐》所云：“时引金杯拔剑看，光芒高彻斗牛寒。要令世事从心淡，可谓人情彻鼻酸。经术岂应穷皓首，文章何用苦雕肝。吾徒行与功名会，莫作羁人日夜叹。”[③]经术文章的“雕肝琢肾”很难有补于世，斟酒拔剑，光照斗牛，“与功名会”、爱国忧民才是诗人之志。《次韵石士繇惜别》亦云：“男儿自有四方志，离别岂能动刚肠。功名未遂身未死，血眼青青频举觞。”[④]此诗之功名志向意更为明确。其《自赞》言：“生本假借，谁识其真。丹青所写，非吾精神。天地使我，与物为春。终当有归，高阁麒麟。”[⑤]末两句中，作者将其最终的归宿定在了“麒麟阁”。“麒麟阁”乃汉武帝时所建，汉宣帝时期曾将功臣霍光、苏武等十一人图像于阁。陈东之政治抱负由此可见。后人叶忠作陈东《挽诗》云：“天地岂蒙昧，负此一掬春。两朝有封事，可以识其真。直气塞苍旻，遗风振峨岷。为公起高阁，何用图麒麟。”[⑥]《挽诗》句句对应《自赞》，陈公之高阁确有建成，也遂了其“终当有归”的心愿。

值得注意的是，观其一生行事，备考科举求取功名是真，但“无心干爵禄”“有意镇乾坤”。因而，陈东诗词中除了对追求功名、政治抱负的吟咏之外，还有对政治时事的关切、误国奸贼的嘲讽。陈南《行状》

---

① (宋)陈东撰，张国擎校注：《少阳集》，北京古籍出版社 1999 年版，第 151 页。
② (宋)陈东撰，张国擎校注：《少阳集》，北京古籍出版社 1999 年版，第 127 页。
③ (宋)陈东撰，张国擎校注：《少阳集》，北京古籍出版社 1999 年版，第 121 页。
④ (宋)陈东撰，张国擎校注：《少阳集》，北京古籍出版社 1999 年版，第 125 页。
⑤ (宋)陈东撰，张国擎校注：《少阳集》，北京古籍出版社 1999 年版，第 114 页。
⑥ (宋)陈东撰，张国擎校注：《少阳集》，北京古籍出版社 1999 年版，第 214 页。

曰："自少尚气节，有愤世嫉邪之志。当宣和末，群奸益用事，公知其必危社稷，尝因大雪与同舍生饮太学初筵斋，酒酣联句为乐，众皆默然，不能落笔。公独为古诗，又为律诗三十韵，皆切时事，其措意类如此。"①此处所言古诗尚存，即《大雪与同舍生饮太学初筵斋诗》：

飞廉强搅朔风起，朔雪飘飘洒中土。雪花著地不肯消，亿万苍生受寒苦。天公刚被阴云遮，那知世人冻死如乱麻？人间愁叹之声不忍听，谁肯采摭传说闻达太上家。地行贱臣无言责，私忧过计如杞国。揭云直欲上天门，首为苍生讼风伯。天公傥信臣言怜世间，开阳阖阴不作难。便驱飞廉囚下丰都狱，急使飞云作水流潺潺。□□东方日出能照耀，坐令和气生人寰。②

览诗一过，脑海中自然想起杜甫名作《茅屋为秋风所破歌》。杜甫因秋风起意，而有"安得广厦千万间，大庇天下寒士俱欢颜，风雨不动安如山"③之愿；陈东因冬雪作词，遂生"雪花著地不肯消，亿万苍生受寒苦"之叹。陈诗中更多的是对朝臣身居重位、不顾苍生的批判。人间愁叹之声已不忍听，却无言责之官将百姓的寒苦传达皇帝。为今之计，唯有以身当先，不顾身份贱微，上书言事，以求光照四方，普及众生。陈东此诗追求的理想与其屡次上书的行事是一致的，其爱国爱民的情怀日月可鉴。

陈东作此首古诗后，又为律诗三十韵，惜今仅存二韵，即《咏雪三十韵》："山岳遭埋没，乾坤著蔽蒙。已成堆积势，渐费扫除功。"④诗意表面乃咏积雪已深，大地埋没，难以清扫。细究之，诗人以大雪喻朝中奸贼，朝野内外、四方天下皆受奸佞贼臣的蒙蔽，已成积重难返之势，扫清朝中奸贼乃当务之急。诗人对身在其位不谋其政者的批评，不似上书言事时指名道姓，怒斥得酣畅淋漓，却能另辟蹊径，将其戏谑怒骂

① （宋）陈东撰，张国擎校注：《少阳集》，北京古籍出版社 1999 年版，第 153 页。
② （宋）陈东撰，张国擎校注：《少阳集》，北京古籍出版社 1999 年版，第 116 页。
③ （唐）杜甫著，萧滌非主编：《杜甫全集校注》，人民文学出版社 2014 年版，第 2345 页。
④ （宋）陈东撰，张国擎校注：《少阳集》，北京古籍出版社 1999 年版，第 117 页。

融入平凡人事的吟咏之中。咏雪即是，谢人送瓜齑亦是。《谢温州黄仲达送鄂州瓜齑》云："黄夫子从坟上来，三束瓜齑送风土。应知我亦因齑盐，肯食沽酒与市脯。食肉者鄙无远谋，甲第纷纷何足数。饭蔬饮水真乐哉，千古风流想尼父。"[①]友人送来腌制的瓜作的酱菜，诗人感叹生活贫穷，困于齑盐，联想一些朝臣甲第纷纷却无有政绩，遂生发出肉食者鄙，未能远谋之感。在这个普通平凡的事情中，照样能斥责权佞，抒己胸臆。

三、不管河东，却管陈东
——围绕陈东伏阙及被诛事件的朝野争议

陈东之诗文处处表露出宏远的政治抱负和忠贞的爱国情怀，其屡次伏阙上书及因此被诛亦引发了朝野内外的纷纷争论，这些议论多以诗文的形式流传了下来，细读这些文字，仍能感受到当时纷争的场面。靖康元年二月，陈东第四次上书，由单纯的太学诸生伏阙转变成了十余万军民声势浩大的集结围聚，逼迫钦宗罢免了李邦彦，重任李纲。事后，朝野对于太学生群体的政治影响力有了全新的认识，再不敢等闲视之。建炎元年，陈东终因上书言事而被诛，这也打破了宋朝"誓不杀士大夫及上书言事人"的祖训。围绕着这些重要事件，宋人多有关于陈东之争论。

十余万人伏阙事件后，侍御史孙觌首先发难陈东，上《侍御史论太学诸生伏阙札子》，"自衰乱板荡大坏，书传所载，未有如此之甚者也"！可见这次太学生事件的政治影响是谁都始料未及的。孙觌论陈东之罪过，概述太学生群体在此番事件中的破坏性，并认为陈东等伏阙意在求官，"其志止于图尺寸之柄"，应将其"屏之远方，终身不齿，为多士之戒"。试侍御史张浚上《论胡理书》，既劾胡理，又斥陈东，"陈东之书，理实笔削，意欲使布衣草莱之士，挟天子进退大臣之权"[②]。对于

---

① (宋)陈东撰，张国擎校注：《少阳集》，北京古籍出版社 1999 年版，第 132 页。

② (宋)张浚：《张魏公集》，《续修四库全书》第 1317 册，上海古籍出版社 2002 年版，第 267 页。

这种斥责，陈东是早有预见的，他在此次上书中有言“臣等以布衣之贱，论及宰相大臣，罪当万死”①，明知其罪而犯颜谏上，更显难能可贵。反对派如孙觌、胡理者，以为陈东意在求得一官半职；而支持派如吴敏、陈公辅者，则先后向钦宗上书乞予其官职。《少宰吴敏乞用陈东札子》言“东之劝奖，今殆其时”“录东忠诚，遂加官使”②。《司谏陈公辅乞用陈东札子》言“愿陛下不惜一官，以劝尽忠之士，以慰太学诸生之心”，③其文驳斥了孙觌等言陈东率百姓为乱的指责，认为陈东未尝与百姓相期，实属无辜，深诋陈东者皆因力庇李邦彦而以私意阻之。朝中争议不断，朝外的普通士人百姓也有一股特殊的声音，靖康间谣谚语中有“十不管”之谣，曰“不管太原却管太学，……不管河东却管陈东”，当时金人议和条件中就有宋廷须割让太原、河东之条，民谣所言代表着对朝廷软弱主和的愤怒，也是对上书主战的陈东的民心支持。围绕陈东伏阙事，当时的朝野形势大致如此。如何处理此事，握有最高决定权的钦宗也在观察朝野众意，权衡其间利弊。先是，国子司业黄哲因难逃督导约束之责，上《为太学生伏阙上书请失职之罪奏》自请特赐黜责，钦宗有《国子司业黄哲请罪答诏》曰：“士人伏阙上书，乃是忠义所激，学官何为自疑，乃尔待罪！”④后来还是依少宰吴敏等之请，授予陈东太学录职，可谓顺应了民意大势。陈东坚辞授职，又屡上书，这是后话，但在这次“自料必死”的事件中免除了危身之祸，也属不易。

高宗即位，诏求直言，太学生陈东与布衣欧阳澈分别向高宗上三书，斥责权佞汪伯彦、黄潜善等而得罪之，同日被诛东市。汪、黄辈暗自窃喜，正直之士莫不震惊。主战派李纲尤是。陈东抗颜上书，得罪权奸，最终遭祸与屡乞重用李纲有莫大关系。在李纲之孙李大有为《尽忠录》所作序言中，作者详忆先祖讲述陈东上高宗三书及被诛缘由，应该说这段描述也代表了李纲对于陈东事件的看法。其序有云：“大有昔侍先祖，道及秘撰事云：秘撰所上建炎三书，其一乃论天下大

① （宋）陈东撰，张国擎校注：《少阳集》，北京古籍出版社1999年版，第61页。
②③ （宋）陈东撰，张国擎校注：《少阳集》，北京古籍出版社1999年版，第159页。
④ （宋）徐梦莘：《三朝北盟会编》，上海古籍出版社1987年版，第290页。

计,余两书乞留先祖而黜汪、黄,词皆坦明,惟最后指陈两人奸恶殊激切,二人大怒,且得以罪先祖,必欲置之死地,然高宗初不以为忤也。时欧阳澈亦上书,及乘舆颇过时,二人遂同以进,摘其语激上意,高宗亦欲薄其罪,汪、黄复动以危言,遂俱即东市。"[①]陈东亡后,李纲作有《挽诗》四首,兹迻录《挽诗》(恭被诏书褒赠陈公忠义,痛感有作)其三、其四如下:

祖宗德泽在斯民,韦带精忠不乏人。魏阙献书开帝听,匦函诤事触龙鳞。血沾斧钺虽因我,心在宗祧独许身。宿草已深难以恸,临风空有泪沾巾。

平昔初无半面交,危言几辩盖宽饶。幽冥我已惭良友,忠愤谁能念本朝。故国遥看云杳杳,新阡何处草萧萧。抚孤未遂山涛志,谁继离骚赋大招。[②]

特选此二首,因其中两句诗提及二人的关系,其三曰"血沾斧钺虽因我",正如前段所言,陈东遇害与李纲有重要因果关系,诗人亦坦承悲剧之事"因我"而起。当然,其根本原因自然是陈东"心在宗祧"而将身许之。其四曰"平昔初无半面交",这和陈东自言与李纲、汪伯彦、黄潜善皆素昧平生之语相契合。无半面之交却"因我"而亡,此中情感正是陈东忠诚大义之处。

颇受人注意的是,与陈东之死难脱干系的高宗帝,在陈东死后不久,终为其平反,加官赐钱,施恩不断。建炎元年八月二十五日,陈东与欧阳澈遇害。建炎三年二月六日,御旨曰:"陈东、欧阳澈各赠承事郎,仍与有服亲迪功郎一名。令所居州县,存恤其家。"[③]同时,权奸汪伯彦谪授江州团练副使,黄潜善谪授梅州团练副使。是年四月,高宗

① (宋)陈东撰,张国擎校注:《少阳集》,北京古籍出版社 1999 年版,第 227 页。
② (宋)陈东撰,张国擎校注:《少阳集》,北京古籍出版社 1999 年版,第 210 页。
③ (宋)陈东撰,张国擎校注:《少阳集》,北京古籍出版社 1999 年版,第 175 页。

行经陈东故里丹阳，特赐钱五十万。并谕宰职，陈东忠死可念，宜令有司致祭。绍兴四年十一月，高宗又御笔特赐陈东朝奉郎、祕阁修撰，并拨赐陈东后人官田十顷。高宗追悔之意甚明，多次言“朕方深悔祸之诚”“未忘于怀”“朕甚痛之”，中书舍人王居正草制《追赠朝奉郎祕阁修撰诰》一文，辞意谆切悲痛，使人兴感。其文曰：

> 呜呼！古之人愿为良臣，不愿为忠臣。以为良臣身荷美名，君都显号；忠臣已撄祸诛，君陷昏恶。呜呼！惟尔东其殆有意于为忠臣乎？由朕不德，使汝不幸，不得为良臣也。虽然汝籍不得已，不失为忠，而顾天下后世，独谓朕何？此朕所以八年于兹，一食三叹，而不能已也。通阶美职，岂足为恩，以塞予哀，以彰予过，使天下后世，考古知饰非拒谏之主，殆不如是，魂而有知，享朕兹意！①

直至约四十年后的孝宗乾道六年（1170），仍有《加赠陈东朝请郎诰》。高宗、孝宗等皇帝的追赠赐予、加官进爵，在陈东由起初时朝臣褒贬不一的争论对象，转变为受全民认可的忠义英雄形象的过程中，起到了重要作用。当然，朝臣请禁太学生伏阙上书的奏文仍时有出现，但陈东一生之行事，是忠是奸，或褒或贬，天下定有公论。宋、元、明、清以降，围绕陈东所作诗文仍有不少，陈东之影响历代延续，后人之评价自有公议。

四、茅茨岂潜德，千古令名存
——陈东爱国情怀之激励与后世之诗文缅怀

靖康之际，太学生群体一跃登上政治舞台，产生了不容忽视的政治影响力，并由此一直延续至南宋时期，其首倡之功实属陈东。钦宗即位仅五日，陈东第一次上书，至第四次上书引发大规模伏阙事件，太学诸生已由“无敢从者”变得积极呼应，其群体心态产生重大变化。在

---

① （宋）陈东撰，张国擎校注：《少阳集》，北京古籍出版社 1999 年版，第 178 页。

陈东的带头作用下,诸多太学生受其激励,纷纷伏阙上书。

后人赵时藜作陈东《挽诗》:"叩阍斥时宰,不惜用一死。此死不足道,闻者自兴起。"[①]事实上在靖康元年已是"闻者自兴起"了,翻检资料中相关记载实有不少。高登是与陈东最早联名上书的太学生,参与了靖康元年二月五日的伏阙事件,先后多次抱书诣阙,可以说是陈东最积极的拥护者和响应者。是年二月,太学生徐揆上书于金帅请车驾还阙,赴金军诘难而被杀;太学生雷观上书论李邦彦、张邦昌不可用;太学生沈长卿上书言伏阙并及李邦彦等;太学生杨诲上书论割地。是年冬,太学生丁特起上书请早决用兵议和之计;太学生汪若海上书论破金人京城之围。靖康之际,"驾前往来人,数闻诸生时有献书、乞诣军前论列者"[②]。时至建炎元年陈东亡后,太学诸生并未被杀身之祸所吓倒,上书论事、指斥时奸者时不乏人。建炎、绍兴初,太学生魏佑上书论列汪伯彦、黄潜善误君十罪;太学生许焘上书论事;太学生佚名应诏上书论兵事……

陈东之行事所为,不仅激励了宋时太学诸生的爱国热情,其忠贞大义的英雄形象也深刻影响着后世的爱国人士。宋、元、明、清以降,后人以多种方式悼念陈东,作哀词、挽诗、祭文、像赞;立墓,作墓表、拜墓诗;立祠堂,作祠堂记、谒祠诗,留下了诸多缅怀诗文。

陈东因忠义而死,后人赞颂也以之为首论。绍兴三年,刘宜孙作《跋遗事》:"友人陈少阳,与予联事太学仅三年,平居熟察其所为,知决非偶然者,一旦为国言事,屡上屡抑而不衰,而卒至于杀身而死……忠义果可少贬哉!余知少阳不死矣。"[③]张光《挽诗补》全篇论其千古忠义之情:"义气冲星斗,忠谋款帝阍。无心干爵禄,有意镇乾坤。遽堕憸人手,何惭烈士魂。茅茨旹潜德,千古令名存。"[④]林魁《墓表》赞陈东:"爱国而忘其家,爱君而忘其身,爱道而忘其位,爱义而忘其死。"[⑤]

---

① (宋)陈东撰,张国擎校注:《少阳集》,北京古籍出版社1999年版,第211页。
② (宋)丁特起:《靖康纪闻》,中华书局1985年版,第53页。
③ (宋)陈东撰,张国擎校注:《少阳集》,北京古籍出版社1999年版,第251页。
④ (宋)陈东撰,张国擎校注:《少阳集》,北京古籍出版社1999年版,第212页。
⑤ (宋)陈东撰,张国擎校注:《少阳集》,北京古籍出版社1999年版,第245页。

余文兹不赘举。陈东之忠义外，对权奸六贼、汪黄的批判也是后人悼念诗文的重要内容。诸如下列引文：

两宫归梦八千里，六贼含羞四百年。（健庵道人《谒祠》）①

当日上书多辍报，至今遗恨说汪黄。（陆深《谒祠》）②

九域已沦惟楚越，六奸才去又汪黄。（荆搢《谒祠》）③

汪黄权谲今何在，输却先生一死荣。（潘之彪《拜墓》）④

更引人注意的是，明人邵宝所作陈东《祠记》载，祠内陈公像居其中，露台前立有金铸汪、黄跪伏之像。这与岳飞庙前跪伏秦桧像如出一辙，后人对于奸贼残害忠良之痛恨是如此相似，不禁令人感慨。

"疾风知劲草，板荡识诚臣"，陈东忠义可鉴，爱国志士岂有不知。陈东之诗文初编为《尽忠录》流传于世，后人得以目睹遗文，犹觉"留得遗编字字珠"，其文凛凛然有生气。胡攀鳞云："凡公之忠言谠论，彪炳纪载，读之令人肝胆张奋激切，足以窃一斑而酬素志。"（《跋奏议》）⑤历代士子不仅以诗文缅怀之，更感其大义，受其影响，将忠义爱国之情付诸实际。

千载以降，陈东英名一直激励着仁人志士在抵制奸邪的道路上奋勇前行，其刚正不阿、以身殉志的忠心义气为世人所公认。时至今日，"少阳中学"已在陈东家乡建学近百年。《少阳集》中，其诗文不仅透露出作者一片忠心，八次上书的诸多提议也在靖康之际的历史事实中得到印证。后人相信，"使建炎果用东言，必无渡淮航海之事"⑥，"今夷考之"，即在考察史实的基础上得出结论，"使当时少试，则二帝可返，九庙不迁，所谓一言可以兴邦，而不用其言，必甘心以快谗愎而后已"

① （宋）陈东撰，张国擎校注：《少阳集》，北京古籍出版社1999年版，第219页。
② （宋）陈东撰，张国擎校注：《少阳集》，北京古籍出版社1999年版，第220页。
③ （宋）陈东撰，张国擎校注：《少阳集》，北京古籍出版社1999年版，第224页。
④ （宋）陈东撰，张国擎校注：《少阳集》，北京古籍出版社1999年版，第225页。
⑤ （宋）陈东撰，张国擎校注：《少阳集》，北京古籍出版社1999年版，第258页。
⑥ （宋）戴埴：《鼠璞》，中华书局1985年版，第18页。

(林魁《墓表》)①。诸人对陈东一生行事之评价甚高,而《钦定四库全书提要》中语特引人寻味,其文如下:

> 东以诸生愤切时事,摘发权奸,冒万死以冀一悟。其气节自不可及,然于时,国步方危,而煽动十余万人,震惊庭陛,至于击坏院鼓,脔割中使,迹类乱民,亦乖大体。南宋末太学之横,至于驱逐宰辅,莫可裁制,其胚胎实兆于此。张浚所谓"欲以布衣持进退大臣之权,几至召乱"者,其意虽出于私,其言亦未始不近理也。后应诏再出,卒以此为小人所构,亦不可谓东等无以致之矣!第以志在匡时,言皆中理,所掊击者皆人不敢触之巨奸,所指陈者事后亦一一皆验,是其事缘忧国,不出求名。故南宋以来,儒者以忠义予之,而遗文亦至今传述焉。②

其文综观陈东一生行事及其太学影响,褒其摘发权奸、冒死进谏之"忠义气节",贬其太学之横、几至招乱之"亦乖大体"。回顾前贤时人多偏重前者之赞美、忽视后者之批评的评论情状,我们应客观理性地分析陈东事件带来的政治影响。

---

① (宋)陈东撰,张国擎校注:《少阳集》,北京古籍出版社1999年版,第245页。

② (清)纪昀总纂:《四库全书总目提要》,河北人民出版社2000年版,第4065页。

参考文献

一、古籍文献

1.《诗经译注》,周振甫译注,中华书局,2002 年版。

2.《春秋左传注》,杨伯峻译注,中华书局,1990 年版。

3.《论语译注》,杨伯峻译注,中华书局,1980 年版。

4.《孟子译注》,杨伯峻译注,中华书局,2005 年版。

5.《大戴礼记今注今译》,(汉)戴德辑,高明注译,天津古籍出版社,1975 年版。

6.《汉书》,(汉)班固,中华书局,1962 年版。

7.《周礼注疏》,(汉)郑玄注,(唐)贾公彦疏,《十三经注流》,北京大学出版社,1999 年版。

8.《礼记正义》,(汉)郑玄注,(唐)孔颖达正义,上海古籍出版社,2008 年版。

9.《史记》,(汉)司马迁,中华书局,1979 年版。

10.《说文解字》,(汉)许慎,中华书局,1963 年版。

11.《说文解字注》,(汉)许慎著,段玉裁注,浙江古籍出版社,1998 年版。

12.《三国志》,(西晋)陈寿,中华书局,1982 年版。

13.《后汉书》,(南朝宋)范晔,中华书局,1965 年版。

14.《南齐书》,(梁)萧子显,宏业书局,1972 年版。

15.《宋书》,(梁)沈约,中华书局,1974 年版。

16.《文心雕龙注释》,(梁)刘勰著,周振甫注,人民文学出版社,

1981年版。

17.《魏书》,(北齐)魏收,中华书局,1974年版。

18.《北齐书》,(唐)李百药等,中华书局,1999年版。

19.《晋书》,(唐)房玄龄等,中华书局,1974年版。

20.《隋书》,(唐)魏征,中华书局,1973年版。

21.《周书》,(唐)令狐德棻,宏业书局,1972年版。

22.《陈子昂集》,(唐)陈子昂著,徐鹏校点,上海古籍出版社,2013年版。

23.《杜甫全集校注》,(唐)杜甫著,萧滌非等主编,人民文学出版社,2014年版。

24.《韩昌黎全集校注》,(唐)韩愈撰,马其昶校注,上海古籍出版社,1986年版。

25.《旧唐书》,(后晋)刘昫等,中华书局,1997年版。

26.《栟榈集》,(宋)邓肃,《文渊阁四库全书》第1133册,上海古籍出版社,1987年版。

27.《蔡襄集》,(宋)蔡襄,上海古籍出版社,1996年版。

28.《沧浪诗话》,(宋)严羽,人民文学出版社,1983年版。

29.《朝野类要》,(宋)赵升编,中华书局,2007年版。

30.《陈傅良先生文集》,(宋)陈傅良著,周梦江点校,浙江大学出版社,1999年版。

31.《陈与义集校笺》,(宋)陈与义著,白敦仁校笺,上海古籍出版社,1990年版。

32.《吹剑录外集》,(宋)俞文豹,知不足斋丛书。

33.《重校鹤山先生大全文集》,(宋)魏了翁,古籍本。

34.《徂徕石先生文集》,(宋)石介著,陈植锷点校,中华书局,1984年版。

35.《翠微南征录》,(宋)华岳,《文渊阁四库全书》第1176册,上海古籍出版社,1987年版。

36.《戴复古全集校注》,(宋)戴复古著,张全镇、吴茂云校注,中国文史出版社,2008年版。

37.《丹阳集》,(宋)葛胜仲,《文渊阁四库全书》第1127册,上海古籍出版社,1987年版。

38.《澹斋集》,(宋)李流谦,《文渊阁四库全书》第1133册,上海古籍出版社,1987年版。

39.《道命录》,(宋)李心传,中华书局,1985年版。

40.《东京梦华录》,(宋)孟元老,中华书局,1985年版。

41.《东轩笔录》,(宋)魏泰,中华书局,1983年版。

42.《二程集》,(宋)程颐、程颢,中华书局,2004年版。

43.《范仲淹全集》,(宋)范仲淹著,李勇先、王蓉贵校点,四川大学出版社,2002年版。

44.《斐然集》,(宋)胡寅,中华书局,1993年版。

45.《古灵集》,(宋)陈襄,《文渊阁四库全书》第1093册,上海古籍出版社,1987年版。

46.《癸辛杂识》,(宋)周密,上海古籍出版社,2012年版。

47.《鹤林玉露》,(宋)罗大经,中华书局,2008年版。

48.《鸿庆居士集》,(宋)孙觌,《文渊阁四库全书》第1135册,上海古籍出版社,1987年版。

49.《湖山集》,(宋)吴芾,《丛书集成续编 第128册》,新文丰出版公司,1978年版。

50.《花庵词选》,(宋)黄升选,中华书局,1958年版。

51.《淮海集笺注》,(宋)秦观著,徐培均笺注,上海古籍出版社,1994年版。

52.《皇宋通鉴长编纪事本末》,(宋)杨仲良著,李之亮校点,黑龙江人民出版社,2006年版。

53.《黄庭坚全集 辑校编年》,(宋)黄庭坚著,郑永晓整理,江西人民出版社,2008年版。

54.《黄庭坚诗集注》,(宋)黄庭坚著,刘尚荣校点,中华书局,2003年版。

55.《挥麈录》,(宋)王明清,上海书店出版社,2001年版。

56.《稼村类稿》,(宋)王义山,《文渊阁四库全书》第1193册,上海古籍出版社,1987 年版。

57.《剑南诗稿校注》,(宋)陆游著,钱仲联校注,上海古籍出版社,2005 年版。

58.《建炎以来朝野杂记》(宋)李心传著,徐规点校,中华书局,2000 年版。

59.《建炎以来系年要录》,(宋)李心传编撰,胡坤点校,中华书局,2013 年版。

60.《济北晁先生鸡肋集》,(宋)晁补之,上海商务印书馆,1937 年版。

61.《洁斋集》,(宋)袁燮,中华书局,1985 年版。

62.《尽言集》,(宋)刘安世,中华书局,1985 年版。

63.《靖康传信录》,(宋)李纲,中华书局,1985 年版。

64.《靖康纪闻》,(宋)丁特起,中华书局,1985 年版。

65.《靖康要录》,(宋)佚名,《丛书集成初编》本。

66.《景文集》,(宋)宋祁,中华书局,1985 年版。

67.《困学纪闻》,(宋)王应麟,辽宁教育出版社,1998 年版。

68.《老学庵笔记》,(宋)陆游,中华书局,1979 年版。

69.《林下偶谈》,(宋)吴子良,中华书局,1985 年版。

70.《刘安节集》,(宋)刘安节著,陈光熙点校,上海社会科学院出版社,2006 年版。

71.《刘克庄集笺校》,(宋)刘克庄著,辛更儒校注,中华书局,2011 年版。

72.《楼钥集》,(宋)楼钥,浙江古籍出版社,2010 年版。

73.《梅尧臣集编年校注》,(宋)梅尧臣著,朱东润校注,上海古籍出版社,2006 年版。

74.《扪虱新话》,(宋)陈善,上海书店,1990 年版。

75.《梦粱录》,(宋)吴自牧,中国商业出版社,1982 年版。

76.《梦溪笔谈》,(宋)沈括,岳麓书社,2002 年版。

77.《蒙斋集》,(宋)袁甫,中华书局,1985 年版。

78.《南宋临安两志》,(宋)周淙、施谔,浙江人民出版社,1983

年版。

79.《能改斋漫录》,(宋)吴曾,中华书局,1960 年版。

80.《欧阳修全集》,(宋)欧阳修著,李逸安点校,中华书局,2001 年版。

81.《欧阳修集编年笺注》,(宋)欧阳修著,李之亮笺注,巴蜀书社,2007 年版。

82.《彭城集》,(宋)刘攽,《文渊阁四库全书》第 1096 册,上海古籍出版社,1987 年版。

83.《齐东野语》,(宋)周密,齐鲁书社,2007 年版。

84.《秦观集编年校注》,(宋)秦观著,周羲敢等编注,人民文学出版社,2001 年版。

85.《清波杂志校注》,(宋)周辉著,刘永翔校注,中华书局,1994 年版。

86.《清江三孔集》,(宋)孔武仲等著,齐鲁书社,2002 年版。

87.《庆元党禁》,(宋)樵川樵叟,中华书局,1985 年版。

88.《臞轩集》,(宋)王迈,《文渊阁四库全书》第 1178 册,上海古籍出版社,1987 年版。

89.《全宋词》,唐圭璋编,中华书局,1965 年版。

90.《全宋诗》,傅璇琮等编,北京大学出版社,1995 年版。

91.《全宋文》,曾枣庄,刘琳编,上海辞书出版社,安徽教育出版社,2006 年版。

92.《群书考索》,(宋)章如愚,书目文献出版社,1992 年版。

93.《儒林公议》,(宋)田况,中华书局,1985 年版。

94.《三朝北盟会编》,(宋)徐梦莘,大化书局,1979 年版。

95.《山堂考索》,(宋)章如愚,中华书局,1992 年版。

96.《邵氏闻见录》,(宋)邵伯温著,康震校注,三秦出版社,2005 年版。

97.《少阳集》,(宋)陈东撰,张国擎校注,北京古籍出版社,1999 年版。

98.《鼠璞》,(宋)戴埴,中华书局,1985 年版。

99.《四朝闻见录》,(宋)叶绍翁,三秦出版社,2004年版。

100.《司马温公集编年笺注》,(宋)司马光,巴蜀书社,2009年版。

101.《宋朝事实类苑》,(宋)江少虞,上海古籍出版社,1981年版。

102.《宋朝诸臣奏议》,(宋)赵汝愚编,上海古籍出版社,1999年版。

103.《宋文鉴》,(宋)吕祖谦编,任继愈主编,吉林人民出版社,1998年版。

104.《宋宗伯徐清正公存稿》,(宋)徐鹿卿,《丛书集成续编》第106册,上海书店出版社,1994年版。

105.《苏轼全集校注》(文集),(宋)苏轼著,张志烈、马德福、周裕锴主编,河北人民出版社,2010年版。

106.《苏轼文集》,(宋)苏轼著,孔凡礼点校,中华书局,1986年版。

107.《苏轼文集编年笺注》,(宋)苏轼著,李之亮笺注,巴蜀书社,2011年版。

108.《苏魏公文集》,(宋)苏颂,中华书局,1988年版。

109.《苏辙集》,(宋)苏辙,中华书局,2004年版。

110.《孙明复小集》,(宋)孙复,《文渊阁四库全书》,上海古籍出版社,1987年版。

111.《太仓稊米集》,(宋)周紫芝,《文渊阁四库全书》第1141册,上海古籍出版社,1987年版。

112.《苕溪渔隐丛话 前集》,(宋)胡仔,人民文学出版社,1962年版。

113.《王荆公文集笺注》,(宋)王安石著,李之亮笺注,巴蜀书社,2005年版。

114.《王十朋全集》,(宋)王十朋,上海古籍出版社,2012年版。

115.《文潞公集》,(宋)文彦博,山西人民出版社,2008年版。

116.《文天祥全集》,(宋)文天祥著,熊飞等校点,江西人民出版社,1987年版。

117.《文溪存稿》,(宋)李昴英,暨南大学出版社,1994年版。

118.《武林旧事》,(宋)周密,中华书局,2007年版。

119.《武夷新集》,(宋)杨亿,福建人民出版社,2007年版。

120.《西台集》,(宋)毕仲游著,陈斌校点,中州古籍出版社,2005年版。

121.《西塘集》,(宋)郑侠,《文渊阁四库全书》第1117册,上海古籍出版社,1987年版。

122.《咸淳临安志》,(宋)潜说友,浙江古籍出版社,2012年版。

123.《香山集》,(宋)喻良能,《文渊阁四库全书》第1151册,上海古籍出版社,1987年版。

124.《相山集》,(宋)王之道,《文渊阁四库全书》第1132册,上海古籍出版社,1987年版。

125.《湘山野录》,(宋)文莹,中华书局,1991年版。

126.《新唐书》,(宋)欧阳修、宋祁,中华书局,1975年版。

127.《性善堂稿》,(宋)度正,《文渊阁四库全书》第1170册,上海古籍出版社,1987年版。

128.《许翰集》,(宋)许翰,河北大学出版社,2014年版。

129.《续资治通鉴长编》,(宋)李焘,中华书局,1993年版。

130.《杨时集》,(宋)杨时著,林海权点校,福建人民出版社,1993年版。

131.《杨万里集笺校》,(宋)杨万里著,辛更儒笺校,中华书局,2007年版。

132.《姚勉集》,(宋)姚勉,上海古籍出版社,2012年版。

133.《叶适集》,(宋)叶适,中华书局,2010年版。

134.《育德堂外制集》,(宋)蔡幼学,《续修四库全书》第1319册,上海古籍出版社,2002年版。

135.《舆地纪胜》,(宋)王象之,浙江古籍出版社,2012年版。

136.《玉海》,(宋)王应麟,上海书店出版社、江苏古籍出版社,1987年版。

137.《缘督集》,(宋)曾丰,《文渊阁四库全书》第1156册,上海古籍出版社,1987年版。

138.《袁去华词注》,(宋)袁去华著,徐冰云、肖正根编注,奉新县地方志编纂委员会,1984 年版。

139.《乐圃余稿》,(宋)朱长文,《文渊阁四库全书补遗 集部 宋元卷 第 2 册》,北京图书馆出版社,2006 年版。

140.《乐全集》,(宋)张方平,《文渊阁四库全书》第 1104 册,上海古籍出版社,1987 年版。

141.《乐轩集》,(宋)陈藻,《文渊阁四库全书》第 1152 册,上海古籍出版社,1987 年版。

142.《郧溪集》,(宋)郑獬,《文渊阁四库全书》第 1097 册,上海古籍出版社,1987 年版。

143.《韵语阳秋》,(宋)葛立方,上海古籍出版社,1984 年版。

144.《云斋广录》,(宋)李献民,中央书店,1936 年版。

145.《张耒集》,(宋)张耒著,李逸安等点校,中华书局,1990 年版。

146.《张栻集》,(宋)张栻,岳麓书社,2010 年版。

147.《张魏公集》,(宋)张浚,《续修四库全书》第 1317 册,上海古籍出版社,2002 年版。

148.《张孝祥诗文集》,(宋)张孝祥著,彭国忠校点,黄山书社,2001 年版。

149.《直斋书录解题》,(宋)陈振孙,商务印书馆,1937 年版。

150.《忠惠集》,(宋)翟汝文,《文渊阁四库全书》第 1129 册,上海古籍出版社,1987 年版。

151.《忠肃集》,(宋)刘挚著,裴汝诚、陈晓平点校,中华书局,2002 年版。

152.《中吴纪闻》,(宋)龚明之,上海古籍出版社,2012 年版。

153.《周邦彦词新释辑评》,(宋)周邦彦著,王强编,中国书店,2006 年版。

154.《周行己集》,(宋)周行己,上海社会科学院出版社,2002 年版。

155.《周子通书》,(宋)周敦颐,上海古籍出版社,2008 年版。

156.《朱子文集》,(宋)朱熹,中华书局,1985年版。

157.《朱子语类》,(宋)黎靖德编,中华书局,1986年版。

158.《尊白堂集》,(宋)虞俦,《文渊阁四库全书》第1154册,上海古籍出版社,1987年版。

159.《宋史》,(元)脱脱,中华书局,1977年版。

160.《宋季三朝政要》,(元)佚名,中华书局,1985年版。

161.《宋史全文》,(元)佚名撰,李之亮点校,黑龙江人民出版社,2004年版。

162.《文献通考》,(元)马端临,中华书局,1986年版。

163.《延祐四明志》,(元)袁桷,成文出版社,1983年版。

164.《历代名臣奏议》,(明)黄淮、杨士奇编,上海古籍出版社,1989年版。

165.《宋史纪事本末》,(明)陈邦瞻,中华书局,1977年版。

166.《续文献通考》,(明)王圻,现代出版社,1986年版。

167.《三国会要》,(清)钱仪吉,上海古籍出版社,2006年版。

168.《经学历史》,(清)皮锡瑞,中华书局,2004年版。

169.《全唐文》,(清)董浩等编,上海古籍出版社,1990年版。

170.《四库全书总目提要》,(清)纪昀总纂,河北人民出版社,2000年版。

171.《宋稗类钞》,(清)潘永因,书目文献出版社,1985年版。

172.《宋会要辑稿》,(清)徐松辑,刘琳、刁忠民、舒大刚校点,上海古籍出版社,2014年版。

173.《宋会要辑稿》,(清)徐松辑,中华书局,1957年版。

174.《宋诗纪事》,(清)厉鹗辑撰,上海古籍出版社,2013年版。

175.《宋诗纪事补遗》,(清)陆心源,山西古籍出版社,1997年版。

176.《武林坊巷志》,(清)丁丙,浙江人民出版社,1990年版。

177.《宋元旧本书经眼录》,(清)莫友芝,中华书局,2008年版。

178.《宋元学案》,(清)黄宗羲,中华书局,2009年版。

179.《续资治通鉴》,(清)毕沅,古籍出版社,1957年版。

180.《逊学斋文钞》,(清)孙衣言,清同治刻本。

181.《雍正浙江通志》,(清)嵇曾筠、李卫等修,沈翼机等纂,凤凰出版社,2010 年版。

182.《酉阳州志》,(清)邵陆编纂,巴蜀书社,2010 年版。

183.《续资治通鉴长编拾补》,(清)黄以周等辑,中华书局,2004 年版。

184.《南宋文范》,(清)庄仲方编,任继愈主编,吉林人民出版社,1998 年版。

185.《刘申叔先生遗书》,刘师培,宁武南氏校印本。

二、近人著作

1.《北宋馆阁翰苑与诗坛研究》,陈元锋,中华书局,2005 年版。

2.《北宋馆阁与文学研究》,成明明,中国社会科学出版社,2007 年版。

3.《北宋经学与文学》,高明峰,辽宁师范大学出版社,2012 年版。

4.《北宋科举考试与文学》,林岩,上海古籍出版社,2006 年版。

5.《北宋庆历士风与文学研究》,李强,上海书店出版社,2011 年版。

6.《北宋儒学与文学》,马茂军,暨南大学出版社,1999 年版。

7.《北宋文化史述论》,陈植锷,中国社会科学出版社,1992 年版。

8.《北宋新学与文学——以王安石为中心》,方笑一,上海古籍出版社,2008 年版。

9.《古今图书集成》,陈梦雷,中华书局,民国版。

10.《故事里的文学经典:北宋诗》,庆振轩主编,兰州大学出版社,2014 年版。

11.《广饶县志》,广饶县地方史志编纂委员会编,中华书局,1995 年版。

12.《考试是一门科学》,寥平胜,华中师范大学出版社,2003 年版。

13.《科举:历史学大会主题讨论》,(韩国)历史学会,一潮阁,1981 年版。

14.《科举:中国的试验地狱》,(日本)宫崎市定,中央公论社,

1963 年版。

15.《科举教育的传统与变迁》,田建荣,教育科学出版社,2009 年版。

16.《科举学导论》,刘海峰,华中师范大学出版社,2005 年版。

17.《辽宋西夏金代通史·教育科学文化卷》,漆侠,人民出版社,2010 年版。

18.《两宋党争与文学》,庆振轩,敦煌文艺出版社,1993 年版。

19.《两宋科举与文学研究》,姚红、刘婷婷,浙江人民出版社,2008 年版。

20.《两宋俗词研究》,曲向红,中国戏剧出版社,2008 年版。

21.《两宋文化史研究》,杨渭生,杭州大学出版社,1998 年版。

22.《南宋教育史》,苗春德,赵国权,上海古籍出版社,2008 年版。

23.《宋才子传笺证　北宋后期卷》,傅璇琮主编,辽海出版社,2011 年版。

24.《宋词纪事》,唐圭璋,中华书局,2008 年版。

25.《宋词通史》,肖鹏,凤凰出版社,2013 年版。

26.《宋大诏令集》,司义祖,中华书局,2009 年版。

27.《宋代官学教育与科举》,李弘祺,台北联经出版事业公司,1994 年版。

28.《宋代官员选任和管理制度》,苗书梅,河南大学出版社,1996 年版。

29.《宋代教育》,苗春德,河南大学出版社,1992 年版。

30.《宋代教育散论》,李弘祺,东升出版事业有限公司,1980 年版。

31.《宋代教育 中国古代教育的历史性转折》,袁征,广东高等教育出版社,1991 年版。

32.《宋代科举诗词研究》,周兴禄,齐鲁书社,2011 年版。

33.《宋代科举与文学》,祝尚书,中华书局,2008 年版。

34.《宋代科举与文学考论》,祝尚书,大象出版社,2006 年版。

35.《宋代科举制度研究》,(日本)荒木敏一,东洋史研究会,1969

年版。

36.《宋代试论与文学》,吴建辉,岳麓书社,2009 年版。

37.《宋代太学生救国运动》,黄现璠,吉林出版集团有限责任公司,2010 年版。

38.《宋代太学与太学生》,王建秋,中国学术著作奖助委员会,1965 年版。

39.《宋代文化史》,姚瀛艇,河南大学出版社,1992 年版。

40.《宋代政教史》,刘伯骥,台湾中华书局,1971 年版。

41.《宋会要辑稿·崇儒》,苗书梅等点校,河南大学出版社,2001 年版。

42.《宋季士风与文学》,刘婷婷,中华书局,2010 年版。

43.《宋诗纪事续补》,孔凡礼辑,北京大学出版社,1987 年版。

44.《宋元浙江方志集成》,浙江省地方志编纂委员会编,杭州出版社,2009 年版。

45.《唐宋八大家文钞校注集评》,高海夫主编,三秦出版社,1998 年版。

46.《唐宋词汇评 两宋卷 第 3 册》,吴熊和主编,浙江教育出版社,2004 年版。

47.《唐宋官学制度研究》,韩凤山,吉林摄影出版社,2005 年版。

48.《同治广昌县志》,广昌县县志编纂办公室编,1983 年版。

49.《温州历代碑刻二集 上》,吴明哲编,上海社会科学院出版社,2006 年版。

50.《宜黄县志》,宜黄县县志编纂委员会,新华出版社,1993 年版。

51.《永乐乐清县志》,陈明猷校点,香港天马图书有限公司,2000 年版。

52.《中国古代教育诗选注》,陈汉才编著,山东教育出版社,1985 年版。

53.《中国古代教育文选》,孟宪承选编,人民教育出版社,2003 年版。

54.《中国古代文学与教育之关系研究》,郭英德,北京大学出版社,2012 年版。

55.《中国教育发展史》,喻本伐、熊贤君,华中师范大学出版社,1991 年版。

56.《中国教育史》,陈青之,岳麓书社,2010 年版。

57.《中国教育史研究》,王炳照、郭齐家,华东师范大学出版社,2000 年版。

58.《中国教育通史》,毛礼锐、沈灌群主编,山东教育出版社,2005 年版。

59.《中国教育通史　宋辽金元卷》,郭齐家、苗春德、吴玉琦,北京师范大学出版社,2013 年版。

60.《中国教育制度通史》,李国钧、王炳照总主编,山东教育出版社,2000 年版。

61.《中国教育制度沿革史》,郭秉文,福建教育出版社,2007 年版。

62.《中国历代学校教育通考》,郜林涛、黄仕荣,北岳文艺出版社,2008 年版。

63.《中国思想通史》,姜国柱,武汉大学出版社,2011 年版。

64.《中国宋辽金夏教育史》,乔卫平,人民出版社,1994 年版。

65.《中国文化通史》,吴怀祺,北京师范大学出版社,2009 年版。

66.《中国文学史》,袁行霈,高等教育出版社,2005 年版。

67.《周邦彦别传 周邦彦生平事迹证稿》,薛瑞生,三秦出版社,2008 年版。

68.《周邦彦清真集笺》,罗忼烈,三联书店香港分店,1985 年版。

69.《周邦彦传论》,刘扬忠,陕西人民出版社,1991 年。

70.《钱穆先生学术年谱》,韩复智编著,中央编译出版社,2012 年版。

71. The Thorny Gates of Learning in Sung China：A Social History of Examination. John W. Chaffee. Cambridge，Mass：Cambridge University Press，1985.

三、学术论文

博硕论文

1.《唐代谏官与文学》,傅绍良,陕西师范大学,2002 年。

2.《唐代侠风与文学》,汪聚应,陕西师范大学,2002 年。

3.《书院与科举关系研究》,李兵,厦门大学,2004 年。

4.《明代中央文官制度与文学》,叶晔,复旦大学,2009 年。

5.《唐代礼官与文学研究》,于俊利,陕西师范大学,2009 年。

6.《唐代御史与文学》,霍志军,陕西师范大学,2010 年。

7.《唐代国子监学官与文学》,徐晖,陕西师范大学,2010 年。

8.《宋代皇族与文学》,赵润金,中山大学,2010 年。

9.《汉代教育制度与汉代文学创作》,鞠传文,山东大学,2011 年。

10.《唐代校书郎与文学》,黎文丽,陕西师范大学,2011 年。

11.《唐代的早期教育与文学》,王吉清,陕西师范大学,2012 年。

12.《石介与宋初文学》,姚艳丽,华东师范大学,2005 年。

13.《崇宁兴学研究》,田勤耘,华中科技大学,2005 年。

14.《"熙宁兴学"研究》,吴小晋,华中科技大学,2007 年。

15.《论南宋学生干政活动》,杨磊,上海师范大学,2008 年。

16.《北宋太学改革研究》,张萍,东北师范大学,2009 年。

期刊论文

17.《宋代学生干政运动考》,吴其昌,《清华学报》,第 3 卷第 2 期,1926 年。

18.《宋代太学生之政治活动》,黄现璠,《师大月刊》,第 21 期,1935 年。

19.《两宋学生运动考》,沈忱农,《东方杂志》第 33 卷第 4 号,1936 年。

20.《陈东与宋代太学生运动》,沈忱农,《青年学刊》第 1 卷第 5 期,1936 年。

21.《陈东与靖康元年的太学生伏阙》,翦伯赞,《大学》第 6 卷第 2

期,1947 年。

22.《宋代爱国知识分子陈东》,赵宗颇,《历史教学问题》,1959 年第 4 期。

23.《再谈宋墓出土的太学生牒》,朱瑞熙,《考古》,1979 年第 3 期。

24.《北宋古文运动的曲折过程》,曾枣庄,《文学评论》,1982 年第 5 期。

25.《从殷墟甲骨文论古代学校教育》,王贵民,《人文杂志》,1982 年第 2 期。

26.《欧阳修排抑"太学体"新探》,葛晓音,《北京大学学报》,1983 年第 5 期。

27.《宋代的太学》,张惠芬,《上海高教研究》,1985 年第 3 期。

28.《宋代杰出的学生爱国运动领袖陈东》,张荣铮,《历史教学》,1985 年第 7 期。

29.《宋代太学三舍法评述》,俞启定,《教育评论》,1988 年第 5 期。

30.《陈东和宋代太学生救亡运动》,李伯霖,《浙江学刊》,1988 年第 3 期。

31.《宋代太学生的政治运动》,王世宗,《历史月刊》,1988 年第 6 卷。

32.《北宋诗文革新的曲折历程》,葛晓音,《中国社会科学》,1989 年第 2 期。

33.《宋朝中央和州郡学校教职员选任制度研究》,袁征,《广东社会科学》,1989 年第 3 期。

34.《略论宋代官学的特点和历史作用》,李蔚、辛俊玲,《烟台大学学报(哲学社会科学版)》,1994 年第 4 期。

35.《南宋太学的重建与管理制度初探》,林正秋,《杭州师范学院学报》,1991 年第 5 期。

36.《南宋后期三学的参政活动及其背景》,勾承益,《成都大学学报》,1997 年第 2 期。

37.《北宋"太学体"新论》,祝尚书,《四川大学学报(哲学社会科学版)》,1999 年第 3 期。

38.《陈东与靖康学潮》,程兆奇,《史林》,2000 年第 2 期。

39.《唐宋官学教师道德建设的举措》,韩凤山,《江西社会科学》,2002 年第 1 期。

40.《北宋太学制度与太学生救国运动的内在联系初探》,张晓宇,《学术月刊》,2003 年第 10 期。

41.《从高压政治到"文丐奔竞"——论"绍兴和议"期间的文学生态》,《文学遗产》,2003 年第 3 期。

42.《胡瑗与湖州州学》,金林祥,《湖州师范学院学报》,2003 年第 5 期。

43.《范仲淹的教育思想与实践》,刘建丽、文娟,《沈阳师范大学学报》,2004 年第 1 期。

44.《宋初诗文革新运动的官学背景》,马茂军,《求实》,2005 年第 S1 期。

45.《中国古代学校与选士关系的发展》,俞启定,《教育学报》,2005 年第 5 期。

46.《欧阳修对奇险风格的矛盾态度——兼论其对太学体形成的影响》,吕肖奂,《西南民族大学学报(人文社科版)》,2005 年第 11 期。

47.《宋代太学教育》,阎孟祥、贾明杰,《河北大学学报》,2007 年第 4 期。

48.《宋代教育发达原因探析》,丁建军、金之易,《河北大学学报》,2007 年第 4 期。

49.《宋代太学论政与文官集团的重组》,张筱兑,《甘肃高师学报》,2007 年第 4 期。

50.《"太学体"及其周边诸问题》,朱刚,《文学遗产》,2007 年第 5 期。

51.《两宋太学制度与太学生的参政活动》,边勃,《北方论丛》,2007 年第 5 期。

52.《北宋"太学体"文风新论》,张兴武,《文学评论》,2008 年第 6 期。

53.《欧阳修排抑“太学体”发覆》,谢琰,《安庆师范学院学报》,2008 年第 10 期。

54.《庆历“太学新体”新论——兼论欧阳修对庆历“太学新体”的促进》,许瑶丽,《四川师范大学学报(社会科学版)》,2008 年第 6 期。

55.《谈宋代太学教育中的竞争机制》,张国范,《吉林化工学院学报》,2008 年第 6 期。

56.《解析文学与教育的因缘——中国古代文学与教育之关系研究综述》,郭英德,《励耘学刊:文学卷》,2009 年第 2 期。

57.《宋代爱国太学生陈东的〈上钦、高宗八书〉》,马晓妮,《苏州教育学院学报》,2009 年第 3 期。

58.《北宋“险怪”文风:古文运动的另一翼》,朱刚,《中国社会科学》,2010 年第 1 期。

59.《再论嘉祐“太学体”与“古文”的关系》,许瑶丽,《西南民族大学学报》,2011 年第 1 期。

60.《南宋太学“乾淳体”新探》,陈光锐,《浙江工商大学学报》,2011 年第 3 期。

61.《北宋仁宗朝科举改革与“太学体”之兴衰新探》,许外芳,《学术研究》,2013 年第 4 期。

62.《中国古代官学选士制度及其演变》,肖世民,《唐都学刊》,2013 年第 6 期。

63.《近十年来宋代官学研究述评》,姜锡东、魏彦红,《河北师范大学学报》,2014 年第 2 期。

64.《制度、角色与文学》,左东岭,《光明日报》,2015 年 9 月 14 日第 16 版。

附录 宋代太学资料辑选

太祖建隆三年(962)

1. 二月,吕中曰:国朝之制,宰辅宣召,侍从论思,经筵留身,翰苑夜对,二史直前,群臣召对,百官转对,监司、郡守见辞,三馆封章。小臣特引,臣民投匦,太学生伏阙,外臣附驿,京局发马递铺,盖无一日而不可对,无一人而不可言也。(《宋史全文》卷一)

2. 六月,以左谏议大夫崔颂判监事,始聚生徒讲学。帝诏中使以酒赐之。(《宋会要辑稿·崇儒一·太学》)

太祖乾德四年(966)

1. 孔维,字为则,开封雍丘人。乾德四年《九经》及第,解褐东明、鄢陵二主簿。开宝中,礼部再奏为考试官,调滁州军事推官。太宗即位,擢授太子左赞善大夫、知河南县,通判滑、梓二州。太平兴国中,就拜国子《周易》博士,代还,迁《礼记》博士。七年,使高丽,王治问礼于维,维对以君父臣子之道,升降等威之序,治悦,称之曰:"今日复见中国之夫子也。"九年,判国学事。雍熙初,迁主客员外郎。三年,擢为国子司业,赐金紫。……尝建议乞广太学,上以侵坏民舍不许。受诏与学官校定《五经疏义》,刻板行用,功未及毕,被病,上遣太医诊视,使者抚问。初,维私用印书钱三十余万,为掌事黄门所发,维忧惧,遽以家财赏之,疾遂亟,上赦而不问。维将终,召其婿郑革口授遗表,以《五经疏》未毕为恨。(《宋史》卷四三一)

太祖开宝八年(975)

1. 国子监上言:“生徒旧数七十人,先奉诏,令分习五经。内有系籍而不至者,又有住京进士诸科,常赴讲席。缘监生元有定数,欲以在监习业之人,补充生徒。”诏令元系籍而听习不阙,得于秋赋。系籍而不至者,听于本贯请,其未入于籍而听习者,或有冠裳之族不居乡里,令补监生之阙。宋初,增修国子监学舍(周显德二年,以天福普利禅院建国子监)。修饰先圣、十哲像,画七十二贤及先儒二十一人像于东西廊之板壁。(《宋会要辑稿·崇儒一·太学》)

2. 初,国子监因周旧制,颇增学舍,以应荫子孙隶学受业。开宝八年,国子监上言:“生徒旧数七十人,奉诏分习《五经》,然系籍者或久不至,而在京进士、诸科,常赴讲席肄业,请以补监生之阙。”诏从之。(《宋史·选举志三》)

太宗太平兴国二年(977)

1. 九月,国子监主簿郭恕先决杖,配隶登州。恕先即忠恕也,初责乾州司户参军。秩满去官,遂不复仕。纵放岐、雍、陕、洛之间,或逾月不食,盛夏暴日中无汗,大寒凿冰而浴,人皆异之。尤善画,得其画者,藏以为宝。上雅闻恕先名,召为国子监主簿,赐赉甚厚,令于太学判定历代字书。(《宋史全文》卷三)

太宗太平兴国五年(980)

1. 六月己亥,以江州白鹿洞主明起为蔡州褒信县主簿。白鹿洞在庐山之阳,常聚生徒数百人,李煜割善田数十顷廪给之,选太学之通经者,日为诸生讲诵。于是起建议以其田入官,故爵命之。白鹿洞由是渐废矣。(《宋史全文》卷三)

太宗端拱元年(988)

1. 八月庚辰，幸太学，命博士李觉讲《易》，赐帛，遂幸玉津园习射。(《宋史》卷五)

太宗淳化三年(992)

1. 彬年十八，以宾贡入太学。淳化三年，进士及第，历雍丘尉。(《宋史》卷三百四)

太宗淳化五年(994)

1. 国子监。旧置判监事二人，以两制或带职朝官充，凡监事皆总之。直讲八人，以京官、选人充，掌以经术教授诸生，旧以讲书为名，无定员。淳化五年，判监李至奏为直讲，以京朝官充。其后，又有讲书、说书之名，并以幕职、州县官充。其熟于讲说而秩满者，稍迁京官。皇祐中，始以八人为额，每员各专一经，并选择进士并九经及第之人，相参荐举。丞一人，以京朝官或选人充，掌钱谷出纳之事。主簿一人，以京官或选人充，掌文簿以勾考其出纳。旧制，祭酒阙，始置判监事。监生无定员。并有荫及京畿人，初隶监授业，后补监生；或随属游官，以久离本贯，不克赴乡荐，而文艺可称，亦许隶补试。广文教进士，太学教九经、五经、三礼、三传学究，律学馆教明律，余不常置。(《宋史》卷一六五)

太宗至道二年(996)

1. 祠部员外郎主判都省郎官事王炳上言曰：……如此，则尚书省备藏天下事物名数之籍，如秘阁藏图书，太学藏经典，三馆藏史传，皆其职也。(《宋史》卷一六八)

太宗至道三年(997)

1. 七月,左正言、直史馆孙何表献五议,上览而善之。其一参用儒将,……其二申明太学。曰:"国家必欲开孤进之路,辟至公之门,莫若使寒隽之士由乡里以升闻,世禄之家自成均而出仕。太学不得补庶人之子,神州不得贡卿士之门。郡县皆按旧典,重立学官,精加课试,公与荐延。"(《宋史全文》卷四)

真宗咸平二年(999)

1. 刘蟠子锴,初以父荫为大理评事,咸平二年,擢进士第。尝献《幸太学颂》。真宗中夜观书,得锴颂,颇嘉赏之,出以示辅臣,且言锴幼孤,能自立,召试,命直史馆。累迁至户部郎中、盐铁副使。(《宋史》卷二七六)

真宗咸平三年(1000)

1. 先是,有河阴民常德方者讼临津尉任懿纳贿登第,下御史台鞫,得款云:咸平三年补太学生,寓僧仁雅舍。仁雅闻懿就试,言多识朝贵,当为道达。懿署纸许银七铤,仁雅以谋之惠秦,惠秦私隐其二,易为五铤。(《皇宋通鉴长编纪事本末》卷二二)

真宗咸平五年(1002)

1. 咸平五年春,有河阴民常德方讼临津尉任懿纳贿登第,事下御史台,鞫得懿款云:"咸平二年,补太学生,寓僧仁雅舍,因仁雅求院之主僧惠秦为道地,署纸许银七铤,仁雅、惠秦隐其二,易为五铤。……"(《宋史》卷四四一)

真宗大中祥符二年(1009)

1. 四月,国子祭酒邢昺言:"欲望自今补荫出身人,将来差遣,并须先于国学听书二年。候满日,本学牒送审官院,依条试验,方与差遣。"诏国子监:"如内有年及二十五以上,愿就差遣者,试习经书。或有讲学,据其所业,考试闻奏。"(《宋会要辑稿·崇儒一·太学》)

仁宗天圣二年(1024)

1. 叶清臣,……天圣二年,举进士,知举刘筠奇所对策,擢第二。宋进士以策擢高第,自清臣始。……上言九事:……兴太学,选置博士,许公卿大臣子弟补学生。(《宋史》卷二九五)

仁宗景祐元年(1034)

1. 仁宗景祐元年,四月癸酉,诏以河南府学为西京国子监,置分司官。其后,南京、北京皆援为之。崇宁四年秋七月丙午朔,诏罢三京国子监官,各置司业一员,其视京具体而微矣。(《燕翼诒谋录》卷四,又卷五)

仁宗庆历二年(1042)

1. 石介,字守道,兖州奉符人。进士及第,历郓州、南京推官。笃学有志尚,乐善疾恶,喜声名,遇事奋然敢为。御史台辟为主簿,未至,以论赦书不当求五代及诸伪国后,罢为镇南掌书记。代父丙远官,为嘉州军事判官。丁父母忧,耕徂徕山下,葬五世之未葬者七十丧。以《易》教授于家,鲁人号介徂徕先生。入为国子监直讲,学者从之甚众,太学繇此益盛。(《宋史》卷四三二)

2. 闰九月,天章阁侍讲、史馆检讨王洙言:"庠序之设,教化所先。自项学徒,未逊师业。国子监每科场诏下,许品官子弟投保官家状,量试艺业,给牒充广文、太学、律学三馆学生。多或至千余人,即随秋试,召保取解。及科场罢日,则生徒散归,讲官倚席。若此,但为游士寄应之所,殊无国子肄习之法。居常讲筵,无一二十人听读者。以圣朝经籍道崇,儒雅日盛,岂兹学校弗著彝规,必若稽于唐汉,率之令典,则虑改作为重,尚难丕革,诚能少加程约,亦将有所招来。况之前日,渐可驯致。欲望自今应国子监,每遇科场敕下,授纳取解家状日已前,须实曾附本监听学满五百日者,许投状。令本授业学官取文簿勘会诣实,依例召京朝官委保,方得取应。每十人之中与解三人。其未系监生欲求试补者,亦不限时月。每有一二十人投状,即逐旋量试艺业收补。只令在监听学,簿管姓名,仍每日讲筵。应系听读生徒,并于本监授业学官前亲书到历。如遇私故出入,或疾告、归宁,并于判监官处具状乞假。候回日,于名簿开记请假日数。若满一周年已上不来参假者,除落名籍。大率数年一遇科场,若听学五百日者,许取文解,在其间游息之日多矣。然于学校之版、齿位之叙,必众于今日也。愿下学官参议施行。"诏国子监详定以闻。(《宋会要辑稿·崇儒一·太学》)

3. 孙复,字明复,晋州平阳人。举进士不第,退居泰山。学《春秋》,著《尊王发微》十二篇,大约本于陆淳,而增新意。石介有名山东,自介而下皆以先生事复。年四十不娶。李迪知其贤,以其弟之子妻之。复初犹豫,石介与诸弟子请曰:"公卿不下士久矣,今丞相不以先生贫贱,欲托以子,宜因以成丞相之贤名。"复乃听。孔道辅闻复之贤,就见之,介执杖屦立侍复左右,升降拜则扶之,其往谢亦然。介既为学官,语人曰:"孙先生非隐者也。"于是范仲淹、富弼皆言复有经术,宜在朝廷。除秘书省校书郎、国子监直讲。车驾幸太学,赐绯衣银鱼,召为迩英阁祗候说书。(《宋史》卷四三二)

仁宗庆历三年(1043)

1. 十一月一日,诏:"国子监、太学、天下州县学生,更不立听读日限。近制兴学校,选儒士,充教授,咸有课试之法。"而谏官余靖极言其非便,故有是命。(《宋会要辑稿·崇儒一·太学》)

仁宗庆历四年(1044)

1. 四月壬子,判国监王拱辰、田况、王洙、余靖等官:“首善当自京师。汉太学二百四十房,千八百余室,生徒三万人;唐学舍亦千二百间。今取才养士之法盛矣。而国子监才二百楹,制度狭小,不足以容学者。请以锡庆院为太学,葺讲殿备乘舆临幸,以潞王宫为锡庆院。”从之。(《宋史全文》卷八下)

2. 十月,太子中允、直集贤院兼国子监直讲石介通判濮州。富弼等出使,谗谤益甚,人多指目介。介入不自安,遂求出也。……介去太学,《实录》不记其时,今据尹洙与田况书,云蔡、石相次补外,因附见十月末,更考也。(《皇宋通鉴长编纪事本末》卷三八)

3. 天章阁侍讲王洙言:“国子监每科场诏下,许品官子投状试艺,给牒充广文、太学、律学三馆学生,多致千余。就试试已,则生徒散归,讲官倚席,但为游寓之所,殊无肄习之法。居常听讲者,一二十人尔。”乃限在学满五百日,旧已尝充贡者止百日。本授官会其实,京朝官保任,始预秋试,每十人与解三人。凡入学授业,月旦即亲书到历。如遇私故或疾告、归宁,皆给假,违程及期月不来参者,去其籍。后谏官余靖极言非便,遂罢听读日限。(《宋史·选举志三》)

4. 初立四门学,自八品至庶人子弟充学生,岁一试补。差学官锁宿、弥封校其艺,疏名上闻而后给牒,不中式者仍听读,若三试不中,则出之。未几,学废。(《宋史·选举志三》)

仁宗庆历五年(1045)

1. 正月十二日,有司上言:“锡庆院不可废。”诏三司别择地,乃以马军都虞候公宇为太学。(《宋会要辑稿·崇儒一·太学》)

2. 正月己巳,三司言:更造锡庆院乏材费多,而北使锡宴之所不可阙。诏复以太学为锡庆院如故,别择地建太学。(《宋史全文》卷八下)

仁宗庆历七年(1047)

1. 六月,侍御史知杂事张昪及御史何郯尝极论其事,郯奏疏曰:伏闻朝廷近降指挥,为疑石介,遍根问旧来曾涉往还臣僚,以审存没。中外传闻,颇甚骇异。缘石介平生颇笃学问,所病者道未周而好为人师,致后生从学者多流荡狂妄之士,又在太学日不量识分,专以时事为任。此数端是可深责,其于他事,计亦不为。(《皇宋通鉴长编纪事本末》卷三七)

仁宗皇祐元年(1049)

1. 皇祐初:李觏,字泰伯,建昌军南城人。俊辩能文,举茂才异等不中。亲老,以教授自资,学者常数十百人。皇祐初,范仲淹荐为试太学助教。……嘉祐中,用国子监奏,召为海门主簿、太学说书而卒。觏尝著《周礼致太平论》《平土书》《礼论》。(《宋史》卷四三二)

仁宗皇祐三年(1051)

1. 七月四日,诏:“太学设官,当以教导为职。比岁增以房宇,赐之土田,许置内舍生二百名。如闻未能充数,令宜以百人为限。”(《宋会要辑稿·崇儒一·太学》)

2. 国初,凡事草创,学校教养未甚加意。皇祐三年七月壬子,诏太学生旧制二百人,如不足,止百人为限,其简如此。元丰二年十二月乙巳,神宗始命毕仲衍、蔡京、范镗、张璪详定,于太学创八十斋,三十人为额,通计二千四百人,内上舍生百人,内舍生三百人,外舍生二千人。崇宁元年,徽宗创立辟雍,增生徒,共三千八百人,内上舍生二百人,内舍生六百人,教养于太学;外舍生三千人,教养于辟雍。废太学自讼斋,太学之不率教者,移之辟雍。以祭酒总治两学。辟雍别置司业、丞各一人,博士十人,正、录各五人,分为百斋,讲堂凡四所。其后

王黼反蔡京之政，奏废之，而辟雍之士，太学无所容矣。（《燕翼诒谋录》卷五）

仁宗皇祐四年(1052)

1. 时太学之法宽简，而上之人必求天下贤士，使专教导规矩之事。安定胡瑗设教苏、湖间二十余年，世方尚词赋，湖学独立经义治事斋，以敦实学。皇祐末，召瑗为国子监直讲，数年，进天章阁侍讲，犹兼学正。其初人未信服，谤议蜂起，瑗强力不倦，卒以有立。每公私试罢，掌仪率诸生会于首善，雅乐歌诗，乙夜乃散。士或不远数千里来就师之，皆中心悦服。有司请下湖学，取其法以教太学。（《宋史·选举志三》）

2. 胡瑗，字翼之，泰州海陵人。以经术教授吴中，年四十余。景祐初，更定雅乐，诏求知音者。范仲淹荐瑗，白衣对崇政殿。与镇东军节度推官阮逸同较钟律，分造钟磬各一虡。以一黍之广为分，以制尺，律径三分四厘六毫四丝，围十分三厘九毫三丝。又以大黍累尺，小黍实龠。丁度等以为非古制，罢之，授瑗试秘书省校书郎。范仲淹经略陕西，辟丹州推官。以保宁节度推官教授湖州。瑗教人有法，科条纤悉备具，以身先之。虽盛暑，必公服坐堂上，严师弟子之礼。视诸生如其子弟，诸生亦信爱如其父兄，从之游者常数百人。庆历中，兴太学，下湖州取其法，著为令。召为诸王宫教授，辞疾不行。为太子中舍，以殿中丞致仕。皇祐中，更铸太常钟磬，驿召瑗、逸，与近臣、太常官议于秘阁，遂典作乐事。复以大理评事兼太常寺主簿，辞不就。岁余，授光禄寺丞、国子监直讲。乐成，迁大理寺丞，赐绯衣银鱼。瑗既居太学，其徒益众，太学至不能容，取旁官舍处之。礼部所得士，瑗弟子十常居四五，随材高下，喜自修饬，衣服容止，往往相类，人遇之虽不识，皆知其瑗弟子也。嘉祐初，擢太子中允、天章阁侍讲，仍治太学。既而疾不能朝，以太常博士致仕，归老于家。诸生与朝士祖饯东门外，时以为荣。既卒，诏赙其家。（《宋史》卷四三二）

仁宗嘉祐元年(1056)

1. 十二月乙卯,天章阁侍讲胡瑗管勾太学。瑗既为学官,其徒益众,太学至不能容,取旁官舍容之。礼部所得士,瑗弟子十常居四五,于是瑗擢经筵,治太学犹如故。(《宋史全文》卷九下)

仁宗嘉祐二年(1057)

1. 春正月癸未,翰林学士欧阳修权知贡举。先是,进士益相习为奇僻,钩章棘句,浸失浑淳。修深疾之,遂痛加裁抑。时所推誉皆不在选,嚣薄之士候修晨朝,群聚诋斥之,然文体自是亦少变。吕中曰:唐之文体至韩愈而古,本朝之文至欧阳子而古,谓欧阳子今之韩愈,非溢美矣。然唐文三变,非唐之文变也,乃韩、柳自变于下也,故当时惟韩、柳之徒与之俱变,而天下之文体不为之变,以其变之之权不出于上也。我朝承五季之乱,盖风俗文章屡变之下流,而人心学术一新之都会也。自我太祖、太宗留意文治,而真宗复戒厉词臣之浮靡,仁宗复进好古笃行之士以矫文弊,是其斡旋天下之大势,韩移风俗之要权,益自上始。则文体之变虽在于嘉祐之时,实萌于天圣之初矣。(《宋史全文》卷九下)

2. 欧阳修知嘉祐二年贡举。时士子尚为险怪奇涩之文,号"太学体",修痛排抑之,凡如是者辄黜。毕事,向之嚣薄者伺修出,聚噪于马首,街逻不能制;然场屋之习,从是遂变。(《宋史》卷三一九)

仁宗嘉祐六年(1061)

1. 五月,初,诸路敦遣行义文学之士赴京师者二十三人,其至者十六人,皆馆于太学,即舍人院试论策。五月丙戌,赐出身五人。辞不就试,亦以试将作监主簿命之。(《宋史全文》卷九下)

神宗熙宁元年(1068)

1. 正月，谏官滕中、刘庠并言："庆历中，太学内舍生二百员，并官给日食。近年每人只月支钱三百文添厨，其余自备，比旧所费殊寡。即今补试诸生一百五十人，方拨四五十人入学，足二百员数，余试中未入学者，尚百余人。远方孤寒，待次多日，却归乡里，奔驰道路。今太学斋舍空闲甚多，欲乞增置生员一百人，作三百数。况本监岁收租课，足以供赡。"又谏官吴申言："今太学生徒以二百人为限，其数啬狭。远方之士，逾年待次。伏乞学生不限员数，庶使向儒日盛，流化天下。"诏申、庠再参定。申等言："欲于内舍生二百人外，增一百员，名外舍生。逐旋补试，且令入斋听读，仍不给官中贴厨钱。候内舍生有阙，即将外舍生拨填。如此，则有广朝廷育材之意，亦不违先降学制。"从之。《山堂考索》：五月，臣准诏议学校贡举，多欲变改旧法。独殿中丞直史馆判官诰院苏轼奏曰："得人之道在于知人，知人之法在于责实。使君相有知人之才，朝廷无责实之政。则公卿侍从常虑无人，况学校贡举乎。虽复古之制，臣以为不足矣。臣愿陛下明敕有司，试之以法言，取之以实学。通经术者，虽朴不废；鞘涉浮诞者，虽工必黜。则风俗稍厚，学术近正。庶几忠实之士，不至蹈衰季之风。则天下幸甚。"上得轼议，喜曰："吾固疑此，得轼议，释然矣。"知制诰宋敏求因转对上言："州县有学舍而无学官，四方之士，轻去乡里者，以求师也。请州置学官，三岁一下务。得士三百人，今请二百人试诗赋论策，糊名通考之如旧。其百人，请如赦文，令州郡论荐，转运使审核之。太学生则委判国子监官，御试随其所学而试之。学有师，故士不轻去乡里；随其所学而试之，则文辞、经艺、行实之人，皆无遗也。"其后官不数变易，太学建三舍，命举人以官，州置学官，三路取百人，多敏求发之也。《玉海》：旧制，试补监生六百人，五月增为九百人。(《宋会要辑稿·崇儒一·太学》)

2. 春正月，诏太学增置外舍生百员。初，太学置内舍生二百员，官为给食。至是，待次而入者盖百余人。谏官以为言，故有是诏。(《宋史全文》卷十一)

3. 十一月甲戌，中书、枢密院言："……祖宗袒免亲，将军以下愿出官者听，仍先令经大宗正司投状上闻，委大宗正选择本宫尊长，同太学教授结罪保明才行堪与不堪任使，复委大宗正审察闻奏。就试武官者，试读律、写家状；就试文官者，试说一中经或论一首。"（《皇宋通鉴长编纪事本末》卷六七）

神宗熙宁三年(1070)

1. 科目既设，犹虑不能尽致天下之才，或韬晦而不屑就也，往往命州郡搜罗，而公卿得以荐言。若治平之黄君俞，熙宁之王安国，元丰则程颐，元祐则陈师道，元符则徐积，皆卓然较著者也。熙宁三年，诸路搜访行义为乡里推重者，凡二十有九人。至，则馆之太学，而刘蒙以下二十二人试舍人院，赐官有差，亦足以见幽隐必达，治世之盛也。其后，应诏者多失实，而朝廷亦厌薄之。（《宋史》卷一五六）

神宗熙宁四年(1071)

1. 二月丁巳朔，中书奏定贡举新制：进士罢诗赋，帖经、墨义，各占治《诗》《书》《易》《周礼》《礼记》一经，兼以《论语》《孟子》。每试四场，初本经，次兼经，并大义十道。务通义理，不须尽用注疏，次时务策二道、礼部五道（礼部五道，当考）。中书撰大义式颁行。京东、陕西、河北、河东、京西五路先置学官，中书选择逐路各三五人，虽未仕有经术行谊者，亦许权教授，给下县主簿、尉俸；愿应举者亦听。候满三年，有五人奏举，堂除本州判，同主簿、尉，仍再兼教授。即经术行谊卓然、为士人所推服者，除充教授。其余州军，并令两制、两省、馆阁、台谏臣僚奏见任京朝官选人、有学行可为人师者，中书体量堂除逐路官，令兼本州教授。（《皇宋通鉴长编纪事本末》卷七四）

2. 十月戊辰，中书言：近制增广太学，益置生员，除主判官外，直讲以十员为额，每二员共讲一经，委中书选差或主判官奏举。其生员分三等，以初入学生员为外舍，不限员；自外舍升内舍，内舍升上舍。

上舍以百员，内舍以二百员为限。(《宋史全文》卷十一)

3. 十月二十八日，诏殿中丞宋靖国、赞善大夫吕嘉问，相度锡庆院，建太学。从御史知杂邓绾所请也。绾言："国子监粗容春秋释奠，斋庖之室，不足以容诸生。至于太学，即未尝营建，止是假锡庆院西北隅廊屋数十间，逼窄湫隘，又官司未尝葺治。今大新学制，学者闻风，坌然毕集，恐不足以容。乞特赐锡庆院为太学。"故命相其地建之。……《文献通考》卷四二有："四年，请以锡庆院为太学。仍修武成王庙为右学。上以拟三皇四代胶、庠、序、学东西左右之制，下则可复于汉唐生员学舍之盛，乃诏尽以锡庆院及朝集院西庑建讲书堂四。诸生斋舍、官掌事者真庐略具，而太学楝宇始谨，足用议学校贡举。初，苏颂子嘉在太学，颜复尝策问王莽、后周变法事，嘉极论为非，在优等。苏液密写以示曾布，曰：'此辈唱和，非毁时政。'布大怒，责张琥曰：'君为谏官判监，岂容学官与生徒非毁时政而不弹劾。'遂以告安石。安石大怒，遂逐诸学官，以李定、常秩问判监，选用学官，非执政所喜者不与。陆佃、黎宗孟、叶涛、曾肇、沈季良与选。季良，安石妹婿；涛，其侄婿；佃，门人；肇，布弟也。佃等夜在安石斋授口义，旦至学讲之，无一语出已。其设三舍，皆欲引用其党耳。"(《宋会要辑稿·崇儒一·太学》)

神宗熙宁五年(1072)

1. 正月戊戌，王安石以试中学官等第进呈，且言黎优、张谔文字佳，第不合经义。上曰："经术今人人乖异，何以一道德？有所著可以颁行，令学者定于一。"安石曰："《诗》已令陆佃、沈季良作义。"上曰："恐不能发明。"安石曰："每与商量。"季长，钱塘人，安石妹婿也。壬寅云云。上言勘河决事，乃独遣程昉，安石云云，以疾病为辞。上默然良久，乃曰："朕欲卿文字宜早录进。"安石曰："臣所著述，多未成就，止有训诂文字，容臣缀缉进御。"(《皇宋通鉴长编纪事本末》卷七四)

2. 五月壬辰，上谓王安石等曰："蔡确论太学试极草草。"冯京曰："闻举人多盗王安石父子文字。试官恶其如此，故抑之。"上曰："要一道德。若当如此说，则安可臆说？《诗》《书》法言相同者，乃不可改。"

安石曰:“柔远能迩,《诗》《书》皆有是言,别作言语不得。臣观佛书,乃无经合。盖理如此,则虽相去远,其合犹符节也。”(《皇宋通鉴长编纪事本末》卷七四)

3. 熙宁五年,国子监言:“旧例遇贡举岁,礼部贡院集诸州府所贡第一人谒奠先圣,如春秋释奠仪。况春秋自有释奠礼,请罢贡举人谒奠。”崇宁,议礼局言:“太学献官、太祝、奉礼,皆以法服,至于郡邑,则用常服。望命有司降祭服于州县,凡献官、祝、礼,各服其服,以尽事神之仪。”诏以衣服制度颁使州县自造焉。(《宋史》卷一百五)

神宗熙宁六年(1073)

1. 三月乙酉,命知制诰吕惠卿兼修撰国子监经义,太子中允、崇政殿说书王雱兼同修撰。先是,上谕执政曰:“今岁南省所取,多知名举人,士皆趣义理之学,极为美事。”王安石曰:“民未知义,则未可用,况士大夫乎?”上曰:“举人对策,多欲朝廷早修经义,使义理归一。”乃命惠卿及雱,而安石以判国子监沈季长亲嫌,固辞雱命,上弗许。已而又命安石提举。安石又辞,亦弗许。丁卯,旧纪书“诏王安石设局置官,训释《诗》《书》《周礼》义”,即此事也,今不别出(《皇宋通鉴长编纪事本末》卷七四)

2. 四月壬辰,新赐进士及第余中为大理评事,朱服为淮南节度推官。邵纲为集庆军节度推官,叶唐懿为处州军事推官,叶棣为秀州司户参军,练亨甫为睦州司法参军,并充国子监修撰经义所检讨。上初疑棣等未称职,王安石曰:“今乏人检讨文字,若修撰,即自责成吕惠卿。”上乃许之。(《皇宋通鉴长编纪事本末》卷七四)

3. 九月庚子,命太子中允、馆阁校勘、崇政殿说书吕升卿同兼修撰经义。(《皇宋通鉴长编纪事本末》卷七四)

4. 十月辛未,光州刺史、附马都尉马敦礼乞立《春秋》学官,不许。先是,上以敦礼不识王安石,遣敦礼诣中书见之。敦礼求独见,安石辞以不曾被旨,与众见之。是日,上问安石:“见敦礼否?”安石对以如前。上曰:“卿尝以《春秋》自鲁史亡,其义不可考,故未置学官。敦礼好学不倦，于家亦教发，第未知此意耳。敦礼但读《春秋》而不读传，《春秋》未易可通。”冯京等曰：“汉儒初治《公羊》，后乃治《谷梁》，《左氏》最后出。”上曰：“汉儒亦少有识见者。”（《皇宋通鉴长编纪事本末》卷七四）

5. 十一月庚辰，修撰经义所检讨洪州进士徐禧为镇南军节度推官、中书户房习学公事。禧与吴著、陶临皆以白衣为修撰经义所检讨，至是，又以选人入中书习学，行检正事。初，吕惠卿荐禧所为策二十四篇，上善之，曰：“禧言朝廷以经术变士人，十已八九变矣。然蹈袭人之语，而不求心通者，亦十八九，此言是也。观禧文学，晓政事，宜试之于有用之地。”王安石曰：“中书检正官如章惇辈，朝廷当即有差除。后更用人如有不称，艰于退绌，欲置入为习学。”上以为然，于是以禧为之。中书五房习学公事自此始。七年四月丙戌，礼部侍郎、平章事、监修国史王安石罢为吏部尚书、观文殿大学士、知江宁府；观文殿大学士、吏部侍郎、知大名府韩绛依前官平章事、监修国史；翰林学士、右正言兼侍讲吕惠卿为右谏议大夫、参知政事。己丑，王雱为右正言、天章阁待制兼侍讲。雱以疾不能朝，又诏特给俸，免朝谢，许从王安石之江宁，仍修撰经义。又诏王安石依旧提举详定国子监修撰经义，参知政事吕惠卿同提举。（《皇宋通鉴长编纪事本末》卷七四）

神宗熙宁八年(1075)

1. 五月丁卯，太学进士杨伋权武学传授，候一年召试。伋撰述《李靖兵法》，并上图议，特录之。（《皇宋通鉴长编纪事本末》卷七四）

2. 六月丁未，同修经义吕升卿言：“《周礼》、《诗》义已奏，《尚书》有王雱所进义，乞更不删改。”从之。时升卿辄删改安石、雱《诗》义，安石、雱皆不悦，故升卿有是言，然亦不能解也。王安石上《诗》、《书》、《周礼》义序。诏付国子监，置之三经义解之首。先是，安石撰《诗》序，称颂上德，以文王为比，而上批：“得卿所上三经义序，其发明圣人作经大旨，岂复有加？然望于朕者，何其过欤？责难之义，在卿固所宜者。传于四方，贻之后世，使夫有识考朕所学所知，及夫行事之实，重不德之甚，岂胜道哉？恐非为上为德之义也。其过情之言，可速删去，重为修定，庶付有司，早得以时颁行。”及进呈，上曰：“以朕比文王，恐为天下后世笑。卿言当为人法，恐如此非是。”安石言：“称颂上德，以为比于文王，诚无所悔。”上曰：“《关雎》文王之诗，皆文王盛德。周世世修德，莫如文王，朕如何可比？兼如陟降庭止之类，朕岂不自知其不能邪？须当改之，但言解经之意足矣。”安石曰：“陛下诚或未能事事如是，然陛下于陟降，岂有爱恶之私心乎？是乃所以为直也已。上圣所怀，深仁谦损，臣敢不奉承诏旨，庶以仰称尧禹不争不伐之心！”遂改撰以进上，乃颁行之。（《皇宋通鉴长编纪事本末》卷七四）

3. 十二月辛亥，王安石上再撰《诗·关雎义解》。诏并前改定诸《诗》序解付国子监，镂板施行。（《皇宋通鉴长编纪事本末》卷七四）

神宗熙宁九年(1076)

1. 五月癸亥，每科置教授一员，选翰林医官以下及上等学生为之，亦许本局察举在外医人素有名实者以闻。愿充学生者，略试验收补，勿限员。常以春试取合格者，以三百人为额。太学、律学、武学生、诸营将士疾病，轮差学生往治，各给印纸，令本学官及本营将校书其所诊疾状，病愈及死，经本局管押，或诊言不可治，即别差人往治，候愈或死，各书其状，以为功过，岁终比较为三等，上中书取旨，等第收补。上等月给钱十五千，毋过二十人；中等十千，毋过三十人；下等五千，毋过五十人。其失多者，本局量轻重行罚，或勒出局。其受军营钱，以监临强乞取论。其诸学病人愿与者听受，毋得邀求。（《皇宋通鉴长编纪事本末》卷八一）

神宗元丰元年(1078)

1. 元丰初，（舒亶）权监察御史里行。太学官受赂，事闻，亶奉诏验治，凡辞语微及者，辄株连考竟，以多为功。加集贤校理。（《宋史》卷三二九）

神宗元丰二年(1079)

1. 八月甲寅，诏："增太学生舍为八十斋，斋三十人。外舍生二千人，内舍生三百人。月一私试，岁一公试，补内舍生。间岁一舍试，补上舍生。"(《宋史》卷十五)

2. 十二月乙巳，御史中丞李定等言："今酌《周官》书考宾兴之意，为太学三舍选察升补之法，上国子监敕式令并学令凡百四十条。"诏行之。太学置斋舍八十斋，容三十人，外舍生二千，内舍生三百，上舍生百。总二千四百。月一私试，岁一公试，补内舍生间岁一试，补上舍生弥封、誊录如贡举法，而上舍则学官不与考校公试。外舍生人第一、第二等，参以所书行艺，预籍者升内舍。内舍生试入优、平二等，参以行艺升上舍。分三等：俱优为上，一优一平为中，俱平若一优一否为下。上等命以官，中等免礼部试，下等免解。学正增为五人。学录增为十人，学录参以学生为之。(《宋史全文》卷十二上)

3. 元丰二年，颁《学令》：太学置八十斋，斋各五楹，容三十人。外舍生二千人，内舍生三百人，上舍生百人。月一私试，岁一公试，补内舍生；间岁一舍试，补上舍生，弥封、誊录如贡举法；而上舍试则学官不预考校。公试，外舍生人第一、第二等，升内舍；内舍生试入优、平二等，升上舍：皆参考所书行艺乃升。上舍分三等。学正增为五人，学录增为十人，学录参以学生为之。岁赐缗钱至二万五千，又取郡县田租、屋课、息钱之类，增为学费。初，以国子名监，而实未尝教养国子。诏许清要官亲戚入监听读，额二百人，仍尽以开封府解额归太学，其国子生解额，以太学分数取之，毋过四十人。(《宋史·选举志三》)

神宗元丰三年(1080)

1. 春正月辛巳，诏改国子监直讲为太学博士，每经二人。癸未，增国子监岁赐钱万五千缗。以国子监言岁费钱三万七千缗，而所入才二万三千缗也。(《宋史全文》卷十二下)

2. 五月乙丑，编修学制所言："奉旨立势要及国子监生、太学官亲属许不以乡贯就开封应举之法。臣等看详，监以国子为名而无国子教养之实，恐未称朝廷建学育士之意。乞应清要官亲戚并令人监听读，以二百人为额，解发毋过四十人。”从之。(《宋史全文》卷十二下)

3. 元丰官制行，始置察酒、司业、丞、主簿各一人，太学博士十人，旧系国子监直讲，元丰三年，诏改为太学博士，每经二人。正、录各五人，武学博士二人，律学博士、正各一人。(《宋史》卷一六五)

神宗元丰六年(1083)

1. 三月辛巳，太学正马希孟为太学博士，以上批自景灵新宫成，群臣献歌颂者以十数，独希孟之文可观也。(《皇宋通鉴长编纪事本末》卷八二)

2. 四月壬戌，国子司业朱服言：“相度入律学命官，公试律学、断案，考中第一人，乞许依吏部试法与注官。其太学生或精于律义、断案，就律学公试中第一，与比私试第二等注籍。”从之。(《皇宋通鉴长编纪事本末》卷七五)

3. 八月乙酉，前桐城县尉周谔上书言四事，其一言……其三欲罢试太学博士，止选于教官，教官则选试于上舍、内舍及改科以来有出身进士。其四乞严太学补试之法，士尝豫乡书者，不必补而后入。诏中书省记姓名。上日阅匦函，小臣所言利害，无不详览如此。(《皇宋通鉴长编纪事本末》卷八一)

神宗元丰七年(1084)

1. 三月壬戌，诏太学外舍生周邦彦为试太学正。邦彦献《汴都赋》，文采可取，故擢之。邦彦，钱塘人。(《宋史全文》卷十二下)

2. 十一月丁未，宣德郎、太学博士邵材为监察御史。材，宜兴人。上临朝甚肃，初赐对者，往往震慑不称旨。材入见延和殿，雍容占奏，因曰：“去岁郊祀，臣以太学博士陪祠事。陛下至太庙及圆邱，执礼甚严。陛下临天下将二十年，而秉心愈小，事天地、宗庙愈恭，此盛德也。

然成天下之大业，亦在于持久不倦耳。”上首肯之。（《皇宋通鉴长编纪事本末》卷八一）

神宗元丰八年(1085)

1. 五月，“今开言路之诏，不闻颁于四方，而太府少卿宋彭年言：在京不可并置三衙管军臣僚。水部员外郎王谔乞今依保马元立条限，均定逐年合买之数，又乞令太学增置《春秋》博士，使诸生肄业。朝廷以非其本职而言，各罚铜三十斤。”（《皇宋通鉴长编纪事本末》卷九三）

2. 五月，诏新知陈州司马光过阙入见。先是，光上疏言：“谏争之臣，人主之耳目也。太府少卿宋彭年言：‘在京不可不并置三衙管军臣僚。’水部员外郎王谔乞令依保马元立条限均定逐年合买之数，又乞令太学增置《春秋》博士。朝廷以非其本职而言，各罚铜三十斤。陛下临政之初，而二臣首以言事获罪，臣恐中外闻之，忠臣解体，直士短气，太平之功尚未可期也。”（《宋史全文》卷十二下）

3. 十二月壬戌，开经筵，讲《鲁论》，读《三朝宝训》。罢《太学保任同罪法》。（《宋史》卷十七）

哲宗元祐元年(1086)

1. 二月，侍御史刘挚言：“……蔡确按浚川狱，知制诰、判司农寺熊本夺职领宫观，确即迁知制诰、判司农寺；按御史中丞邓温伯治相州狱，温伯罢知抚州，确即迁御史中丞；按参知政事元绛太学狱，绛罢知颍州，确即迁参知政事。此三狱者，士大夫多以为冤，确皆批其颊、拉其背而夺之位。”（《皇宋通鉴长编纪事本末》卷九七）

2. 三月辛未，诏毋以堂差冲在选已注官。置诉理所，许熙宁以来得罪者自言。命太学公试，司业、博士主之，如春秋补试法。（《宋史》卷十七）

3. 五月丁卯，刘挚言：“学校之制，主于教育人材，非行法之地也。欲望罢不许相见之禁，教诲请益，听其在学往还。”戊辰，诏孙觉、顾临、

程颐同国子监长贰看详修立国子监太学条制。(《宋史全文》卷十三上)

4. 六月乙卯,崇政殿说书程颐上疏曰:“今讲读官共五人,四人皆兼要职,独臣不领别官,近差修国子监太学条制,是一兼也。乃无一人专职辅导者,执政之意可见也。盖惜人材,不欲使之闲尔。又以为虽兼他职,不妨讲读,此尤不思之甚也。……今诸臣所兼皆要官,若未能遽罢,且乞免臣修国子监条例,俾臣夙夜精思竭诚,专在辅道。”(《宋史全文》卷十三上)

5. 七月丙辰朔,尚书省言:“旧制,中外学官并试补。近诏尚书、侍郎、左右司郎中、学士、待制、两省、御史台官、国子司业各举二员,宜罢试法。”先是,王岩叟言:“臣窃见内自太学,外至诸郡,学官之制,皆自就试。四方之士,区区于进卷,屑屑于程文,不但奔驰之远,滞留之久,顾岂其心哉?禄仕迫之,有不得已耳,甚非所以重师道、崇儒风、惜士人之节也。臣愚伏望圣慈令罢此法,一用应诏荐举之士为中外学官,以崇教导之选,为天下劝。”(《皇宋通鉴长编纪事本末》卷九四)

6. 十月,刘挚言:“太学条例独可按据旧条,考其乖戾太甚者删去之。若乃高阔以慕古,新奇以变常,非以无补,而又有害。欲望圣慈指挥罢修学制,所止以其事责在学官、正录以上,将见行条制去留修定,所贵因革不失其当。”挚言:“高阔以慕古,新奇以变常。”盖指程颐也。颐所立条制,辄为礼部疏驳,颐亦自辨理,然朝廷讫不行。(《宋史全文》卷十三上)

7. 元祐元年,诏太学每岁公试,以司业、博士主之,如春秋补试法。左司谏王严叟言:“太学生补中人,乞并许应举,罢一年之限。”诏国子监立法。又诏给事中孙觉、秘书少监顾临、崇政殿说书程颐、国子监长贰看详修立国子监条例。又诏置《春秋》博士一员,二年,增司业一员。又诏内外学官选年三十以上历任人充。三年,诏国子监置长贰。四年,诏太学正、录依熙宁法,选上舍生充,阙则以内舍生。五年,殿中侍御史岑象求言:“国子监无叩问师资之益,学官不以训导为己任,补试伺察不严,有假手之弊。”诏礼部相度以闻,本部言:“生员遇有请益,许见长贰。仍诏生员以所纳齐课于讲堂上指谕,并委博士逐月

巡所隶齐，询考生员所业。凡私试不锁宿，欲令不罢讲说。”从之。（《宋史》卷一六五）

哲宗元祐三年(1088)

1. 三年，三省言：“元祐试补太学生不严，苟务多取，后试者无阙可拨，宜遵元丰初制，虽在籍生亦重试。”乃诏在籍生再试，许取三分，创求补者半之；惟上舍生及是年充贡员内舍、外舍先自元丰补入者免再试，余非再试而中者皆降舍。蔡京上所修《内外学制》，始颁诸天下。（《宋史·选举志三》）

哲宗元祐五年(1090)

1. 五年，殿中侍御史岑象求言：“国子监无叩问师资[一]之益，学官不以训导为己任，补试伺察不严，有假手之弊。”

[一]“国子监”系一机构，如何“叩问师资”？当为“国子监生”，不包括学官在内。《宋志》应于“国子监”后补一“生”字。《宋会要·职官》二八之一一、一二：“元祐五年十二月十八日，殿中侍御史岑象求言：‘国子监生员无叩问师资之益，学官不以训导为己任。及闻补试伺察不严，不无假手之弊。’诏礼部相度以闻。”（《长编》卷四五三戊申条同）

（《宋史职官志补正》）

哲宗元祐六年(1091)

1. 十月十五日，朝献景灵宫，退幸国子监，赐丰稷三品服。（丰稷：原作“农稷”，据《长编》卷四六七改。）当日稷讲《尚书》。本监官、学官等赐帛有差。（《宋会要辑稿·礼五二·巡幸》）

2. 十月庚午，幸国子监，诣至圣文宣王殿行释奠礼，一献，再拜。幸太学，国子祭酒丰稷讲《尚书·无逸》终篇，遂幸昭烈武成王庙。肃揖礼毕，还内。先是，范百禄转对请视学，故有是举。或谓吕大防曰："祖宗视学，非有爵命之赏，则有金帛之赐。"大防曰："古者天子视学，盖常事也。吾固欲天子时一幸，金爵之赉，后日何可继也？"闻者乃服。（《宋史全文》卷十三下）

3. 元祐六年，幸太学，先诣国子监至圣文宣王殿行释奠礼，一献再拜。（《宋史》卷一百五）

4. 范祖禹《幸太学仪》一卷，元祐六年仪。（《宋史》卷二百四）

哲宗元祐七年(1092)

1. 哲宗时，初置在京小学，曰"就傅""初筮"，凡两斋。复取太学额百人还开封府。先是，开封解额稍优，四方士子多冒畿县户，又隶太学不及一年不该解试者，亦往往冒户。礼部按旧制，凡试国子监者，先补中广文馆生，乃投牒求试。元祐七年，遂依仿其法，立广文馆生。惟开封府元解百人许自试，其尝取诸科二百、国子额四十者，皆以为本馆解额。遇贡举年试补馆生，中者执牒诣国子监验试，凡试者十人取一，开封考取亦如之。绍圣元年，罢广文馆，其额悉复还之开封府、国子监。（《宋史·选举志三》）

2. 哲宗时，初置在京小学[一]，曰"就傅""初筮"，凡两斋……

[一]按宋代小学有州县小学和在京小学之分。考《宋会要·崇儒》二之一载："据宣和二年八月五日指挥，在京小学并依元丰法，其起创月日检未获。"若按此说，在京小学当置于元丰以前，与志文所言起于哲宗时相悖，未知孰是。

（《宋史选举志补正》）

哲宗元祐八年(1093)

1. 三月，初，进呈台章论颂稽留制书，尚书左丞梁焘曰："颂为宰相，理会差除，可谓称任。况论差除，执政皆得可否，为相复不得论本省事乎？台章又以颂子为太学博士，同舍多有迁擢。"焘曰："差除皆宰执合议，方敢将上取旨，如一有不同，又且罢议，非颂敢专也。至如父子家庭间语，外人岂得知之？若臆度猜疑，即诬造巧饰，何所不至？此不可不察。”(《皇宋通鉴长编纪事本末》卷一百五)

2. 五月，“轼知颍州日，赵令畤为签判，轼与之往还甚密。轼乃公荐于朝，称其才美。访闻苏轼见议除令畤差遣。国子司业赵挺之为御史日，屡言轼不公事迹。轼居礼部统辖国子监日，务措摭太学中事，欲沮抑挺之。访闻苏辙见议除挺之为转运副使，以同列商议，不敢进呈；太府寺丞文勋以篆字游于轼之门，初不以公正吏才称也，轼既援引，辙遂除为福建路转运判官。”(《皇宋通鉴长编纪事本末》卷一百五)

3. 元祐八年，中书请御试复用祖宗法，试诗赋、论、策三题。且言：“士子多已改习诗赋，太学生员总二千一百余人，而不兼诗赋者才八十二人。”于是诏：“来年御试，习诗赋人复试三题，专经人且令试策。”自后概试三题。帝既亲政，群臣多言元祐所更学校、科举制度非是，帝念宣仁保佑之功，不许改。绍圣初，议者益多，乃诏进士罢诗赋，专习经义，廷对仍试策。初，神宗念字学废缺，诏儒臣探讨，而王安石乃进其说，学者习焉。元祐禁勿用。至是，除其禁。四年，诏礼部，凡内外试题悉集以为籍，遇试，颁付考官，以防复出。罢《春秋》科，凡试，优取二《礼》，两经许占全额之半，而以其半及他经。既而复立《春秋》博士，崇宁又罢之。(《宋史》卷一五五)

哲宗绍圣元年(1094)

1. 三月庚辰，诏大学合格上舍生推恩免省试，附科场春榜。(《宋史》卷十八)

2. 闰四月，殿中侍御史郭知章言：“太学补外舍，请依元丰令，一岁四试。”从之。(《皇宋通鉴长编纪事本末》卷一百)

3. 五月癸丑，诏中外学官，非制科、进士、上舍生入官者并罢。(《宋史》卷十八)

4. 六月癸未，礼部言：“太学博士詹文奏：恭惟神宗皇帝帝圣智高妙，该极象数，常念文字之学世所不知，深诏儒臣，俾共探讨，而王安石实进其说。当时未及颁行,而学者亦已见之。其于性命道德之理,则思过半矣。元祐贡举敕乃令,进士不得引用《字说》,而与申、韩、释氏之书同禁。乞除去《字说》之禁。"从之。新录删去元祐奏,但元祐贡举敕令,进士不得引用王安石《字说》,乞除其禁,从之。辨曰:安石穿凿破碎,不足以仰称神宗明诏。自其学既行之后,士风人材,视昔时为何如? 则所谓于性命道德之理思过半者,讵可信乎?(《皇宋通鉴长编纪事本末》卷一三〇)

5. 十月丁亥,国子司业龚原奏:"赠太傅王安石在先朝时,尝进所撰《字说》二十二卷。其书发明至理,欲乞差人就王安石家缮写定本,降付国子监雕印,以便学者传习。"诏可。(《皇宋通鉴长编纪事本末》卷一三〇)

6. 绍圣元年,监察御史刘拯言:"太学复行元丰中三舍推恩注官、免省试、免解试之制。夫旧法欲行,必先严考察。请自今太学长贰、博士、正录,选学行纯备、从所推服者为之,有弛慢不公,考察不实,则重加谴责。差职掌长谕改正如元丰旧制。"从之。又诏:"内外学官非制科、进士出身及上舍生入官者,并罢。"又诏:"太学正、录依元丰旧制,各置五人。"又诏:"太学三舍生并依元丰学制,重行考察,依旧条推恩。"左司谏翟思言:"元丰《太学令》训迪纠禁亦具矣,今追复经义取士,乞令有司看详,依旧颁行。"诏送国子监,又诏:"内外学官选进士出身及经明行修人。"又诏学官并召试,国子监长贰、台谏官、外监司皆许荐举。三年,司业龚原言:"公试依元丰旧制,以长贰监试,轮差博士五员考试,乞朝廷更差官五员参考。"从之。元符元年,诏有官人许入太学充监生,毋过四十人。三年,复置《春秋》博士。崇宁元年省罢。(《宋史》卷一六五)

哲宗绍圣二年(1095)

1. 三月甲辰,国子司业龚原等言:"赠太傅王安石在先朝尝进其子雱所撰《论语》《孟子义》。乞下本家取所进义定本,下本监雕印颁行。"诏令国子监写录一本进纳。(《皇宋通鉴长编纪事本末》卷一三〇)

2. 十一月庚子，三省言："国子司业龚原奏请乞检详前奏，下赠太傅王安石家取所进《字说》副本，下国子监校定雕印，以便学者传习。"从之。(《皇宋通鉴长编纪事本末》卷一三〇)

哲宗绍圣三年(1096)

1. 八月甲子，校书郎周穜为著作佐郎，太学博士陈瓘为校书郎。(《皇宋通鉴长编纪事本末》卷一百二十)

2. 十一月丁酉，监察御史兼殿中侍御史蔡蹈言："近朝廷取太傅王安石所进《字说》付国子监雕板，以便学者传习，又以池州石谏、刘发尝受安石学，特令校正，乃有太学录叶承辄肆论列，自谓亲闻安石训释，令校对疑误，请同看详。按：承身为学官，宜知分守，而乃离次侵官，干预本监之事。望赐睿旨，正其侵越之罪。"诏特罚金六觔。(《皇宋通鉴长编纪事本末》卷一三〇)

哲宗绍圣四年(1097)

1. 四月乙未，校书郎陈瓘通判沧州。初，太学博士林自用蔡卞之意，倡言于太学曰："神考知王荆公不尽，尚不及滕文公之知孟子也。"士大夫皆骇其言，于是瓘谒章惇求外任，因具以告惇，惇大怒，召自而骂之。章、蔡由是不咸。……惇到阙，召瓘为太学博士。瓘闻其与蔡卞方合，知必害于正论，遂以婚嫁为辞，久而赴官，于是三年不迁。卞方议毁《资治通鉴》板，瓘闻之，因策士题，特引序文，以明神考有训，于是林自骇异而谓瓘曰："神考少年之文尔。"瓘曰："圣人之学得于天性，岂有少长之异乎？"林自辞屈愧歉，遽以告卞，乃密令学中置板高阁，不敢议毁矣。(《宋史全文》卷十三下)

2. 胡安国，字康侯，建宁崇安人。入太学，以程颐之友朱长文及颍川靳裁之为师。裁之与论经史大义，深奇重之。三试于礼部，中绍圣四年进士第。初，廷试考官定其策第一，宰职以无诋元祐语，遂以何昌言冠，方天若次之，又欲以宰相章惇子次天若。时发策大要崇复熙宁、元丰之制，安国推明《大学》，以渐复三代为对。哲宗命再读之，注听称善者数四，亲擢为第三。为太学博士，足不蹑权门。（《宋史》卷四三五）

哲宗元符元年(1098)

1. 元符元年，诏许命官补国子生，毋过四十人。凡太学试，令优取《二礼》，许占全额之半，而以其半及他经。复置《春秋》博士。二年，初令诸州行三舍法，考选、升补，悉如太学。州许补上舍一人，内舍二人，岁贡之。其上舍附太学外舍，试中补内舍生，三试不升舍，遣还其州。其内舍免试，至则补为外舍生。诸路选监司一员提举学校，守贰董干其事。遇补试上、内舍生，选有出身官一人，同教授考选，须弥封、誊录。三年，太学试补外舍改用四季，学官自考，不誊录，仍添试论一场。（《宋史·选举志三》）

2. 元符元年，诏许命官补国子生，毋过四十人[一]。凡太学试[二]，令优取《二礼》，许占全额之半，而以其半及他经。复置《春秋》博士。二年，初令诸州行三舍法[三]……须弥封[四]、誊录……

［一］按《长编》卷四九四，元符元年正月乙亥条载："诏有官人许入太学充监生，于二百人额内，不得过四十人。"志文虽与此说基本吻合，但《长编》明确指出当时国子学已置于太学内，其额亦为太学生额之一部分，实际上成了太学的附属物。志文中却看不到这一点，故补叙之。

［二］按《长编》卷四九七，元符元年四月乙巳条载："国子监言：'乞今后科场及太学公、私试，所存留三分解额均作十分通融，先取《二礼》合格之人，不得过五分，次取他经。'从之。"据此，志文于"太学"前脱漏"科场及"三字，当补。

［三］按《长编》卷五一八，哲宗元符二年十一月乙未条载，时降诏行三舍法之州学，仅限于置有教授之学，尚未置教授之中、小州学则未予推行。故志文于"诸州"前宜补上"置教授者"四字。

［四］按"弥封"应乙正为"封弥"。

（《宋史选举志补正》）

哲宗元符二年(1099)

1. 四月癸丑,赐太学上舍生何大正同进士出身,及开封府进士吕彦祖并为初等官。……《实录》无此。元符三年四月十七日,敏求自仁化令特改承事郎;士育以左班殿直特换承务郎;大正以太学上舍生特与赐同进士出身,为真州司法参军;彦祖亦补初等官,为福州司法参军。(《皇宋通鉴长编纪事本末》卷一百二十三)

2. 十一月乙未,诏诸州置教授者,依太学三舍法考选生徒升补。(《宋史》卷十八)

哲宗元符三年(1100)

1. 五月,“按:浩所为如此,臣子之义,所宜共弃。而昨于邹浩未得罪之时,趋往相见,因此罣于吏议,自太学博士冲替。昨蒙登极大霈。除落过名,依旧复充太学博士。”(《皇宋通鉴长编纪事本末》卷一二九)

2. 黄伯思,字长睿,……甫冠,入太学,校艺屡占上游。履将以恩例奏增秩,伯思固辞,履益奇之。元符三年,进士高等,调磁州司法参军,久不任,改通州司户。(《宋史》卷四四三)

徽宗崇宁元年(1102)

1. 八月甲戌,右仆射蔡京谓:“以学校为今日先务,乞天下并置学养士。如允所请,乞先次施行。一、乞罢开封府解额,除量留五十人充开封府上著人取应外,余并改充天下贡士之数。所有诸州、军额,各取三分之一添充贡士额。一、乞天下并置学养士,郡小或举人少,则令三二州学者聚学于一州。一、乞置州学,并差教授二员。一、乞增置田业养士。应奉路常平户绝土田物业,契勘合用数拨充,如不足,以诸色系省官田宅物业补足。一、乞以三舍考选法遍行天下,听每三年贡入太学上舍试,仍别为号令为三等。若试中上等,补充太学上舍;试中中等，补充下等；试中下等者，补充内舍，余为外舍生。虽补止及中下等，或不及等，及科举遗逸，而学行为乡里所服，委知州、通判、监司依贡士法贡入，委祭酒、司业、博士询考得实，当议量材录用。一、乞令郡守、监司保任贡士，若贡士到太学试中上等。及考选升舍人多，即等第立法推赏。一、乞诸县置学于本县，委令佐擘画地利，及不系省杂收钱内桩充费用。一、乞学生自县学考选升州学。一、乞州县并置小学。一、乞并立学生在学升黜法。一、乞外任官子弟许入学取应，在外官子弟、亲戚，法不合在本处取应者，许随处入学，即不升补与贡，在学迨及一年，给公据，许赴太学取应国子监解名。一、乞州、县学职掌学谕、学长，许差特奏名人。一、乞禁不得教学生非经、史、子书文字。"诏令讲议司立法颁降，仍差将作少监李诚于城南门外踏逐，修置外学。(《皇宋通鉴长编纪事本末》卷一百二十六)

2. 十一月戊寅，尚书右仆射蔡京言："臣等昨具陈乞诸路置学养士，伏承诏旨，令讲议司立法颁行。谨以元陈请画一，并参酌《太学勅令格式》，取其可以行于外者，修立成《诸路州县学敕令格式》并一时指挥凡十三册，谨缮写上进以闻。"(《皇宋通鉴长编纪事本末》卷一三二)

3. 十二月丁丑，诏："诸邪说詖行非先圣之书，并元祐学术政事，不得教授学生，犯者屏出。"诏："诸路教授序官，外官小者，并在本州录事参军之上，其供给承务郎以上，依签判，余依职官例。"戊寅，宰臣蔡京等上《诸路州县学勅令格式》，乞镂板颁降。从之。尚书右仆射蔡京等言："臣等昨具陈乞诸路置学养士，伏承诏旨，令讲议司立法施行。谨以元陈，请画一，并参酌《太学敕令格式》，取其可以行于外者，修立成《诸路州县敕令格式》，并一时指挥凡十三册。谨缮写上进以闻。如得允当，乞下本司镂板颁行。其看详者，乞送国子监收掌。所有今日已前，应州县学校条件已系新书收载者，更不行用。"诏疾速镂板颁行。(《皇宋通鉴长编纪事本末》卷一百二十六)

4. 崇宁元年，宰臣请："天下州县并置学，州置教授二员，县亦置小学。县学生选考升诸州学，州学生每三年贡太学。至则附试，别立号。考分三等：入上等补上舍，入中等补下等上舍，入下等补内舍，余居外舍。诸州军解额，各以三分之一充贡士。开封府留五十五额，解士人之不入学者,余尽均给诸州,以为贡额。外官子弟亲戚,许入学一年,给牒至太学,用国子生额解试。州给常平或系省田宅充养士费,县用地利所出及非系省钱。”三年,始定诸路增养县学弟子员,大县五十人,中县四十人,小县三十人。凡州县学生曾经公、私试者复其身,内舍免户役,上舍仍免借借如官户法。命将作少监李诫,即城南门外相地营建外学,是为辟雍。蔡京又奏:“古者国内外皆有学,周成均盖在邦中,而党庠、遂序则在国外。臣亲承圣诏,天下皆兴学贡士,即国南郊建外学以受之,俟其行艺中率,然后升诸太学。凡此圣意,悉与古合。今上其所当行者:太学专处上舍、内舍生,而外学则处外舍生。今贡士盛集,欲增太学上舍至三百人,内舍六百人,外舍三千人。外学为四讲堂、百斋,斋列五楹,一斋可容三十人。士初贡至,皆入外学,经试补入上舍、内舍,始得进处太学。太学外舍,亦令出居外学。其敕、令、格、式,悉用太学见制。国子祭酒总治学事,外学官属,司业、丞各一人,稍减太学博士、正、录员归外学,仍增博士为十员,正、录为五员,学生充学谕者十人,直学二人。”三舍生皆由升贡,遂罢国子监补试。又置诸王宫大、小学教授,立考选法,凡奉祠及仕而解官或需次者,悉许入内、外学。任子不系州土,随所寓入学,仍别斋居处,别号试考。曾升补三舍生,后从献助得官,其入学视任子法。凡任子,不问文武,须隶学满一年,始得求试。乃诏取士悉由学校升贡,其州郡发解及试礼部并罢。自是,岁试上舍,悉差知举,如礼部试。(《宋史·选举志三》)

5. 崇宁以来,士子各徇其党,习经义则诋元祐之非,尚词赋则诮新经之失,互相排斥,群论纷纷。钦宗即位,臣僚言:“科举取士,要当质以史学,询以时政。今之策问,虚无不根,古今治乱,悉所不晓。诗赋设科,所得名臣,不可胜纪,专试经义亦已五纪。救之之术,莫若遵用祖宗成宪。王安石解经,有不背圣人旨意,亦许采用。至于老、庄之书及《字说》,并应禁止。”诏礼部详议。谏议大夫兼祭酒杨时言:“王安石著为邪说,以涂学者耳目,使蔡京之徒,得以轻费妄用,极侈靡以奉上,几危社稷。乞夺安石配飨,使邪说不能为学者惑。”御史中丞陈过庭言:“《五经》义微,诸家异见,以所是者为正,所否者为邪,此一偏之大失也。顷者指苏轼为邪学,而加禁甚切;今已弛其禁,许采其长,实为通论。而祭酒杨时矫枉太过，复诋王氏以为邪说，此又非也。”诸生习用王学，闻时之言，群起而诋詈之，时引避不出，斋生始散。诏罢时祭酒。而谏议大夫冯澥、崔鹖等复更相辨论，会国事危，而贡举不及行矣。(《宋史·选举志三》)

6. 崇宁元年，诏：“大宗正丞，大理正，诸寺监丞，太学、武学、律学博士，太学正、录，诸宫院、诸州教授，堂除外，其吏部阙不许占差已授未赴及初到任人。”二年，诏：“十年不到部者，依《长定格》与降一官；二十年以上，则除其籍。”靖康元年七月，诏以吏部四选逐曹条例编集板行。(《宋史》卷一六三)

7. 崇宁元年，宰臣蔡京言：“有诏天下皆兴学贡士，以三舍考选法遍行天下，听每三年贡入太学。上合试仍别为考，分为三等，若试中上等，补充太学上舍，试中中等、下等者，补充内舍，余为外舍生，仍建外学于国之南，待其岁考行艺，升之太学。其外学官属：司业一人，丞一人，博士十人，学正五人，学录五人；职事人系学生充；学录五人，学谕十人，直学二人，齐长、齐谕各一人。外舍生三千人，太学上舍一百人，内舍三百人，候将来贡试到合格者，即上合以二百人、内舍以六百人为额。处上舍、内舍于太学，处外舍于外学。外学置齐一百，讲堂四，每齐三十人。太学自讼齐移于外学。诸路贡士并入外学，候依法考选校试合格，升之太学为上舍、内舍生。见为太学外舍生，依旧在太学，候外学成日取旨。外学并依太学敕、令、格、式。”从之。二年，罢《春秋》博士。三年，诏辟雍置司成、司业各一员。四年，诏：“辟雍待四方贡士，在国之郊，太学教养上舍生，在王城之内，内上既殊，高下未伦；辟雍有司成在侍郎之次，国子有祭酒、司业列于卿、少，事体不顺，合行厘正。”改辟雍司成为太学司成，总国子监及内外学事，凡学之事，皆许专达。仍立学官谒禁。(《宋史》卷一六五)

8. 太学、辟雍，崇宁元年增置。(《宋史》卷一六八)

9. 太学自讼斋[一]移于外学。

[一] 自讼斋为专有名词，宜标加引号，即为“自讼斋”。《燕翼诒谋录》卷五：“崇宁元年，徽宗创立辟雍，增生徒共三千八百人。内上舍生二百人，内舍生六百人，教养于太学；外舍生三千

人，教养于辟雍。废太学'自讼斋'，太学之不率教者，移之辟雍（按：即外学）。"

（《宋史职官志补正》）

徽宗崇宁二年（1103）

1. 正月甲申，诏："诸路教授自外任移者，除依条通考任，许就任升改，其教导有方、贡试如法者，仍听保明再任。内广南路应升改者，减举主一人。"辛丑，诏："学校长善育材，无以文胜质；选质兴能，无以私挠法。毋恪于始而怠于终，毋便己私而挠官事。"（《皇宋通鉴长编纪事本末》卷一百二十六）

2. 正月，臣僚上言："谨按：通直郎致仕程颐学术颇僻，素行谲怪，专以诡异，聋鼓愚俗。顷在元祐中，因奸党为引，朝廷遂命以官，劝讲经筵，则进迂阔不经之论，有轻视人主之意。议法太学，则专出私见，以变乱神考成宪为事。"诏："程颐追毁出身以来文字，除名。其入山所著书，令本路监司常切觉察。"（《皇宋通鉴长编纪事本末》卷一百二十一）

3. 三月乙酉，讲议司言："诸路、州学生以前举终场人数，二百人以上以一百人为额，数少者以二州、三州并附一州聚学。今聚学尚有不及二百人之处，即于法未有定额。欲将所并聚学并旧有教授不及二百人之处，听以前举终场三分之二立为定额。其上舍、内舍及拨定人，盖视一百人之额，得随数减定。"从之。（《皇宋通鉴长编纪事本末》卷一百二十六）

4. 四月戊午，诏提举司："每路教授及十人以上者，岁举改官增三人，不及者一人，不许举它官。有能训导学生中太学上舍数及八分者，提举学事官保明以闻，国子监验实，依太学博士正录法改官。"庚午，诏国子监印书，赐诸州县学。（《皇宋通鉴长编纪事本末》卷一百二十六）

5. 五月庚辰，户部言："提举学事司乞州县学之费，通一路财用应副。"从之。戊子，诏不置教授州军置学处，学生以百人为额。（《皇宋通鉴长编纪事本末》卷一百二十六）

6. 五月庚申，诏："元符末上书进士，类多诋讪，令州郡遣入新学，

依太学自讼斋法，候及一年，能革心自新者许将来应举，其不变者当屏之远方。”（《宋史》卷十九）

7. 六月丙辰，诏县学生不及二十人处，许依州学例，并附邻近大县，一处教养。（《皇宋通鉴长编纪事本末》卷一百二十六）

8. 八月丙寅，讲议司言：“县学格内三旬所试，乞改为月试，季一周之，孟月试义，仲月试论，季月试策。”从之。（《皇宋通鉴长编纪事本末》卷一百二十六）

9. 九月壬辰，命讲议司官详求礼乐沿革，修为典礼。讲议司言：“乞置医学养士，命博士、正录、训导设三科，以教生员，治经试选等，并依太学法。”从之。（《皇宋通鉴长编纪事本末》卷一三二）

徽宗崇宁三年(1104)

1. 正月己丑，诏诸路增养县学弟子员，大县五十人，中县四十人，小县三十人。癸丑，中书省勘会：“天下已置学养士，士在学校，月书季考，行艺纯备，方与入贡，其选颇艰，而科举取一日之长，人乐侥幸，众易以趋，故异意与怠惰之人多惮于入学，甚失朝廷教养之意。”诏：“五路学生在州学一年，方许取应。余路在学半年，仍通县学月日。即取应人众，而学校所养数少，虽令在学半年，其不在学之人尚多者，仰学事司较量，相度闻奏。”辛丑，诏：“季考月书，乡举里选之法。以其间有未便事节，近已委有司别行讲究，虑修立法度忽遽，未易成就，犹须宽假岁月，精加考求，期于协顺人情，选拔乡贤寒俊而后已。所有后来科场，可更令参以科举取士一次，使远方举人知悉。”（《皇宋通鉴长编纪事本末》卷一百二十六）

2. 三月壬寅，奉议郎黄辅国言：“元丰中，太学生休假日，引诣武学射厅习射。绍圣尝著为令。乞颁其法于诸路州学。”从之。朝奉大夫、直龙图阁、成都府路转运副使季孝广迁一官，以点检邛州学生费乂、韦直方、绵竹县学生庞汝翼答策，诋讪元丰政事故也。乂、直方、汝翼并送广南编管，永不得入学。（《皇宋通鉴长编纪事本末》卷一百二十六）

3. 六月丙午，诏诸路州军未曾置学处并置学。(《皇宋通鉴长编纪事本末》卷一百二十六)

4. 七月庚子，诏诸路知州、通判并增入"主管学事"四字。(《皇宋通鉴长编纪事本末》卷一百二十六)

5. 八月戊午，诏诸路应缘学校奉行违慢，令监司纠察，申尚书省。辛酉，醴州醴陵县学生季邦彦特送五百里外编管，元考较长谕屏出学。荆湖南路转运判官兼提举学事元书言邦彦试卷言涉谤讪也。(《皇宋通鉴长编纪事本末》卷一百二十六)

6. 九月癸未，诏诸路应副修盖学舍了毕，提举学事及州县官，各与减磨勘年有差。壬辰，诏诸州别为斋舍，教养材武之士，随人数多寡，许令入学，并依进士法。其考选校试升补，取今武学条制看详，修定颁下。(《皇宋通鉴长编纪事本末》卷一百二十六)

7. 十一月丙申，祀昊天上帝于圆邱，以太祖皇帝配。礼毕大赦。"今来兴建学校，废罢科举，欲考士素行，以绝幸冒，务得实材。然虑州县未能奉承诏令，人未劝向，尚有遗逸，致多士未尽在学，或艰于考选校定。所取上舍、内舍生不敷额数，或学宇卑陋，食饮疏薄，未足以称朕教养待士之意。已差提举学事官分诣天下，仰疾速遍行所部，推原法意。有不如令者，按罪以闻。除将来科举一次外，并由学校升贡。"(《皇宋通鉴长编纪事本末》卷一百二十六)

8. 十一月甲戌，幸太学，官论定之士十六人，遂幸辟雍，赐国子司业吴细、蒋静四品服，学官推恩有差。丙戌，封子杞为冀国公。丁亥，诏取士并繇学校，罢发解及省试法，科场如故事。(《宋史》卷十九)

徽宗崇宁四年(1105)

1. 二月，"文臣令太学官，武臣令武学官试，以合格人闻三省审差。"从之。(《皇宋通鉴长编纪事本末》卷一百二十八)

2. 闰二月辛未，诏："应诸路州学，据学粮余数额外增养学生，并依额内人条例施行。"(《皇宋通鉴长编纪事本末》卷一百二十六)

3. 四月壬午，诏："诸州县生徒试补入学，经试终场，及自外舍升

内舍者免身丁,内舍仍免借升上舍,即依官户法。”(《皇宋通鉴长编纪事本末》卷一百二十六)

4. 八月,帝亲制《大晟乐记》,命太中大夫刘昺编修《乐书》,为八论:……其八曰:圣上稽帝王之制而成一代之乐,以谓帝舜之乐以教胄子,乃颁之于宗学。成周之乐,掌于成均,乃颁之府学、辟雍、太学。(《宋史》卷一二九)

5. 九月已亥,制曰:“朕闻先王成人有德,小子有造。今天下承平,休养日久,垂髫幼稚,在所乐育。仰学事司、州县长吏多方劝谕,令入小学,依太学例量舍支数,破与饮食。其考选校试之法,仰三省措置取旨,庶几有造之时。”(《皇宋通鉴长编纪事本末》卷一百二十六)

6. 十二月乙亥,尚书省言:“诸路学校各已就绪,其所贡人,今来中选,多旧日科举遗落老成之士,乡举里选之效,已见于此。士之在学,月书季考,苟有成材,理当不埃岁月,便合入贡。今仿《周官》,每岁考德行道艺、三年大比之意,为岁贡之制。俟满三岁,则赴殿试,第其高下推恩,庶使士益知勉。诏大司成兼侍讲薛昂等看详增损,修立条约以闻。“从之。……送昂等看详,乃十月二十七日圣旨;为岁贡之制,乃尚书省建议薛昂等看详增损耳,非昂等创为也。《实录》删修失实,今改正。(《皇宋通鉴长编纪事本末》卷一百二十六)

徽宗崇宁五年(1106)

1. 二月丁未,诏:“去年正月指挥,诸州添置武学,教养武士。至今逾年,教养每州无几,而月有按试弓马,考校程文,使教官不得专意儒学,又管勾、按试兵官、教头皆有添给食钱,官中旋置鞍马,盖造马屋,营葺射圃,百端糜费,有虚名,无实效,可罢去。”(《皇宋通鉴长编纪事本末》卷一百二十六)

2. 七月庚子,诏曰:“学校以善风俗人伦,治则兴,乱则废,非特教养而已也。乃者亲诏有司,以月书季考之密,退送烦劳,待养有方,未当士心,故令考正。若罢县学,则士非里选,废学粮,则人无所养。减教授则五师,并提举则无总,名存实废,甚非教育之本。朕恭览熙宁诏书，以俟兴建学校，然后讲求三代所以教育选举之法，施于天下，则庶几可复古矣。复乡举里选，布之天下，以追三代之隆，神考之志也。而各减废，于朕继述之孝，其可得乎？其县学提举官、学田粮教授，并各依旧退送者，更展一试，待给假，许不限次数，以优士之在学者。《诗》不云乎：'君子能长育人材，则天下喜乐之矣。'咨尔多士，宜体朕意。"（《皇宋通鉴长编纪事本末》卷一百二十六）

3. 七月甲辰，诏："已降指挥，举行学制。比阅前后法令犹未备，虑失士心，或因而烦扰，有害学政。可依下项：一、天下学生既令岁贡，将来入贡，其数必多。所有辟雍，并令依旧，仍依崇宁四年十二月已前指挥施行。二退送学生既展一年，俟之不为不久，待之不为不尽。比览科举旧法，有因赦理举，许特奏名推恩之法。学生贡至辟雍士一试退送，未有理举推恩之文，退送之人，所以患无归。学生贡至辟雍，试不中退送者，并与理为到省举送，依例施行。"（《皇宋通鉴长编纪事本末》卷一百二十六）

4. 九月乙卯，学制局言："臣等检会崇宁三年九月二十三日朝旨，诸州学别为斋舍，教养武士，续有条画，颁下诸路。后来入学之人已多。昨因今年二月废罢，寻未曾复置。臣等伏睹御制学校新法，内一项逐州解额，五路已有指挥，十人取一名。可令以前榜所解额，于数内以一分充贡武士额。臣等未审今来立教养武士法，合依旧遍行天下，或止于三路、五路施行。乞降睿旨，别具合措置事件闻奏。"御笔："山西出将，气俗使然。所当先者，平治之时，武不可废。可依已降指挥置武士斋，仍以所给解额，取一分充贡额，无则贡文士。"（《皇宋通鉴长编纪事本末》卷一百二十六）

5. 十一月乙巳，大司成兼侍讲薛昂、国子监司业强渊明言："窃谓文学之士，自县升之州，由州贡之辟雍，又合而试之，第为上舍、内舍之等，而推恩侍殿试，或升之太学，其法可谓备矣。而武士之制，虽有武学，外置解额，而选考升贡之法，将见周王于迈六师及之之盛，如成周之时，仰有以副陛下奖育人材之意。"从之。（《皇宋通鉴长编纪事本末》卷一百二十六）

6. 十二月癸未，学制局上《诸路州县学勅令格式》等凡三十五册，

诏颁布行之。(《皇宋通鉴长编纪事本末》卷一百二十六)

7. 五年,著令:

凡县学生隶学已及三月,不犯上二等罚,听次年试补州学外舍,是名“岁升”。开封祥符生员,即辟雍别为斋,教养、升进如县学法。愿入邻县学者听。惟赤县校试,主以博士。每岁正月,州以公试上舍及岁升员,一院锁宿,分为三试。其公试,上舍率十取其六为中格;中格已,以其名第自上而下参考察之籍;既在籍,又中选,即六人之中取其四,以差升舍。其岁升中选者,得补外舍生。开封属县附辟雍别试,中者入辟雍充外舍。隶学三年,经两试不预升贡,即除其籍,法涉太严。今令三年内三经公试不预选,两经补内舍、贡上舍不及格,且曾犯三等以上罚,若外舍,即除籍罢归县,内舍降外舍,已尝降而私试不入等,若曾犯罚,亦除籍,再赴岁升试。

凡州学上舍生升舍,以其秋即贡入辟雍,长吏集阖郡官及提学官,具宴设以礼敦遣,限岁终悉集阙下。自川、广、福建入贡者,给借职券,过二千里给大将券,续其路食,皆以学钱给之。如有孝弟、睦姻、任恤、忠和,若行能尤异为乡里所推,县上之州,免试入学。州守贰若教授询审无谬,即保任入贡,具实以闻,不实者坐罪有差。

太学试上舍生,本虑与科举相并,试以间岁。今既罢科举,又诸州岁贡士,其改用岁试。每春季,太学、辟雍生悉公试,同院混取,总三百七十四人。以四十七人为上等,即推恩释褐;一百四十人为中等,遇亲策士许入试;一百八十七人为下等,补内舍生。凡上等上舍生暨特举孝弟行能之士,不待廷试推恩者,许即引见释褐。上舍仍先以试文卷进入,得可乃引赐。若上舍已该释褐恩,而贡入在廷试前一年者,须在学又及半年,不犯上二等罚,乃得注官。

凡贡士入辟雍外舍,三经试不与升补,两经试不入等,仍犯上三等罚者,削籍再赴本州岁升试,是名“退送”。即内舍已降舍,而又一试不与,或两犯上四等罚者,亦如外舍法退送。太学外舍生已预考察者,许再经一试,以中否为留遣,馀升降、退送悉如辟雍法。

凡有官人不入学而愿试贡士者,不以文、武、杂出身,悉许之,惟赃私罪废人则否。应试者,随内外附贡士公试,皆别考,率以七人取一人。即预贡者,与辟雍春试贡士通考。中选入上等者,升差遣两等,赐上舍出身;文行优者,奏闻而殊擢之。中等俟殿试,下等补内舍,不隶学,需再试。已仕在官而愿试者,悉准此制。

凡在外官同居小功以上亲,及其亲姊妹女之夫,皆得为随行亲,免试入所任邻州郡学。其有官人愿学于本州者,亦免试,升补悉如诸生法,混试同考,惟升舍不侵诸生额,自用七人取一。若中者多,即以溢额名次理为考察。若所亲移替,愿改籍他州学者听。

太学上、内舍既由辟雍升入,又已罢科举,则国子监解额无所用,尽均拨诸府、诸州解额,三分之,以为三岁贡额,并令有司均定以闻。太学旧制,止分立优、平二等,自今欲令辟雍、太学试上舍中程者,皆参用察考,以差升补。其考察试格,悉分上、中、下三等。贡士则以本州升贡等第,太学内舍则以校定等第。每上舍试考已定,知举及学官以中试之等参验于籍,通定升绌高下,两上为上,一上一中及两中为中,一上一下及一中下、两下为下。若两格名次等第适皆齐同,即以试等压考察之格,余率以是为差,仍推其法达之诸州。凡内外私试,始改用仲月,并试三场,试论日仍添律义。凡考察悉准在学人数,每内舍十人取五,外舍十人取六,自上而下分为三等籍,以俟上舍考定而参用之。

是岁,贡士至辟雍不如令者,凡三十有八人,皆罢归,而提学官皆罚金。建州浦城县学生,隶籍者至千余人,为一路最,县丞徐秉哲特迁一官。(《宋史·选举志三》)

8. 初立八行科,诏曰:"学以善风俗,明人伦,而人材所自出也。今法制未立,殆无以厉天下。成周以六行宾兴万民,否则威之以不孝、不弟之刑。近因稽周法,立八行、八刑,颁之学校,兼行惩劝,庶几于古。士有善父母为孝,善兄弟为悌,善内亲为睦,善外亲为姻,信于朋友为任,仁于州里为恤,知君臣之义为忠,达义利之分为和。凡有八行实状,乡上之县,县延入学,审考无伪,上其名于州。州第其等,孝、悌、忠、和为上,睦、姻为中,任、恤为下。苟备八行,不俟终岁,即奏贡入太学,免试补为上舍。司成以下审考不诬,申省释褐,优命之官;不能全备者,为州学上等上舍,余有差。"八刑则反八行而丽于罪,各以其罪名之。县上其名于州,州稽于学,毋得补弟子员。然品目既立,有司必求其迹以应令，遂有牵合琐细者。自元祐创经明行修科，主德行而略辞艺，间取礼部试黜之士，附寘恩科，当时固已咎其无所甄别。及八行科立，则三舍皆不试而补，往往设为形迹，求与名格相应。于是两科相望几数十年，乃无一人卓然能自著见者，而八行又有甚敝。盖后世欲追古制，而不知风俗教化之所从出，其难固如此夫。(《宋史·选举志三》)

9. 开封始建府学，立贡士额凡五十，而士子不及三百，尽额而取，则涉太优，欲稍裁之。诏："王畿立学，若不优诱使进，何以首善？其常解五十勿阙。"(《宋史·选举志三》)

徽宗大观元年(1107)

1. 三月甲辰，诏以八行取士：善父母为孝，善兄弟为悌，善内亲为睦，善外亲为姻，信于朋友为任，仁于州里为恤，知君臣之义为忠，达义利之分为和。孝、悌、忠、和为上，睦、姻为中，任、恤为下(实有)。(《皇宋通鉴长编纪事本末》卷一百二十六)

2. 六月庚午，御笔令诸州学以御制八行、八刑刻石。从江东转运副使家彬奏请也。(《皇宋通鉴长编纪事本末》卷一百二十六)

3. 八月庚午，资政殿学士、中太一宫使兼侍读郑居中乞以所赐御书八行、八刑模刻于石，立之学宫。从之。(《皇宋通鉴长编纪事本末》卷一百二十六)

4. 十一月四日，幸太学，遂幸辟雍，诏国子司业吴绢等转官、改官、循资、赐章服、文武学生授官、免省试、免文解、赐帛有差。(《宋会要辑稿·礼五二·巡幸》)

5. 十二月壬午，御笔："八行、八刑之士，所在皆得以名闻，不限在学不在学，令学制局申明行下。"从提举福建路学事陈汝锡奏请。(《皇宋通鉴长编纪事本末》卷一百二十六)

6. 十二月壬午，建州浦城县丞徐秉哲迁一官，以县学生系籍者千余人，此一路最多，秉哲实专考校事。提举学事司乞加优奖，故有是命。(《皇宋通鉴长编纪事本末》卷一百二十六)

7. 大观元年，诏愿兼他经者，量立升进之法。大抵用本经决去取，而兼经所中等第特为升贡。每岁附公试院而别异其号，每十五人取一人，分上、中、下等，别榜示之，唱名日，甄别奏闻，与升甲，皆优于专经者。异时内外学官阙，皆得在选。县学生三不赴岁升试及三赴岁升试而不能升州学者，皆除其籍。诸路宾兴会试辟雍，独常州中选者多，州守若教授俱迁一官。（《宋史·选举志三》）

8. 大观元年，议礼局言："太社、太学献官祝礼，皆以法服奉祠，至郡邑则用常服，乞降祭服。"诏颁制度于州郡，然未明使制造。（《宋史》卷一五二）

9. 大观元年，置国子博士四员，国子正、录各二员。太学、辟雍博士共置二十员，国子、太学每经一员，辟雍二员。从薛昂之请也。三年，诏诸路赡学馀钱并起发充在京学事支用。四年，诏省国子、辟雍博士五员，太学命官学录一员，辟雍二员，国子命官正、录及命官直学、国子监书库官等官，并省罢，依绍圣格，毋用眷录。政和元年，诏两学博士、正、录依旧制选试，朝廷除授。七年，新提举河东路学事王格言："崇宁初，建辟雍于郊，以处贡士及外舍生，立太学于国，以处上舍、内舍。由州、郡而贡之辟雍，由辟雍而升之太学。法行之初，上、内舍之选未众，故外舍有校定者留太学，无校定者出辟雍。比年上、内舍人日增，而太学又有国子随行亲及小学生，人数已多，居处迫隘，乞以外舍生有无校定，并居辟雍，升补上、内舍乃入太学。"从之。八年，诏两博士、正、录并诸州教授兼用元丰试法，仍止试一经。吏部具到元丰法：进士第一甲，或省试十名内，或府、监发解五名内，或太学公、私试三名内，或季试两次为第一人，或上舍、内舍生，或曾充经论以上职掌，或投所业乞试，并听试，入上等注博士，中下等注正、录，即人多阙少，原注诸州教授者听。（《宋史》卷一六五）

徽宗大观二年(1108)

1. 五月庚戌，提举京西南路学事路瑗言："臣所领八州三十余县，比诸路最为褊小，管学舍乃至三千三百余人，赡学田业等，岁收钱斛六万三千余贯石。窃计诸路学舍生徒田业钱斛之数，何翅数百万？此旷古所未尝有也。"诏有司总会诸路州军县文武、大小学生，并学费所入所用实数，具图册上之御府，副在辟雍，仍宣付史馆。从之。(《皇宋通鉴长编纪事本末》卷一百二十六)

2. 九月乙丑，诏："诸路州学有阁藏书，皆以经史为名。方今崇八行以迪多士，尊六经以黜百家，史何足言？应□置阁处，赐名曰'稽古'。"(《皇宋通鉴长编纪事本末》卷一百二十六)

徽宗大观三年(1109)

1. 三月戊戌，诏："诸士有善父母为孝，善兄弟为悌，善内亲为睦，善外亲为姻，信于朋友为任，仁于州里为恤，知君臣之义为忠，达义利之分为和。一诸士有孝、悌、睦、姻、任、恤、忠、和八行见于事状，著于乡里者，耆邻保伍以行实申县，县令佐审察，延入县学，考验不虚，保明申州如令。一诸士八行，孝、悌、忠、和为上，睦、姻为中，任、恤为下。士有全备八行，保明如令，不以时随奏贡入太学，免试为太学上舍。司成以下引问考验，较定不诬。申尚书省取旨，释褐命官，优加擢用。"(《宋史全文》卷十四)

2. 六月辛巳，太学生陈朝老上书曰："蔡京奸雄悍戾，诡诈不情，徒以高才大器自处，务以镇压天下，以为自古人臣，惟一切因循苟简以为治，无敢横身为国、建议立制者。于是出而锐意更张，以为天下后世无以复加。陛下倾心俯纳，所用之人，惟京为听，所行之事，惟京为从，故蔡京得恣其奸佞。既弄无所畏忌，直欲败坏而后已。"(《皇宋通鉴长编纪事本末》卷一三一)

3. 八月己丑，诏："学校法度，已见完备，惟在奉行。可令诸路提举学事司检察州县，如稍有懈弛，及辄妄议，按劾以闻，当议重责。"(《皇宋通鉴长编纪事本末》卷一百二十六)

徽宗大观四年(1110)

1. 正月庚子朔，中丞吴执中言："窃闻迩来诸路以八行贡者，如亲病割股，或对佛燃顶，或刺臂出血，写青词以祷，或不茹荤，常诵佛书，以此谓之孝；或常救其兄之溺，或与其弟同居十余年，以此谓之悌；其女适人贫不能自给，取而养之于家为善，内亲又以婿穷窭，取而教之为善；外亲此则人之常情，仍以一事分为睦、姻二行。尝一遇歉岁，率豪民以粥食饥者而谓之恤。夫粥食饥者，乃豪民自为之而已，独谓之恤，可乎？又有尝收养一遗弃小儿者，尝救一跛者之溺以为恤。如此之类，不可遽数。伏愿下之太学，俾长贰、博士考以道义，别白是非，澄去冒滥，勿使妄进。申饬天下郡县长吏及学事司审察考验，要皆得行实，有其人则必公举，无其人勿以妄贡，务在奉承诏旨，不失法意而已。"从之。（《皇宋通鉴长编纪事本末》卷一百二十六）

2. 八月戊寅，诏州小学生更不给食。又诏："自今取贡额三分，于大比前一年解发。不及学及虽入学而见系退黜者，方得取应。"又诏："所在学生及五百人，许置教授二。员其不及五十人者不置，以本州在任有出身官兼领。"寻改"五十人"作"八十人"。（《皇宋通鉴长编纪事本末》卷一百二十六）

徽宗政和元年(1111)

1. 正月辛未，诏："诸路州军学生不及八十人处，不置教授。若系熙、丰曾置教授，虽不满八十人，自合存留。"（《皇宋通鉴长编纪事本末》卷一百二十六）

2. 正月，莱州芝草生。十一月，虔州圣祖殿芝草生。二年二月戊子，河南府新安县蟾蜍背生芝草。自是而后，祥瑞日闻。玉芝产禁中殆无虚岁，凡殿宇、园苑及妃嫔位皆有之。外则中书尚书二省、太学、医学亦产紫芝。（《宋史》卷六十三）

3. 政和元年，诏两学博士、正，录依旧制[一]选试。

［一］政和元年五月七日诏。"旧制"前当冠以"元丰"年号，以免"旧制"失于区别。《宋会要·职官》二八之一九："政和元年五月七日，诏两学博士、正、录，依元丰旧制选试，朝廷除授。"（《宋史职官志补正》）

4. 十一月乙酉，京畿提举学事林震乞自今应以八行延入县学者，并依州学外舍生例给食。从之。(《皇宋通鉴长编纪事本末》卷一百二十六)

徽宗政和二年(1112)

1. 五月壬申，臣僚上言："参以科举废罢，县学岁升之法非便。"诏："自今并依大观三年四月以前指挥，其后降指挥更不施行。"(《皇宋通鉴长编纪事本末》卷一百二十六)

2. 十一月壬戌，议礼局言："谨案《礼记》：'食三老五更于太学，天子袒而割牲，执酱而馈，执爵而酳，冕而总干。'则古之人君所以宪德乞言，以尊事黄耇者，可谓至矣。然而亲拜之文不见于经。后汉明帝永平二年，以李躬为三老，桓荣为五更，始迎拜于门屏之间，与之交礼。后魏孝文帝大和十六年，以尉元为三老，游明根为五更，而高祖亲拜焉。故唐《开元礼》、本朝《开宝通礼》，皇帝养老于太学，皆有交拜之仪，盖遵用后世故事也。今欲于仪注内删去亲拜之文，以合经典。又老者不以筋力为礼，则三者进见，欲特与免拜，但令赞礼者引，当御座前，躬揖皇帝为兴。其执酱、执爵，亦乞命近臣为之，庶不失礼意。伏望揆自圣学，批降指挥修立。"诏依拟定修立。(《皇宋通鉴长编纪事本末》卷一三三)

徽宗政和三年(1113)

1. 四月甲申，宣义郎黄冠言："欲令天下士，自乡而升之县学，自县学而升之州，则通谓之选士可也。其自称则曰外舍生。又其才之向成，而升之内舍，则谓之俊士，其自称则曰内舍生。又其才之已成而贡之辟雍，然后谓之贡士焉。其自称也，亦以是而已。"从之。(《皇宋通鉴长编纪事本末》卷一百二十六)

2. 闰四月甲寅，诏八行许添差诸州教授。从奉议郎王愈奏议也。(《皇宋通鉴长编纪事本末》卷一百二十六)

3. 六月丁巳，诏武学，州县外舍生称武选士，内舍生称武俊士。庚申，尚书省言："学校养士，以待天下贤能，可以作人材，敦士行，兴教化。自县学升之州，自州升之辟雍，自辟雍升之太学，然后命官，则县学为升贡之本。今天下令佐，吏部注授，多非其人。俗吏则以滴水穿石为不急，不加察治，纵其犯法；庸吏则废法容奸，漫不加省，有罪不治，以故学生在学，殴斗争讼，至或杀人，盖令佐不加训治，州学不切举察，提举官失于提按，以致如此。不惟士失其行，亦官废其职。今具下项云云。"诏依。（《皇宋通鉴长编纪事本末》卷一百二十六）

4. 七月己亥，新提举永兴军路学事施坰言："陛下制为八行法，行之累年，士以行实闻于朝廷，载在仕版，已足以劝矣。尚取行实之尤异者，旌其门闾，使乡里至愚者，皆知迁善远罪。"从之。（《皇宋通鉴长编纪事本末》卷一百二十六）

5. 九月癸酉，诏八行人多占学额，日久致妨士人入学。可依条限贡发施行。（《皇宋通鉴长编纪事本末》卷一百二十六）

6. 九月，诏："《大晟乐》颁于太学、辟雍，诸生习学，所服冠以弁，袍以素纱、皂缘，绅带，佩玉。"从刘昺制也。（《宋史》卷一二九）

7. 十一月癸卯，诏："补荫入官人，随学人所在州学，仍别为斋，公私试附州学生，别作号考校。"（《皇宋通鉴长编纪事本末》卷一百二十六）

8. 十二月甲寅，河北路转运判官张孝纯言："《周官》以六艺教士，必射而后行。古者诸侯贡士，天子试之于射宫。乞诏诸路州郡，每岁荐贡士于学，因讲射礼。"从之。（《皇宋通鉴长编纪事本末》卷一百二十六）

徽宗政和四年(1114)

1. 三月丁丑，诏："诸路应小学生及百人处，并增差教谕一员。"（《皇宋通鉴长编纪事本末》卷一百二十六）

2. 四月癸丑，阅太学、辟雍诸生雅乐。（《宋史》卷二十一）

3. 六月庚午，诏小学仿太学，立三舍法。（《皇宋通鉴长编纪事本末》卷一百二十六）

4. 八月辛亥，诏："诸路学校及三百人以上者，三分增一分；百人以上者，增一分之半。即陕西、河北、河东、京东路学生数少者，仰提举学事司具可增与不可增，及所增数闻奏。"（《皇宋通鉴长编纪事本末》卷一百二十六）

5. 九月辛卯，诏以辟雍大成殿名颁之诸路州学。从河南尹蔡安持奏乞也。（《皇宋通鉴长编纪事本末》卷一百二十六）

徽宗政和五年(1115)

1. 十一月庚辰，诏："应县学生三经赴岁升而不预升入州学者，依三不赴条例除籍。"（《皇宋通鉴长编纪事本末》卷一百二十六）

徽宗政和六年(1116)

1. 十二月甲戌，臣僚上言："欲乞今后八行预贡之人，必与诸州贡士混试太学上舍，俟其中选，然后随所中等第与之升舍。应所推恩，如上舍法。不中选者，还之本贡。"手诏："依所奏。"（《皇宋通鉴长编纪事本末》卷一百二十六）

徽宗政和七年(1117)

1. 七月戊子，太医学奏乞本学三舍生依太学辟雍国子监法隶属礼部。从之。（《皇宋通鉴长编纪事本末》卷一三五）

2. 十一月，知永兴军席旦言："太学、辟雍士人作乐，皆服士服，而外路诸生尚衣襕幞，望下有司考议，为图式以颁外郡。"（《宋史》卷一二九）

徽宗政和八年(1118)

1. 萧振，未冠，游郡庠，既冠，升太学。时有号"三贤"者，推振为首。登政和八年进士第，调信州仪曹。（《宋史》卷三八〇）

徽宗重和元年(1118)

1. 八月丁巳，御笔："诸州添差八行教授，自今许添大藩，不预执事。"(《皇宋通鉴长编纪事本末》卷一百二十六)

2. 九月丙戌，诏太学、辟雍各置《内经》《道德经》《庄子》《列子》博士二员。(《宋史》卷二十一)

3. 十一月丙子，提举成都府路学事翟栖筠奏："王安石参酌古今篆隶而为之说，此造道之指南，而穷经之要术也。然字形、书画纤悉委曲，咸有不易之体，世之学者知究其义，而至于形画，则或略而不讲，从俗就简，转易偏旁。传习既殊，渐失本真。如期、朔之类从月，股、肱之类从肉，胜、服之类从舟，丹、青之类从丹，靡有不辨。而今书者乃一之，若此者不可胜举，故幼学之士终年诵书，徒识字之近似，而不知字之正形，甚可叹也云云。愿诏儒臣重加修定，去其讹谬，存其至当，一以王安石《字说》为正，分次部类，号为《新定五经字样》，颁之庠序。"诏太学官集众修。……《实录》有此，但削去"以王安石《字说》为正"等语，殊失事实。今取初草元奏补增入之。(《皇宋通鉴长编纪事本末》卷一三〇)

徽宗宣和元年(1119)

1. 十一月戊辰，时朱勔以花石纲媚上，东南骚动，太学生邓肃进诗讽谏，诏放归田里。(《宋史》卷二十二)

2. 宣和元年，帝亲取贡士卷考定，能深通《内经》者，升之以为第一。三年，诏："罢天下州县学三舍法，惟太学用之课试。开封府及诸路，并以科举取士。太学官吏及州县尝置学官，凡元丰旧制所有者皆如故，其辟雍官属及宗学并诸路提举学事官属并罢，内外学悉遵元丰成宪。"七年，诏："政和中尝命学校分治黄、老、庄、列之书，实失专经之旨，其《内经》等书并罢治。"(《宋史·选举志三》)

徽宗宣和二年(1120)

1. 十月己巳,尚书省言:"契勘州县武学已罢,内外愿入京武学人,乞依元丰法试补。入学举试人,旧制系与武学外舍人类试,取一百人同上舍生发解。缘科举已罢,今此仿新旧法令,尚书省于大比前二年春季,检举降敕下兵部,依元丰法奏举。其被举人,限当年冬季到阙,与免试。补试入学,充外舍生,依与校定人,赴次年公试。其考选、升补、推恩,并依大观武学法。"从之。(《皇宋通鉴长编纪事本末》卷一百二十六)

徽宗宣和三年(1121)

1. 宣和三年,诏罢天下三舍法,开封府及诸路并以科举取士;惟太学仍存三舍,以甄序课试,遇科举仍自发解。六年,礼部试进士万五千人,诏特增百人额,正奏名赐第者八百余人,因上书献颂直令赴试者殆百人。有储宏等隶大阉梁师成为使臣或小史,皆赐之第。梁师成者,于大观三年尝中甲科。自设科以来,南宫试者,无逾此年之盛。然杂流阉宦,俱玷选举,而祖宗之良法荡然矣。凡士不繇科举若三舍而赐进士第及出身者,其所从得不一。凡遗逸、文学,吏能言事或奏对称旨,或试法而经律入优,或材武、或童子而皆能文,或边臣之子以功来奏,其得之虽有当否,大较犹可取也。崇宁、大观之后,达官贵胄既多得赐,以上书献颂而得者,又不胜纪矣。(《宋史》卷一五五)

2. 州学[一]未行三舍以前,应置学宫及养士去处,依元丰旧制。

[一]"州学"当为"州县学"(按:州、县小学皆曾令推行三舍法)。"学宫"当为"学官"。《宋会要·崇儒》二之三一"郡县学":"宣和三年三月十五日,左、右司言:'奉圣旨,诸路州县学,并依元丰旧法,所有未行三舍以前应置学官去处,未审合与不合从本司选拟。'诏教授应法并差注,并依元丰条例。"

(《宋史职官志补正》)

徽宗宣和四年(1122)

1. 三月二日，又幸（太学），祭酒韦寿隆等转官职，诸生赐茶。（《宋会要辑稿·礼五二·巡幸》）

2. 三月辛酉，幸秘书省，遂幸太学，赐秘书少监翁彦深、王时雍、国子祭酒韦寿隆、司业权邦彦章服，馆职、学官、诸生恩锡有差。（《宋史》卷二十二）

徽宗宣和五年(1123)

1. 朱倬，字汉章，唐宰相敬则之后，七世祖避地闽中，为闽县人。世学《易》，入太学。宣和五年，登进士第，调常州宜兴簿。（《宋史》卷三七二）

徽宗宣和六年(1124)

1. （崔鶠，宣和六年上疏）谏议大夫冯澥近上章曰："上无异论，太学之盛也。"澥尚敢为此奸言乎！王安石除异己之人，著《三经》之说以取士，天下靡然雷同，陵夷至于大乱，此无异论之效也。京又以学校之法驭士人，如军法之驭卒伍，一有异论，累及学官。若苏轼、黄庭坚之文，范镇、沈括之杂说，悉以严刑重赏，禁其收藏，其苛锢多士，亦已密矣。而澥犹以为太学之盛，欺罔不已甚乎？原京与澥罪，乃天地否泰所系，国家治乱，由之以分，不可忽也。（《宋史》卷三五六）

徽宗宣和七年(1125)

1. 十二月甲子，太学生陈东等伏阙上书，乞诛蔡京、王黼、童贯、梁师成、李邦彦、朱勔六贼，曰："臣等闻自古帝王之盛，莫盛于尧舜，而尧舜之盛，莫大于赏善罚恶。尧之时有八元、八恺，而未暇用；有四凶，而未暇去。非不知其可用可去也，意谓我将倦于勤，必以天下授舜，特留以遗之,使大明诛赏,以示天下尔。故《传》曰:‘舜有大功二十。’而为天子,天下颂之,至今不息。臣窃谓在道君皇帝时,非无贤材如八元、八恺而未用者,亦非无奸臣贼子如四凶而未去者,道君皇帝亦非不知之,特留以遗陛下。臣窃为陛下计,莫若先诛所谓奸臣贼子如四凶者,则天下皆晓然知陛下好恶所在,而贤材如八元、八恺者,可举而用矣。陛下欲知奸臣贼子如四凶者乎?曰蔡京,曰王黼,曰童贯,曰梁师成,曰李邦彦,曰朱勔是也。”(《皇宋通鉴长编纪事本末》卷一四八)

2. 胡伟元迈,新安人也。携其父舜申所述《乙巳泗州录》《己酉避乱录》二书相示,叙儆扰时事。文虽不工,颇得其实,今列于后。

《乙巳泗州录》云:宣和乙巳(宣和七年),予家寓居泗州之教授厅,适在宝积门……明年秋,余同弟汝士往国学赴试,汝士预荐,而余遭黜,独还泗州侍亲。时伯兄汝明再为监察御史,汝士寓南台公廨,以待省试,因再遭围,闷病几死。盖国学诸生例患脚气,故染是病也。使予是年预荐,必死于京师。(《玉照新志》卷三)

钦宗靖康元年(1126)

1. 正月,先是,太学生陈东率在学诸生伏阙上书,略曰:“臣等闻尧之时,有八元、八凯而未暇用,有四凶而未暇去。尧非不知其可用可去也,意谓我将倦于勤,必以天下授舜,特留以遗之,使大明诛赏,以示天下耳。故《传》曰:舜有大功,二十而为天子。天下诵之,至今不息。臣窃谓在道君皇帝时,非无贤才如八元、八凯而未用者,非无奸臣贼子如四凶而未去者。道君亦非不知之,特留以遗陛下。今日之事,蔡京坏乱于前,梁师成阴贼于内,李彦结怨于西北,朱勔结怨于东南,王黼、童贯又从而结怨于二边,败祖宗之盟,失中国之信,创开边隙,使天下势危如丝发。此六贼者,异名同罪。伏愿陛下擒此六贼,肆诸市朝,传首四方,以谢天下。”……太学生陈东又言:“梁师成当正典刑。”诏黜为散官,命开封府吏押至八角镇,杀之。(《宋史全文》卷十五)

2. 吕中曰:靖康元年正月,因太学生陈东等六贼之论,窜殛王黼、朱勔、李彦等,此举差足以快天下之愤,然敌已至城下矣。……惟刘韐与太学生徐揆二人死于敌营，惟李若水骂贼而死，他臣尚忍言哉？呜呼！我祖宗以仁结民心，未尝妄杀一人，以义结士大夫之心，未尝滥诛一贤者。（《宋史全文》卷十五）

3. 二月辛丑，太学生陈东率诸生数百人，伏宣德门下上书曰："在廷之臣奋勇不顾，以身任天下之重者，李纲是也，所谓社稷之臣也！其庸缪不才、忌嫉贤能、动为身谋、不恤国计者，李邦彦、白时中、张邦昌、赵野、王孝迪、蔡懋、李棁之徒是也，所谓社稷之贼也。"又曰："纲起自庶官，独任大事，邦彦等疾如仇雠，恐其成功。因纲用兵小不利，遂得乘间抵隙，归罪于纲。然一胜一负，兵家常势，小胜固未足为喜，而小挫亦岂足为辱？况示怯示弱，奇谋秘计，岂可遽以此倾动任事之臣？"（《皇宋通鉴长编纪事本末》卷一四七）

4. 二月丙午，太学生徐揆诣南薰门，以书白守门者，乞达二帅，请车驾还阙。二帅取揆赴军中诘难，揆厉声抗论，为所杀。（《宋史全文》卷十五）

5. 二月戊戌，罢李纲以谢金人，废亲征行营司。金人复来议和。庚子，命附马都尉曹晟使金军。辛丑，又命资政殿大学士宇文虚中、知东上阁门事王球使之，许割三镇地。太学诸生陈东等及都民数万人伏阙上书，请复用李纲及种师道，且言李邦彦等疾纲，恐其成功，罢纲正堕金人之计。会邦彦入朝，众数其罪而骂。吴敏传宣，众不退，遂挝登闻鼓，山呼动地。殿帅王宗濋恐生变，奏上勉从之。遣耿南仲号于众曰："已得旨宣纲矣。"内侍朱拱之宣纲后期，众脔而磔之，并杀内侍数十人。乃复纲右丞，充京城防御使。（《宋史》卷二十三）

6. 靖康元年，谏议大夫冯澥言："朝廷罢元祐学术之禁，不专王氏之学，《六经》之旨，其说是者取之，今学校或主一偏之说，执一偏之见，愿诏有司考校，敢私好恶去取，重行黜责。"又诏太学博士替成资阙。（《宋史》卷一六五）

钦宗靖康二年(1127)

1. 正月丙午，太学徐揆诣南薰门，以书白守门者，乞达二帅，请车

驾还阙。二帅取揆赴军中诘难，揆厉声抗论，为所杀。（《皇宋通鉴长编纪事本末》卷一四九）

2. 正月丁巳，太学诸生为书，欲诣军前，不得进，以申留守，同乞递达。上自青城以手札至云："此事岂口舌所能下？"（《皇宋通鉴长编纪事本末》卷一四九）

3. 二月辛未，皇后、皇太子同诣青城，百官军民奔随号泣，太学诸生拥拜车前，哭声震天。（《宋史全文》卷十五）

4. 靖康二年，金人请二帝谕太子出城。……吴开、莫俦督胁甚急，范琼恐变生，以危言詟卫士，遂拥太子与皇后共车以出。百官军吏奔随号哭，太学诸生拥拜车前，太子呼云："百姓救我！"哭声震天，已而北去。（《宋史》卷二四六）

5. 二月乙亥，金人取秦桧并太学生三十人、博士正录十员，何栗已下随上在军前人，并取家属。（《宋史全文》卷十五）

6.（靖康二年二月）十八日，金人移文，索太学博通经术者三十人。如法以礼敦聘前来，师资之礼，不敢不厚。学中应募者三十人，大抵多闽人及两河人。官司各给三百千以治装。三十人欣然应聘，士论鄙之。……二十日，解太学应聘之士三十人赴军前，官司备肩舆使之去。……二十四日，金人移文，指名取太学录黄丰、杨愿二人，皆近年试选每占高等者。似疑为三十人中挟仇者所卖。二人复托疾回申，竟得免。（《靖康纪闻》）

7. 三月辛卯朔，车驾在青城。……吴革谋起兵，范琼诱杀之。初，革既募兵，后迁居同文馆，附者至数万人。又引太学生吴铢、朱梦说、徐仁等数十人与参谋议。（《宋史全文》卷十五）

8. 三月乙巳，邦昌往青城见金帅致谢。既至，迎接殿下，揖而升，致宾主之礼。酒三行，面议七事，……又请归冯澥、曹辅、路允迪、孙觌、张澄、谭世勣、汪藻、康执权、元当可、沈晦、黄夏卿、邓萧、郭仲荀，太学六局官、秘书省官等，亦从之。（《宋史全文》卷十五）

9. 靖康二年太学生因疫死者三之一。（《靖康纪闻》）

10. 太学生捧表赴南京。靖康二年四月二十八日，祭酒董逌率太学生百余人捧表赴南京。（《靖康纪闻》）

11. 靖康二年，高宗即位，拜中书侍郎。时上从人望，擢李纲为右相，纲将奏逐潜善及汪伯彦，右丞吕好问止之。未几，潜善拜右仆射兼中书侍郎，纲遂罢。御史张所言潜善奸邪，恐害新政，左迁所尚书郎，寻谪江州。太学生陈东论李纲不可去，潜善、伯彦不可任，潜善恚。会欧阳澈上书诋时事，语侵宫掖，帝谓其言不实，潜善乘间启杀澈并东诛之，识与不识皆为之垂涕，帝悔焉。(《宋史》卷四七三)

高宗建炎元年(1127)

1. 五月己亥，召太学生陈东赴行在。(《宋史》卷二十四)

2. 八月壬午，用黄潜善议，杀上书太学生陈东、崇仁布衣欧阳澈。(《宋史》卷二十四)

3. 太学生陈东等诣阙上书，明纲无罪。军民不期而集者数十万，呼声动地，恚不得报，至杀伤内侍。帝亟召纲，纲入见，泣拜请死。帝亦泣，命纲复为尚书右丞，充京城四壁守御使。(《宋史》卷三五八)

高宗建炎二年(1128)

1. 正月癸丑，太学生魏祐上书论黄潜善、汪伯彦误国十罪，不报。(《宋史全文》卷十六下)

2. 九月壬辰，诏褚宗谔等二十一人并令乘驿赴行在，校书郎富直柔、太学生王觉并令赴都堂审察。(《宋史全文》卷十六下)

高宗建炎三年(1129)

1. 二月丙辰，上次平江府，始脱甲胄，御黄袍。侍卫者皆有生意。命承信郎甄援往江北招集卫兵。援本太学诸生，靖康中十上疏论利害。及还，迁保义郎。(《宋史全文》卷十七上)

2. 七月，彦将八字军以从，太学博士何洋、阁门祗候甄援等俱从行。(《宋史全文》卷十七上)

3. 建炎三年，诏国子监并归礼部。未几，诏复养生徒，置博士。绍兴十二年，置祭酒、司业各一人。十三年，太学成，增置博士、正、录。参用元祐、绍圣监学法，修立监学新法。诏国子博士、正、录通治诸齐。学官阙，从本监选举。其后，监学博士、正、录增减不齐，兼摄并置不一。至隆兴以后，正、录不兼权，祭酒、司业并置，复书库官；又定国子博士一员，太学博士三员，正、录共四员，学官之制始定。淳熙四年，置监门官一员，兼管石经阁，以不厘务使臣充，以后相承不改。（《宋史》卷一六五）

高宗绍兴元年(1131)

1. 绍兴元年，当祀明堂，复诏诸道类试，择宪、漕或帅守中文学之人总其事，使精选考官。于是四川宣抚处置使张浚始以便宜令川、陕举人，即置司州试之。会侯延庆言："兵兴，太学既罢，诸生解散，行在职事及厘务官随行有服亲及门客，往往乡贡隔绝，请立应举法，以国子监进士为名。"令转运司附试。又诏："京畿、京东西、河北、陕西、淮南士人转徙东南者，令于寓户州军附试，别号取放。"（《宋史》卷一五六）

2. 高闶，字抑崇，明州鄞县人。绍兴元年，以上舍选赐进士第。执政荐之，召为秘书省正字。时将赐新进士《儒行》《中庸》篇，闶奏《儒行》词说不醇，请止赐《中庸》，庶几学者得知圣学渊源，而不惑于他说，从之。……寻迁著作佐郎，以言者论罢，主管崇道观。召为国子司业。（《宋史》卷四三三）

高宗绍兴二年(1132)

1. 四月庚辰，太学生许泰上书论事，上召对，命为迪功郎。（《宋史全文》卷十八上）

高宗绍兴五年(1135)

1. 王纶，字德言，建康人。幼颖悟，十岁能属文。登绍兴五年进士第，授平江府昆山县主簿，历镇江府、婺州、临安府教授，权国子正。时初建太学，亡旧规，凭吏省记，吏缘为奸。纶厘正之，其弊稍革。迁敕令所删定官、诸王宫大小学教授兼权兵部郎官。言："孔门弟子与后世诸儒有功斯文者，皆得从祀先圣，今辟庠序，修礼乐，宜以其式颁诸郡县。"(《宋史》卷三七二)

高宗绍兴七年(1137)

1. 九月……初，以旱故求直言，而太学生有应诏上书论兵事者，且言："以淮西事论之，去岁刘豫力攻淮西，刘光世遂欲南渡，为退保之计。光世之罪，天下共欲诛之。郦琼等兵马平日骄堕，终不为用，天下之事，有大于此者乎？古中兴之世，则必有中兴之臣。臣观张浚区区之心，实有是念，惜乎才力有限，与非其人。浚之孤立，无一介为助者，为陛下自任以天下之责，此亦今日之所难矣。臣愿陛下召诸大臣尽赴行在，拜张浚为大都督，陛下亲御战马往来问劳，庶使蕃伪之情不能探伺。臣闻张俊一军号曰'自在军'，平居无事，未尝阅习，惟韩世忠、岳飞两军人马整肃。愿陛下速置诸路都督，以通上下之情，无使诸军复有淮西之祸也。"(《宋史全文》卷二十上)

高宗绍兴八年(1138)

1. 王之望，字瞻叔，襄阳谷城人，后寓居台州。父纲，登元符进士第，至通判徽州而卒。之望初以荫补，绍兴八年，登进士第。教授处州，入为太学录，迁博士。(《宋史》卷三七二)

高宗绍兴十年(1140)

1. 颜师鲁,……十年,繇太府少卿为国子祭酒。初,上谕执政择老成端重者表率太学,故有是命。首奏:“宜讲明理学,严禁穿凿,俾廉耻兴而风俗厚。”师鲁学行素孚规约,率以身先,与诸生言,孳孳以治己立诚为本,艺尤异者必加奖劝,由是人知饬励。上闻之喜曰:“颜师鲁到学未久,规矩甚肃。”除礼部侍郎,寻兼吏部。(《宋史》卷三八九)

高宗绍兴十一年(1141)

1. 十二月乙丑,仍修建康为定都之计,先宗庙,次太学而后宫室。(《宋史全文》卷二十一上)

高宗绍兴十二年(1142)

1. 四月甲申,增修临安府学为太学。(《宋史》卷三十)

2. 十一月己亥,诏太学养士,权于临安府学措置增展。先是,言者屡请复太学以养人才。上以戎事未暇,至是,谓宰执曰:“太学教化之原,宜复祖宗旧法。”程克俊曰:“东晋设学于鼎沸之中。今兵息矣,兴学正其时也。”秦桧曰:“久有此议,今当举行之。”乃命礼部讨论取旨。(《宋史全文》卷二十一上)

3. 十二月庚午,礼部乞太学养士,权以三百人为额。上曰:“太学师儒之官,虽选经术,当先德行。要使士子化之以厚风俗。”又曰:“朕以天下财赋养天下士大夫,以天下公器处天下士大夫。要使人人尽心职业,朕何爱爵禄哉?”……庚辰,高闶守国子司业,关注为太学正。始除学官也。(《宋史全文》卷二十一上)

高宗绍兴十三年(1143)

1. 正月癸卯,诏以钱塘县西岳飞宅为国子监太学。旧太学七十七斋，今为斋十有二，曰提身、伏膺、守约、习是、允蹈、存心、持正、养志、诚意、率履、循理、时中。(《宋史全文》卷二十一中)

2. 正月癸卯，增建国子监太学。乙巳，复兼试进士经义、试赋。(《宋史》卷三十)

3. 二月己卯，国子司业高闶言："陛下复兴太学，凡养士取士之法，当取圣裁。"上曰："自有祖宗成法。"闶曰："有庆历、元丰、绍圣、崇宁法，有司未知适从。若出于圣裁，则行之乃久。"闶又奏："旧太学、辟雍皆有御书，今亦乞建阁，以藏御书。仍愿特洒宸翰，加惠多士。"时诏太学额外补中之人，许令待阙，候见阙日，与参长假人对拨。至科场年，许赴监，依不满年人例取应。(《宋会要辑稿・崇儒一・太学》)

4. 二月二十二日，诏："补太学生，以诸路住本贯学满一年、三试中选、不曾犯第三等以上罚(游学者同)，或虽不住学，而曾经发解，委有士行之人，教授委保，申州给公据，赴国子监补试。其今秋四方士人来就补试，恐有已到行朝，或见在路。其间有不曾住本贯学之人，难以阻回。权将执到本贯公据人，许补一次。"从国子司业高闶请也。(《宋会要辑稿・崇儒一・太学》)

5. 二月二十二日，国子司业高闶言："契勘太学补试，依元丰法，合试经义一场(宣和法同)。今为士人，多习诗赋，鲜通经义，难以纯用经义收补。其旧习经义士人，或不习诗赋，又难以纯试诗赋。窃见仁宗皇帝朝，判国子监胡瑗所补监生，只试论一首。今秋补，欲权依此例，且试论一道。系是经义士人素所安习，庶几均一。自绍兴十四年，奏(或作春)补，并依元丰法。伏望睿断，以幸学者。自今日始，永为定式。"诏从之。(《宋会要辑稿・崇儒一・太学》)

6. 二月二十七日，国子司业高闶言："在京太学，讲堂及诸斋名。并系神宗皇帝所赐。今来崇复国学，已兴修一堂，欲以敦化。并在京太学斋名七十有七，今来已兴修一十二斋，欲拟《禔身》《服膺》《守约》《习是》《允蹈》《存心》《持志》《养正》《诚意》《率履》《循理》《时中》。"从之。(《宋会要辑稿・崇儒一・太学》)

7. 二月庚辰，立太学及科举试法。(《宋史》卷三十)

8. 二月，真州州学教授杨邦弼、左迪功郎陈鹏飞并为太学博士，

初除博士员也。(《宋史全文》卷二十一中)

9. 三月三日,国子司业高闶言:“臣闻先王谨庠序之教,必先申以孝悌之义。国学旧法,或犯不孝、不悌,固不在入学之限,而在学九年,不归省侍者,则斥而出之。徽宗皇帝慨念九年之远,非所以敦其养亲之心,特降御笔,立为三年之限。匿而不陈,仍重其令。其法藏于有司,今尚存也。自罢舍法之后,专用旧制,而此法遂不复行。今国学落成有日,骏惠前烈,以章孝治,此其时也。愿诏有司,复立三年之限。”从之。(《宋会要辑稿·崇儒一·太学》)

10. 四月五日,诏太学补试及私试,并用誊录。从左迪功郎张保大请也。(《宋会要辑稿·崇儒一·太学》)

11. 六月十九日,宰执进呈差太学官文字,上曰:“初复太学,师儒之任,尤当遴选。须得心术正者为之,讲明经旨,开谕后进。一有邪说,学者从而化之,为害非细。卿等切宜重择。”(《宋会要辑稿·崇儒一·太学》)

12. 六月二十一日,诏差礼部侍郎兼权直学士院王赏撰《兴建太学记》。(《宋会要辑稿·崇儒一·太学》)

13. 八月乙未,国子司业、崇政殿说书高闶乞率诸生上表请车驾临幸太学。(《宋史全文》卷二十一中)

14. 十月己丑,侍御史李文会论新除国子监丞石安庆轻儇无行。丁酉,上曰:“太学风化之本,使此人充监官,何以取重于士人。”诏即罢之。(《宋会要辑稿·崇儒一·太学》)

15. 十月己丑,太师、尚书左仆射、提举详定一司敕令秦桧等上《国子监太学武学律学小学敕令格式》二十五卷。(《宋史全文》卷二十一中)

16. 十一月戊午,时上所写六经与《论语》《孟子》之书,皆毕。桧请刊石于国子监,仍颁墨本,赐诸路州学。诏可。(《宋会要辑稿·崇儒一·太学》)

17. 十一月丁酉,增太学弟子员二百。(《宋史》卷三十)

18. 十二月十七日,诏:“太学养士添二百人,令国子监措置,增展斋舍。”先是,权以三百人为额。至是,删定官制,及有请,从之。(《宋

会要辑稿·崇儒一·太学》)

19. 十二月癸巳，上谓宰执曰："学校者，人材所自出。人才须素养。太宗置三馆，养天下之士，至仁庙，人才辈出为用。"秦桧曰："国朝崇儒重道，变故以来，士人虽陷虏者，往往能守节。乃教育之效也。"上曰："然。五代之季，学校不修，故无名节。今日若不兴学校，将来安得人才可用耶！"(《宋会要辑稿·崇儒一·太学》)

20. 十二月癸巳，诏试中监学生依嘉祐故事给绫纸，用新知永州熊彦诗请也。彦诗言："主上登用真儒，载兴太学，监贴之制，似可复行。"秦桧进呈，上曰："学校者，人才所自出。人才须素养。太宗皇帝置三馆养天下士。至仁庙朝，人才辈出，为朝廷用。"桧曰："国朝崇儒重道，变故以来，士人虽陷金者，往往能守节义，乃教育之效也。"上曰："然。三代之季，学校不修，故当时士人多无名节。今日若不兴崇学校，将来安得人才可用耶?"(《宋史全文》卷二十一中)

21. 建炎初，即行在置国子监，立博士二员，以随幸之士三十六人为监生。绍兴八年，叶绑上书请建学，而廷臣皆以兵兴馈运为辞。十三年，兵事稍宁，始建太学，置祭酒、司业各一员，博士三员，正、录各一员，养士七百人：上舍生三十员，内舍生百员，外舍生五百七十员。凡诸道住本州学满一年，三试中选，不犯第三等以上罚，或不住学而曾两预释奠及齿于乡饮酒者，听充弟子员。每岁春秋两试之，旋命一岁一补，于是多士云集，至分场试之。俄又诏三年一试，增至千员，中选者皆给绫纸赞词以宠之。每科场四取其一。(《宋史·选举志三》)

高宗绍兴十四年(1144)

1. 绍兴十三年七月，国学大成殿告成，奉安庙像。明年二月，国子司业高闶请幸学，上从之。诏略曰："偃革息民，恢儒建学。声明丕阐，轮奂一新。请既方坚，理宜从欲。将款谒于先圣，仍备举于旧章。"(《宋史》卷一一四)

2. 三月己巳，上幸太学祗谒先圣，止辇于大成殿门外，步趋升降。退，御敦化堂，命礼部侍郎秦熺执经，国子司业高闶讲《易·泰卦》，权侍郎、正刺史已上并与坐。讲毕，赐诸生席于庑下，啜茶而退，遂幸养正、持志二斋，观诸生肄业之所。赐闳三品服，熺与学官皆迁官，诸生授官、免解、赐帛如故事。壬寅，太师秦桧言："陛下文德诞敷，干戈载戢。乃者祗谒先圣，遂幸太学，躬行之化，乃在斯举，臣不胜庆幸。乞宣付史馆，仍许拜表称贺。"上曰："非卿力主和戎之议，兵革休息，则学校何由兴？所请宜依故事。"国子司业高闳权尚书礼部侍郎。(《宋史全文》卷二十一中)

3. 高宗幸太学。绍兴十四年三月乙巳，高宗祗谒先圣，止辇大成殿门外，降登步趋，执爵奠拜，视貌像翼翼钦慕。复幸太学，御崇化堂，颁示手诏，示乐育详延之诚意。命国子司业臣等，阅讲《周易·泰卦》，赐群臣诸生坐听讲说，上首肯者再。复迁玉趾，俯临养正、持志二斋，顾瞻生徒肄业之所，徘徊久之。上之幸斋也，本幸养正斋，养正斋与(一作不与)持志斋相邻，斋生正幸恩典，遂力邀驾幸持志，上怜其意而幸之。自后，未幸学之先，上欲幸斋，必予敕斋名，擗截唯谨，恐其复邀驾觊恩也。(《四朝闻见录》甲集)

4. 五月丁丑，王之望行太学录。之望初举进士，考官孙道夫异其文，知贡举朱震持以示人曰："此小东坡也！"(《宋史全文》卷二十一中)

5. 六月，太师秦桧闻之，奏系锷大理寺。锷馆客张伯麟尝题太学壁曰："夫差，尔忘越王之杀而父乎！"伯麟亦下狱。狱具，锷坐出言指斥，乃有是命。伯麟亦杖脊、刺配吉阳军。御史中丞詹大方即奏皓与锷为刎颈交，更相称誉，诳惑众听。(《宋史全文》卷二十一中)

6. 八月丙子，上与大臣论事，因曰："朕谓进用士大夫，一相之责也。一相既贤，则所荐皆贤矣。"上因论史事，秦桧曰："围城中失节者相与作私史，反害正道。"上曰："卿是时独不推戴异姓，围城中人自然不容。"杨愿曰："桧非独是时不肯雷同，宣和间耿延禧为太学官，以其父在东宫，士皆靡然从之，独桧守正，不为易节。"(《宋史全文》卷二十一中)

7. 八月辛丑，增太学弟子员二百人，以国子司业严抑有请也。(《宋史全文》卷二十一中)

8. 闰十一月，丁酉，进呈太学博士王之望面对，乞仿端拱、咸平故事，悉取近郡所开《群经义疏》及《经典释文》，令国子监印千百秩，俾郡县各市一本，置之于学。上曰："古人读书，须亲师友，虽未必尽得圣经妙旨，然亦有渊源。今士大夫未有自得处，便为注说，以为人师，此何理也？"（《宋史全文》卷二十一中）

高宗绍兴十五年(1145)

1. 二月戊寅，增太学弟子员百人。（《宋史》卷三十）

2. 八月辛丑，复增太学弟子员二百。（《宋史》卷三十）

高宗绍兴十六年(1146)

1. 正月戊子，增太学外舍生额至千人。（《宋史》卷三十）

2. 三月庚午朔，诏有司建武学。先是，士人上书者多以为言，上数谕大臣以文武之道不可偏废，祖宗自有故事。至是乃考上焉。（《宋史》卷二一下）

高宗绍兴十七年(1147)

1. 六月戊申，太学博士王之望面对："举人程文所纯用本朝人文集数百言，或作歌颂，及用佛书全句，旧式皆不考，建炎悉从删去，故多犯者。望申严行下。"从之。（《宋史》卷二一下）

高宗绍兴十八年(1148)

1. 闰八月戊辰，权礼部侍郎陈诚之请太学生入学五年不与荐及公试不入等者除其籍。从之。（《宋史》卷二一下）

高宗绍兴十九年(1149)

1. 八月辛酉,宗正寺丞王葆面对,论役法。上令户部详其的确利害。本部乞女户无子及得解举人、太学生单丁,并免身役,即特旨及因恩免解人,听募人充役,官司毋得追正身。从之。(《宋史》卷二一下)

2. 十一月己未,诏无子女户、得解举人、太学生之独居者并免役。(《宋史》卷三十)

高宗绍兴二十年(1150)

1. 周必大,字子充,一字洪道,其先郑州管城人。祖诜,宣和中卒庐陵,因家焉。父利建,太学博士。必大少英特,父死,鞠于母家,母亲督课之。绍兴二十年,第进士,授徽州户曹。中博学宏词科,教授建康府。除太学录,召试馆职,高宗读其策,曰:"掌制手也。"守秘书省正字。馆职复召试自此始。(《宋史》卷三九一)

高宗绍兴二十一年(1151)

1. 程大昌,字泰之,徽州休宁人。十岁能属文,登绍兴二十一年进士第。主吴县簿,未上,丁父忧。服除,著十论言当世事,献于朝,宰相汤思退奇之,擢太平州教授。明年,召为太学正,试馆职,为秘书省正字。(《宋史》卷四三三)

高宗绍兴二十四年(1154)

1. 陈良祐,字天与,婺州金华人。年十九,预乡荐,间岁入太学。绍兴二十四年,擢进士第。调兴国军司户,未上,有荐于朝者,召除太学录、枢密院编修官。(《宋史》卷三八八)

高宗绍兴二十六年(1156)

1. 三月壬子,三省言:“太学生系二千人为额,闻在学不及三百人,欲令礼部措置。”上曰:“学校人才所自出,元祐中名臣最多,实由仁宗养育之有素也。近来学校虽设,教育有所不至,每患人才难得。可如所奏。”(《宋史》卷二二下)

2. 夏四月己卯,上曰:“昨诣景灵宫朝献,见武学颓弊。亦全无士人文武一道。今太学养士已见就绪,而武学几废,恐有遗才。祖宗以来,武学养士自有成法,可令礼、兵部速条具以闻。”……癸巳,诏武学学生以八十人为额:上舍十五人,内舍二十五人,外舍四十人。置博士、学谕各一员。未几,诏学生以百员为额。(《宋史》卷二二下)

3. 六月丙午,皇后宅教授林同言:“太学养士千余人,而月试人数,或不及五之二,良由知以科举为优,不知以舍选为重。如此,则与方州取士何异?恐非国家立学校之本意也。欲望特降指挥:诸州教官,惟许上舍登科人注拟,庶几士子有所歆慕,以舍选为荣。”诏吏部看详申省。(《宋史》卷二二下)

4. 九月辛丑,诏增置太学正、录各一员。(《宋史》卷二二下)

5. 十一月壬午,上谓大臣曰:“近太学试补弟子员,中程者诗赋多而经义少,数年后,恐经义科废矣。宜令兼习经义。”沈该等请俟省试毕,上可之。丙戌,尚书省言:“被旨裁减吏额,法行当自近始。乞裁定三省、枢密院近来所添名额。”于是六曹、寺监、百司各以旧额及新置人数来上,朝廷悉加裁损焉。癸巳,吏部员外郎王晞亮言:“国家取士,词赋之科与经义并行。比学者去难就易,竞习词赋,罕有治经。至于《周礼》一经,乃绝无有。望自今经义文理优长合格人有余,许将诗赋人材不足之数通融优取,仍以十分为率,不得过三分。”从之。(《宋史》卷二二下)

高宗绍兴二十七年(1157)

1. 自外舍有月校,而公试人等曰内舍;自内舍有月校,而舍试人

等曰上舍；凡升上舍者，皆直赴廷对。二十七年，立定制：春季放补，遇省试年改用孟夏。(《宋史·选举志三》)

高宗绍兴三十年(1160)

1. 九月壬寅，太学录周必大、太学正程大昌并为秘书省正字，以学士院召试合格也。馆职复故事召试自此始。(《宋史》卷二三上)

2. 九月，自秦桧扼塞言路，士风浸衰。及上总揽万机，激厉忠谠，而余习犹未殄，朝士多务缄默。至是，十朋与校书郎冯方、正字胡宪、王籥、太常寺主簿李浩始因转对，相继有所开陈，闻者兴起，太学之士为《五贤诗》以述其事焉。(《宋史》卷二三上)

3. 十二月己酉，太学博士郑闻言："太学补试弟子员至五六千人，望自今以举人居本州县、学满一年、三试中选及不犯罚者，州县保明给据，听赴补试。"从之。(《宋史》卷二三上)

高宗绍兴三十一年(1161)

1. 二月甲子，上与宰执论荐举人才，因曰："人才当用实可济事者，若高谈阔论，虽可观，然徒欲近名，譬犹画饼，终不可食，何益于事？卿等宜审度之。"乙丑，诏经义、诗赋依旧分为两科以取士。先是，议者愿复经义、诗赋分科之旧，诏礼部、国子监、太学官看详，经久可行，申尚书省。至是，权礼部侍郎金安节等奏依旧为两科，诗赋不得侵取经义分数，若经义文理优长、合格人有余，许将诗赋人才不足之数听通融优取，仍以十分为率，毋得过三分。自今年太学公补试为始。于是行之至今。(《宋史》卷二三上)

2. 五月二日，诏太学、国子正、录兼讲。以臣僚请置六经博士，故有是命。(《宋会要辑稿·崇儒一·太学》)

3. 五月戊戌，太学生程宏图等上书言："今日之事，国家所以应之者，其先务有四，一曰留使者以款敌人之谋，二曰下诏书以感南北之士，三曰先举事以决进取之策，四曰用人望以激忠义之心。"(《宋史》卷

二三上）

4. 六月，诏太学博士、正、录各减一员。（《宋会要辑稿·崇儒一·太学》）

高宗绍兴三十二年(1162)

1. 及绍兴末，金益猖獗，太学生程宏图上书讼飞冤，诏飞家自便。（《宋史》卷三六五）

孝宗隆兴元年(1163)

1. 二月二十三日，礼部言："伏见已降指挥，应省试年分，于二三日间，许行开补。今岁未合补试，缘赴省试下第之人，已皆留此待试。有旨令礼部取见有无阙额，申尚书省，特与开补一次。本部续下国子监勘会，太学外舍生一千人为额，自今额足，即无见缺。欲乞将在学免解在假一百余人，开补一次。候逐人参假日有阙，依次拨填施行。"从之。（《宋会要辑稿·崇儒一·太学》）

2. 六月二十九日，诏罢太学补试。每遇有试年分，本学刷具见阙人数，以诸州解发举人赴省试下者，随缺额多少拨入。如阙多，则以逐州解额十分为率，拨二分。阙少，则以逐州解额十分为率，拨一分之类。临时斟酌，并从逐州解榜上名拨入。上名已过省，更不拨下名。其合拨人不愿入学者，听。不许以次人充填。其合升拨之人，并赴帘前试讫，注籍为太学生。（《宋会要辑稿·崇儒一·太学》）

孝宗隆兴二年(1164)

1. 十一月，虽太学张观、宋鼎、葛用中等七十人论汤思退、王之望、尹穑钩致敌人之罪，而和议不可破矣！时参知政事周葵实行相事，闻诸生有欲相率伏阙者，奏以黄榜禁之，略云："靖康军兴，有不逞之徒鼓唱诸生伏阙上书，几至生变。若蹈前辙，为首者重置典宪，余人编配。”黄榜出，物论哗然，于是太学生张观、宋鼎、葛用中等七十余人上书言汤思退、王之望、尹穑钩致敌人，宜斩之以谢天下。……上怒，欲加重辟。晁公武及右正言龚茂良同入对，上怒稍霁，之望亦为之救解，乃止。(《宋史》卷二四上)

2. 十一月甲午，以黄榜禁太学生伏阙。(《宋史》卷三十三)

孝宗乾道元年(1165)

1. 三月七日，诏太学依旧补试，更不拨入省试下人。礼部言：“契勘太学收补外舍旧法，并系补试，取文理通者为合格。缘隆兴元年六月内一时指挥，依士庶封事，罢太学补试，以诸州解发举人赴省试下者，随缺额多少拨入。是致陈兴宗等陈乞依旧法补试，国子监指定。若永罢补试，止拨省试下进士，即四方未曾得解士人，更无可以入学之望，难以杜绝士人词讼。欲乞遵隆兴元年三月七日指挥，候省试了毕日开补。仍乞以本学在籍过省人数为额取放，立为定制。”故有是命。(《宋会要辑稿·崇儒一·太学》)

2. 思退既窜，太学诸生伏阙下乞召俊卿。乾道元年，入对，上劳抚之，因极论朋党之弊。(《宋史》卷三八三)

孝宗乾道二年(1166)

1. 二月八日，诏复置太学正、武学谕各一员。(《宋会要辑稿·崇儒一·太学》)

孝宗乾道三年(1167)

1. 乾道三年，黄伦以两优释褐。自绍兴建学至是，始有两优。用崇宁恩例，授承务郎国子录。《朝野杂记》：旧制，太学上舍生积枝已优，而舍试又入优等者，就化原堂释褐，号释褐状元。例补承事郎。太学正、录。淳熙初，郑鉴自明由此选，不四年而为著作郎，补郡。自明数言事，上甚善，久而稍厌之。六年，刘纯叟尧夫复以解褐除国子正。时王仲行为兵部尚书，奏言："今两优释褐，初授京秩，即授学官，视状元、制科恩数过之，事理不当。乞先与外任。"时知滁州张商卿亦言："令中上舍为学官，不数年便可作监司、郡守，狱讼财赋，非所素习，岂能保其不谬 乞先注职官。"上然之。十月丙申，诏兴殿试第二人恩例。(《宋会要辑稿·崇儒一·太学》)

孝宗乾道四年(1168)

1. 正月十一日，诏："太学生黄伦升补上等上舍，特与补左承务郎，除太学录。"国子监言："兴复太学已来，未有行过上等上舍事例。"至是，特有是命。九年十一月二十四日，郑鉴亦如之。(《宋会要辑稿·崇儒一·太学》)

2. 十二月二十一日，诏复置太学录一员，以敕赐同进士出身魏棪之为左迪功郎填阙，仍令有司给赐袍笏。(《宋会要辑稿·崇儒一·太学》)

孝宗乾道五年(1169)

1. 五月十四日，诏："太学补试，七人取放一名，零数更取一名。"以国子监公补试所言："太学补试已行引试终场，内除国子生已有取放人数明文，所有太学生终场共五百五十八人。据太学具到今年已授官出学人阙额一百三十三人。照得在法，太学补试，以省试年分，许行补试。仍将太学过省阙额补填取放，即不得额外别立增添名数。今来本所即未敢擅便据阙取放，合取自朝廷指挥。"故有是命。(《宋会要辑稿·崇儒一·太学》)

孝宗乾道六年(1170)

1. 六月二十三日，诏："太学生员见有阙额，特与放行。今来秋补一次，仍不得以得解人为限，并依乾道二年以前指挥体例施行。其武学增作一百人为额。今后太学阙二百人，武学阙三十人，取旨试补。”（《宋会要辑稿·崇儒一·太学》）

2. 八月癸酉，太学正薛元鼎进对，论周之名将南仲为武成王同时之将，乞改配食武成王。上喜，以谓南仲之孙皇父犹为宣王中兴之将，便可施行。又奏：“太学释奠，轮差南班宗室陪位观礼。今差武举从祀已定，乞令三衙管军及环卫官轮陪位观礼。”上曰：“亦使之知。”（《宋史》卷二五上）

3. 十二月戊午，太学录袁枢轮对，因论：“今日图恢复，当审察至计，以图万全之举。”上曰：“卿言极是，当如此。”（《宋史》卷二五上）

孝宗乾道七年(1171)

1. 正月九日，礼部国子监言：“勘会绍兴十三年十二月十一日已降指挥，补试中选学生，下所属给降素白绫纸付监，依仿祖宗制度，赞词书填给付。照得自复兴太学，补中学生出给绫纸，其赞词有‘复兴太学’四字。今来已是兴复日久，所有词语，欲乞朝廷敷奏，许令本监重别撰赞词，书填给付施行。”从之。（《宋会要辑稿·崇儒一·太学》）

孝宗乾道八年(1172)

1. 杨大全，字浑甫，眉之青神人。乾道八年进士，调温江尉，摄邑有政声。绍熙三年，召除监登闻鼓院。五年，光宗以疾久，不克省重华宫，廷臣多论谏者。太学生汪安仁等二百余人上书，而龚日章等百余人以投轨上书为缓，必欲伏阙。大全谓：“院以登闻名，实明目达聪之地也，今乃使人视为具文，吾何颜以尸此职。”乃为书以谏，力请过宫，书上不报。大全于是三上疏。（《宋史》卷四百）

孝宗乾道九年(1173)

1. 三月二日,起居郎留正言:"太学特文,四方视以为法。而士风厚薄,人材盛衰,皆可概见于此。国家取士,三场各有体制,故中选者谓之合格。数年以来,有司去取以意,士人志于得而已,程文多不中度。故议论肤浅,而以怪语相高。对策全无记问,而以浮辞求胜。大抵策尤卑弱,每刊行公、私等试文字,不足以传示四方。臣恐天下士子以谓朝廷好尚如此,随风而从,不读史书,见闻浅陋,人材风俗,所系实重。今次太学见引公试,望诏主司精加考校,诗赋取合律,经义求得体,论策以记问该博、议论渊源者,寘之上游。庶几传布四方,士子知所适从。于时政亦有所补。"从之。(《宋会要辑稿·崇儒一·太学》)

2. 九月二十一日,国子监上舍试所状:"勘会太学上舍试取人,依条通取,不得过三分。人材不足,则阙之。今来乾道九年太学上舍试,就试终场六十六人,依条每十人取三人,共取一十九人。外有二人,六分有零,系少六分有零,取不及二十人。本所未敢便行将零分取放一名。"诏零分许取一名。(《宋会要辑稿·崇儒一·太学》)

孝宗淳熙元年(1174)

1. 七月二十六日,诏太学置射圃。先是,知道州楼源言:"乞依旧法,许太学诸生遇旬假日,过武学习射。"礼部、国子监看详:"太学生员数多,欲早晚习射。以武学射圃狭,兼太学生过武学,与告假人混杂,乞就太学自置射圃。"从之。(《宋会要辑稿·崇儒一·太学》)

2. 八月十二日,国子司业戴几先言:"乞将太学私试习经义、文理优长,数外取放。"诏令礼部勘当以闻。既而,礼部言:"太学格,每月私试,取人以十分为率,所取不得过一分。至岁终,外合校定,依条每十人取一人。系将每月私试合格积累分数,从上依分数名次校定。今来几先乞将二《礼》《春秋》文理优长之人,优加取放。即与岁终校定人数并无增加。止缘三经逐月就试人数,每经不过数人。若不稍加优异,窃恐习者愈少,渐致废绝。今指定,欲将二《礼》《春秋》,于考校日,如

有文理优长，于合取分数，量行取放；如无优长，止依元法。”从之。(《宋会要辑稿·崇儒一·太学》)

孝宗淳熙二年(1175)

1. 二月八日，诏：“太学养士钱，令临安府于系省钱内，每月贴支三百贯，应副支遣。”以司业薛元鼎言：“缘节次补试，增展员额，复兴武学，目今匮乏，故有是命。”又四年十一月二十九日，司业王速言：“目今有趁赴省试、公试，住学生员，行食人数众多，支用不足。”诏每遇省试年分，令临安府于系省钱内，每月贴支六百四十贯，应副一季。(《宋会要辑稿·崇儒一·太学》)

2. 六月四日，诏太学补试，今次士人倍多，将考铨试官，于所降敕后，并带兼考太学补试经义、诗赋，仍添差三员。(《宋会要辑稿·崇儒一·太学》)

3. 七月八日，诏：“国子监试官等，各有亲戚、乡人赴补，将卷别作一行，排定坐次。应帘内试官，并不得干预帘外职事。如违令，本院长官觉察以闻。其今次太学补试，应考试官，本宗亲戚试中之人，并未得参学。候将来有国子试日，重行收试。”(于是，祭酒萧之敏自劾，诏放罪。)(《宋会要辑稿·崇儒一·太学》)

4. 九月十九日，礼部侍郎赵雄言：“近日太学补试进士、多至万六千人，场屋殆不能容，理宜裁节。今欲依仿绍兴三十一年旧令，诸州教官，岁取本州岛士人住学最久、试中最多者，从上保明。仍别立定额。本州岛解额一名处，听保明五人赴补试；解额十名处，听保明五十人，至一百人止。州学保明申州，州申监，监申礼部。过数者，教官、守、贰坐之。人数不足者，听阙。其有驰骛他州，要求保明者，依贡举冒乡贡条法科罪。”从之。(《宋会要辑稿·崇儒一·太学》)

5. 十二月十七日，太上皇帝庆寿赦：“应绍兴三十二年以前补中太学国子生，见年七十以上人，可令礼部保明以闻，特与补迪功郎。内舍、上舍生父母年七十以上，外舍生父母年八十以上，并与初品官，妇人与封号。已经官封者，父与转一官资，母与冠帔。令经所属自陈保

奏。”(《宋会要辑稿·崇儒一·太学》)

孝宗淳熙三年(1176)

1. 四月三日,礼部国子监言:“大小职事,该遇庆寿赦,参酌推恩人,内舍生永免文解。绍兴三十二年以前,升补已有升甲、升等、占射差遣恩例人二名,候将来到部日,与循一资。贺表首名内舍生有平等校定人一名,与永免文解。内舍生永免文解,有平等校定人一名,候将来过省,殿试唱名日,与升甲。上舍生免省,合该升甲人七名,候将来殿试到部日,与占射差遣一次。内舍生永免文解,并上舍试中年等人一名,候将来过省,殿试唱名日,与升甲。外舍生永免文解人一名,候将来过省,殿试唱名日,与升甲。上舍生免解,将来合该升甲人三名,候将来过省,殿试唱名到部日,与占射差遣一次。内舍生永免文解,有平等校定人二名,候将来过省,殿试唱名日,与升甲。内舍生永免文解人三名,候将来过省,殿试唱名日,与升甲。内舍生有平等校定人二名,与永免文解人四名,候将来过省,殿试唱名日,与升甲。不系免解人二十四名,与免文解一次。学生并赐束帛。”诏并依拟定。内鲁秉礼、汪南金并特与免省,更不循资。潘贸已补官,更不与免解恩例。(鲁秉礼、汪南金系举人,学录潘贸系外舍生,年七十八。)(《宋会要辑稿·崇儒一·太学》)

2. 六月,上谓执政曰:“有魏掞之,今安在?”龚茂良等奏:“已物故。”上曰:“其人直谏,方欲稍加擢用,不谓已死。朝廷不可无直谅之士。近有郑鉴,议论亦甚切直,观其所言,似出于肝胆,非矫伪为之者。因看郑鉴札子,颇思魏掞之。”鉴时为太学正,遂命召试馆职。又曰:“掞之虽死,欲少加旌别,可赠宣教郎、直秘阁。”(《宋史》卷二六上)

3. 十一月十二日,南郊赦,国学进士,先请后免,或先免后请,可并与免将来文解一次。(六年赦同。)(《宋会要辑稿·崇儒一·太学》)

孝宗淳熙四年(1177)

1. 二月七日，诏："两学敝甚，可与修葺。令南库支二万缗，委知临安府赵磻老修葺。其规模狭陋去处，令随宜展拓，务要如法，毋致灭裂。"(《宋会要辑稿·崇儒一·太学》)

2. 二月十一日，诏："太学文宣王像，并从祀一十二位，令重行塑绘。所有旧像，权迁于首善阁下。"(《宋会要辑稿·崇儒一·太学》)

3. 二月乙亥，幸太学，祗谒先圣，退御敦化堂，命国子祭酒林光朝讲《中庸》。下诏，遂幸武学，谒武成王庙。监、学官进秩一等，诸生推恩、赐帛有差。(《宋史》卷三十四)

4. 五月十五日，诏："太学选差职事，依条长贰学官，以三舍生次第选补。即才行为众所知，听不次选。"(《宋会要辑稿·崇儒一·太学》)

5. 五月二十四日，诏就太学建造光尧太上皇帝御书石经阁。其见在石经《周易》《毛诗》《尚书》《春秋左氏传》《论语》《孟子》外，尚有太上皇帝御书《礼记》，《中庸》《大学》《学记》《儒行》《经解》五篇，不系太学石经之数。搜访旧章，重行模勒，以补《礼经》之阙。(从知熙安府赵磻老请也。)(《宋会要辑稿·崇儒一·太学》)

6. 七月，立待补太学试法，每正解一名，取待补五名。(《宋史》卷二六上)

7. 八月十三日，礼部考试官施师点等申："男括等各赴太学上舍试，委有妨碍。本部欲候别试院开院了毕，别行差官，锁院引试。"从之。(《宋会要辑稿·崇儒一·太学》)

8. 十一月二十七日，礼部国子监言："每遇科举年分，诸州依解额取定合格人赴省试外，乞将其余解发不到试卷，纽计终场人数，每一百人取三人，零分不及三十，亦取一人，名曰'待补太学生'。考试院具姓名，申本州岛置籍。俟太学开补，本州岛给据，申国子监，赴补试一次。其以前曾实得解到省试下人，愿就补者，召保官一员。当年得解赴省人，只照元发解公据赴补。"从之。先是，监察御史潘纬言："太学比年补试，繁冗太甚，中选者类多假手。欲自今秋科举为始，诸州依解额，取定合格试卷外，仍取备卷，作待补太学生。即于经义、诗赋、论策内，有两场或一场文理优长者，并行存留，许赴补一次。其实曾得解人，每补听试。”礼部、国子监看详来上，故从其请。至淳熙十年八月九日，诏：“自今诸州解试终场人，以百人取六人充待补。”（《宋会要辑稿·崇儒一·太学》）

孝宗淳熙五年（1178）

1. 五月二十七日，诏：“诸路州军曾实请解之人，令礼部参照贡籍，仍各缴元省试下公据，许赴补试一次。”（《宋会要辑稿·崇儒一·太学》）

2. 六月十三日，诏：“太学补试，大院有合避亲之人，并送别院收试。若别试所有避亲，孤经发回大院收试之人，止避所避之官，互送别位，依公精加考校。”

3. 八月三日，诏：“内舍校定优等，不以有无上舍试年分，并以十分为率。”先是，闰六月二十三日，臣僚言：“国家以科举取士，内舍、上舍生两优，则月书季考，积累之久，行艺特异，众所推许，有人则取，无人则阙。盖十有余年，而不得一者。今也不然，两优则以岁额为定，纔五六分，便为优选。今乞两优校定十分以上，方得与选，无人听阙。”诏令礼部监学看详。礼部、国子监言：“太学见行校定条令，本无立定分数。今乞将内舍校定，若遇上舍试年，优等以十分为率；如非上舍试年，优等以八分为率。已上不及分数，则阙之。仍乞将每岁所校人数，依条例以住学年月及上舍公、私试、孟仲季入等高下相压。若遇上舍试年，优等及十分，如非上舍试年，优等及八分，从上取两名作优等，余并入平等。庶几得中。”（《宋会要辑稿·崇儒一·太学》）

4. 十月一日，诏：“太学生年七十已上，该庆寿赦已补官人，虞拟、潘贸、季嘉言、何上民，并特差岳庙一次。”（《宋会要辑稿·崇儒一·太学》）

孝宗淳熙六年(1179)

1. 二月甲午，太学博士高文虎论前宰执、侍从带观文殿大学士至待制在外者，皆有论思献纳之责。上曰："卿此奏尤为得体，朕亦有听纳之益，且知州郡间民情。"(《宋史》卷二六下)

2. 九月二十七日，诏国子监上舍试，零分取一名。(《宋会要辑稿·崇儒一·太学》)

3. 十月九日，诏："太学两优释褐之人，与依状元体例，先与外任一次，然后授以职事官。"以给事中王希昌言："天子临轩，策天下之士，取其尤异者一人，曰'状元'。舍法选举，有司考校，取其两优者一人，曰'释褐状元'。虽一命得京官，必出而为签判。而释褐之人，一命亦得京官，即入为学官。又贤良判入三等，方任京官、签判；入四等者，止得选人幕官。而宏辞中选者，亦不过止得选人教授。今两优之人，即以京官而为学官；释褐之人，方其未中也，固尝以学官为师矣。一旦中选，则与先生并列。方其未中也，固尝以学录、学谕为师矣；一旦中选，则向之为师者反在北面弟子之列。事之不当，莫甚于此。"故有是命。(《宋会要辑稿·崇儒一·太学》)

孝宗淳熙七年(1180)

1. 七月九日，诏："自今国学程文，依旧法从国子监长贰看详，可传示学者，方许雕印。"从臣僚请也。(《宋会要辑稿·崇儒一·太学》)

孝宗淳熙八年(1181)

1. 庄夏，字子礼，泉州人。淳熙八年进士。……召为太学博士。言："比年分藩持节，诏墨未干而改除，坐席未温而易地，一人而岁三易节，一岁而郡四易守，民力何由裕?"迁国子博士，召除吏部员外郎。(《宋史》卷三九五)

孝宗淳熙九年(1182)

1. 八月四日，诏："国子生今举发解，依前降指挥，并送别院收试。"先是，二年七月十一日，诏："自今国子生解试，并别院收试。其合避亲嫌官，不得差充别院考试官。"(《宋会要辑稿·崇儒一·太学》)

2. 九月十三日，明堂赦："国子监乾道八年省试下进士，实理十二年，可并与免文解。"(《宋会要辑稿·崇儒一·太学》)

3. 十二月戊午，宰执进呈乞令太学生习射事，上曰："向来玉津园燕射惟武臣射，恐祖宗典故，文臣亦当射。"(《宋史》卷二七上)

孝宗淳熙十年(1183)

1. 十二月十六日，太上皇后庆寿赦："太学内舍、上舍生，祖父母、父母年七十已上，外舍生年八十已上，并与封初品官，妇人与封号。已经官封者，祖父，父转一官资，祖母、母与冠帔。令经所属自陈保奏。"(淳熙十三年庆寿赦同。)(《宋会要辑稿·崇儒一·太学》)

2. 十二月三十日，礼部、国子监言："太学大小职事，该遇庆寿赦，参酌推恩人：上舍免省四名，赴唱名日，已有升甲恩例。候将来到部日，与占射差遣一次。内舍生永免解三人，即无恩例。候将来过省，殿试唱名日，与升甲。上舍生永免解一名，已有升甲恩例。候将来过省，赴殿试唱名日，更与依格升名。内舍生今举得解一名，即无恩例。候将来过省，赴殿试唱名日，与升甲。内舍生前举免解，今举还试二名，并无恩例。候将来过省，赴殿试唱名日，与升甲。上舍生未该免解一名，系升补未及一年。候将来过省，殿试唱名日，已有升甲恩例，与免文解。内舍生永免文解八名。外舍生永免文解二名，并无恩例。候将来过省，赴殿试唱名日，与升甲。内舍生今举得解，见陈乞升补上舍填阙一名，已有升甲恩例。候将来过省，赴殿试唱名日，更与依格升名。内舍生今举得解九名，内舍生今举还试一名，并无恩例。候将来过省，赴殿试唱名日，与升甲，上舍生系升补未及一年，未免免省，今举不该免解一名，已有升甲恩例，欲与免文解。内舍生未该免解一十四名，外舍生未该免解四名，并无恩例，并与免文解一次。内三名陈乞该遇覃恩日升补内舍，及在外学四年已上，各承放行。今次省试，候将来过省，赴殿试唱名日，与依格升名。学生五百八十四人，各倍赐束帛。”诏并依拟定。(《宋会要辑稿・崇儒一・太学》)

孝宗淳熙十一年(1184)

1. 五月一日，国子监言：“太学国子生二百六十八人，阙额。”诏许依淳熙八年体例补试。(《宋会要辑稿・崇儒一・太学》)

孝宗淳熙十二年(1185)

1. 七月二十八日，国子祭酒颜师鲁言：“太学内舍生，旧例岁校十人，于十人之中，以三人为优。其后臣僚有请，以优校之士，间有六七分而得者，似为稍易。遂乞以十分为率，从上止校二名。分数既高，士之铢积寸累，偶应其格者，比之往年固艰，又从而损元额之一，不亦甚乎。且太学岁校三优，率亦间岁再试，视其中否，尚有守年者。今欲依旧与校优等三人，仍以十分为率。如不及，则阙之。庶几士知所劝。”上曰：“既限十分为率，不必更减一名。可依奏。”(《宋会要辑稿・崇儒一・太学》)

2. 十二月十一日，诏：“太学上等上舍生易祓、颜棫各特补文林郎，与职官差遣。”(《宋会要辑稿・崇儒一・太学》)

孝宗淳熙十三年(1186)

1. 五月一日，诏：“太学外舍生应诜等十一人，年七十以上，并依庆寿赦，特与补迪功郎。”(《宋会要辑稿・崇儒一・太学》)

2. 八月四日，臣僚言：“向来太学解试，不差学官，岂不曰月书季考、习熟其文，虽去取之间，未必容私，而众多之口易以兴谤。目今科场差官在复，乞复依旧例，免差学官。”从之。(《宋会要辑稿・崇儒

一·太学》)

3. 十一月二十三日，臣僚言："近岁时创待补之法，州郡后秀，罗网无遗。惟是引试之期，常以六月，暑气隆炽，奔走道涂，多有暍死。省闱报罢之士，又以试期尚远，力不能待。且旧来太学补试，用春秋二季，众皆便之。因乾道八年再放补试，始用六月，循习为例。今倘仍旧。止(旧)[就]三月引试，则省闱报罢者，无留滞匮乏之忧。天气和平，无触冒炎暑之患。贡院见成夹截，可以就用。虽与殿试同月，缘补试系学官自行考校，与殿试不相妨碍。所有铨试，却俟殿试唱名毕。"从之。(《宋会要辑稿·崇儒一·太学》)

孝宗淳熙十四年(1187)

1. 正月二十二日，礼部言："国学免解进士季元有、国学进士卢献臣等所陈，欲依每举放行省该。所该庆恩，乞理作升甲。缘昨来节次放行免解赴省，并系承朝廷特降指挥放行。"诏礼部将乾道八年至淳熙十一年已令赴省试人，并特令再赴。今来省试一次，其庆典免解，俟过试，特许作升甲收使。既而，四月五日，礼部国子监言："元有暨钱震臣、李履、孙琰，先庆典免解公据，赴部投纳试卷了当。欲将正月二十二日指挥放行免解公据换给升甲。"奉旨候过省日，许作升甲收使。(《宋会要辑稿·崇儒一·太学》)

孝宗淳熙十五年(1188)

1. 五月十四日，臣僚言："窃见太学礼义之所，教化所自出。诸生渐磨其间，正宜勉励术业，重惜名检，以为保国荣亲之举。近闻有冒同宗之服制，肆非所之燕游，若内舍生何寅者，死于非命，岂不负明时之教养？欲望戒敕太学师(孺)[儒]之官，谨生员之教，振举学规，勿容非礼之动；传播四方，有玷京师首善之化。"从之。(《宋会要辑稿·崇儒一·太学》)

2. 七月二十三日，国子祭酒何澹言："窃惟太学兴建之初，月书季考，未甚严密。逮至绍兴二十七年，因本监长、贰申请，始建指挥，每月私试，并依贡举条制，锁院考校，仍不得过十数日。内监试官引试终场毕，先次出院，候考校毕，入院发榜。自后每月率以为常。窃谓既依贡举条例锁院考校，不应监试之官却乃先次出院。只缘在法，监试取摘试卷详定，不预考校，所以相承如此。再详法意，盖谓承平，学校养士额多，就试人众，为长、贰者，难以遍阅试卷。今来每月私试，多不过三百人以上，长、贰依贡举条例锁院考校，亦自不难。兼又临期入院发榜，一时所见，或未详尽。今乞向去私试，如遇就试人多，即长、贰同共在内，更不先出。如遇就试人少，即长、贰先发榜一日入院，明日折号，庶几可以子细看阅。"从之。(《宋会要辑稿·崇儒一·太学》)

孝宗淳熙十六年(1189)

1. 二月一日，礼部言："太学堂名上一字，犯皇太子名，合行回避。乞改作崇化堂。"从之。(《宋会要辑稿·崇儒一·太学》)

2. 是年十一月二十八日，右谏议大夫何澹言："窃见朝廷以舍法取士，太学公试，乃外舍士子升进之阶，利害不细。常年则与铨试同在大院锁院，每遇省试年分，则铨试多在中夏。日子太迟，于是附试于省试之后，而就大院别委官以考之。所委官往往以省试为重，以公试为轻。又其披阅省试文卷之余，精力各以疲惫，日子又复迫促，未免卤莽，以求毕事。缘此，前后士子多不惬服。欲望今后省试年分，所有太学公试，令赴别院收试。庶几考官专精，升黜惟允。契勘省试别院卷子不多，例是先期开院。今若就考公试，实不相妨。又来春大院免解，赴省之人，异于常年，重以考校公试，力愈不给，必致两有所害。移附别院，尤为允当。"从之。(《宋会要辑稿·崇儒一·太学》)

光宗绍熙元年(1190)

1. 正月十七日，宰执进呈，何澹乞放行太学参长假人免解，留正等奏："太学连两举，该恩免解，遂无科举，其侥幸不可言。今参长假人,多系赦后,又欲尽行免解,攀援冒滥,何时而已。"上曰:"诚多侥幸。卿等更参酌,其间有可以放行者与放行,不可者即已。岂容一例放行也。"(《宋会要辑稿·崇儒一·太学》)

光宗绍熙二年(1191)

1. 九月,御史中丞何澹以所生继母之丧,请解官持服矣,既又上疏言不逮事,请下台谏给舍议之。于是太学生乔嘉、朱九成、黄会卿移书责之。……澹方待命六和塔,得书,遂去官焉。(《宋史全文》卷二八)

光宗绍熙三年(1192)

1. 光宗初,公试始令附省场别院。绍熙三年,礼部侍郎倪思请复混补法,命两省、台谏杂议可否。于是吏部尚书赵汝愚等合奏曰:"国家恢儒右文,京师、郡县皆有学,庆历以后,文物彬彬。中兴以来,建太学于行都,行贡举于诸郡,然奔竞之风胜,而忠信之俗微。亦惟荣辱升沉,不由学校;德行道艺,取决糊名;工雕篆之文,无进修之志;视庠序如传舍,目师儒如路人;季考月书,尽成文具。今请重教官之选,假守贰之权;仿舍法以育材,因大比以取士;考终场之数,定所贡之员;期以次年,试于太学。其诸州教养、课试、升贡之法,下有司条上。"思议遂寝。(《宋史·选举志三》)

光宗绍熙四年(1193)

1. 四月二日,礼部言:"国子监申,王松年等一十七人,并系试中上等小学生,欲将逐人照绍兴元年郑楷等,比类诸州待补试中名额放行,今来补试一次。"从之。(《宋会要辑稿·崇儒一·太学》)

2. 四月四日,诏令临安府学生,依绍熙元年已放行人数,许赴太学补试一次。(从府学生应辅等请也。)(《宋会要辑稿·崇儒一·

太学》）

3.（十月）戊午，太学生汪安仁等二百一十八人上书，请朝重华，皆不报。（《宋史》卷三十六）

光宗绍熙五年（1194）

1. 正月一日，庆寿赦："太学、武学曾预拜表大小职事，临安府学正、录，并依淳熙十年十二月三十日已得指挥，推恩人姓名，开具应得恩数闻奏。学生并有官学生，各倍赐束帛。小学生、府学生各赐束帛。"（《宋会要辑稿·崇儒一·太学》）

2. 四月庚申，诏中书舍人邓驿以吕祖俭志在无君，其罪当诛，姑从窜斥，以示宽容，自合书行。于是太学上舍生杨宏中、周端朝、张道、林仲麟、蒋博、徐范六人伏阙上书。……庚申，诏宏中等妄乱上书，扇摇国是，各送五百里外编管。（《宋史全文》卷二九上）

3. 四月己酉，太学生程肖说等以帝未朝，移书大臣。事闻，帝将以癸丑日朝。至期，丞相以下入宫门以俟，日昃，帝复以疾不果出。侍从、馆学官上疏，乞罢黜，居家待罪。（《宋史》卷三十六）

4. 六月庚午，右正言刘德秀劾国子博士孙元卿、太学博士袁燮、国子正陈武，皆罢去。司业汪逵入札子辨之，德秀以为言，逵亦罢，于是善类为之一空矣。韩侂胄本武人，志在招权纳贿，除不附已而已，不能巧为说以网善类也。（《宋史全文》卷二九上）

5. 七月，御史中丞何澹急欲执政，秋七月丙申，上疏论："专门之学流而为伪，空虚短拙，文诈沽名。请风厉学者，专事孔孟，毋得自相标榜。"丁酉，诏榜朝堂。澹始以留正荐，自权兵部侍郎除右谏议大夫，首击周必大罢之，未几，迁中执法，一时名士，排击殆尽，大为清议所薄。会有本生继母之丧，徘徊不肯去。太学生乔嘉等移书切责之。（《宋史全文》卷二九上）

6. 绍熙甲寅，太学诸生拟《劝行乐表》云："周公欺我，愿焚《酒诰》于通衢；孔子空言，请束《孝经》于高阁。"以劝为讽，字字有来历。（《鹤林玉露》甲编卷三）

宁宗庆元元年(1195)

1. 四月庚申，太学生杨宏中等六人以上书留赵汝愚、章颖、李祥、杨简，请黜李沐，诏宏中等各送五百里外编管。中书舍人邓驲上疏救之，不听。(《宋史》卷三十七)

宁宗庆元二年(1196)

1. 庆元二年，韩侂胄袭秦桧余论，指道学为伪学，台臣附和之，上章论列。刘德秀在省闱，奏请毁除语录。既而知贡举吏部尚书叶翥上言："士狃于伪学，专习语录诡诞之说、《中庸》《大学》之书，以文其非。有叶适《进卷》、陈傅良《待遇集》，士人传诵其文，每用辄效。请令太学及州军学，各以月试合格前三名程文，上御史台考察，太学以月，诸路以季。其有旧习不改，则坐学官、提学司之罪。"是举，语涉道学者，皆不预选。四年，以经义多用套类，父子兄弟相授，致天下士子不务实学。遂命有司：六经出题，各于本经摘出两段文意相类者，合为一题，以杜挟册雠伪之计。(《宋史》卷一五六)

宁宗庆元三年(1197)

1. 六月癸卯朔，言者论："三十年来，伪学显行，场屋之权，尽归其党，所谓状元、省元与两优释褐，若非其私徒，即是其亲故。望诏大臣审察其所学而后除授。"宣教郎钱文子以太学两优释褐，一任回当召，径就部，注潭州醴陵知县而去，时人称之。(《宋史》卷二九上)

2. 庆元三年，以国子生员多伪滥，制自今职事官期亲、厘务官子孙，乃得补试。凡监学生皆给绫牒，若告谒在外，遇科举，则试于漕司。(《宋会要辑稿·崇儒一·太学》)

宁宗庆元五年(1199)

1. 陈贵谊,字正甫,福州福清人。庆元五年进士,授瑞州观察推官。……改武学谕、国子录,迁太学博士。(《宋史》卷四一九)

宁宗庆元六年(1200)

1. 九月,时有太学生于斋生题名中削去何澹名字,以其尝排道学也。澹时已显,大怒,于是京尹因其出,使不逞者与之哄,遂捕治之。太学生敖陶孙者为诗以吊赵汝愚,而侂胄未得其名,俾其人并承之,辞不伏,乃移送大理劾其事,掠治无完肤,狱竟不就,犹坐不应削澹名,送岭南编管。陶孙诗云:"左手旋乾右转坤,诸公相顾尚流言。狼胡跋疐伤姬旦,渔父沈沦吊屈原。一死固知公所欠,孤忠赖有史长存。九原若遇韩忠献,休说如今几世孙。"陶孙,福州人,后数年,登进士第云。(《宋史全文》卷二九上)

宁宗嘉泰二年(1202)

1. 十二月甲申,立贵妃杨氏为皇后。学士傅伯寿草制,有曰:"洪惟文母,念我神孙之真;冠于后庭,俾之见于内殿。"后知书史,通古今,兄次山本太学生,能避远权势,不与人事,论者以为得外戚之体。(《宋史全文》卷二九下)

宁宗嘉泰三年(1203)

1. 正月二十八日,幸太学,祗谒先圣。先诣至圣文宣王殿行礼,次幸太学讲书毕,赐茶。次赴昭烈武成王殿行礼,次幸武学赐茶。(《宋会要辑稿·礼五二·巡幸》)

2. 正月戊戌,车驾幸太学,谒大成殿,御化原堂,命国子祭酒李寅仲讲《尚书·周官》篇,遂幸武学,谒武成殿监。学官进秩一等,诸生推

恩、赐帛有差。(《宋史全文》卷二九下)

宁宗嘉泰四年(1204)

1. 三月,右丞相陈自强等以火灾请罢,不许。初,自强以选人入都,欲求诸州学官阙,见执政,皆不遂。……一日,自强方闷坐,有直省官持贴召来日午后至府相见。自强莫知所谓,比至,则侍从官以次毕集。谒入,传令先召陈知丞,韩侂胄命设褥于堂上,乡之再拜,次召从官同坐,从官踧踖,莫敢居上者。侂胄徐曰:"陈先生老儒,沈没可念。"坐客唯唯。明日,连章荐其才,遂除太学录。未逾年,迁博士。数月,转国子博士,又数月,为秘书郎。入馆半岁,除右正言、右谏议大夫、御史中丞入台半月余,遂秉政,由选人至枢府,首尾四年。(《宋史》卷二九下)

宁宗开禧元年(1205)

1. 四月甲寅,太学生华岳以朝廷将用兵,上书谏,送建宁府编管。(《宋史》卷二九下)

2. 李宗勉,字强父,富阳人。开禧元年进士。历黄州教授、浙西茶盐司、江西转运司干官。嘉定十四年,主管吏部架阁,寻改太学正。明年为博士,又明年迁国子博士。(《宋史》卷四百五)

宁宗开禧二年(1206)

1. 正月乙未,增太学内舍生为百二十人。(《宋史全文》卷二九下)

宁宗嘉定元年(1208)

1. 许应龙,字恭甫,福州闽县人。五岁通经旨,坐客曰"小儿气食牛”，应龙应声“丈夫才吐凤”为对，四坐嘉叹。入太学，嘉定元年举进士。调汀州教授，差浙东宣抚司掾，差户部架阁。迁籍田令、太学博士。时李全、时青辈归附，应龙入对，有“荓蜂是惩，养虎遗患”之说，后皆如所言。迁国子博士、国子丞、宗学博士。(《宋史》卷四一九)

宁宗嘉定二年(1209)

1. 九月丙午，增太学内舍生十员。(《宋史》卷三九)

宁宗嘉定三年(1210)

1. 十二月丙寅，兵部尚书兼知临安府赵师翼免兼知临安府，军器少监兼国子司业陈武免兼国子司业。先是，府民有因讼行赇者，事连武学生柯子冲、卢宣德，理院案上当赎铜七斤，师翼书判各决竹箄二十，押出府城，仍申国子监照会，士论哗然，诸生乃陈词于学官，学官备申监，监以申尚书省及御史台、谏院，右学之士亦诣都省投牒。执政出语颇抑士，士愈不平，复群禀司业及学官，于是监学以状申都省，未报，武学生周源等遂空学赴监投牒，缴纳绫纸，不肯归斋。于是监学缴申台省，且并乞罢黜；太学之士亦诣监投牒。(《宋史全文》卷三十)

宁宗嘉定四年(1211)

1. 李韶，字元善，弥逊之曾孙也。父文饶，为台州司理参军，每谓人曰：“吾司臬多阴德，后有兴者。”韶五岁，能赋梅花。嘉定四年，与其兄宁同举进士。调南雄州教授。校文广州，时有当国之亲故私报所业，韶却之。调庆元。丞相史弥远荐士充学职，韶不与。袁燮求学宫射圃益其居，亦不与，燮以此更敬韶。以廉勤荐，迁主管三省架阁文字，迁太学正，改太学博士。上封事谏济王竑狱，且以书晓弥远，言甚恳到。又救太学生宁式，迕学官。(《宋史》卷四二三)

宁宗嘉定五年(1212)

1. 八月二十五日,承议郎、国子博士徐自明札子奏:"学校舍法事,数内至肄业膠庠者,自外舍有月校,而公试入等者,曰内舍。自内舍有月校,而舍试入等者,曰上舍,有定序也。然曩年省试,系在孟春之中,故大廷唱第,多在孟夏之月。近省试既在仲春,故廷唱展在仲夏。所以孟夏之月,虽已中春官,而未经廷对者,犹未出学住膳。而当年公试新中内舍者,或未有阙可填,则不得以占三季之考,行内舍之食。其妨进取而碍月书,学者常患苦之。不惟是也,一岁之中,校优者三,而校平者已常预,平校者或再中平校,止用其前者之一足矣。而间有顽忍不予者,或未肯与豁除,必待授以逊状。是二者,至有相邀,以利相讦,以讼启纷争而丧廉隅者,风俗至不美也。今欲于省试之年,其已中春官者,遇入孟夏下旬,即乞预行住膳。使以次升补者,不妨占季行食;而内舍已满百三十人之数,即不得于四月分先期借食。又于每岁之中,有再中平校者,亦乞先与豁除,使下名得以序进,庶几廉逊之风行,乖争之俗熄,不至坏学者之心术,而启学校之纷纭。臣所谓严升舍之选者,此也。如臣言可采,乞行下国子监看详施行。"(《宋会要辑稿·崇儒一·太学》)

宁宗嘉定七年(1214)

1. 十一月辛酉朔,遣著作郎聂子述贺金主正旦,刑部侍郎刘爚等及太学诸生上章言其不可,不报。(《宋史全文》卷三十)

2. 徐荣叟,字茂翁,焕章阁学士应龙之子。嘉定七年,举进士。历官通判临安府,迁太学博士兼崇政殿说书,迁秘书郎。(《宋史》卷四一九)

宁宗嘉定十年(1217)

1. 郑清之,字德源,庆元之鄞人。初名燮,字文叔。少从楼昉学,能文，楼钥亟加称赏。嘉泰二年，入太学。十年，登进士第，调峡州教授。……十六年，迁国子学录。丞相史弥远与清之谋废济国公，事见《皇子竑传》。俄以清之兼魏惠宪王府教授，迁宗学谕，迁太学博士，皆仍兼教授。（《宋史》卷四一四）

宁宗嘉定十二年(1219)

1. 五月己亥，太学生何处恬等伏阙上书，以工部尚书胡榘欲和金人，请诛之以谢天下。（《宋史》卷四十）

宁宗嘉定十三年(1220)

1. 邓若水，字平仲，隆州井研人。……登嘉定十三年进士第。嘉熙间，召为太学博士。（《宋史》卷四五五）

宁宗嘉定十六年(1223)

1. 谢方叔，字德方，威州人。嘉定十六年进士。……翼日，果得御笔授天锡大理少卿，而天锡去国。于是太学生池元坚、太常寺丞赵崇洁、左史李昴英皆论击允升、宋臣。而谗者又曰："天锡之论，方叔意也。"及天锡之去，亦曰："方叔意也。"方叔上疏自解，于是监察御史朱应元论方叔，罢相。既罢，允升、宋臣犹以为未快，厚赂太学生林自养，上书力诋天锡、方叔，且曰："乞诛方叔，使天下明知宰相台谏之去，出自独断，于内侍初无预焉。"书既上，学舍恶自养党奸，相与鸣鼓攻之，上书以声其罪。（《宋史》卷四一七）

2. 应𦾔，字之道，庆元府昌国人。刻志于学。嘉定十六年，试南省第一，遂举进士，为临江军教授。入为国子学录兼庄文府教授。迁太学博士，又迁秘书郎，请蚤建太子。（《宋史》卷四二〇）

理宗宝庆元年(1225)

1. 十一月癸丑，太学正徐介进对，论中庸慎独之旨。上曰："此是以敬存心，不愧屋漏之意。"(《宋史全文》卷三十一)

理宗宝庆二年(1226)

1. 三月戊寅，诏曰："朕近召游泽见于便殿，详览二疏，因加访问，议论正大，指证明切，真有益于君德治道，耸听嘉叹。可特与改合入官，仍除馆职。旌忠谠以导敢言，乃朕志也。"先是，泽以浙西提刑司干办公事召为太学博士，寻为秘书郎。(《宋史全文》卷三十一)

2. 黄师雍，字子敬，福州人。少从黄榦学。入太学。宝庆二年，举进士。诏为楚州官属。(《宋史》卷四二四)

理宗绍定元年(1228)

1. 程元凤，字申甫，徽州人。绍定元年进士，调江陵府教授。端平元年，差江西转运司干办公事。丁母忧。淳祐元年，迁礼、兵二部架阁，以父老不忍去侧，迁太学正，以祖讳辞，改国子录。父忧，服阕，迁太学博士，改宗学博士。以《诗》、《礼》讲荣王府。旁讽曲谕，随事规正，多所裨益，王亦倾心敬听。轮对，极论世运剥复之机及人主所当法天者。理宗览之曰："有古遗直风。"(《宋史》卷四一八)

理宗绍定二年(1229)

1. 十月癸卯，太学录陈埙进奏："方张之患、未亡之金、叵测之忠义、跳梁之群盗，皆所当虑。"上曰："此正治不忘乱，安不忘危之意。"埙奏："正为国体未为治且安耳。"又奏用人贵乎公，上曰："今人才亦自难得。"……丁卯，臣寮言："乞下国子监，内外学校之官，今于士子程课之外，迪以义理之学，厉以行艺之实。"从之。(《宋史全文》卷三十一)

2. 理宗复百取六人之制。绍定二年，以待补生自外方来参斋者，间有鬻帖伪冒之弊。遂命中选之人，召升朝保官二员批书印纸，仍命州郡守倅结罪保明，比照字迹无伪，方许帘引注籍；犯者治罪，罚及保官。五年，以省试下第及待补生之群试于有司者，有请托贿求之弊，学官考文，有亲故交通之私，命今后两学补试，并从庙堂临时选差，即令入院；凡用度，则用国子监供给学官事例。未几，监察御史何处久又言："宜遵旧制，以武学、宗学补试，并就两学于大院排日引试，有亲嫌人依避房法。且士子试卷颇多，考官颇少，期日既迫，费用不敷。"乃增给用度，仍添差考官五员。宝祐元年，复命分路取放补试员数，以免远方士子道路往来之费及都城壅并之患。三年，复试于京师。（《宋史》卷一五七）

理宗绍定五年(1232)

1. 徐元杰，字仁伯，信州上饶人。幼颖悟，诵书日数千言，每冥思精索。闻陈文蔚讲书铅山，实朱熹门人，往师之。后师事真德秀。绍定五年，进士及第。……先，元杰未死之一日，方谒左丞相范钟归，又折简察院刘应起，将以冀日奏事。是夕，俄热大作，诘朝不能造朝，夜烦愈甚，指爪忽裂，以死。朝绅及三学诸生往吊，相顾骇泣。讣闻，帝震悼曰："徐元杰前日方侍立，不闻有疾，何死之遽耶?"亟遣中使问状，赙赠银绢二百计。已而太学诸生伏阙诉其为中毒，且曰："昔小人有倾君子者，不过使之自死于蛮烟瘴雨之乡，今蛮烟瘴雨不在领海，而在陛下之朝廷。望奋发睿断，大明典刑。"于是三学诸生相继叩阍讼冤，台谏交疏论奏，监学官亦合辞闻于朝。二子直谅、直方乞以恤典充赏格。（《宋史》卷四二四）

理宗端平二年(1235)

1. 二月，都省言：太学生陈均编类本朝长编纲目，进士陈文蔚所著《尚书解注》有益治道。诏均、文蔚并补迪功郎。（《宋史全文》卷三十二）

2. 三月乙未，诏太学生陈均编《宋长编纲目》，进士陈文蔚著《尚书解》，并补迪功郎。（《宋史》卷四十二）

理宗端平三年(1236)

1. 三月癸未，太学录郑斗祥进对，奏边事方急，莫有任其责者。上曰："边事如此，任事无人，如何？"斗祥奏："此士大夫畏事之过，愿陛下奋发刚断，大明黜陟，庶几人乐为用。"上曰："然。"又奏："天下无全才，惟陛下兼收并用，随才而器使。"上曰："用其所长，当护其短。"（《宋史全文》卷三十二）

理宗嘉熙二年(1238)

1. 嘉熙二年，省试下第及游学人，并就临安府给据，赴两浙转运司混试待补太学生。臣僚言："国子牒试之弊，冒滥滋甚。在朝之士，有强认疏远之亲为近属者，有各私亲故换易而互牒者，有为权势所轧、人情所牵应命而泛及者，有自揆子弟非才、牒同姓之隽茂利其假手者，有文艺素乏、执格法以求牒转售同姓以谋利者。今后令牒官各从本职长官具朝典状保明，先期取本官知委状，仍立赏格，许人指实陈首。冒牒之官，按劾镌秩；受牒之人，驳放殿举；保官亦与连坐。专令御史台觉察，都省勘会。类申门客、满里子孙仍前漕试，六十人取一，较之他处虽甚优，而取无定额，士有疑心，就试者少。宜令额宽而试者众，涂一而取之精。"遂依前例放行寓试，以四十名为定额，仍前待补；其类申门客、满里子孙及附试并罢。（《宋史》卷一五六）

理宗淳祐元年(1241)

1. 正月戊申，车驾幸太学大成殿，遂御崇化堂，命祭酒曹觱讲《礼记·大学》篇，监学官各进秩一等，诸生推恩、赐帛有差。并以绍定三年御制伏羲、尧、舜、汤、文王、武王、周公、孔子、颜子、曾子、子思、孟子

道统十三赞就赐国子监宣示诸生。(《宋史全文》卷三十三)

2. 正月庚寅朔，诏举文武才。……甲辰，诏："朕惟孔子之道，自孟轲后不得其传，至我朝周惇颐、张载、程颢、程颐，真见实践，深探圣域，千载绝学，始有指归。中兴以来，又得朱熹精思明辨，表里浑融，使《大学》《论》《孟》《中庸》之书，本末洞彻，孔子之道，益以大明于世。朕每观五臣论著，启沃良多，今视学有日，其令学官列诸从祀，以示崇奖之意。"寻以王安石谓"天命不足畏，祖宗不足法，人言不足恤"，为万世罪人，岂宜从祀孔子庙庭，黜之。丙午，封周惇颐为汝南伯，张载郿伯，程颢河南伯，程颐伊阳伯。戊申，幸太学谒孔子，遂御崇化堂，命祭酒曹觱讲《礼记·大学》篇，监学官各进一秩，诸生推恩锡帛有差。制《道统十三赞》，就赐国子监宣示诸生。(《宋史》卷四十二)

3. 十二月丙寅，太学博士刘应起进对，言："大有为之君，常使近幸畏宰相。今宰相畏近幸；使宰相畏台谏、令台谏畏宰相。愿陛下官府事一以付之中书，而言官勿专用大臣所引，则权一归于公上矣。"上然之。(《宋史全文》卷三十三)

理宗淳祐二年(1242)

1. 十二月辛酉，以儒林郎钟宏辞除太学博士，乞致仕养母，诏恃改京官秩奉祠，以奖孝行。(《宋史全文》卷三十三)

理宗淳祐四年(1244)

1. 太学诸生议起复。淳祐甲辰，宰相起复，太学诸生黄恺伯等上书曰："弥远奔丧，而后起复。嵩之起复，而后奔丧。"徐仁伯兼说书，对经幄，其言当帝心。台谏刘晋之、王瓒、胡清献、龚基先，联章论仁伯。上震怒，夜出御笔逐四人，遂寝起复之命，而相范杜。明年仁伯卒，人以为毒也。然其事竟不明白，庸斋赵茂实誌之，徐景说铭之。(《困学纪闻》卷一一五)

理宗淳祐七年(1247)

1. 十二月壬辰,诏:"太学生程九万自北脱身来归,且条上边事,赐迪功郎。"(《宋史》卷四十三)

2. 淳祐七年,文仲以胄试第一入太学。九年,又以公试第一升内舍。时言路颇壅,因季冬雷震,首帅同舍叩阍极言时事,有曰:"天本不怒,人激之使怒。人本无言,雷激之使言。"一时争传诵之。升上舍,为西廊学录。丞相谢方叔尝问文仲曰:"今日何事最急?"对曰:"国本未建,莫大于此。上意未喻,当以死请可也。"宝祐元年,登进士第。丁母忧,释服,属从叔父栋守婺州罢归,寓余杭,文仲往问伊、洛之学。……召为户部架阁,迁太学正,升博士。时栋为祭酒,讲学益诣精邃。迁国子博士。……兼国子司业,兼侍立修注官。又以救太学教谕彭成大迕似道,主管崇禧观,出知衡州。(《宋史》卷四二五)

理宗淳祐十年(1250)

1. 刘黻,字声伯,乐清人。早有令闻,读书雁荡山中僧寺。年三十四,以淳祐十年试入太学,侪辈已翕然称之。时丁大全方为台属,劾奏丞相董槐,迫逐去国,将夺其位。黻率同舍生伏阙上书,大概言朝廷进退大臣,须当以礼。书上,忤执政,送南安军安置,归别其母解氏。解氏曰:"为臣死忠,以直被贬,分也。速行!"黻至南安,尽取濂、洛诸子之书,摘其精切之语,辑成书十卷,名曰《濂洛论语》。及大全贬,黻还太学。(《宋史》卷四百五)

理宗淳祐十二年(1252)

1. 正月辛丑,太学录杨懋卿以孝行卓异,诏表其门,以其事宣付史馆。(《宋史》卷四十三)

理宗宝祐三年(1255)

1. 马廷鸾,字翔仲,饶州乐平人。宝祐元年,召赴都堂审察,辞。至池以礼帅诸生。二年,调主管户部架阁。三年,迁太学录,召试馆职。(《宋史》卷四一四)

理宗宝祐四年(1256)

1. 十一月癸巳,太学诸生复叩阍上书。(《宋史全文》卷三十五)

理宗宝祐五年(1257)

1. 侯畐字道子,温州乐清人。三贡于乡,两试转运司,皆第一。以武举授合浦尉,柳城令,侍卫步军司干办公事,侍卫马军行司计议官。宝祐五年,制置使贾似道辟通判海州兼河南府计议官。李松寿据山东,突出涟、泗,畐鏖城下,死之,懃室遇害。太学生三十一人言于朝,即海州赐庙旌忠,谥曰节毅,仍立庙其乡。畐所著有《霜崖集》。(《宋史》卷四五四)

理宗景定二年(1261)

1. 正月,皇太子奏:"臣恭奉圣旨,择用正月十五日,令臣谒拜先圣文宣王于太学。臣仰体圣心,祇承严训,区区愚衷,因而感发焉。盖先圣之道,至我朝盛时,运际文明,真儒迭起,而后有以续夫孟氏之传。然其时诸说并驾,未知统一。迨乾、淳间,文公臣朱熹与宣公臣张拭、成公臣吕祖谦志同道合,切思讲磨,如义利之辨,如《近思录》之书,择精语详,开牖后学,诚有功于圣门。中间邪说。又几晦蚀。陛下圣德奋兴,罢黜诐邪,表章正学,然后人心一正,圣道大明,天下学士,得沿渊源而溯洙泗,实万世无疆之休。熹等三臣尝俱被诏追褒,特加隆惠盛典,兼准御笔,秩熹于从祀,如栻如祖谦,窃谓宜用升祀例,以称明

诏。臣愚欲望睿旨特以臣栻、臣祖谦秩于从祀之列，以益昭圣明崇儒重道之盛美。”诏从之。(《宋史全文》卷三十六)

2. 正月丁丑，(度宗)谒孔子于太学，请以张栻、吕祖谦列从祀。(《宋史》卷四十六)

理宗景定五年(1264)

1. 太学生论景定彗星。景定五年甲子七月初二日甲戌，御笔作初三日乙亥，彗见东方柳宿，光芒烜赫，昭示天变。太史占云：“彗出柳度，为兵丧，为旱，为乱。为夷狄，为大臣贬。”乾象占云：“彗，妖星也。所出形状各异，其殃一也。”……丁丑，避殿减膳，下诏责己，求直言，大赦天下。……自是三学京庠，投匦上书者日至。太学生吴绮、许求之等书有云：“雷霆，天怒也，骤击而旋收；日蚀，天怒也，俄晦而随明；暴风骤雨，天怒也，而不能以终日。今彗之示变，已逾旬浃月，陛下恐惧修省，靡所不至，而天怒犹未回，非陛下不知省悟也，抑误陛下者，未有所思也。且并及市舶、公田之害云。”(《齐东野语》卷一七)

度宗咸淳二年(1266)

1. 正月，幸太学，谒先圣，礼成，推恩三学：前廊与免省试，内舍、上舍及已免省试者与升甲；起居学生与泛免一次，内该曾经两幸人与补上州文学，如愿在学者听。其在籍诸生，地远不及趁赴起居者，三学申请乞并行泛免一次，命特从之。凡诸生升舍在幸学之前者，方许陈乞恩例。七年正月，以寿和圣福皇太后两上尊号，推恩三学，在斋生员并特与免解赴省一次。九年，外舍生晏泰亨以七分三厘乞理为第三优，朝命不许，遂申严学法，今后及八分者方许岁校三名，如八分者止有一人，而援次优、三优之例者，亦须止少三、二厘，方可陈乞特放，庶不尽废学法，当亦不过一人而止。(《宋史》卷一五七)

度宗咸淳三年(1267)

1. 正月戊申,帝诣太学谒孔子,行舍菜礼,以颜渊、曾参、孔伋、孟轲配享,颛孙师升十哲,邵雍、司马光升列从祀,雍封新安伯。礼部尚书陈宗礼、国子祭酒陈宜中进读《中庸》。己酉,执经官宗礼、讲经官宜中各进一秩,宜中赐紫章服。太学、武学、宗学、国子学、宗正寺官若医官、监书库、门、庖等,各进一秩,诸斋长谕及起居学生推恩有差。(《宋史》卷四十六)

恭帝德祐元年(1275)

1. 六月辛丑,复魏克愚官,太学生萧规、唐棣并补承信郎。(《宋史》卷四十七)

2. 八月戊申,试太学上舍生。(《宋史》卷四十七)

恭帝德祐二年(1276)

1. 徐应镳,字巨翁,衢之江山人,世为衢望族。咸淳末,试补太学生。德祐二年,宋亡,瀛国公入燕,三学生百余人皆从行。应镳不欲从,乃与其子琦、崧、女元娘誓共焚,子女皆喜从之。太学故岳飞第,有飞祠,应镳具酒肉祀飞曰:“天不祐宋,社稷为墟,应镳死以报国,誓不与诸生俱北。死已,将魂魄累王,作配神主,与王英灵,永永无斁。”琦亦赋诗以自誓。祭毕,以酒肉饷诸仆,诸仆醉卧,应镳乃与其子女入梯云楼,积诸房书籍箱笥四周,纵火自焚。一小仆未寐,闻火声,起至楼下穴牖视之,应镳父子俨然坐立,如庙塑像。走报诸仆,坏壁入,扑灭火。应镳不得死,与其子女怏怏出户去,仓卒莫知所之,翌日得其尸祠前井中,皆僵立瞠目,面如生。诸仆为具棺敛,殡之西湖金牛僧舍。益王立福州,褒其节,赠朝奉郎、秘阁修撰。后十年,其同舍生刘汝钧率儒者五十余人收而葬之方家峪,私谥曰正节先生。(《宋史》卷四五一)